誰のためのWTOか？

WHOSE TRADE ORGANIZATION?

パブリック・シティズン 著
ロリー・M・ワラチ／ミッシェル・スフォーザ
ラルフ・ネーダー 監修

海外市民活動情報センター 監訳

緑風出版

Whose Trade Organization?

Corporate Globalization and the Erosion of Democracy

An Assessment of the World Trade Organization

By

Lori Wallach and Michelle Sforza

Public Citizen's Global Trade Watch

Published by Public Citizen

誰のためのWTOか？——目次

目次

出版に寄せて

ラルフ・ネーダー

本書においてパブリック・シティズンズ・グローバル・トレード・ウォッチ・チームは世界貿易機関（WTO）が五年間に行なってきたことを、あらゆる角度から詳しく報告している。残念ながらWTOの実績は、発足以前に批判していた人々が考えていたよりもひどいものだった。

幅広く強力な権限を持つWTOや北米自由貿易協定（NAFTA）のような国際的貿易協定を承認する際に各国の議会と同じくアメリカ議会も、国民の健康と安全を守る基準を独自に引き上げる権限のかなりの部分を譲り渡し、どんな国内政策にも厳しい法的制限を課せられる可能性を甘んじて受け入れた。こういった協定を承認することによって彼らは、企業の利益を優先した国際的な非民主的な政治体制のもとに各国政府がますます世界的金融システムや通商システムにからめ捕られていく経済的、政治的枠組みを制度化してしまった。

この新しい体制の下では、世界のほとんどの人の生活の細かな部分までが、包括的に支配されている。この新しい体制は、人々の健康や福祉にではなく、巨大な世界企業や金融システムの富と権力をどうしたらさらに強固なものにできるかを目指している。

この新体制に移行してからというもの、人々の日々の生活に影響を及ぼす数々の決定が地方自治体や国の手を離れ、スイスのジュネーブの密室で会議を開いている一握りの通商官僚の手の中に移ってしまった。彼らには選挙という試練が課せられることはない。例えばカリフォルニアの最後の原生林の伐採を阻止することを認めるべきかどうかを判断したり、発ガン性のある殺虫剤の食品残留を禁止する権限がカリフォルニアの人々にあるかどうかを決定するのは今では彼らジュネーブの官僚だし、ヨーロッパ諸国がバイオ技術による危険なものを食品から締め出す権利があるのかを判断するのも彼らである。そのうえＷＴＯの秘密裁判でひとたび判決が確定すれば、上訴の道はない。世界中がひとつの基準の下に裁かれるべきだという仕組みになっている。

いま、危機にさらされているのは、公平な富の分配と適切な健康や安全や環境保護の政策を求める市民の戦いを支えるために欠かすことのできない、民主主義と説明義務を伴った意思決定のプロセスという土台である。こういった民主的な説明義務がおろそかにされ、その具体的な現れである地方自治体や州政府や国の主権は、数十年前から次第に切り崩されてきている。多国籍企業によって商取引と金融のグローバリゼーションが押し進められ、企業の必要とする条件を整備することのみが優先され、ルールが存在しない無秩序がまかり通っている。ＷＴＯ体制の発足は、それまでの「暫定的特別」体制を固定化し、強化する点でまさに画期的なものであった。

企業による経済のグローバル化と呼ぶにふさわしいこの新しい経済の枠組みは、商業活動を他の政策に従属するものにするために、国の法的または行政的能力に超国家的な上限を設けている点に特徴がある。グローバリゼーションの狙いは、食品、医薬品、また自動車の安全性といった身近な問題や、国が土地や水や鉱物資源などをどのように使うべきか、あるいはどのように守るべきかという問題をめぐる民主的な意思決定をはばみ、説明の義務も負わずにすむようにするところにある。

新聞を開けば、権力の集中がもたらす悪弊は枚挙にいとまがない。先進諸国においても発展途上国においても「共通して」、ほとんどの人の生活水準が下がっている。世界中で失業が増えている。環境悪化が大規模に進み、天然資源は不足している。政治の混乱は増大し、未来に対する明るい希望が遠のき、絶望感が世界中に広がっている。

グローバリゼーションを強力に進める企みに、特別な会合は必要ではなかった。企業というものはどれも歪んだ考え方を持っている。彼らにとって世界は何よりもまず市場であり、資源でしかないのである。彼らの野放図な搾取を抑えるには、政府や法律や民主主義が必要だ。企業の側からすれば、世界中の市場の垣根を取り払ってしまいたいことだろう。しかし「別の」観点からすれば、こういった障壁は野放しの経済活動から身を守るための価値ある保護壁である。つまりそれぞれの国の法律が経済を守り育て、国民の健康と安全を守り、土地と資源の持続可能な利用を実現している。しかし多国籍企業にとっては民主主義の賜物であり、自由な意思決定の成果である多様性は、重大な障壁にほかならない。

経済のグローバル化を唱える人々が率直にその真意を語ることは珍しいが、ＧＡＴＴ事務局長ピーター・サザーランドは一九九四年三月三日に、ニューヨーク市で行ったＷＴＯの批准をアメリカに求める演説の中で「貿易に関しては政府の介入は少なければ少ないほどよい」と語っている。

最近は「貿易」という言葉が各国の経済的な側面「だけでなく」、政治的側面も幅広く意味するようになってきているので、こういった発言は非常に驚くべきものだといえる。ＷＴＯを始めとする各種の貿易協定は、輸出割り当て、関税といった伝統的なものの枠を越えて、民主的な政治にこれまでにない制限を新たに設けようとするものとなっている。「自由貿易」という言葉は、（私たちにとっては自由ではなく不自由を意味するしかないので、より正確には）、「企業により管理された」貿易と呼ぶべきものである。各国の法律や経済上の国境が取り払われ資本の自由な移動といわゆる「自由貿易」が実現しつつある現状に、アメリカン・エキスプレス、カーギル、ユニオン・カーバイド、シェル、シティコープ、ファイザーその他の巨大企業は、歓喜している。しかし民主的な管理が行きとどいてないところで世界貿易が行われるようになれば、生活や健康や環境の基準が切り下げられ、無制限な企業活動がまかり通るようになり、世界はこれまでになく危険な状態にさらされることになるだろう。

経済学者ハーマン・デーリーが一九九四年一月の「世界銀行への最終講義」の中で警告したように、通商問題に関する規制を行う権限を国や州政府から奪い取ることは、「共通の利益を実現するために各種政策を実行する能力を行政府から最終的に奪ってしまうことになりかねない。世界主義を標榜するグローバリゼーションは国境をないに等しいものに近づけ、国を始めとする地域ごとの行政府の力を弱める。他方、国際的な多国籍企業の力は増大する」。

グローバリゼーションを唱える人々の脳裏にある哲学によれば、世界経済の自由化を極限にまで押し進めれば、自然に幅広く経済的、社会的利益がもたらされることになっている。しかしこのような考え方をする人々や、企業による経済のグローバリゼーションには短期的な利益を最大にすること以外に何か良い面があると考えている人々は、アメリカと中国の経済関係の例を考えてみるとよい。人権問題だけが懸案になっていた一九九四年にクリントン政権は最恵国待遇とその国の人権問題に関する実績とをリンクさせることを止め、中国への最恵国待遇の更新を支持した。しかし一九九五年の初めに所有権の問題が議論されるようになると、マクドナルドのリース料とミッキー・マウスの著作権料を確保するために、アメリカは中国に対する一〇億ドルにのぼる貿易規制を振りかざすことで、圧力をかけた。この圧力に屈した中国政府は、知的所有権を認める方向に方針を変更した。

ただ経済のグローバリゼーションを中心となって押し進めているWTOやNAFTAは、通商上のあらゆる「足かせ」を取り除こうとしているわけではない。現実には企業の利益を守らんがために、人々を守るための規制を撤廃の対象としている。環境や健康などの社会的政策目標を達成するために商業活動を規制することは、極めて限定的にしか行われていない。例えば児童就労によって生産した製品を世界市場で販売することは、WTOルールに違反しない。現実に合わなくなった基準や古くさくなった基準を強化する提案は、WTOに提訴される恐れがあるというので、初期段階で実現にむけての努力に水がかけられる。そして基準を向上させたり新しい基準を設けたりする作業は、事実上「一時停止」の状態になってしまう。議会の決定に基づいてウルグアイ・ラウンドで取り上げるはずだった労働権が、世界貿易に不適切な制限を課すことになるという理由で、まったく取り上げられなかった。しかし知的所有権のような独占的企業の所有権を保護するためには、貿易規制が拡大された。どんな国のどんな経済部門にも無条件に投資を行う権利も、強化された。

一定の社会的基準に基づいてある国への投資に条件を設けたり、その国の規則に従って国内市場への外国製品の参入に条件を設けたりする権利を放棄することによって、国は企業活動を管理する具体的手段を手放してしまっている。アメリカの企業はずいぶん前から州と州を「底値競争」で互いに競わせ、最も安い労働力と最も緩やかな環境保護基準と最も少額ですむ税金を手に入れるテクニックを身につけている。こういったずるいやり方を止めさせるためには、連邦政府による基準を設けなければならないことがしばしばであった。今やそれと同じことがNAFTAとWTOを舞台として、多国籍企業によって世界的に繰り広げられている。国と国を互いに競わせるのである。結局、環境保護のコストや社会的コストを外に転嫁することによって、企業利益を大幅に増加させる形になっている。試合が始まる前から勝負は見えている危険なわなである。どの国でも労働者と消費者と地域が敗者となり、短期利益が急上昇し、大企業が「勝利」する。

WTOの下では、底値競争にさらされるのは生活水準や環境や健康の保護措置だけでなく、民主主義そのものなのである。いわゆる自由貿易協定の締結は実際は、企業が払うべき税金を払い、従業員に十分な生活水準を保証し、大気や水や土地の汚染を防止するようにさせる民主的な努力が、お決まりの文句に行く手を阻まれることを意味する。「そういった負担を引き受けるわけにはいかない。そういうものを引き受けていたのでは、競争力を失ってしまう。こちらでは操業を停止して、もっといい立地環境を用意してくれる国へ移転せざるをえなくなるだろう」。こういった脅しは極めて効果的である。工場閉鎖や製造業の衰退ですでに手痛い打撃を受けている自治体は、雇用を失うことを極端に恐れる。移転するという脅しが単なる脅しではなく、本当に移転してしまうことが多いことをよく知っているからである。

工業社会を精査すればはっきりと見えてくる教訓のひとつは、通商上の寡占化は環境保護の面でも民主主義の面でも好ましくないということである。国際貿易の中には有益なものもあることは誰も否定できない。しかし私たちは地場産業の育成を心がける必要がある。そういった小規模な事業の方が、地域のニーズや環境保護上持続可能な操業形態に合わせて柔軟に対応することができることが、非常に多い。また民主的に管理することがたやすく、移転をちらつかせて脅しをかける可能性は薄い。そして彼らは地域の利益と自らの利益に共通する部分が多いと考えている。

同様に権限を地域の自治体に降ろすと、市民の参加が実現しやすくなる傾向がある。貿易協定に基づいて遠くにある国際機関に権力を集中させると、重大な決定が市民の関与できないところで下されるようになる。市議会議員と話をすることは可能でも、ジュネーブにいる顔を見たこともないWTOの通商官僚と話をすることは不可能だ。

非関税障壁であると外国が主張するだけで地域や州の下した決定が大きく揺らいだり、秘密主義で非民主的な外国の審判組織によって貿易障壁であると決めつけられた法律を施行するために制裁措置として賦課金を払わなければならなくなったり、市民にとって重要な保護措置を発動することで増える負荷に耐えられないから移転して海外へ出ると企業が主張したりすると、生活水準だけでなく何より大切な世界中の社会的公正さが、どんどん低下して行くに違いない。民主主義が国際貿易上の必要に従属させられると、そうなるほかはない。

WTOが発足して以来、企業のグローバリゼーションとその影響が広がり、世界のほとんどの人の経済状態の低下または停滞という深刻な状況をもたらしている。アメリカでは地域の問題と多国籍企業が強力に押し進めている経済、政治の両面のグローバリゼーションの関係を指摘しなければ、この避けることのできない深刻な問題の原因を、人々はほかのところに求めてしまう。「移民のせいだ！」「福祉政策が悪い！」「農場主や労働者が欲張りなせいだ！」「規制する役所が悪い！」「政治が歪んでいる！」多面的な問題がこういった単純な問題にすり替えられてしまって、問題の焦点がぼやけ、いたずらに市民と市民の対立を招き、巨大企業にまんまと利益をせしめられてしまう。

このようなわけで現在私たちが直面しているのは、実は時間との競争だ。どうやったら市民はグローバリゼーションの拡大を押し止め、攻撃にさらされている民主的な感覚と組織を守ったらいいのだろうか。民主的な厳しい監視の目がありさえすれば、グローバリゼーションを押し進めるために今後も必要となる秘密主義と問題のすり替えを続けることは難しくなるだろう。しかしＮＡＦＴＡ、ＷＴＯを始めとするグローバリゼーションのもくろみを完全につぶすには、アメリカでも、海外でも、市民による市民のための民主主義を早急によみがえらせることが必要となるだろう。

この画期的な労作の中で明らかにされているのは、一九九五年以降私たちがＷＴＯ体制のもとで体験した事実である。それを読めばＧＡＴＴやＮＡＦＴＡを批判していた人々が警告していたことがいろいろな面で的中していることが、極めて具体的に分かる等である。

まえがき

ここ数十年というもの乳児用粉ミルクを各社が売り込んできた。その結果、汚れた手近な水を使って母親が粉ミルクをとくため、幼児が死ぬ例が世界中の発展途上国で増えている。この大きな保健上の問題に直面したユニセフ（ＵＮＩＣＥＦ）は世界各地で宗教家や人権問題の活動家からの働きかけを受けて、粉ミルク販売に関する世界的な規約を定めた。一〇〇カ国以上がこの規約を取り入れ、健康そうな太った赤ちゃんの絵を粉ミルクの包装に使用することはできなくなった。粉ミルクと健康そうな赤ちゃんのイメージを結びつけることによって女性、特に字の読めない女性が母乳による授乳をやめることがないようにとの配慮からであった。

この法律をすべての人が歓迎したわけではなかった。昔からぽっちゃりした幸せそうな赤ちゃんの絵を使ったロゴを使用しているガーバー・フーズ社は、特に強い異議を唱えた。グアテマラ政府が国内で流通している同社の製品から赤ちゃんの絵を取り除くように主張したが、ガーバー・フーズ社は拒否した。のみならず「関税及び貿易に関する一般協定」（ＧＡＴＴ）という国際的貿易協定に基づいて、提訴すると脅した。

グアテマラを始めとする多くの国の人々が知らないうちに、並みはずれた強い力を持つ国際的な通商監督組織である世界貿易機関（ＷＴＯ）を発足させる交渉が、まとまりかけていた。ＷＴＯはそれまでは各国政府の権限のもとにあるとされていた数々の問題を扱うルールを定め、それを守らせる権限を持つことになっていた。そのルールは七〇〇ページ以上にのぼる膨大なものであった。例えば知的所有権に関する新しい協定によって各国政府には、商標権が何よりも優先されるように配慮する義務が課せられていた。

この新組織に与えられることになっていた他に例を見ない強大な権限は、世界的な軍縮、環境、人権などの大問題に関する条約の中にも見当たらないものだった。新しい制度の下では各国政府は、スイスにいる通商問題を担当する官僚によって構成されるWTOの秘密の裁判に問題を持ち込んで、他国の法律に異議を申し立てることができる。WTOルールに違反するとの判断が示された政策は、撤廃するか変更しなければならない。さもなければ勝訴した国に高い関税をかけられたり、経済的な対抗措置を取られたりすることになる。

GATTの加盟国であったグアテマラ政府は、GATTをほぼ全面的に拡大し、WTOを発足させることが提案されていることを知っていた。WTOに持ち込まれ長期にわたり多大な犠牲を強いられることを恐れたグアテマラ政府は、主張を撤回した。そして乳児用の輸入食品をラベル規制の対象から除外した。かくして今でもガーバー・フーズ社のぽっちゃりした赤ちゃんの顔を、グアテマラ中の店で目にすることができる。

これはほんの一例に過ぎない。WTOは、世界中で人々の生活に影響を及ぼす。ほとんどの人はWTOのことなど一度も聞いたことがなく、ましてこの組織の発足によって世界中の民主的な政治制度がゆっくりと、しかし確実に覆されつつあることなど、知る由もない。

これまでの通商条約と異なり、WTOとそれを生み出した協定は、関税表、輸入割り当て、あるいは外国の商品と国内の商品を平等に扱うことを定めた文書といった従来の通商問題の範囲から大きく逸脱している。もっと正確に言えば例えばWTOの規定に沿って、ある国の食品の安全に関する法律の厳しい規定に制約を設けたり、製造物に関するラベル表示の義務づけに例外を設けたりすることができる。ある国が児童労働により生産されたと認められる製品を締め出すことを、阻むことができる。地方税の支出に関しても、介入することができてしまう（一例を挙げれば、自治体の購入計画において環境保護上の配慮や人権擁護上の配慮を行うことを禁止することができる）。WTOのルールに含まれる制限規定は、国の法律だけでなく、州法や自治体の条例にまで及ぶのである。

〈甘い見通しと現実：ＷＴＯの実績を検証する〉

ＷＴＯは一九九五年一月一日に、ウルグアイ・ラウンドでの合意に基づき「関税及び貿易に関する一般協定」（ＧＡＴＴ）の一部として発足した。今では一三四カ国が参加している。ウルグアイ・ラウンドの交渉のころから環境保護グループや労働団体や消費者団体は、それまで数十年にわたって続いてきたＧＡＴＴ体制が大幅に組み替えられて拡張され、説明義務を伴った政治、環境保護、健康問題や安全問題、そして基本的人権や労働権といった広く国民の利益になるものが後回しにされ、企業の利益が優先される恐れがあると警告した。

ウルグアイ・ラウンドやＷＴＯを支持する人々は、こういった警告は実情を知らない人々の悲観的な終末観に基づく警告にすぎないと批判した。ウルグアイ・ラウンドとＷＴＯが各国の主権や民主的で説明義務を伴った政策決定を損なうことはないと、彼らは約束した。それどころかウルグアイ・ラウンド協定が発効すれば世界経済に大きく貢献するとすら、主張した。アメリカの貿易赤字は一〇年で六〇〇億ドル減少し、ラテンアメリカ諸国は好景気に沸き、アジア経済は成長し続けると主張したのである。当時の財務長官ロイド・ベンツェンは、ウルグアイ・ラウンド協定を批准すればアメリカの家庭の年間所得は一七〇〇ドル増えるという予測まで明らかにした。

あれから五年近くがたった。今ではアメリカを始めとする世界中で、公共政策が軽視され、環境保護基準が脅かされている実態が明らかになっている。約束されていた経済成長という甘い見通しは、現実に裏切られている。そしてＷＴＯは支持者たちの約束を実現できていないだけでなく、さまざまな損害をもたらし続けている。

パブリック・シティズンズ・グローバル・トレード・ウォッチの一年に及ぶ調査の成果をまとめた本書は、五年近くを数えるまでになったＷＴＯの実績を精査検証している。その中で、ＷＴＯが環境保護と環境保全に及ぼしたマイナスの影響、食品や製造物の安全性、健康問題、職場の安全性や医薬品のスムーズな供給、雇用、生活、経済開発や生活水準、そして基本的人権や労働権が取り上げられている。

本書は、市民が公共の利益のために活動する場を与えるような民主的で説明義務のある公開討論会から遠く離れたところで決定が下されるようになった密室政治の足取りを、たどっている。この国際機関はルールも実態も企業の利益が最優先で、人々から隔絶し、秘密主義に塗り固められた、説明義務を持たない組織となっている。皮肉なことに世界で最も自由で開かれた説明義務を伴った政治制度を持つアメリカがWTOを使って、せっかく今では有効に機能するようになっているよその国の民主的政治制度や政治のしくみを切り崩す先頭に立っていくのは大きな皮肉である。

ここに納められているWTOが裁定を下した紛争や一連の企業や政府によるWTO提訴の脅しについての情報の多くは、徹底的な調査によって初めて明らかになったものである。経済的平等、環境保護、健康や安全性という公共の利益と、市場の支配と利益の追求という短期的な企業の利益とは、対立せざるを得ない。この対立する二つのものに関して長年かかってやっと打ち立てられたバランスを、WTOが静かにしかし着実にむしばんでいる流れが、そこに浮かび上がってきている。

WTOを支持する人々は、WTO体制を「自由貿易」と呼ぶ。しかし（医薬品や科学技術のような分野における貿易に独占を許す制限を課すものが含まれている）WTOのルールは、一九世紀のアダム・スミスやリカルドが唱えた自由貿易主義とはほとんど無縁のものである。むしろWTOのルールは、「企業による管理貿易」と呼ぶにふさわしい、企業による経済の世界標準化を目指したものとなっている。

いくつかのルールは全面実施に至っていないので、この新しい世界経済秩序がどのような影響をもたらすのかは、未知数である。しかし今こそ「誰のための貿易組織なのか？」が問われなければならない。なぜなら世界中のほとんどの人にとって声を反映することもできなければ利益ももたらさない存在となってきているからである。本書がこれから明らかにするようにこの新しい制度は、先進国後進国を問わず、むしろ巨大な多国籍企業やごく少数の金持ちを利するばかりのものとなっている。

やっと正体を現し始めたこのシステムが、最終的にどのようなものになるか、現段階では予測不能な面がある。こういった経済秩序によって利益を得る人々によって、実態とは逆であるかのようなイメージを振り撒く宣伝が行われている。しかしWTO体制のねらいはひとつである。そして月の引力によって潮の満ち引きが起こるような自然現象とは異なり、この企みは阻止しようとすれば阻止できないはずがない。WTOとWTOが押し進める経済の世界標準化が実現するには、推進派は綿密に計画を練り、幅広く宣伝活動を展開し、政治的働きかけも根気よく続けなければならない。だからもし私たちがこういった経済秩序がもたらすものを避けたいと強く思うのであれば、それに代わるものを選ぶことが必須である。

こういった経済モデルを受け入れるのか、それともそれに代わるものを選ぶかによって最も大きな影響を受ける人々のために現在の体制がもたらすものに光を当てるのが、本書の狙いである。本書をまとめる際に私たちの意中にあった対象は、WTOルールやWTOの五年間の歩みについてほとんど何の知識もなく、現在合意を見ている内容が効力を持ち始めるとどのような影響が彼らの健康、安全、生活、食品、環境、そして未来に及んでくるのか、まったく何の具体的イメージもない人々であった。

本書をひもとくことによってWTOが望ましくないものであり、受け入れることのできないものであるとの意見を私たちと共有して戴けるとしたら、ぜひ行動を起こして戴きたい。WTOモデルに「ノー」を突きつけ、それに代わる経済的平等と持続可能な環境と民主的な説明義務を伴った政治制度を要求することが、世界中の市民が力を合わせればできるはずだと私たちは考えている。

〈約束されたような経済成長は実現しない〉

長期的な経済効果を正しく評価するためには、ウルグアイ・ラウンド協定が全面的に発効するまで待たなければならない。しかしこれまでに明らかになってきた流れだけでも、経済に深刻な影響が現れることが分かっている。ウルグアイ・ラウンドの擁護者が口にしたような途方もない漠然とした利益の多くを実現させるというのではないにしても、発展途上国をウルグアイ・ラウンド以前の今よりも恵まれた状況に戻すのであれば、将来思いきってUターンしなければならなくなることがあるだろう。

今日私たちに分かっているだけでも、WTO創設以来世界が前代未聞の金融不安に見舞われたという事実がある。発展途上国の経済成長は停滞した。国と国の間でも国民の間でも所得格差はどんどん広がりつつある。生産性が向上したにもかかわらず、多くの国で賃金の引き上げは実現していない。商品価格は最低水準にあり、多くの国で、特にアジア、ラテンアメリカ、そしてアフリカの国々で生活水準が低下を余儀なくされている。実際ほとんどの国でウルグアイ・ラウンド時代を迎えてから、生活がはっきりと苦しくなっている。

中でも一九八〇年代の累積債務危機以来の抜き差しならない経済不況に見舞われたラテンアメリカは、深刻な状況にある。国連貿易開発会議（UNCTAD）のある報告書によれば、「急速な貿易の自由化を経験した開発途上国のほとんどの国において、賃金格差が広がった。ラテンアメリカ諸国においてはほとんどの場合、未熟練労働者の雇用の減少と、二〇〜三〇％台の実質賃金の減少という大きな打撃がその原因となっている」と述べている。

WTOルールは投資部門と金融部門の規制緩和を強力に押し進め、多くの国でそれに成功している。それがひとつの原因となって東アジアで経済危機が起こり、経済がマヒした。アメリカのマスコミは危機は去ったと伝えているが、それが誤りであることを韓国の人々は身をもって知っている。失業率が四倍に跳ね上がり、極貧状態に転落した人が二〇〇％も増え、ここ数十年の経済成長が帳消しにされている。

世界的な経済指標は、全体的に暗い現実を示している。豊かな国で生活している世界人口の五分の一と同じく貧しい国で生活している五分の一の間の所得格差は一九九七年には七四対一に達している。一九九〇年の六〇対一、一九六〇年の三〇対一に比べると、何という急な拡大であることだろう。一九九七年には二〇％の豊かな人々が、世界の所得の八六％を獲得し、貧しい二〇％の人々はほんの一％しか手にしていない。

アメリカについて言えば貿易赤字は史上最大規模で、二一八〇億ドルにも達している上に、約束されたように減少するどころか一九九四年の九八〇億ドルから急速に膨らんできている。アメリカ経済はこれまでにない速さで成長を続けているにもかかわらず、最近四年間のどこをとっても、クリントン政権が約束したように世帯当たりの年間所得の中央値が一七〇〇ドル増えた年はない。

経済指標は仮借なく現実を明らかにする。とはいえ数字は数字に過ぎない。あまり知られていないことだが見落としてならないのは、環境と、私たちの家族の健康と安全、そして基本的人権と民主主義をじわじわと侵食してきた公共政策の敵としてのＷＴＯの実績である。

〈ＷＴＯの挑戦と圧力が一般の人々の利益を切り崩す〉

一般の人々の利益を守る規則を維持しようとする加盟国の権限に関してのウルグアイ・ラウンドの拘束力はＷＴＯ独自の制裁制度を通して実行される。ＷＴＯの審判制度は加盟各国の国内法がＷＴＯの意向に一致するものであるかどうかを審判する権限を与えられている。

ＷＴＯの審判制度は一九九五年に発足したが、それ以来、ＷＴＯがこれまで検討してきたどの環境政策も、健康あるいは安全政策も違法な貿易障壁で排除または変更しなければならないと裁決してきた。自国の法律がＷＴＯによって貿易障壁だと断定された国々——あるいはＷＴＯに問題を持ち込むぞと脅しをかけられた国々——はＷＴＯの要請に応えられるように政策を撤回したり、緩やかなものに変更したりした。

ＷＴＯというシステムそのもの、つまり、企業や貿易に都合のよい状況を作りだすＷＴＯのメカニズムからすれば、当然の状況が出現しているのである。ＷＴＯの実際の作業は委員会や小委員会が行なっている。彼らはスイスのジュネーブの閉ざされた扉の後ろで作業を進める。彼らの作業ぶりは国内の裁判所やその他の国際仲裁裁判所と比べ、公的開示と説明義務が驚くほど欠如しており、「透明性」が欠如している。このことが抵抗しがたいほど強力な企業の影響の増大へとつながる。WTOのある職員がフィナンシャル・タイムズ紙に対して認めたところによると、WTOは「諸国の政府が密かに結託して、彼らの国内の圧力団体に対抗する場所になっている」という。（ギィ・ド・ジョンキエール「ネットワーク・ゲリラ」、『フィナンシャル・タイムズ』一九九八年四月三〇日一二ページ）

紛争解決委員会でさえ、密かに会合を開いている。そして裁決を下すために、一度も公表されたことのない文献に基づいて、匿名の「専門家」に頼り裁定や報告書を出す。その報告書は聴聞会が終わり、強制力のある裁決が下されるまで、一般の人々はその内容を知ることができない。WTO委員会は貿易に関する有識者から選ばれるのであって、公衆衛生、環境保護、開発政策のような領域についての知識を持つ専門家ではない。最も困ることは、裁定を下す人々は貿易推進者であって、公平な裁判官ではない、という事実である。

WTOの裁判官たちは、加盟国の国内法をWTO協定違反といつも裁決してきた。加盟国の中でWTO提訴にあって被告の座に立たされた国々で勝利したのは、今日までWTOに提訴された二二件のうち、わずか三件に過ぎなかった（合衆国は三件の変則ケースのうち二件で敗訴した）。公益に関する国内法が次々に退けられ、また途上国がこの制度の最大の敗退者となっている。途上国は一般にWTOに提訴したり、WTOの場で自分たちの立場を弁護する資金力や専門知識に欠けている。多くの国はWTOの場に持ち込まれる前に早々と自国の国内法を変えてしまう。その結果、強力な企業や国家は益々力を誇示し、WTOの規制に従った形に国内法も規則も変更するよう弱小国に強要することになる。

WTOは誕生して間もないため、この本で紹介するケースは単なる始まりに過ぎない。大きな変革が行われないと何が起こるか分からないという、その恐るべき序章である。

主たる難問は加盟国の国内目標や政策というものがWTOの検閲を通過しなければならないことから生じる。そしてWTOによる検閲はとりわけ法律や規制をできる限り規制色の薄いものとするよう要求している。

自動車の排ガスを減らそうというアメリカの試みに何が起きたのかを考えてみよう。アメリカはその大気浄化法による規制に対するWTO提訴にベネズエラが勝利した後、ガソリンに含まれる汚染物質を制限するための基準を緩和した。ベネズエラは、大気浄化法はガソリン業界にとって不公正な規制であると主張していた。これはWTOのデタラメさを示す古典的な例で、この提訴の裁定にあたった委員会は、国家がどのような環境政策を選ぼうとも自由だが、その実施はWTOの規制に準拠してこそ、初めて可能になると結論づけている。

さらにWTOルールは同様の製品を、その生産方法や収穫方法の違いを根拠として異なる扱いをすることを禁じている。例えばイルカの混獲を避ける魚網で捕らえられたマグロはイルカもともに捕獲される魚網で捕らえられたマグロと同等に扱わなければならないとするのが、WTOの考え方である。クリントン政権が議会の一部の熱心な反環境派議員たちとともに、市民の間で評判の良かったマグロ魚網でイルカが殺されるのを防止するための法律を実効性の薄いものにしてしまった理由は、そこにある。これは米国のイルカの混獲を禁じたマグロ政策を協定違反とするGATT裁定を履行しないならWTOへの提訴も辞さないとのメキシコの脅しが、きっかけになっている。流し網漁法を禁止し汚染の少ない製法を義務づける暫定法に盛り込まれた論理を、メキシコの脅しが押し戻してしまっている。また児童労働によって造られた商品の取り引きや人権が踏みにじられている国との貿易を禁止する法律も、危うくなってしまっている。

WTOの見解は、環境や健康や人権の問題に関する国際協力をも阻害する。WTOに加盟している国は、国際公約を国内で実行しようとした場合、それはWTOルールに従ったものでなくてはならない。例えばWTOは、貴重なウミガメの保護をエビ漁船に求めた米国の「絶滅の危機に瀕した種に関する法」の規定はWTOルールに違反するとの判断を示した。この法律は、「絶滅のおそれのある野生動植物の種の国際取引に関する条約」(ワシントン条約)という国際環境条約に基づき米国の公約を履行するための法律であった。地球規模の気候変動に関する京都条約の履行のための法律の制定はＷＴＯに違反するとして、現在米国とＥＵは日本に圧力をかけている。

ＷＴＯルールは、特定の国際基準のみをＷＴＯに違反しない基準とみなすことによって、安全確保に上限を設けている。国際基準よりも厳しい健康や環境や安全に関する国内基準が貿易障壁とみなされないためには、厳しい条件をすべてパスしなくてはならない。一方すべての国が守らなくてはならない健康や安全に関する基準に「最低基準」はない。また越えてはならない国際基準は示されていても、満たすべき基準は示されていない。

例えばフランスは他の欧州九カ国に追随して、発ガン性を持つことが知られているアスベストを禁止した。カナダは、ＷＴＯがカナダにアスベストを販売する権利を新たに認めていると主張し、フランスの禁止措置を不当として、提訴した。ＷＴＯルールは、国内基準は国際基準に根拠を置くことを義務づけている。産業界の意向が強く反映される国際基準は、アスベストの「一定の管理条件の下での利用」を認めている。したがってカナダは、国際基準よりも厳しい姿勢で健康を守ろうとする禁止措置は、ＷＴＯに違反していると主張しているのである。この問題は現在ＷＴＯのパネルに審理が委ねられている。

これらの例から見ても分かるように、進歩的な政府が食品の安全性などの人の健康に関する政策についてやってきた際の前提を、ＷＴＯは見事にひっくり返してしまっている。例えば一般には製造業者は販売に先立ち、製品の安全性を証明することを義務づけられている。また安全性を国に対して証明できるまで、国が販売を禁止することになっている。しかしＷＴＯルールでは証明責任を負うものがまったく逆になってしまっている。製品が危険であることを政府が証明できなければ禁止することができず、その製品の危険性を証明するためには、ほぼ不可能ともいえる手続きと証拠提示を経なくてはならない。ＷＴＯルールでは健康よりも貿易が優先される。国内の各種制限や規則を最小のものにとどめることを、はっきりと義務づけているのである。

ＷＴＯの設立によって食品の安全性などの重要な分野が各国の議会の手から奪われて、まんまと多国籍企業側に引き渡されてしまっている。ヨーロッパが人工の成長ホルモンの残留している牛肉を輸入禁止としたことをWTOは違反としたが、これはWTOが人間の健康と安全に対して容認しがたいアプローチを取っている事実を明確に示す、危惧すべき例である。ヨーロッパは人工の成長ホルモンを含む牛肉を禁止する前に牛肉に残留したホルモンが人体に悪影響を及ぼすことを科学的に証明するべきであったのであるから、ヨーロッパの牛肉輸入禁止は解除されなければならないという判断を、WTOは示した。ホルモンそのものが人体に悪影響を及ぼすことは知られているにもかかわらずである。そしてEUはアメリカの圧力に屈せず、消費者が欲しがらない牛肉は受け入れなかった。その結果、WTOの承認の下に一億一五〇〇万ドルもの経済制裁を受けたのである。

新しいWTO体制のもうひとつの問題点は、他の国の規制に企業が異議申し立てをする際に、国がうまく利用されたことである。ヨーロッパは旧植民地国から優先的にバナナを輸入していると巨大なバナナ企業であるチキータ社が鋭い批判を展開した時に、アメリカ政府はチキータ社の側についた。アメリカはバナナの生産国ではなく、同社の被雇用者の大半は、広大な中米のバナナ・プランテーションで低賃金で働く労働者である。EUは優先的扱いを取り下げざるを得ないと発表した。これはカリブ海に点在する多くの小さな民主的国家の経済基盤そのものを不安定にしかねないからである。そうなれば、この地域におけるアメリカの国益、すなわち麻薬撲滅、政治的安定、貿易、そして観光産業は損なわれることになるだろう。

ひとつの国家が他の国家の法律を変えさせるのに、必ずしも異議申し立てを行う必要はない。多くの場合、異議申し立てをちらつかせるだけで十分な脅威となる。例えばアメリカがWTO制裁をちらつかせただけで、韓国は二つの食品の安全性に関する法律を緩和させた。ひとつは牛肉の有効保存期間に関する法律で、いまひとつは果物と野菜の検査に関する法律である。AIDS活動家らがアメリカ副大統領アル・ゴアの選挙キャンペーンのイベントに抗議するニュースを、多くのアメリカ人が見た。しかしその騒ぎの根底にWTOの脅しがあったことを知っていた人は、少ない。南アフリカは国民に手が届くような薬、特にAIDS治療薬を開発する努力をしていたが、そのことでいくつかの国際的製薬会社やクリントン政権から激しい批判を浴びた。南アフリカの政策は、ＷＴＯが認めている製薬会社の知的所有権を侵害しているというのである。南アフリカはさほど高くないノーブランドの薬の製造を可能にするために、製造許可を与えることを義務づけるとともに、他の国からの安い薬の並行輸入を進めることを提案したのであった。

発展途上国は異議申し立てを受けてもそれをかわすだけの人材や専門知識が不足しているため、脅しに弱い。しかし不利益をこうむっているのは途上国だけではない。豊かな国でも貴重な政策がいくつもつぶされてしまっている。ＷＴＯの活動の多くは秘密裏に行われているため、本書に示されているＷＴＯ提訴の脅しは、氷山の一角に過ぎない。

〈ＷＴＯの流れ：商業が常に優先する〉

以上に述べたことだけでも本質的に、また本来的に十分に問題であるが、さらに困った全般的な問題が存在する。ＷＴＯフォーラムでは世界的商業活動が、民主主義、人々の健康、公平さ、環境、食品の安全性などなどのすべてに優先するのである。

実際ＷＴＯルールの下では、小さな「企業」すらも世界的商業活動のためであれば、後回しにされる。ＷＴＯが先進国経済へ与える影響についての章で述べるように、ウルグアイ・ラウンド協定によってすべてのＷＴＯ加盟国の中で新しい権利を打ち立てる道が、企業には開かれている。他国の通信システムを取得したり、海外支店を開設したり、生産拠点を外国へ移したりすることによって、アメリカの最低賃金制や環境保護や職場の安全確保のコストを回避することが可能になる新しい権利の恩恵を受けるのは大企業ばかりで、小企業には何の恩恵もないのは明らかだ。さらに悪いことには、他国の市場に進出する可能性の高い「外国の」大企業に対して差別的であるとみなすことが可能な小企業の販売政策を、ＷＴＯルールは禁止している。

近年の海外直接投資においては新しい企業の設立があまり見られなくなり、すでに存在する企業間の合併や取得を通じて世界企業が生まれる形が中心になって来ている。以下に詳しく述べるように、この傾向はWTO協定が完全に浸透している経済分野、すなわち金融と通信分野にもっとも顕著に見られる。この過剰な世界的な合併のあらしは市場の一体化を生み競争相手がいなくなるために、結局消費者物価に跳ね返ったり、サービスの提供が滞ったりの問題が起きやすくなっている。こういった流れの中で小さな企業が世界的大企業に吸収されてしまうだけではない。WTOルールの下で多くの発展途上国が、まだ独り立ち出来ない産業を保護するためのセーフガードの多くを奪われた。アメリカを始めとする先進国が、その経済発展の初期においてはこのようなセーフガードの恩恵を受けてきたにもかかわらずである。

実はWTOが考えていることは、はっきりしている。豊かな国で地位の確立した企業の「特別な」活動が許される統一された世界市場に、世界中のすべての国を遅かれ早かれ統合しようとしているのである。そしてその企みが、いまWTOルールという形で姿を現している。WTO発足後の五年間に世界貿易に後進国が占める割合は、小さくなるばかりであった。

またWTOルールはあらゆるものを商品化して、すべてのものを財産の一形態にしようとしている。商取引の対象とするためである。例えば生命や伝統的知識体系を特許の対象とし、排他的な販売権を認めるような新しいシステムを導入した。インドでどのようなことが起きたかを考えてみるとよい。古くからインドの人々はニームの木を医療のために利用してきた。アメリカの企業が薬としてのニームの木の機能に気がつき、アメリカや日本の多国籍企業が数々の特許をこの木に関して取得した。それによってインドの人々は、何百年もかけて築き上げた知識体系の恩恵にあずかることを、阻まれてしまっている。

また、自給農業に取り組んでいる人々の苦境のことも考えてほしい。食糧の輸出入が大幅に増えてきたとはいっても、世界の食糧供給の中で貿易の対象となっているのは一五%にすぎない。ほとんどの人が自給農業に頼って生きているのである。自給農業は次の年のために種を取っておかなければ成り立たない。しかし新しく導入されたWTOの知的所有権の保障によって、代々受け継いだその地域に適した種を栽培した農民の知識と努力を、一企業が所有する、つまり特許権を得ることが認められている。ひとたび特許権を獲得すれば、その種に関しては毎年使用料を払うか、新しい種を購入するかを、企業は貧しい農民に強いることが出来る。お金を払わなければその品種の作物を栽培することは許されなくなってしまっているのである。それがその地域で手に入るただひとつの品種であっても、栽培可能なただひとつの品種であっても、例外は認められない。そのうえ「ターミネーター技術」と呼ばれる新技術によって文字通り種を発芽不能にし、農家が種を翌年のために取っておくことを完全に不可能にすることまで企業には出来るようになってきた。この技術によって、自給農家が自家消費する分を収穫することすら阻止出来てしまう。

広い範囲にわたって影響を及ぼすいまひとつのWTOの特徴は、「ハーモナイゼーション」の押しつけである。このハーモナイゼーションというのは産業界が考え出した言葉である。それは企業が単一の世界市場に向けて商品を生産したり、サービスを提供したりすることが可能になるような画一的なグローバル・スタンダード（世界規準）を確立するために、多くの国の個別の基準を廃止することを意味している。ハーモナイゼーションが声高に叫ばれるようになったのは、WTOの発足と軌を一にしている。WTOは各国政府に、食品の安全性や労働現場の安全性、医薬品の特許、環境保護のための規則、そして製品のラベル表示などについての基準を「調和させる」ように要求したり、奨励したりしている。

ハーモナイゼーションの底にある前提は、世界はひとつの巨大な市場であるという認識である。たとえ文化や価値観の違いを反映したものであっても、異なる基準はそれによって世界市場が細分化される恐れがあるので、本質的に好ましくないものとみなされる。しかし彼らのこの基本認識は間違っている。ただひとつの基準を世界に押しつければ、世界中のさまざまな社会に生きる人々がそれぞれの生きるよりどころとなる基準を、それぞれに選ぶ権利が損なわれてしまう。消費者グループはこのハーモナイゼーションには警戒心を持っている。企業がもくろんでいる世界単一市場と、消費者や民主的政府の利害とは対立せずにはおかないからである。

ハーモナイゼーションの弊害を分かりやすく示す例は、オーストラリアからの肉の輸入である。アメリカは企業が社内的に検査したに過ぎないオーストラリアの肉を、アメリカ政府が検査した肉と「同等」なものと認め輸入を受け入れる決定を下した。どちらの肉にもアメリカ農務省の承認のシールがつくために、アメリカの消費者にはまったく見分けがつかない。ところが社内検査を認めた後にオーストラリアでは、サルモネラ中毒が激増した。従って会社による検査しか受けていない肉の輸入は、アメリカ政府による特別に厳しい検査の対象となって当然である。オーストラリアの新しいやり方がアメリカのやり方と同等のものであって、そのまま輸入してもさしつかえないというような、大ざっぱなコメントで済まされる問題ではないはずである。

「同等性」の名のもとに、かなり異なった、そしてしばしばかなり劣った他国の基準を国内基準と等しいものとみなすことが宣言されることがままある。WTOの規定には明確な手続きに関するガイドラインは存在しないし、考慮の対象となる数値の一覧表もなく、主観的な比較によって同等性が判断される。お互いにそれぞれの国内基準は「同等」だと宣言してしまえば、相手国の基準を国内基準として扱う義務が生じる。

WTOはハーモナイゼーションについて審議する五〇以上の委員会と作業グループを組織した。利害関係のある当事者や被害を受けた可能性のある地域の代表がこういった作業グループに情報や分析結果を提供したり、審議に参加したりすることは、まったく認められていない。また全般的に密室審議で、裁定のプロセスを知ることは出来ない。にもかかわらず今日の貿易ルールとしては、こういった基準を定める手続きを踏めば、国や州や地方自治体の政策を正面から無力化することが可能になっている。アメリカでは政府は開かれた政府でなければならず、国民の参加のもとに政策決定の過程を詳しく記録に残さなければならない。ところがWTOは、この手続きを国際的ハーモナイゼーションを錦の御旗としながら踏みにじっているのである。

〈選ぶのは私たち市民だ：シアトルWTO閣僚会議〉

一九九九年一一月下旬にワシントン州シアトルにＷＴＯ加盟国一三四カ国が集まって閣僚級サミットを開き、ＷＴＯのこれからの作業計画を決めることになっている。原稿執筆の時点で、多くの国が会議でどのような立場を表明すべきか検討中である。ほとんどの企業団体がＷＴＯの大幅な権限拡大を望んでいる。教育や保険サービスもその権限内に収め、通貨相場師や海外投資家に新しい権利を付与するためである。（多くの市民や議会の反対にあって一九九八年に葬り去られた条約案、多角的投資協定のＷＴＯへの再提起である）

アメリカはすでに労働問題や環境保護のためのセーフガードをＷＴＯで取り上げるという控えめな提案ですらすでに引っ込めてしまって、次のような項目を閣僚会議の話し合いの中で協定にまとめるほうに力を注ごうとしている。つまり、

・保健サービスや教育といった新しい分野もＷＴＯが扱えるようにするための交渉を新たに始める。
・政府調達に関するルールをすべてのＷＴＯ加盟国に拡大する。手始めとしてすべての加盟国に調達明細の公表を義務づけ、今後の調達交渉に政府が決定を下す際に（環境保護とか経済発展などの）非商業的配慮をすることを制限することに同意させる。
・年率四％の森林伐採増加も可能な「フリーロギング」世界協定の調印を実現する。
・（遺伝子組み換えのような）バイオ製品の保護に関するＷＴＯの交渉を新たに始める。そして、
・農産品貿易の規制緩和をさらに進める。

現在のＷＴＯモデルをさらに拡大するアメリカの案は、多くの面でアメリカ国民の世論の反発を受けているし、現在の法規のもとで活動している市民グループの努力を無駄にしかねない。最近の世論調査によれば、アメリカ人の八一％はある国が他の国の消費者の安全や労働法規や環境保護法を踏みにじることを可能にするような貿易協定には議会は反対すべきだと考えている。

世界中の市民グループ、労働、宗教、消費者、環境、家族経営の農場といったさまざまな団体が、弊害の多

いＷＴＯの規定を無くすために「引き返せ」と叫んでいる。世界中の非政府組織の大同盟が、「会議はいらない、引き返せ」（ノーニューラウンド、ターンアラウンド）と大合唱しているのである。

こういった問題に気づいた市民グループは、ＷＴＯが不当に介入している内政問題を徐々に縮小し、いくつかの問題はＷＴＯではまったく扱えないようにし、そしていくつかのＷＴＯルールは国民全体の利益になるものに書き換えることを念頭に置きつつ、現行のＷＴＯルールのもとでのＷＴＯの実績を客観的に検証しようとしている。

本書を読むことによって、企業による世界貿易経済のためのさまざまな義務が拡大するのを阻止し、民主的で説明義務を忠実に果たす政府の実現のための運動に参加するきっかけとなれるようならば、幸いである。

第*1*章

WTOが環境に与えた影響

The WTO's Environmental Impact

この章において……

事実：

●**アメリカ大気浄化法**：アメリカ大気浄化法がWTOルール違反であるとベネズエラが異議を申し立てベネズエラが勝訴すると、アメリカは大気汚染のもととなっているガソリンに含まれる汚染物質の法的規制をゆるめた。

●**アメリカのイルカ保護政策**：一九九一年のGATT裁定で勝訴したメキシコが再びWTO提訴をほのめかすとクリントン政権は修正法を議会で通し、海洋ほ乳類保護法のイルカ保護マグロ規定を骨抜きにしてしまった。

●**アメリカ絶滅危惧種法（ウミガメ）**：アメリカでエビを販売するにはアメリカのエビ業者であれ外国のエビ業者であれウミガメがかからないようにするための比較的安価な装置を網につけなければならないことを定めた絶滅危惧種法の規定はWTOルール違反であるとの判断を、WTOは示した。この装置の義務づけは実現していない。

●**京都議定書の実行**：アメリカや欧州連合の政府や自動車産業は、（気候変動に関する）京都議定書に盛られた約束を実行するための新しい燃料効率法規をWTOルール違反として訴えると脅しをかけている。GATT違反とされたアメリカの企業別平均経済燃費基準も本章で取り上げる。

●**欧州連合の有毒物や廃棄物の削減政策**：アメリカのエレクトロニクス産業は政府に働きかけて、いくつかの有毒物質の使用を禁止しエレクトロニクス製品の廃棄の責任を企業に負わせる欧州連合の新しい環境保護案は、WTOルール違反であるとの脅しをかけさせた。

●**鋼鉄製の残酷なあご状の捕獲ワナの欧州連合における禁止**：アメリカとカナダがWTO提訴の可能性をちらつかせたために、ヨーロッパ全体で進んでいた鋼鉄製の残酷なあご状の捕獲ワナの使用禁止とそういったワナで捕まえた動物の毛皮の販売禁止の動きが、数年前から頓挫し、極めて実効性の薄いものに後退を余儀なくされている。

●**アメリカはエコラベルに関して企業の後押しをしている**：クリントン政権はほとんどのエコラベル事業を違法な貿易障壁としてしまうことになるWTOの提案を支持したが、この案をまとめたのは実は企業連合であった。

●**アメリカの外来種防疫規則（アジア産カミキリムシ）**：アメリカは中国や香港からの梱包木枠に潜んでやって来

る猛烈に木を食べる害虫の侵入を防ぐのに、苦戦してる。香港は木枠の防疫処理を義務づけているアメリカの規則について、ＷＴＯに異議を申し立てている。

概念：

●**環境保護を敵視するＷＴＯ：**ＷＴＯは環境保護や自然保護の法規について、これまで取り上げたすべてのものをルール違反とした。廃止または変更が必要な違法な防疫障壁であるとの判断を示したのである。

●**多角的環境保護協定：**署名諸国がそれを実行に移そうとすると、ＷＴＯ規定に抵触するとして提訴される恐れがある。

●**ＧＡＴＴ第二〇条：**ＷＴＯ違反として攻撃にさらされた環境保護法、自然保護法、また健康保護法を守るためにこの規定を援用してＧＡＴＴ／ＷＴＯ違反ではないとさまざまに弁護しても、ＷＴＯはそういった主張をことごとく退けている。

●**貿易環境委員会（ＣＴＥ）：**環境保護派からのＷＴＯ批判をかわすために設けられた。環境や環境保護政策にＷＴＯが及ぼした悪い影響を軽減するための提案を、同委員会はひとつとして行ったことがない。そして今は環境保護の点でも有益な貿易自由化の実現に人々の目を向けさせようと躍起である。

「関税及び貿易に関する一般協定」（GATT）のウルグアイ・ラウンド協定を実行し、世界貿易機関（WTO）を発足させる法律がアメリカ議会で一九九四年に可決成立した。しかし環境保護団体も、自然保護団体も、動物愛護団体も、こぞってそれに反対した。

その前年には北米自由貿易協定（NAFTA）をめぐっては非政府組織（NGO）の中のいくつかの環境保護団体が反対論を展開したにすぎなかったのとは対照的にこの時は、環境保護活動家は一人残らずウルグアイ・ラウンド協定に反対した。当時カンター通商代表は、WTOの登場によってアメリカの環境保護法や健康関連法が弱体化させられることはないと主張して、「［…WTOは］各国政府がそれぞれに適切と判断するレベルにまで人間、動物、そして植物の保護を行ない、国民の健康を維持する主権国家としての権利を明確に認識しているし、認めている(一)」と議会で証言した。しかしこういった発言をもってしても、環境保護グループを納得させることはできなかった。

彼らの警戒心は、決して根拠のないものではなかった。前年に環境保護のための「補完協定」と引き替えにNAFTAに支持を与えた人々は、裏切られたと感じていた(二)。まず第一に、補完協定は役に立たないものであるきざしがすでに見え始めていた。第二にクリントン政権は環境保護グループにNAFTAモデルを環境保護のための「最低条件」を示すものとし、それに続く各種の貿易条約に組み込まれる協定を強化すると約束していた(三)。ところがNAFTAの環境保護のための補完協定は「最高水位」として機能し、十分条件を示すに過ぎないものとなっていることが、明らかになってきた。そして翌年には、ウルグアイ・ラウンド協定には各国政

府が国民や環境を守るためにできることを制限するさまざまな規定が含まれることが明らかになった。しかも環境を守るためのセーフガードは、なにひとつとして用意されていなかった。

そのうえ環境保護主義者たちは、ウルグアイ・ラウンドが発効する「前に」、GATTの規定の悪い影響が現れるのを目の当たりにしていた。いくつもの国がいくつかの環境保護法を、GATTルールに違反しているとして訴えていた。他方、GATTの紛争解決裁定委員会は、こういった法律はルールに違反しているという判断を示していた。それだけでなく彼らは、理論的にはそういった提訴から環境保護のためのセーフガードを守るために活用できるはずのいくつもの「例外」規定を、極端に狭く解釈して生かそうとしなかった。

環境保護主義者たちは、WTOに認められることになっていた強力な権限が、すでに環境保護に消極的であることがはっきりしているGATTのなかで威力を発揮するようになると、世界の環境保護は深刻な打撃を受けるのではないかと恐れていた。彼らはウルグアイ・ラウンドの交渉に臨む人々に、新しい姿勢で環境問題に取り組むよう強く要請した。(五)

その声は、無視された。そして自然保護や環境保護より通商上の特権を優先させるGATTルールの基本的発想に基づいて、新しい協定が結ばれた。ウルグアイ・ラウンド協定の批准にあたり議会で環境保護の観点から議論が集中することを見越してWTOに加盟する予定の国々は、モロッコで開かれたWTO発足のためのマラケシュ閣僚会議の最終段階になって、貿易環境委員会（CTE）も発足させることにした。貿易環境委員会には、貿易と環境保護が両立する方策を研究する義務が課せられた。そして同委員会はWTOの研究グループを任命した（これは交渉グループではないので、環境保護を目的とした新しいWTOルールをまとめる権限は与えられていない）。WTOの枠の中でこの委員会が環境保護のためにうまく機能することはできないことが、すでに明ら

WTOにおいては環境保護基準は「失敗する運命にある。世界的貿易体制に百害あって一利なし」。(4)

―WTO事務総長レナト・ルギエロ

かになっている。

ＷＴＯが発足してから五年を経て。環境保護主義者たちの不安が根拠のないものではなかったことが、証明された。どの例をとっても、ＷＴＯが脅しの道具に使われている。あるいは環境保護のためのセーフガードに対する異議申し立てに、ＷＴＯがお墨付きを与えている。その影響は、ウルグアイ・ラウンド体制以前より広く深くなっている。

環境保護のための新しい政策が、ＷＴＯルール違反をちらつかせることによって、しかもしばしば政府の後ろ盾を得た産業界の脅迫によって、葬り去られている。貿易量の増大に伴い、外来種の侵入によって生物の多様性が脅かされる問題も起きている。またＷＴＯによって多国間環境保護協定の影は、薄くなってしまった。その具体的な例として、なかなか実行に移されない京都議定書、ヨーロッパの毒物関連法やリサイクル法、香港がＷＴＯ違反だと提訴をちらつかせたアメリカのカミキリムシ移入対策、アメリカが提訴をちらつかせたＥＵのエコ・ラベル、ＧＡＴＴのイルカ裁定に関する執行請求訴訟、そしてつぶされてしまったＥＵの無痛捕獲法などを挙げることができる。それから本章では、アメリカの絶滅危惧種法（ウミガメ）や大気浄化法に関する有名なＷＴＯパネルの裁定も取り上げる。さてとりあえず、ＧＡＴＴ／ＷＴＯの環境保護に関する実績を見ていくことにしよう。

制裁措置をちらつかせることによってＷＴＯは、各国に重要な環境保護法を廃止または改正させたり、新し

「非関税障壁」というのは貿易用語で、関税ではなくても貿易にかかわってくるすべての法律や政策のことである。例えばGATT／WTOの側からすれば、発ガン性のある殺虫剤が残留している食品の輸入を禁止する法律は、貿易を妨げる非関税障壁とみなされる。いくつかのGATTの規則に照らせば、許容すべき非関税障壁と認められることもある。残念ながらウルグアイ・ラウンドのGATTルールはそういった除外例をほとんど認めていない。国産品にも輸入品にも同じように適用される法律であっても、非関税障壁とされる場合がある。

い環境政策を放棄させたりしてきた。特に問題なのは、これまでに出された異議申し立てのほとんどが、環境保護を敵視するGATTの長年のルールにWTOの新しい強制力が付け加わってくる例となっていることである。ウルグアイ・ラウンドを通じて強化された反環境保護規定は、いくつか例外があるにしても、脅しの道具として使われることがほとんどであった。これらの協定が完全実施に移行するにつれ、WTOを利用した環境保護セーフガードつぶしの手段として、これらの新しいGATT協定がますます広く利用されることになるだろう。実際そのような状況は、すでに現実のものとなっている。

〈GATTと環境：ウルグアイ・ラウンド以前〉

ウルグアイ・ラウンドの交渉や協定締結に至る前から環境保護を敵視するGATTの傾向は、アメリカの二つの重要な環境保護法に声高に異議を申し立てたことに象徴されるように、はっきりしていた。二つの環境保護法とは、海洋ほ乳類保護法（MMPA）と自動車に課せられた「自動車メーカーごとの平均燃費規制」（CAFE）である。

一九九一年当時はGATTの第三条に規定された内国民待遇（非差別規定）は、生産や収穫の実態を根拠として商品を差別的に扱うことを各国政府に禁止していると解釈されていた。海洋ほ乳類保護法（MMPA）という、国内産であれ外国産であれきんちゃく網を使って獲ったマグロをアメリカで販売することを禁じたアメリカに古くからあった有用な法律に対する異議申し立てを、メキシコがGATTに行ない、それが認められたのが、この解釈の元となっている。きんちゃく網というのは巨大な網で、イルカの群れとその下を泳いでいるマグロを一緒に引き上げてしまう。そのため何百万頭ものイルカが、混獲によって死んでいた。(六)そういった一網打尽的な網を使った漁法で獲れたマグロと、イルカの混獲が起きないように工夫された漁法で獲れたマグロとを区別するアメリカの法律はGATTルール違反だという判断を、GATTの裁定委員会は示したのであった。

また一九九四年にはあるGATTのパネル（小委員会）が、EECによる異議申し立てに基づいて、アメリカの「企業別平均経済燃費基準」（CAFE）はGATTルールに違反しているとの判断を示した。表面的には中立的、すなわち国産車も輸入車も平等に扱っているように見えても、ヨーロッパ車に対して「実質的には」差別的であるとの結論を出したのである。この規制の下では、メーカーごとにアメリカ国内で販売された車の平均燃費が、一定の水準に達していなければならないとされていた。ヨーロッパの自動車メーカーは、アメリカでは大型の高級車（したがって収益性の高い車）のみを販売する戦略を立てていた。そのため結果的にはアメリカや日本の高級車よりも優れた燃費をCAFEの下では義務づけられることになる。アメリカや日本のメーカーは小型の燃費の良い車もアメリカ国内で販売しているため、全体の平均で比較すると有利になるからである。

イルカの問題においても、自動車の燃費の問題においても、アメリカはGATT第二〇条に記されている例外規定を援用しようとした。第二〇条に定められている「例外」を生かせば、状況を狭く解釈した時にGATTルール違反に見える法律でも、加盟国は採用したり維持したりすることができるはずである(七)。理論的にはこの例外規定によって、国の安全保障だけでなく、法律解釈上、公衆衛生や環境保護といった重要な領域でも国民の利益を守るために、不当な立法権の侵害をはね返す道が残されている。ところがこの二つの例においては規定を非常に狭く解釈して、まったく存在価値のない規定にしてしまっている。

こういった中でウルグアイ・ラウンドがまだ協議を続けていた段階から、環境保護主義者たちは環境保護法つぶしにGATTルールが悪用される例を、たびたび目のあたりにしてきていた。GATTの例外規定は環境保護法を守る上で、何の役にも立っていなかった。

〈WTOと環境：反環境保護ルールの強力な押し付け〉

このようなウルグアイ・ラウンド以前の悪い実績を忘れることのできない環境保護主義者たちは、WTOルールに違反していると主張されることの多い法律を攻撃から上手に守るために、第二〇条に定められている不十分な「例外」規定を強化するように、ウルグアイ・ラウンドの交渉に臨む人々に強く要請した。また、環境保護政策に対する攻撃の足がかりとなってきた上に、将来的にもその恐れのあるGATTの条項を修正するようにも求めた。もともとウルグアイ・ラウンドの主たる目的はGATTとそれに付随した協定に、貿易上の制裁措置をちらつかせることによってWTOを通じた確固とした強制力を持たせることにあった。したがって環境保護主義者

GATT第20条：環境保護の観点からの除外規定して有効か？

GATT第20条にはGATTルールに抵触する法律や政策であっても、異議申し立てに抗弁する根拠として援用できる「例外規定」がある。環境保護規則の正当性を主張するためにアメリカその他の国は、第20条のいくつかの規定を利用した。例えば第20条（b）は「人間や動植物の生命や健康を守るために必要な」法律を取り上げ、第20条（g）は「限りある天然資源の保全にかかわる」法律を取り上げている。しかしながら条文の表現があいまいであるうえにこれまでGATTのいくつかの委員会が消極的な解釈を示したので、せっかくの規定が環境保護法の救済にはまったく生かされていない。

例えば第20条にある「必要な」という表現は、環境保護法は環境保護の目的を達成するための「最も貿易を妨げることのない」法律でなければならないという意味に解釈されている。また第20条の「帽子」（すなわち冒頭の総則）は、その根拠となっているすべての規定の適用を実効性のないものにしていると解釈されている。実際この第20条を利用して環境保護法のGATTやWTOへの提訴を国がはね返した例は、これまでひとつとしてない。

産業界はこのことを承知している。エレクトロニクス製品に関して新しい厳しい環境保護ガイドラインを導入しようとした欧州連合にWTO提訴をちらつかせながらアメリカ・エレクトロニクス協会（AEA）は、「これまでのところ第20条（b）の適用を求められた委員会の中に、GATTの規定に抵触しながらも特例措置が必要だと認めた例はない」と指摘した。(8)

たちは国内、国外の環境保護法や環境保護政策を弱めるような条項を新しい体制に持たせないようにすることが、ぜひ必要だと考えていた。

こういった問題を改善することを、ウルグアイ・ラウンド交渉に臨む人々は拒否した。それどころか協定の中に、おびただしい数の反環境保護、反自然保護の条項を新たに付け加えたのであった。こういった規定による新しいルールは、人々の努力によってやっと勝ち取られたさまざまな環境保護法を、いわゆる「非関税障壁」という観点から見直すことを求めていた（「非関税障壁」というのは貿易用語で、関税ではなくても貿易にかかわってくるすべての法律や政策のことである。例えばGATT／WTOの側からすれば、発ガン性のある殺虫剤が残留している食品の輸入を禁止することは、非関税障壁とみなされる）。

各国政府が環境保護や国民や動植物の健康や食料の供給を守るために食品や農業に関して何かを実行しようとすると、WTOの「衛生植物検疫措置の適用に関する協定」（SPS協定）が露骨に行動を制限する。その結果外来種の移入によって種の多様性が脅かされるのを防ぐために各国政府が利用できる多くの政策が、SPSルールに抵触することになる。WTOの「貿易の技術的障害に関する協定」（TBT協定）は、製品の内容や特性を規制する国内ルール、いわゆる製品基準ができるだけ貿易の妨げとならないものであること、そしてほとんど例外なく国際標準に沿ったものであることを求めている。WTOの「政府調達に関する協定」（AGP）は、政府機関が購入計画を立てる時には「商業的な要素」だけを考慮に入れるように求めている。「知的所有権の貿易関連の側面に関する協定」（TRIP協定）はWTO加盟国に、長期的に見て環境にどんな影響を及ぼすかは未知数であるにもかかわらず、バイオ作物に関する知的所有権を保護するよう求めている。こういった協定はすべて、制裁措置をちらつかせることによって、WTOの紛争解決制度の中で強制力を手にしている。

GATTの下での貿易とWTOの下での貿易との決定的な違いは、紛争解決委員会が出す裁定の法的性格である。相手国の法律がGATTに違反していると考えた時に外国の法律を貿易裁判所に訴えることができる点は、どちらも同じである。しかしGATTの下では、貿易上の紛争は協調と交渉による解決に力点が置かれていた。これに対しWTOの下では、「自動発効力」に力点が置かれている。つまりWTOのパネルには、貿易上の制裁措置の裏付けのある拘束力のある判断が示せる仕組みになっている。

ウルグアイ・ラウンド以前のルールでは、紛争解決委員会の報告書は、すべての加盟国の合意が得られなけ

GATT「例外規定」適用の可能性を指摘されながらも却下された環境保護政策

・海洋ほ乳類保護法（MMPA）／マグロ・イルカその１（メキシコ対アメリカ）：1991年のGATT委員会は、イルカに有害な漁法で捕獲されたマグロに関するアメリカの禁輸措置はルール違反であるとの判断を示し、その理由としてまず第１にアメリカの領海外でのイルカの混獲の問題に関するアメリカの措置にGATT第20条は適用できないこと、そしてアメリカはこの措置がイルカの保護に「必要な」措置であることを証明できなかったことをあげた。

・海洋ほ乳類保護法（MMPA）／マグロ・イルカその２（EEC対アメリカ）：1994年のGATT委員会は、アメリカの第２次マグロ禁輸措置はイルカ保護に「必要」ではなく、従って「最も貿易を妨げることのないという要件」を満たしていないとの判断を示した。それだけでなく同委員会は、第20条（g）の規定によって環境保護法を使って各国が規制できるのは生産者の行為だけであるとの判断も示した。すなわち第20条（g）のいうところの「かかわる」とは資源の保護という目的に法律が「直接的に」かかわるものでなければならないという意味だとの判断を示した。

・大気浄化法／ベネズエラのガソリン：1996年にWTO上級委員会は、大気はGATT第20条に定めるところの保護の価値のある「限りある天然資源」であることは認めたが、アメリカ政府が設定したガソリンの清浄度基準は外国のガソリンを差別するものであり、従って第20条の「帽子」の適用外であるとの判断を示した。

・絶滅危惧種法／エビ・ウミガメ：1998年にWTO上級委員会は、エビ網にひっかかったウミガメを保護するためのアメリカの法律は法理論的にはGATT第20条で保護されている例外規定の対象となる法律ではあるが、本件においては問題の法律はその保護の対象とならないとの判断を示し、その理由として主権の及ばないはずの外国政府にエビ漁に関して特定の規制の仕方を押し付けていることと、貿易相手国ごとに適用の仕方が異なることをあげた。

れば採択することができなかった。合意がなければ対抗措置を実行できないというのは、多くの国際協定に含まれている主権の尊重のための条件である。GATTの以前のルールでは、国内法のGATTルール違反を取り上げられた国は基本的にはルールに従わないことも可能だった（もっともGATT体制の正当性を揺るがすことになるので、この選択肢を利用した国は少ない）。

ウルグアイ・ラウンド協定はWTO裁定の実施を「阻止」するためにはすべての加盟国が反対することを条件としているので、合意を前提とした主権を守るためのセーフガードとは逆さの構造になっている。つまり勝訴国も含めてWTO加盟国一三四カ国が反対しなければ裁定の実施を阻止することはできない。この変更のねらいは、すべての加盟国が平等な権利を持つ裁定を軸とした制度を作り出すことにあった。コンセンサスを基調とした旧制度は、裁定に従うか、無視するかの選択の幅が政治的に許される豊かな国々に、あまりに大きな交渉の余地を与えてしまっていると考えられていた。ところが残念なことに新しい拘束性のある制度の下でどういうことになったかというと、WTOに代表を常駐させ、パネルの聴聞会において専門家の助力を得られる豊かな国々の支配的な地位を、固定化してしまった（九）。さらに悪いことには貿易をめぐる紛争のWTO式の決着のつけられ方を目の当たりにした人々は、こういった紛争は商法の専門的、法律的解釈の問題なのだと思いこまされてしまっている。実はそうではなくて、政治的、政策的決断の問題なのである。

> 「WTO加盟国は自由にそれぞれの環境保護の目標を定めることができる。しかし具体的には、こういった目標を達成する過程において［WTOの］規定に抵触しない範囲においてのみ、それは許される。」(15)
>
> —WTOの大気浄化法裁定

WTOはWTOの枠組みの中で経済の持続的発展を図っていくのが基本方針だと、述べている（「［環境は］WTOにおいてはこれまで重要な課題だったし、これからも重要な課題であり続けるだろう」（一〇））。しかしこれまでの実績からすると、まったく別のものに優先権が与えられているようだ。現に当時のWTOの事務総長レナト・ルギエロは、コンドルのように激しい口調でWTOにおいては環境保護基準は「失敗する運命にある。世界的貿易体制に百害あって一利なし」[一一]と断言してはばからなかった。

〈WTOの新しい拘束力のあるルールが環境保護のためのセーフガードの実効性を弱めている〉

例1：アメリカはWTOの判断に従うために大気浄化法の実効性を弱めた

WTO体制が発足してからほんの数カ月後に、重要な環境保護法に対する最初の攻撃がしかけられた。ベネズエラとブラジルが提起した異議申し立てに対し、WTOの紛争処理パネルは一九九六年一月に、一九九〇年にアメリカ大気浄化法に付け加えられた規則が、貿易ルールに違反しているとの判断を示した。[一二]アメリカはWTOに、ガソリン清浄規則を修正するように求められたのである。[一三]アメリカは、環境保護局（EPA）が実際上、実施不可能として拒否していたガソリン中の汚染物質の制限へ向けての政策を採用し、修正したばかりであった。[一四]

この問題はWTOを利用すれば国の立法制度や司法制度の力が及ばないようにできる例として、マスコミで大きく取り上げられた。重要な政策をまとめ、実施する環境政策にとっても、国家の主権にとってもWTOが大きな脅威になることがあるという最初の具体的な例だったのである。

WTOによって止めを刺されてしまったEPAのガソリン規制は、アメリカの立法、行政、そして司法の各制度を利用したあらゆる阻止活動が展開されたにもかかわらず、それまでは持ちこたえていた。アメリカの有名なロビー活動企業アーノルド・アンド・ポーターを使っていたベネズエラ政府を始めとする反対勢力は、まず

> EPAは、「WTOの下でのアメリカの義務に矛盾しない」[27]範囲で大気浄化法規則を実施するだろう。
>
> 一新しい大気浄化法規則についてのEPAのガイドライン

議会に働きかけた（一六）。それに失敗すると今度は、規制細則作りに介入しようとした（一七）。ついにベネズエラの産業界が恐れていた規則がＥＰＡによって承認され、施行されると、ロビイストたちは再び議会へ矛先を向け、規則の修正緩和を試みた（一八）。

そこでもうまく行かなかったので、アメリカ国内の石油精製業者はしぶしぶ新しい法律に従い始めた。彼らは法律に従うために三七〇億ドルを投じたと主張した（一九）。ところがベネズエラとブラジルはＷＴＯに舞台を移して、再び攻勢に出た。そしてついに人々の目の届かないＷＴＯの秘密裁判で、説明義務を負わされてもいなければ選挙の洗礼も受けずに済む通商官僚たちのおかげで、大気浄化法の改正規則に反対する人々が勝利を手にした。

この時ＷＴＯが示した判断は、環境保護主義者たちがＷＴＯに関して抱いていた最大の不安を現実のものとした。いつもの二枚舌を駆使してＷＴＯのパネルは環境問題に関する国家の主権は認めると言いつつ、現実にはそれぞれの国の環境保護法はＷＴＯルールに違反しないものでなければならないと付け加えることを忘れなかった。「ＷＴＯ加盟国は自由にそれぞれの環境保護の目標を定めることができる。しかし具体的には、こういった目標を達成する過程において［ＷＴＯの］規定に抵触しない範囲においてのみ、それは許される」（二〇）。

大気浄化法規則に投げかけられた疑問：一九九〇年大気浄化法に加えられた修正は、それまでのアメリカの公害根絶政策の中で、鉛添加ガソリンの追放を別として、おろそかにされていた自動車の燃料に由来する汚染を規制する権限をＥＰＡに与えようとするものだった（二一）。（「芳香族」の名で知られる）ガソリンに含まれる汚染物質は、オゾン、スモッグ、そして有害な空気汚染物質を排ガスの中に生み出し、地上のオゾン汚染の主な原因となっている（二二）。

修正の理由は、きちんと報道されている。地上のオゾン汚染がもたらす健康被害には、呼吸器障害、呼吸困難、喘息の悪化、炎症、肺の内側の損傷、それから細菌性呼吸器疾患に対する免疫力の低下などがある（二三）。アメリカにおける喘息の発生の急激な増加は、一九八〇年代のガソリンの有害排気ガスに起因するスモッグの発生増加と軌を一にしている。（二四）

議会が一九九〇年に成立させた大気浄化法修正法を補足する規則を、EPAが一九九四年に出した。これによりガソリンに含まれる汚染物質を減らすことが、義務づけられた。（二五）つまりアメリカで最も汚染されたいくつかの都市で販売されるガソリンの清浄度を、一九九〇年に比べて一五％向上させることが義務づけられ、その他の地域ではすべてのガソリンについて、少なくとも一九九〇年のレベルに清浄度を保つことが義務づけられたのである。（二六）

規則を定める際に難しいのは、アメリカ国内で販売されるすべてのガソリンについて基準が満たされるようにする行政的に実行可能で信頼できる、しかも費用のかからない方法を見つけることである。EPAが単純にあるひとつの絶対的な清浄度の達成目標を定めてすべての精製業者に遵守を求めても、ガソリン市場は品不足と価格高騰で混乱するばかりだっただろう。そのうえEPAはひとつの絶対的な清浄度基準を設定する前に、汚染物質を低減させたガソリンの排ガスがどの程度の汚染物質を排出しているのかを定量化するためのデータを集める必要があった。

一方柔軟なやり方、つまりそれぞれの精製業者の過去の実績に基づいた清浄度の基準を設定するのも、問題があった。(開業後六カ月に満たないアメリカの精製業者やEPAの権限の及ばない海外のほとんどの精製業者などの）一部のガソリン精製業者に関しては、改善の目標値を設定する元となる個々の初期値を割り出すための十分なデータが、EPAには欠けていた。

市場の混乱をできるだけ少なくし、健康を守る成果を最大にするにはどうし

1997年 8月にEPAは、「WTOの下でのアメリカの義務に矛盾しない」(28) 新しい規則を、WTO裁定に従うために導入した。このWTO裁定に沿った規則は、それまでEPAが実施が難しく費用がかさみ過ぎると主張して争っていた、業界側の提案と同じ内容のものだった。(29)

たらいいか。そこでＥＰＡは中間的な方法をとることにした。つまり一九九〇年のガソリンの清浄度に関するＥＰＡの公式データが残されているガソリン製造業者に関しては、そのデータを元にして目標値を定める。（生産量の八〇％以上をアメリカで販売している外国の業者はＥＰＡに対する報告が義務づけられているので）生産量の二〇％未満しかアメリカで販売していない業者のガソリンは、一九九〇年の時点で完全なデータをＥＰＡに報告することができたすべてのガソリン製造業者の実績平均値に見合った汚染レベル以下に収めることとした。そしてこのやり方は一九九八年までとした。ＥＰＡは統一的な清浄度目標値を定めるまでに五年の猶予が与えられることになった。

ＷＴＯへの異議申し立て：ベネズエラやブラジルは、ＥＰＡのやり方は自分たちの国のガソリン産業を不利にしてしまうと主張した。ＥＰＡのやり方だと平均値以下に収めることができなかった輸入ガソリンが販売できなくなる一方では、同じような汚染レベルのガソリンであってもそれぞれの基準となる初期値が非常に低いアメリカの精製業者のガソリンが堂々と市場でまかり通ってしまうからである。

　ＷＴＯのパネルはベネズエラやブラジルの石油産業の主張を認め、議会が義務づけた大気浄化法に基づく基準のＥＰＡによる設定は、外国の精製業者よりもアメリカの精製業者に有利な差別的「効果」をもたらす可能性があるとの判断を示した[二〇]。アメリカはこれを不服として上訴したが、ＷＴＯの上級委員会（アペラット・ボディー）は、パネルの判断を支持した[二一]。大気浄化法による規制を維持したいと考えていたアメリカは、もし規制が守られなければ輸入ガソリンに由来する窒素酸化物（NO_x）の年間排出量は五〜七％増大する恐れがあると主張した[二二]。しかし一九九六年のＷＴＯ上級委員会の最終裁定においては、大気がＧＡＴＴ第二〇条に基づいて保護の対象となる「限りある天然資源」であることは認めたものの、アメリカ政府が定めたガソリンの清浄度の義務づけは外国のガソリンに対する差別であり、従ってＧＡＴＴ第二〇条の例外規定を援用することはできないとされた[二三]。そしてＷＴＯはアメリカに、政策の変更を求めた。

アメリカはＷＴＯの裁定に従った：ＷＴＯの裁定によってアメリカは、ＥＰＡの規制を撤回して汚染度の高いベネズエラのガソリンの輸入を認める（そしておそらくＥＰＡの規制に従おうとして投資を行った国内の精製業者を価格競争上不利な立場に置く）か、それともあくまでＥＰＡの規制を続行してＷＴＯの承認の元に対抗措置としてアメリカの製品にベネズエラがかけた高い関税によって毎年一億五〇〇〇万ドルの貿易制裁を受ける覚悟をするかの二者択一

環境保護グループがアメリカEPAを、大気浄化法規則に関しWTO裁定を優先させたとして起訴

1998年の５月上旬にアースジャスティス・リーガル・ディフェンス・ファンドは「地球の友」、ディフェンダーズ・オブ・ワイルドライフ、そしてセンター・フォ・インターナショナル・エンバイロンメンタル・ローを代表して連邦裁判所に裁判を起こした。EPAはWTO委員会の裁定に沿ってアメリカのガソリン清浄度基準を緩和し、議会によって与えられた権限を逸脱したというのが、訴因である。(37)「EPAには『達成可能な限り低い排出基準』を定める際にコストその他の要素を検討する明確な権限を付与されている一方で、経済的理由から基準をゆるめる権限は『…まったく与えられていない』」と彼らは裁判で主張した。(38) アースジャスティスの弁論趣意書はさらに、「EPAが経済上の実効可能性を検討するに当たっては…規制行為に大気の質を改善するという意図がなければならない。—新しい規則の正当性を主張するに当たり国際貿易ルールと経済的要素を根拠とすることによってEPAは、国内法に抵触し、議会が検討を期待していなかった要素を検討の対象としている」と指摘した。(39) さらにこのグループは、WTOの委員会報告書によってはアメリカが国内法を変更する国際的義務は発生しないとも主張した。

1999年の前半に連邦裁判所は、EPAには基準を変える権限が与えられているとの判決を下した。そして、WTOの裁定に直面して新しいガソリン清浄度規則をまとめるにあたり大気の汚染以外の要素も検討することが、EPAは大気浄化法の解釈上十分許されていると述べた。(40) それどころか同判決は、アメリカはWTO委員会の裁定を尊重する条約上の義務を負っているとすらほのめかした。(41) 今後WTO提訴が次々と勝訴するようであればこの判決がアメリカの法律を変えさせる根拠として利用されるかもしれないと、環境保護主義者たちは不安を募らせている。

の選択を迫られた。

この裁定は、重大な意味を持っていた。ベネズエラはアメリカへの最大の石油製品の輸出国で、アメリカの原油輸入の一六%、ガソリン輸入の一九%を占めている。[三四] 一九九七年八月にEPAは、「WTOの下でのアメリカの義務に矛盾しない」[三五] 新しい規則を、WTO裁定に従うために導入した。このWTO裁定に沿った規則は、それまでEPAが実施が難しく費用がかさみ過ぎると主張して争っていた、業界側の提案と同じ内容のものだった。[三六]

このガソリンをめぐるWTO訴訟の決着が引き金となって、やっと人々が手にした環境保護法や公衆衛生法に対する異議申し立てがあいついだ。これまでの環境保護法に関するGATT/WTO裁定はすべて、問題とされた行政措置の弱体化をもたらした(あるいは将来もたらすだろう)ものばかりである。

例2:クリントン政権はイルカ保護を骨抜きに

改正された海洋ほ乳類保護法(MMPA)の下ではきんちゃく網と呼ばれる一網打尽式の網で獲ったマグロは国内産であれ、外国産であれ、一九八八年の時点ではアメリカでは販売が禁止されていた。何百万頭ものイルカが東太平洋の熱帯部で、こういった漁法のために犠牲になっていたためである。[四一] この海域のマグロはイルカの群れの下に群れを作る。ところがどういうわけか、海洋生物学者たちはそのことを一度も確かめたことがない。そこで水産業界は一マイルもの長さの網をスピードボートにつけて海面近

生産と加工の方法

GATTの紛争解決委員会はどれも、生産方法や収穫方法に基づいて製品を差別的に扱ってはならないという決定を下している。生産方法を見分けることができなくては、環境保護も環境保護に配慮した経済政策もあり得ない。永続的な政策の策定の鍵を握るのは、商品が生産され、産物が栽培され、収穫され、そして抽出される条件と加工法を環境に優しいものに変えていけるかである。生産方法の区別を禁じる貿易ルールは、各国政府が実効性のある環境政策を立案することを不可能にしてしまう。

仲間作りの練習
ウーム……岸からずいぶん離れてしまった。泳いで戻るには疲れ過ぎている。
賢いイルカでも現われて、困っている僕を助けてくれるといいのだが。
ラッキー！　　　合い言葉は２つ：マグロ……網。

くにいるイルカを囲い込むという漁法を始めた。巨大な網の底辺には重りがついていて、それを引き絞るとイルカもマグロも一緒に捕まってしまう。三〇年間に七〇〇万頭のイルカが、きんちゃく網漁法の犠牲となって溺死、圧死その他の形で死んでしまった。[四三]

この大量虐殺の現場を、ある環境保護運動家がコックとして乗り込んだ船でビデオに撮影した。そして大騒ぎになった。[四四] 何百万人もの子供たちが「イルカを助けて」という手紙を議会へ送り、海洋ほ乳類保護法（MMPA）にマグロ漁のイルカ保護規定が実現した。[四五] 同法ではきんちゃく網漁法によって同海域の四種のイルカのうち東部のスピナー種と北東沿岸域のスポッティド種の二種は「獲りつくされた」種とされた。[四六]

GATTのイルカに関する裁定例：一九九一年にGATTのある委員会が、きんちゃく網を使って捕獲したマグロを国内産、外国産にかかわらずアメリカ市場から締め出していた海洋ほ乳類保護法第一〇一節（a）（2）項は、GATTルールに違反しているという判断を示した。[四七] GATT第三条を援用したのである。第三条は「どこで」生産されたかを根拠として差別することを禁じているだけでなく、「どのようにして」生産されたかを根拠として差別することも禁じている（プロダクション・プロセシズ・アンド・メソッヅ、いわゆるPPM）。同委員会はこの第三条の中でも、「同等の製品」であれば国内産であれ外国産であれ同じ扱いを受けるべきだと定めた部分を援用した。「同等の製品」という概念を製品の物理的特性のみに当てはめる同委員会の判断によって、マグロが「どのようにして」獲ったものなのか、紙が「どのようにして」作られたのかを問題にするアメリカを始めとするさまざまな国の多くの法律が、GATTのルール違反ということになった。つまりマグロの缶詰に実際にイルカの肉が混じってでもいないかぎり、イルカを無用に殺傷する網を使って獲ったマグロの缶詰であっても、イルカにとって安全な方法で獲ったマグロとまったく同じ扱いをしなければならないのである。

太平洋で獲れたものを加工して調理済マグロの輸出を考えていた欧州連合（EU）は、翌年独自に海洋ほ乳類保護法に対して異議申し立てを行った(四八)。GATT委員会は一九九四年に、こういった形のイルカの保護はGATTのルール違反であるとの判断を、再び示した(四九)。

どちらの例においてもアメリカは、イルカの保護は合法的な環境保護のためのもの

GATT：児童就労や強制労働によって作られた商品を、国は規制できない。

生産方法に基づいて製品を区別することをGATTが禁じたので、アメリカはイルカの死をもたらすようなマグロ漁によるマグロに対し禁輸措置を取りつつイルカの混獲を避けた漁法で獲ったマグロをアメリカ市場に迎えることができない。同じように児童労働により生産された製品の禁止についても、基本的な広く認められた人権や労働者の権利について企業や各国政府に責任ある行動をとらせるための市民の活動を、台なしにしてしまうだろう。例えばアメリカは、劣悪な条件のもとで児童に作らせたものであることをILOが具体的に報告しているパキスタン製のサッカーボールを禁止することができなかった。GATTの立場からすると、どのような条件のもとで作られようとサッカーボールはサッカーボールに過ぎない。そのうえWTOの「政府調達に関する協定」（AGP）はアメリカを始めとする同協定に署名したWTO加盟国に、労働者の権利、人権、または環境保護の面で問題のある企業が利益が保証された政府の購入計画に参加することを拒むことによって、影響力を行使することを明確に禁止している。従って政府や消費者がその購入活動を通じてILO条約と基本的人権の実現を図ろうとすると、WTOが巨大な障害物として立ちはだかる構図となっている。

であり、取り引き停止は国内のマグロ産業にも国外のマグロ産業にも課せられるわけだから平等であり、GATT第二〇条の保護規定の対象に当然なるはずだと主張した。それぞれの例を審議した委員会はどちらも、この主張を認めなかった。最初にこの問題を扱った委員会は、同法はイルカの保護を目的としたものとは「必ずしも」認められないと考えた。彼らの意見によれば、GATTのルールに違反することなくイルカを保護する方法が、アメリカにはいくらでも他にあったはずだというのである。（五〇）同委員会はまた、このアメリカの法律は主に国境外のマグロ漁を対象にした法律で、GATT第二〇条は国境内の行為だけを保護対象としているとも主張した。（五一）魚は回遊性のある生き物であり、ひとつの国の国境内にとどまるとは考えられないので、この判断は驚くべきものであった。

ヨーロッパ側からの異議申し立てを扱った委員会では、国はGATTのルールの下では国境外について貿易を制限するような資源保護策を取ることはできないとした最初の委員会の判断は、支持しなかった。しかしイルカを保護する法律がイルカの保護を目的としたものとは「必ずしも」認められず、したがってGATT違反であるという点では、最初の委員会の判断を支持した。

そのうえヨーロッパ側からの異議申し立てを扱った委員会は、国は他国の法律を変えること、この場合イルカを守るためのマグロ漁に関する法律の規定を受け入れることを、市場への参入と引き替えに要求することはできないとの判断も示した。（五二）アメリカは個々の業者に操業形態の変更を迫ることはできても、その業者が属する国の政府に、アメリカのイルカ保護法の基準を守らせるために具体的な措置を取ることを、アメリカ市場への参入を取り引き材料として迫ることは許されないことになった。このような論法は、ウミガメの保護に向けて動こうとしない国のエビの輸入禁止をめぐってアメリカがWTOに訴えられた同じような例においても、繰り返されることになる（以下を参照のこと）。

アメリカのイルカ保護法をルール違反とする裁定が、WTOではなくGATTによって下されたことは事実だが、それがただちに現実に効力を持つというわけではなかった。実際「ガットジラ対フリッパーの戦い」

（訳注・フリッパーは人気テレビ番組で主演したイルカ）と呼ばれたＧＡＴＴを舞台として繰り広げられた一九九一年の論争がもたらした結論が議会による一九九三年のＮＡＦＴＡの承認に悪い影響を与えることを恐れたアメリカとメキシコは、基本的にはこの問題がＧＡＴＴに持ち込まれるのは避けたいという点で、意見が一致していた。

しかし一九九五年になるとすでにＮＡＦＴＡは成立し、強制力を持ったＷＴＯも機能していたので、一九九一年のＧＡＴＴ裁定に従おうとしないアメリカに対しメキシコ政府はこの問題をＷＴＯに持ち込むことをちらつかせて、輸入禁止解除を迫った。多くの国民が支持しているイルカ保護法の廃止（あるいは禁輸措置に対する報復としての数百万ドルの支払い）をアメリカに迫るＷＴＯの裁定が出ることは何としてでも避けたかったクリントン政権は二年がかりの運動を展開して、海洋ほ乳類保護法（ＭＭＰＡ）を骨抜きにしてしまった。

ＧＡＴＴに屈してイルカ保護法を骨抜きにしたクリントン政権：イルカ保護法が再びＷＴＯによって骨を抜かれて大騒ぎになるのを恐れたクリントン大統領は、基準をゆるめることは「現政権だけでなく私個人に取っても最優先事項です」という手紙を、メキシコ大統領、エルネスト・セディジョに送った。[五三] そして二期目の最初の三〇日以内に具体的行動をとることを、約束した。[五四] 議会の可決を経て海洋ほ乳類保護法を改正する必要があるので、ＧＡＴＴの裁定に従うことも、この約束を守ることも、実は簡単にできることではなかったはずである。

クリントン政権は環境問題に関して敵対的投票実績を持つ、カリフォルニア選出共和党下院議員ランディ・「デューク」・カニンガム、ルイジアナ選出民主党下院議員ジョン・ブローのような議員を多数動員して、ＧＡＴＴ裁定に合わせるために海洋ほ乳類保護法を弱める法案を提出した。この法律には「悪法イルカ殺し」というあだ名がすぐに環境保護グループによってつけられた。[五五]

海洋ほ乳類保護法の成立を中心になって進めたカリフォルニア選出の民主党のバーバラ・バクスター上院議

員やジョージ・ミラー下院議員のような人々の指導の下に、環境保護や消費者問題の活動家たちの連合組織「ドルフィン・セーフ・フェア・トレード・キャンペーン」が活発に活動して、「悪法イルカ殺し」を一九九六年に葬り去ってしまった。しかしその後クリントン政権はティモシー・ワース国務次官（当時）とアル・ゴア副大統領の強力な支援を受けて、一九九七年の八月にほとんど同じ内容の法律を可決成立させた（五六）。この改正法が施行されれば、イルカの混獲が起きる漁法で取ったマグロがアメリカで販売できるようになる。その上、フットボール場ほどの広さがある大型漁船にたった一名だけ置かれた監視官の目にイルカの死体が見えない限り、その漁はイルカにとって安全だったということになり、「ドルフィン・セーフ」とラベル表示が許され、消費者はそれを目安にするようになってしまうことになった。

一九九九年四月二九日に商務省は、海洋ほ乳類委員会や汎アメリカ熱帯マグロ委員会（IATTC）の助言のもとにアメリカ水産局（NMFS）がまとめた研究報告に基づき（五七）、一九九七年の改正法を施行し、「ドルフィン・セーフ」のラベル表示の基準を緩和すると発表した（五八）。一九九七年の法律で義務づけられたこの研究は、イルカの死亡数はきんちゃく網を使っていても監視官を乗船させた海域では少なくなっているという結論を出していた（五九）。しかし一方では、東太平洋の熱帯部のイルカの数は監視官を乗船させても回復しているわけではないことを明らかにした。監視官がいない場合に「比べれば」死亡数が減少しているにしても、きんちゃく漁によって減少してしまった分を埋め合わせられるほどではないというのが、報告書の結論だった。それでも商務省は押し切ったので、きんちゃく漁で取ったマグロが一九九九年の秋にはアメリカ市場に戻ることになった。一〇年以上たっての復帰である（一方では汎アメリカ熱帯マグロ委員会は二〇〇二年まで調査を続け、その時点でも同じ結論が出れば、新しい基準が恒久的なものになることになっている（六〇））。

商務省は、イルカの死が観察されなかった水揚げによるマグロだけに「ドルフィン・セーフ」のラベル表示が認められることになっていると主張している（六一）。しかしマグロ漁船は長さがフットボール場ほどもあり、網の全周は何マイルもある。それなのに監視官は僅か一名でよいことになっている。目が行き届くはずがない。しかもこの方式を徹底させるには、アメリカは東太平洋の熱帯部の操業海域からアメリカの消費者の手に届くまでの全行程のすべての輸入マグロを、追跡しなければならない。多数の取締官の大変な労力が必要となる。だから旧法は、国ごとに規制し、水揚げごとに規制するということは考えなかったのである。いったいイルカに危害を及ぼしたマグロ漁によるマグロなのかそうでないのかを確信を持って見分ける方法が、あり得るのだろうか。結局当局としては、申請者自身による「ドルフィン・セーフ」であるという報告に頼らざるを得なくなるはずである。彼らはどうしてもイルカの死亡数を控え目におさえることになりやすい。消費者団体や環境保護団体は、「ドルフィン・セーフ」というラベル表示を、消費者に対する説明義務をマグロ業者に負わせるというよりは、イルカに害を及ぼす漁法を取っている業者に得をさせてしまう皮肉な制度となってしまうと、批判している。[六二]

GATTの裁定がもたらした先例は、さまざまな意味を持っている。[六三]好ましくない生産方法を追放するための合法的な社会的、環境保護的目的を持った輸入禁止措置が、GATTやWTOに違反する政策とみなされることがあることを明らかにした。この論法で行けば、タテゴトアザラシを撲殺して手に入れた毛皮の利用を禁止することも、GATT違反ということになる。同じようにして、児童就労によって生産されたものや、奴隷労働によって生産されたものでさえ、WTOによれば禁止できないことになる。

例3：WTOが絶滅危惧種法を否定

絶滅危惧種法の規定は、ウミガメ混獲予防装置（TED）が付いた網で取ったエビだけに、アメリカでの販売を認めていた。[六五]この装置が付いていれば、エビ漁網からウミガメは逃げ出すことができる。一九九八年の末

> WTO上級委員会のエビ・ウミガメ裁定について：「環境保護運動家たち向けのうまい公式見解だ。しかし私はウミガメになりたいとは思わない。」(64)
>
> ―ジャック・ナッシュ、貿易問題評論家

にWTOパネルは、このアメリカの法律は貿易ルールに違反しているとの判断を示し、ウミガメ保護規定の書き直しをアメリカに命じた。

世界的に見て、ウミガメの数は激減している。またアメリカ領海内のウミガメはどれも絶滅危惧種、または準絶滅危惧種としてリストされている。[六六] 毎年こういったウミガメが、五万五〇〇〇頭も、エビ漁の網にかかり、おぼれたり、手足をもがれたり、殺されたりしている。[六七] 実際エビ漁が人間のどんな活動よりも、ウミガメにとっては大きな脅威になっている。[六八]

ウミガメの減少を食い止めるためにアメリカ水産局は、アメリカのエビ漁業者に対し、ウミガメ混獲予防装置の利用を奨励した。そしていくつかの業者が利用するようになったので一九八九年に法律を改正して、ウミガメに脅威を与えないような操業形態をエビ漁業者に義務づけた。[六九] 絶滅危惧種法の第六〇九節に基づいて、[七〇] アメリカでエビを販売するには、ウミガメが引っかけられないようにする跳ね上げ戸のようなしかけを付けたウミガメ混獲予防装置を利用しなければならなくなった。五〇ドルから四〇〇ドルとそれほど多額の費用をかけずに、九七パーセントものウミガメの命を助けることができる。しかもエビの水揚げ量は、ほとんど減らない。[七一]

インド、マレーシア、パキスタン、そしてタイの各政府はこぞってこのアメリカの法律に異議を申し立て、WTOのルールでは生産方法を根拠として輸入を制限することは許されていないと主張した。[七二] オーストラリア、エルサルバドル、欧州連合、グアテマラ、香港、日本、ナイジェリア、フィリピン、シンガポール、そしてベネズエラは、このアメリカの法律はWTOルールに違反しているという訴えを、第三国としてWTOのパネルに対して行った。

> 「WTO加盟国はその［環境保護の］目標を達成するにあたって、WTO協定の目標と目的を尊重しつつ、WTOのもとで課せられたそれぞれの義務に反しないようにしなければならない。」(73)
>
> ―WTOのエビ・ウミガメ裁定

こういった国々が使った論法はマグロ対イルカの時と同じで、すべてのエビは「同等の製品」であり、ウミガメを殺す漁法を取っているかどうかにかかわらず、アメリカ市場での自由な販売が認められるべきだという主張であった。

アメリカは、アメリカのエビ業者と外国のエビ業者に平等に適用されるのであれば、野生動物保護のためにこういった法律を利用することを、WTOのルールは認めていると主張した。実際マグロ・イルカ論争のように、ある部分をどのように運用するかによって差別することが技術的に可能な海洋ほ乳類保護法の場合と異なり、ウミガメ政策は外国の業者に対しても、国内の業者に対しても、「まったく」同じであった。したがってこのエビ漁を規制する法律はGATT第一〇条に基づいて例外として認められるべきだと、アメリカは主張した。

WTOの意見は、違った。「我々は争点となっているのはウミガメの保護の緊急性ではないことに気がついている。……ウミガメの保護に関してアメリカの環境保護政策が望ましいものであるかどうかとか、必要なものであるかどうかとかを一般的に判断するのは、我々に課せられた仕事ではない。加盟国はそれぞれにどのような環境保護の目標を定めようと自由だと、我々は考える。しかしその目標を達成するにあたって、WTO協定の目標と目的を尊重しつつ、WTOのもとで課せられたそれぞれの義務に反しないようにしなければならない[12]」。

同パネルは、問題のアメリカの法律は貿易活動に介入する「意図」を持ったものであると、判断した。したがって第一〇条の例外規定の対象とはならないとされた。またアメリカの規制は一方的に貿易相手国に課せられるので、この法律はWTOの多国間貿易体制を確立するという目標と目的にそぐわないものとなっているという判断も、同パネルは示した。そのことは、貿易に関係のない目標が追求されていようとなかろうと、また国内の水産業者と外国の水産業者を差別していようといまいと、関係がないとされた。

アメリカの有力な環境保護団体はこの裁定をすかさず非難し、ウミガメ保護政策の継続とWTOの実質的改革、または脱退をクリントン政権に対して強く求めた。[七四] いつもはWTOを批判する人々が主張する不安には根拠がないと警告していた『ニューヨーク・タイムズ』ですら社説で「ウミガメの警告」を取り上げ、WTOに再考を促し、アメリカには法改正の必要はないと述べた。[七五] アメリカ政府はWTOの裁定を不服として、上訴した。[七六]

一九九八年一〇月にWTOの上級委員会は、アメリカの法律がWTOに違反しているとのパネルの判断を支持した。[七七] しかし同委員会は、法理論的にいって第一〇条を絶滅危惧種法に当てはめることができるかについては、下級審のパネルとは逆の見解を示した。[七八] 奇妙な法理論を持ち出して彼らは、問題の法律は第一〇条に基づく環境保護のための除外例とすることもできたが、甚だしく、また身勝手なほど差別的な運用がなされていたので、今回はそうはしないことにしたと述べた。[七九]

上級委員会が示した判断は、一方で環境保護運動家の批判をかわしながら、何よりも貿易を優先させるというGATTの使命に忠実であろうとする姿勢の現れと受け止められた。彼らはウミガメが危機にさらされていることや、ウミガメを保護し保存することに正当な利益があることは、認めた。また、ウミガメ混獲予防装置を奨励するアメリカの政策の妥当性も認めた。彼らの見解には、環境保護運動家をなだめようとする言葉が含まれていた。いわく、「WTO加盟国にとって環境の保護と保存はまったく無価値なものであると、私たちは決めつけているわけではない。それが重要な問題であることは、明らかだ。WTOの加盟国である主権国家が例えばウミガメのような絶滅危惧種を保護するための措置を取ってはならないと、私たちは言っているのではない。それが可能であるだけでなく、そうすべきでもあるのは自明のことであろう」。[八〇] いかにも評価しているかのように聞こえるが、WTO上級委員会は政治的な表現を用いながらも結局は、アメリカの措置はWTOルールに違反していると断じた。

さらに上級委員会は、裁定に沿ってウミガメ保護の措置を変更することをアメリカに勧告した。ある貿易政策の専門家は皮肉を込めて言った。「環境保護運動家たち向けのうまい公式見解だ。しかし私はウミガメになりたいとは思わない」（八一）。

もしＷＴＯの裁定通りに実施されたら、ウミガメ保護の努力は大きく後退することになるだろう。困ったことに自国の法律に従うことによってすでにウミガメ混獲予防装置に投資したアメリカの水産業者は、競争上不利な立場に置かれることになるだろう。あるエビ業者は、「ウミガメを救うための費用を負担させられるのは、結局我々だ。同じ土俵で勝負できるものと思っていたが、そうではないことが明らかだ」（八二）。

ＷＴＯが環境保護のための強力な政策に敵対的な立場をとっていることが明らかになるにつれ国内の産業界は、外国の同業者との競争において不利になることを理由にあげて、環境保護立法に難色を示すことになるだろう。ＷＴＯの判断に従わない国は、制裁を受けることになるからである。環境保護を敵視するＷＴＯとその意向を受けた産業界からの圧力のもとに、もともと国際的な意見調整がなかなか進まないだけでなく、時にはそれが不可能なこともある多くの国で、環境保護の指導性を発揮することがますます難しくなるだろう。

初めはアメリカは、絶滅危惧種法の規則を改正して、船ごとにウミガメ混獲予防装置の利用を確認しなくてもよいことにすることによって、ＷＴＯの裁定に対応する考えであることを明らかにした。絶滅危惧種法規則によればアメリカでエビを販売しようとする国は、絶滅危惧種法の基準に準じたウミガメ保護策を取ることをエビ漁船団に義務づけなければならないとされていた。環境保護活動家たちは、改正後の規則は絶滅危惧種法に反したものになると、主張した。一九九九年四月にアメリカ連邦国際貿易裁判所（ＣＩＴ）は環境保護グループの主張を認め、エビをアメリカに輸出する「前に」その国のエビ漁船団はウミガメ混獲予防装置の利用が義務づけられていなければならないと、絶滅危惧種法の第六〇九節は規定しているとの判断を示した（八三）。そういった規則が実施されて初めて、そういった装置を利用しているという内容の輸出許可書を不法な手段で入手したり、そういった装置を付けている船にエビを積み換えて不正に輸出したりすることを防ぐことが可能になる（八四）。

クリントン政権は、厳しい選択を迫られている。法律を改正することによってＷＴＯの裁定に対応することを約束してしまっている同政権は、議会と国民の選択の幅をせばめてしまっている。連邦国際貿易裁判所はこのような状況を不可とした。そこでクリントン政権としてはＷＴＯに屈服して絶滅危惧種法を変える議会での困難な戦いを覚悟するか、ＷＴＯによる制裁措置を甘んじて受けるかのどちらかを選ばなければならなくなった。

〈次は何か？　圧力団体がＷＴＯ提訴をちらつかせて環境保護運動を妨害〉

環境保護や健康問題、安全問題のために活動している市民を仰天させたのは、「貿易の技術的障害に関する協定」（ＴＢＴ協定）のような新しいウルグアイ・ラウンドの文書には、社会的にまた環境保護の観点から重要な意味のある生産技術や加工技術に基づく非差別的政策を、貿易上の義務に違反するとみなす規定が含まれていたことである。

この協定は、製品基準その他の技術的規制を公布する際に加盟国が守るべき手順の概要を示している。その規定は工業製品や農業産品などあらゆる製品に適用されるが、[八五]国民の健康に関係のある食品の規則や、植物の寄生虫や動物の健康にかかわる農産物規制は対象から外されていた。[八六]こういった規制を必要以上に貿易を抑圧するものにしてはならないし、[八七]国際的基準に反するものであってもならないと規定することによって、ＴＢＴ協定は各国政府による環境保護のための貿易規制を制限した。[八八]

ＴＢＴ協定はまだＷＴＯパネルの裁定の対象となったことがないにもかかわらず、そこに盛り込まれた規定をアメリカは引き合いに出して、国際的に合意を見た二酸化炭素削減目標値を達成するための日本の大気汚染防止法を緩和するように圧力をかけたり、[八九]動物虐待とみなされているレッグ・トラップを禁止した欧州連合（ＥＵ）を非難したりした。[九〇]この他にもアメリカ政府は、消費者の環境問題意識を高めるための環境に友好的な製品のラベル表示、いわゆるエコラベルが、ＴＢＴ協定に照らして厳しく吟味するべき技術的規制である、とも主張している。(九一)カナダも同協定を引き合いに出して、フランスがアスベストを禁止したのを不服として、WTOに異議申し立てを行なっている（カナダのアスベストの問題の詳細については、第七章参照）。環境規制を敵視する狭量な経済至上主義がTBT協定を時に利用することがあるので、こういったWTO提訴の脅しについて、以下で詳しく取り上げる。

脅迫、例1：アメリカは欧州連合に、エレクトロニクス産業による汚染を減らすための高い基準を放棄するように、圧力をかけた

アメリカ・エレクトロニクス協会（AEA）はエレクトロニクス産業による汚染を規制する提案を行った欧州連合を非難したが、これは重要なテスト・ケースとなるだろう。同協会はいくつかのエレクトロニクス製品の製造に使われる重金属の取引規制には根拠となる国際的基準がなく、その必要性は貿易規制が必要なほどではないので、欧州連合の提案はWTOルールに違反している、と同協会は主張している。(九二)アメリカ国務省もすぐさま欧州連合に「申し入れ書」を送り、高い基準に基づく提案はWTOルールに抵触することを指摘し、エレクトロニクス産業による汚染の規制にはもっとゆるやかなアメリカの基準を採用するように、欧州連合に促した。(九三)

欧州連合の提案した基準の狙いは、汚染を最小限にとどめるだけでなく、汚染除去の国民の負担をエレクトロニクス産業に引き受けさせることにもあった。(九四)この高い基準に基づく提案が実現すれば、エレクトロニクス企業はエレクトロニクス製品の揺りかごから墓場まで面倒を見なければならなくなる。(九五)何よりも欧州連合の提案は、二〇〇四年までにエレクトロニクス製品に鉛、水銀、カドミウム、六価クロム、そしてハロゲン化合物難燃性付与剤を使用することを禁止しようとしている。(九六)またそれだけでなくプラスチックのコンポーネントに関しても、五パーセントのリサイクル素材の使用も義務づけようとしている。エレクトロニクス産業は使わなくなった機器の回収と処分の責任も負わされることになるだろう。(九七)

エレクトロニクス産業とアメリカ政府は共同戦線をはって、欧州連合の提案に対抗しようとしている。モトローラ社やインテル社を始めとする三〇〇〇社からなるアメリカ・エレクトロニクス協会は欧州連合に対し、この提案はいくつものWTOルール違反を含んでいると主張する手紙を送った。(九八) そのなかで同協会は、鉛のような重金属が人々の健康や環境に脅威を与えるという証拠はまったく存在しないという、まことに驚くべき主張を行なっている。(九九) しかしアメリカの法律もこれまでの規制も、エレクトロニクス産業が利用している鉛のハンダや溶液はガンなどのさまざまな深刻な健康被害をもたらすと認識している。(一〇〇)

この他にも同協会は、欧州連合の再利用材の使用の義務づけもWTOのTBT協定に違反していると主張している。(一〇一) 欧州連合は部品が生産される外国の環境保護に関しては利害当事者でもなければ、政策を実施する権限もないのだから、外国のメーカーにこういった義務を課すのはおかしいというのである。(一〇二) しかし結局こういった製品が欧州連合内で処分されるのであるから、一定の割合の再利用材の使用を義務づけるのは欧州連合にとって十分意味のあることだと、欧州連合は主張している。

また同協会は、重金属の禁止は輸入割り当てを禁じているGATT第一一条に違反していることになるし、第二〇条の除外規定には当てはまらないとも主張している。「これまでのところ［人間や動植物の生命や健康を守るための措置はGATT／WTOの規定を免除する」第二〇条（b）をパネルが適用した例はまったくない。どれもそうしなければGATTの他の規定と矛盾してしまうような、どうしても必要な措置とは認められなかったからである」と、同協会は指摘した。(一〇三)

この産業界が送りつけた手紙に比べて欧州連合宛のアメリカ国務省の申し入れ書は、ほんの少しだけ控えめだった。(一〇四) お決まりの有害廃棄物の削減という「目標そのものは支持する」という下りから始まっている申し入れ書は、提案されている規制措置は貿易を阻害する面が強すぎると説き、したがってWTOルールに反していると述べている。特にアメリカ政府は、回収した材料の買い入れと回収施設のヨーロッパにおける建設をアメリカ企業に強いるので、「貿易に関連する投資措置に関する協定」（TRIM協定）違反の恐れがあることを指摘しつつ、エレクトロニクス製品に関する再利用材の使用の義務づけや、回収／処分の義務づけは「貿易関係をゆがめる」と、批判した（一〇五）。

アメリカ政府はエレクトロニクス機器に使用される重金属が有害であることは認めながらも、エレクトロニクス産業による再利用不能の機器の回収、処理、そして処分を義務づける欧州連合の提案が「市場原理に基づくもの」ではないことのほうを憂慮している（一〇六）。すべての費用を消費者に転嫁することは不可能なので、この欧州連合の提案はエレクトロニクス産業に重い負担を押し付けることになるのではないかと、アメリカは考えている（一〇七）。そして有害廃棄物を禁止するのではなく、規制するという「アメリカ方式」を採用するよう、欧州連合に助言している（一〇八）。

申し入れ書の中でアメリカ政府は、欧州連合の提案は「有害廃棄物の国境を越えた移動に関するバーゼル会議」と呼ばれる多国間環境保護協定に抵触する恐れがあるという、皮肉を込めた、しかし見当違いの見解も述べている（一〇九）。特にアメリカ政府は、こういった義務づけを行うと外国企業が現地で廃棄物処理を行わなくなり廃棄物を本国へ送り返すようになるため、国境を越えた有害物質の輸送が激増するかもしれないと述べている（一一〇）。

バーゼル会議協定に調印していないためかもしれないが、アメリカ国務省の人々はそこに記された義務について誤った理解をしているように思われる。バーゼル会議が問題にしているのは、主に発展途上国で工業廃棄物を処分している豊かな工業先進諸国なのである。発展途上国には廃棄物を適切に処理する技術も、規制する制度もないことが多い（一一一）。バーゼル会議が廃棄物を発生国で処分することを奨励しているのは確かだが、欧州連合の廃棄物規制の提案には廃棄物を国境を越えて運び出すことを求めた部分はまったくない。欧州連合の提案は、国内にせよ国外にせよエレクトロニクス企業に廃棄物処理の責任と費用をもっと引き受けさせようとしているに過ぎない。どこで処理するようにと、特に指示しているわけではない。このような義務づけをして初めて、企業による安全な廃棄物管理技術の開発が促されるのが、現実である。

アメリカ政府とは対照的にアメリカの環境保護グループは、欧州連合の提案を高く評価した。エレクトロニクス産業に対し示した環境保護の高い基準は、他のお手本となるべきものだと彼らは考えた。[一一二] しかしＷＴＯ提訴の恐れがあるとそれを避けようとして、ＥＵ基準をＵＳ基準に引き下げようとする、下向きの「世界標準化」が起きる可能性がある。

この例は、いかにＷＴＯルールが産業界やその代理人である通商担当大臣に環境基準の引き上げに水をさす具体的手段を与えてしまっているかを、よく示している。各国政府が環境汚染の危険性を広く訴える一方で、生産国の産業界はＷＴＯ提訴をちらつかせて市民の行動を牽制することになるだろう。汚染を規制する国には、国民を汚染から守るか、ＷＴＯ紛争解決委員会と対決し、制裁措置を受けて立つ覚悟をするかのどちらしかない。

脅迫、例２：京都議定書の実施を目指す日本の大気規制を、アメリカや欧州連合の自動車産業が非難した

気候変動をめぐる不安が国際的に高まる中で、自動車その他の化石燃料から放出される二酸化炭素などの温室効果ガスの生成を、自主的に制限しようという協定が結ばれた。温室効果ガスは大気圏内に熱を蓄え、気候温暖化をもたらす。[一一三] 自主的な政策に任せていたのでは温室効果ガスの発生を抑えることはできないことが明らかになってきたので、京都である条約が採択されて、各国は排出量を一九九〇年のレベル以下に削減することが正式に決まった。[一一四] この京都議定書によって各国は、温室効果ガスの排出を制限するとともに排出量を削減するために具体的措置を取ることが義務づけられた。

温室効果ガスの排出量を一九九〇年レベルより六パーセント減らすことを、京都議定書の中で日本政府は約束した。[一一五] 日本の温室効果ガスの排出量は、一九九〇年から一九九五年にかけて二酸化炭素の排出量が八・一パーセント増加するなど、増え続けている。[一一六] 増加の主な原因は自動車の増加であり、輸送部門の二酸化炭素排出量の八八パーセントを占めている。[一一七] 日本政府は自動車の燃費の基準値などを設定する「エネルギーの適正利用に関する法律」の改正を含めて、総合的に二酸化炭素排出量を削減する計画に着手した。[一一八] 日本はすべての自動

だ車を対象として、特に小型車や大型車に比べると規制が緩やかだった普通車の新しい燃費基準を、定めた。日本は最高の技術を生かして、新しい燃費基準を設定した。この法律は、普通車クラスでもっとも大気汚染の少ないエンジンが達成したレベルを、排出基準として義務づけている。このエンジンは、ミツビシ（三菱）が設計したものである。[一一九]

一九九九年に欧州連合は口汚く非難の声を上げて、新しい規則に関する不平不満を連ねた手紙を、WTOの「貿易の技術的障害に関する協定」（TBT協定）事務局に送りつけた。[一二〇] その後アメリカ政府は、自動車会メーカーに平等に適用される。[131] 国内のメーカーが外国車の輸入業者でもある場合には、国産車と外国車のそれぞれが全体として義務づけられている平均値をクリアしなければならない。[132] 国産車とは、75%の国産率を達成しているものを言う。[133] 個別にクリアすることを義務づけたのは、国産車と外国車を一体として平均することの弊害を避けるためである。すなわちたとえば外国車の中には国産車よりも燃費のいいものがある。従って国産車と一体として平均を出すと燃費の劣る国産車が基準に合格していることになり、国内のメーカーからよりすぐれた燃費の車を開発する必要を取り除いてしまうことになる。[134] アメリカの多くの自動車メーカーが、企業別平均経済燃費基準をクリアするために、それまでよりも小型で燃料効率の良い車を作り始めた。

ヨーロッパの自動車メーカーの多くはこの基準を無視することにして、アメリカ市場に燃費は劣るが収益性の高い高級車を投入することにした。[135] メルセデス、ボルボ、そしてBMWといったメーカーの車は1970年代後半から1980年代前半にかけては企業別平均経済燃費基準をクリアしていたこともあったものだが、今度は燃費の悪い大型の高級車を輸出する方へ方針を切り替えた。[136]

そして欧州連合は、欧州連合の自動車メーカーにとって企業別平均経済燃費基準は「事実上」差別を行なっているとして、異議を申し立てた。[137] 義務づけられている平均燃費も、達成できなかった企業に課せられる罰則も、国産メーカーと外国メーカーの区別は設けられていない。[138] ところが欧州共同体は、「CAFE税」とでも言うべきものをアメリカの「３大メーカー」のどの車も課せられていないし、「CAFE反則金２億6300万ドル近くのうち… 99.99%はヨーロッパ車に課せられた」と主張した。[139] この個別に平均値を出す方式をGATT委員会は外国車に及ぼす「結果」故に差別を禁じたGATTの規定に違反すると述べて、欧州共同体に同調した。[140]

社であるダイムラー・クライスラーやフォードのために、この先例に従った。[一二二] 一九九九年三月八日付けの日本の外務省宛の手紙の中でアメリカは、二酸化炭素排出量削減の目標は評価しつつも、日本の新しい規則はWTOルールに違反していると主張した。[一二三] アメリカも欧州連合も、日本は三菱自動車の性能に基づいて新しい基準を設定しているのではないか、と疑っている。彼らの主張によれば、これは三菱のエンジンを搭載していない外国の自動車メーカーに対する差別であるという。彼らの主張の根拠になっているのは、差別的な基準や必要以上に貿易を抑

アメリカの燃費をめぐる二枚舌：日本はWTOの圧力を実感している

日本の京都議定書の実行に反発しているアメリカや欧州連合がWTOで主張していることは、欧州共同体（EC）が1994年にGATTに異議申し立てを行ないアメリカの企業別平均経済燃費（CAFE）基準を批判して勝訴した時の主張に通じるものがある。今回はアメリカが、オゾン層破壊に関する条約を実行するための燃費基準が、輸入車がこの厳しい基準に適合しないために、輸入車に対し差別的な「結果」をもたらしてしまうと主張している。この例においても京都議定書の例においても、国産車であると輸入車であるとにかかわらずすべての自動車に同じ基準が適用されるにすぎない。

1994年にGATT裁定は、アメリカの自動車メーカーも外国車の輸入業者もそれぞれの全車両の平均として企業別平均経済燃費基準に適合していなければならないというCAFE基準をルール違反とした。[125] この基準は1973年から1974年にかけてのOPEC石油禁輸を経て作られたもので、1985年までに14マイル／ガロン以下の乗用車の燃費を２倍に伸ばして27.5マイル／ガロンにすることを目標として掲げていた。[126] この法律がGATTに持ち込まれた1993年にはアメリカの乗用車の平均燃費は28.3マイル／ガロンにまで向上していたし、[127] アメリカ運輸省は1978年から2000年にかけてこの法律によって94億バーレルの原油が節約できると目論んでいた。[128] そのうえこの基準は２酸化炭素などの温室効果ガスの排出やオゾン層の破壊を抑える効果があったと評価されていたし、[129] 国連の「気候変動に関する枠組み条約」に沿ったものでもあった。[130]

アメリカの企業別平均経済燃費基準が目指すものははっきりしていて、アメリカ市場の燃費の悪い車の割合を減らすところにその狙いがある。この法律はすべての

制する基準を禁じた「貿易の技術的障害に関する協定」である。[一三三] 手紙の中で欧州連合は、「どういう枠をはめるべきかを考えるうえでこういった技術的な基準を利用すること自体は差別のようには見えないかもしれないが、この体制は……輸入製品の方に比較的重い負担をかけるものである」と述べている。[一三四] またアメリカも欧州連合も、日本の新しい燃費基準はヨーロッパ製の自動車にもっとも重い負担をかけることになると、不満を述べている。なぜならこの普通車の九〇％近くが、日本ではヨーロッパから輸入したものであるからである。アメリカは日本との話し合いを求め、アメリカの不安をくみ取った修正案ができるまでは新しい基準の法制化を延期するように促した。[一四一]

日本が京都議定書で課せられた二酸化炭素排出抑制の義務を果たすうえで障害となっているのは自動車の排ガスなので、もっとも優れた排ガス削減技術を備えた車を目標としなければならないのだと、日本は主張している。日本の産業界のデータによれば、新しい基準に適合するためには日本の自動車メーカーは燃費も改善しなければならない。[一四二] また日本政府当局は、新しい規則には柔軟性を持たせるので、欧州連合やアメリカの自動車メーカーは望み通り基準に適合させることができると反論している。三菱自動車のエンジンを使わなければならないというわけではなく、燃費が同じ基準に達しさえすればいいというのである。

欧州連合やアメリカがＷＴＯに正式に提訴するかどうかは、まだ分からない。企業別平均経済燃費基準に対する欧州連合の異議申し立てにアメリカが長年悩まされてきていることを考えると、二大自動車メーカーの利益を代弁して同じような趣旨の日本の燃料効率基準に異議を唱えているのは、皮肉と言うしかない。

それ自体には貿易を規制する側面を持たない京都議定書がＷＴＯルールに抵触してしまうのであれば、ＷＴＯの人間の健康や環境保護に対する脅威はこれまで考えられていたよりも広い範囲に及んでいるということができる。今後どういうことになるか分からないが、いずれにせよこの問題によってダイムラー・クライスラー・ベンツのような巨大企業がＷＴＯにどういう期待を抱いているかが明らかになるだろう。ＷＴＯは環境保護規制を蹴散らすモンスターなのである。これでは発展途上国は自国の環境保護措置を維持するための戦いで、敗北することになりかねない。

脅迫、例3：ヨーロッパ諸国は残虐な方法で捕獲された動物の毛皮を禁止する規制をゆるめた

欧州連合は動物愛護の問題に長年強い関心を寄せてきた。そして農場経営、輸送、また屠殺に関して残虐行為を取り締まる先進的な法律を制定してきた。一九九一年に欧州連合はこの伝統をさらに押し進めて、毛皮を取るための野生動物の捕獲法についても規制しようとした。しかしアメリカとカナダがWTO提訴をちらつかせたので、結局この提案は日の目を見なかった。

欧州連合は一九九五年より一三種類の毛皮動物について鋼鉄製のあご状のワナの使用を禁止した[一四三]。こういったワナの使用を禁止するか何らかの人道的なワナ規制基準を設けない限り、毛皮の輸入が一九九五年から禁止されることになっていた[一四四]。

北米やロシアの捕獲業者や毛皮業者は、こういった法律や規則は不当な貿易障壁だと主張した。この欧州連合の法律の対象は、ヨーロッパに棲息していない動物がほとんどだった[一四五]。

鋼鉄製のあご状のワナの使用は、アメリカの多くの州やカナダやロシアでは認められている。アメリカでは毎年四〇〇万頭以上の野生動物が、ファッション産業のために捕獲されている。そのほとんどが、鋼鉄製のあご状のワナの使用によるものである[一四六]。

鋼鉄製のあご状のワナは強力なバネによってあご状の金具を瞬時に閉じて、動物の足を捕らえる。この方法は毛皮が傷むのは避けることができるが、輪が締まるタイプのワナに比べると猟師がワナを外しに来るまでの苦痛が大きい。その苦痛は何日も続くことがあり、時には死に至ることもある。いくつかの調査によれば、鋼鉄製のあご状のワナにかかった動物の四頭に一頭は自分の足を噛み切って逃げるという[一四七]。

欧州連合の規則が実施に移される前に、すでにアメリカの捕獲業者を保護する方向へアメリカは動きつつあった。カナダはGATTに提訴するものと見られていた。クリントン大統領がウルグアイ・ラウンドの提案を

めぐる議会での厳しい抵抗に出会ったので、一九九四年にカンター・アメリカ通商代表はこういった捕獲方法が採られている州の議員に、アメリカはこの欧州連合の輸入禁止に一年間の猶予期間を設けるよう求めることを改めて約束した[一四八]。欧州連合は規則実施の一年先送りを認めた[一四九]。こういった捕獲方法を採る国と欧州連合との交渉は続けられたが、一九九六年一月という延長後の期限が迫ったのでクリントン政権はカナダに対し、交渉が決裂するようならアメリカもＷＴＯに提訴することを伝えた[一五〇]。

禁止が発効する直前に欧州連合の対外貿易相レオン・ブリテンは、ＷＴＯ提訴の可能性とアメリカ、カナダ、そしてロシアと交渉継続中であることを理由にあげて、独自にさらに猶予期間を一年延長した[一五一]。これに対しヨーロッパ側は態度を硬化させた。ブリテンが延長を認めた一週間後には欧州議会が採決を行なって、この禁止令の支持を再確認した[一五二]。これに対し欧州委員会は議会の承認がないにもかかわらず、この禁止令を無視し続けるようにという指示を税関当局に出した。予定通り輸入禁止措置を取ってこの禁止令を支持したのは、オランダだけであった[一五三]。

交渉は一九九六年の末まで続けられた。しかしカナダとロシアが動物の足を捕らえるワナを段階的に禁止する中間的方法に傾き、アメリカがそれに反対する中で、交渉は一向に進展しなかった[一五四]。一九九七年五月にはロシアとカナダは廃止の方向で協定に署名した[一五五]。この件についての欧州議会での採決は、なかなか行われなかった。中途半端な内容であるうえに、二回も支持決議をしたものが骨抜きにされ、アメリカが署名を拒んでいたからである[一五六]。

(カンターからこの件を引き継いだ) バーシェフスキー・アメリカ通商代表が欧州連合のレオン・ブリテンに宛てた手紙には、たとえそれが法に定められた規定ではないにしても「特定のワナに関する恣意的な禁止」[一五七]なので、アメリカは加わるわけには行かないと記されていた[一五八]。アメリカが鋼鉄製のあご状のワナを八年かけて締め出す案を示すと、ヨーロッパはすぐにそれを拒否した[一五九]。

ＷＴＯという刀をちらつかせたやり取りがしばらく続いた後に、アメリカとの妥協案で決着がついた。六年かけて段階的に禁止し、アメリカはその間ヨーロッパ向けの毛皮の輸出を続けてもよいという内容だった(一六〇)。動物愛護運動家たちは、欧州連合は捕獲業者との交渉に真剣に取り組んでいないと批判した。アメリカと欧州連合との間でまとまった協定の文面はあいまいで、実効のないものになる恐れがあると彼らは主張した。例えば協定の対象は「従来型の」動物の足を捕らえるワナとされているが、「従来型の」が何を意味するのかについての明確な定義がないため、将来いいかげんな解釈が行われる恐れがある。またこの協定は「ベスト・マネジメント・プラクティシィズ（実行可能な最善の策）」を明確に規定している。そのためアメリカ政府がアメリカのいくつかの種について実行可能な最善の策だと判断すれば、鋼鉄製のあご状のワナが使われ続ける可能性がある(一六一)。

動物愛護の熱心な活動家であるポルトガル議会のカルロス・ピメンタは、「遵守と実施の見地からして特に好ましくない」と、この協定を酷評した(一六二)。またヨーロッパ議会のアニタ・ポラックは、「実際こんなものは協定ではない。八方美人と言うほかはなく、不思議の国のアリスのチェシャ猫のようなものだ」とこきおろした(一六三)。

ＷＴＯを脅しに使って、欧州連合の人道的政策は葬り去られた。その結果、今後も鋼鉄製のあご状のワナを使って捕獲した動物の毛皮がヨーロッパで販売されることになる。そしてもっと残虐性の低い方法に切り替える動機を、アメリカの毛皮産業は失う。今回のＷＴＯ提訴を脅しとして使う手法と、それによって引き出された中途半端な協定は、屠殺のルール作り、実験動物の輸送に関する問題や実験動物による消費材のテストに関する問題、また毛皮を採るための動物の飼育方法に関する問題などの人道的な動物の扱いについての方針に、影響を及ぼしてしまう可能性がある。

脅迫、例４：アメリカは自主的な環境保護のためのラベル表示は、ＷＴＯ違反であると脅している。

環境保護のためのラベル表示、エコラベルは、環境保護学的、あるいは社会学的基準に従って製品の違いを示す。エコラベルは自主的なものであってもいいし、義務づけられたものであってもよい。認証機関は政府の中に設けてもいいし、民間の機関でもいい。よく見られる政府の認証機関による義務づけられたエコラベルには、電気器具に記されたエネルギー効率の表示や、最近WTOのお陰で骨抜きにされ、てしまった「ドルフィン・セーフ」の表示などがある。民間機関が認証して自主的に表示しているものには、アメリカの環境保護を示すグリーンシール、北欧のスワン・ラベル、ドイツのブルー・エンジェルなどがある。欧州連合は一九九二年に欧州連合全体の自主的なエコラベルの表示を始めた。(一六四)

エコラベルによって消費者は、エコロジー的に責任ある製品となっているかどうかを見て商品を選ぶことができるようになる。環境保護の観点から優れた製品を造っている企業を奨励し、その努力に報いる方法として、エコラベルは環境保護運動家たちに歓迎されている。(一六五)環境保護の観点から好ましいものと好ましくないものとを見分けるために必要な情報を消費者に提供するという点で、エコラベルは環境保護政策の中でももっとも「非干渉的な」方法であると言える。

エコラベルに批判的な人々は、差別的な貿易規制となったり、貿易規制の枠組みを崩したりする恐れがあると主張している。(一六六)しばしば産業界は、自主的なエコラベルでさえも自由な貿易を妨げ、義務づけられたラベル表示と変わらないと批判する。エコラベルの表示がない商品も同じように市場に出回ることはできるにしても、消費者がこういった商品を購入することは少ないからである。(一六七)

非政府組織による自主的なラベル表示が環境保護のための「市場への働きかけ」であるとしても、アメリカの攻撃的な企業グループが一九九六年に行ったエコラベルに対する声高な批判は、多くのことを明らかにしてくれた。この「環境保護のための消費者情報に真実を求める連合」には、全米食料雑貨製造企業会や全国食品加工協会の他に、製材、プラスチック、化学薬品、電子機器、また包装産業の業界団体が含まれていた。(一六八)「環境保護のための消費者情報に真実を求める連合」は、各方面で活発に活動した。彼らの怒りの対象は主に、ヨーロッパのエコラベルだった。彼らの主張によればヨーロッパのエコラベルの表示に関する手続きは秘密主義で企業の参加をまったく認めず、そこで設定される基準や認証審査は彼らの企業利益を損ねているという。しかしこの企業グループの主な狙いは実は、ヨーロッパでの問題にはっきり「決着」をつけて、他の多くのエコラベル表示も含めてWTOルールに違反していることを示し、自主的なエコラベル表示を事実上廃止に追い込むというアメリカの立場を、WTOで展開することであった。

企業グループにとっては、WTOこそが戦略目標だった。エコラベルは、製品としてはほとんど同じものを生産方法（いわゆる「製品とは関係のない」、略してPPM）の違いに基づいてはっきり区別するので、WTOでは常に議論の対象になってきた。WTOの規則の多くは、そういった区別を禁じている。一九九六年にはエコラベルについて、「貿易の技術的障害に関する委員会」や「貿易と環境に関する委員会」（CTE）でもエコラベルに関する激しい議論が続いた。[一六九]

一九九六年二月にこのWTOの二つの委員会は合同で会合を開き、[一七〇]カナダ政府が提出したエコラベルに関し、いくつかの原則を定める提案について審議した。カナダ案ではほとんどのエコラベル・システムが、公的機関によるものであれ、民間機関によるものであれ、また義務づけられたものであれ、自主的なものであれ、WTOの「貿易の技術的障害に関する協定」（TBT協定）の製品基準に関する厳しい規則の対象とされている。[一七一]エコラベルをこの協定の対象とすることが、企業連合の狙いであった。WTO体制は国家間の貿易障壁を敵視する。したがって特定の製品を市場から締め出すわけではない自主的なラベル表示システムに関してWTO裁定を下すことは、WTOの権限を大幅に拡大することを意味する。

「貿易の技術的障害に関する協定」（TBT協定）は各国政府に、製品基準を設けるときには貿易をできるだけ妨げないものにし、国際的基準があるときにはそれに基づいて定めるように要請している。[一七二]従ってエコラベルが同協定の対象であるとの判断が示されると、いろいろな理由を持ち出してエコラベルがWTO裁定にかけられる可能性がある。技術的な面で問題になっているのは、「貿易の技術的障害に関する協定」の「製品基準」の定義に製品そのものとは別の観点から定めた基準が含まれているのかという点である。合同委員会が生産方法についての規制をWTO裁定の対象とすることができると判断すれば、すべてのエコラベル・システムがWTO裁定の場に引き出される恐れが出てくる。(一七三) 製品に直接かかわる部分だけをWTOルールの対象にすべきだと主張して、欧州連合もノルウェーもオーストラリアもこの提案には真っ向から反対した。(一七四) マグロを例に取るとこれらの国の立場からすると「ビンナガマグロ」と「チャンクライト」マグロをどう見分けるかについては「貿易の技術的障害に関する協定」の規定に沿って判断するのはいいとしても、同じ種類のマグロについて捕獲方法の違いに基づいて政府がラベル表示をするのは、おかしいということになる。

企業連合は、エコラベルを敵視するアメリカの立場を浸透させるために、ロビー活動を展開した。一九九六年三月にアメリカが提出した案では、WTO適合のエコラベルは六種類とされていた。そしてエコラベルは、「貿易の技術的障害に関する協定」の対象となるとされていた。(一七五)

幸いにもほとんど同じ内容の六項目からなる「エコラベル事業に当てはめるべき原則に関するアメリカ案の基礎となるべきこと(案)」が、それを起草した企業お抱えの法律事務所のファックスを通じてアメリカ政府の外へ漏れたために、広く知られるようになった。この提案の出所に関する論争が高まったお陰で、「イルカを助けて」連合の下に環境保護活動家や消費者運動家を結集させ、議会の中の賛同者と力を合わせてすぐに運動を繰り広げることができた。

アメリカの政策として提示された産業界の六つの提案のうち五つは、義務づけられたものであれ自主的なものであれ、消費者に情報を提供するラベル表示を危機に陥れるだろう。まず第一にこの提案は、ラベル表示が「平等に競争に参加する機会を輸入品から奪ってしまうような」ことがないように保証するなどの、いくつかの主観的で意図的な難しい試験を課している。(一七六) 他の国々がエコラベル表示をしていない輸入品も消費者にとって同じように魅力的な商品に見えるよう、またその逆にエコラベル表示のある商品の方が魅力的に見えてしまわないようアメリカ政府は求めるべきだと産業界が述べているのは、ばかげたことであるだけでなく、明らかに実行不可能なことでもある。

第二に彼らの提案は、「貿易の技術的障害に関する協定」よりもっと主観的な証拠を基準とする「健全な科学」を押し付けようとしている。[一七七] 第三に、例えばラベル表示が「国際貿易にとって不必要な障害とはなっていない」ことを証明するといったような、いくつかの否定的な要件を「実証」あるいは証明することを、民間の認証機関または政府の認証機関に要求するという、非現実的なことをやっている。[一七八] 最後に自主的な民間のエコラベル・システムをＷＴＯ裁定の対象とすることを認めることは、ＷＴＯの権限を政府の政策や民間機関の活動の上に位置するものとして認める、大幅な拡大解釈につながる（そしておそらく議会が宗教・言論・集会・請願などの自由に干渉することを禁じた憲法修正第一条違反にも）。それを許してしまったならば、『グッド・ハウスキーピング』誌がどれにシール・オブ・アプルーバルを認めるかも、『コンシューマー・リポート』誌がどういう評価を商品に下すかも、ＷＴＯ裁定の対象となるのを覚悟しなければならないだろう。同じように「地場産品流通システム」のような民間の事業すらも、ＷＴＯルールによる裁定を受けることになるだろう。[一七九]

エコラベルの問題は、結局解決しなかった。国ごとに調整困難な意見の食い違いがあり、「貿易の技術的障害に関する協定」の規則をどのように解釈すべきかということについて意見が大きく分かれているにもかかわらず、情報公開の重要性だけを取り上げるとか、規則の厳しい運用の重要性だけを強調するとかで、実質のない報告書を採択するだけに終わった。[一八〇]

しかし最近アメリカとカナダは、遺伝子組換え食品のラベル表示に関するイギリスを始めとするヨーロッパ諸国の提案について、貿易の技術的障害に関する委員会に再び異議申し立てを行った[一八一]（第三章参照）。遺伝子組換え食品の規制に関するアメリカの欧州連合との戦いはますます激しくなり、いくつかのラベル表示システムがＷＴＯの規定に違反していないかという問題は、ＷＴＯの委員会で審議する前にＷＴＯ紛争解決委員会の判断を仰がなければならなくなるかもしれない。アメリカは、「バイオ技術による食品はラベル表示を義務づけられるべきものではない」し、「食品のラベル表示によって生産方法についての情報を提供するのはまったく実際的でもないうえに不公平でもある」と主張している。[一八二]

またアメリカはすでに、欧州連合の原産国表示をＷＴＯに提訴するとも宣言している。[一八三]

脅迫、例５：香港がアメリカの防疫規則をＷＴＯに提訴

検疫その他の公衆衛生や植物衛生のための措置をＷＴＯの規則が抑制しているだけでなく、関税の引き下げもあって貿易量が増大し、外来種が国内に広まることが多くなり、種の多様性は重大な脅威にさらされている。在来種を追い出してしまう外来種の侵入は、種の絶滅の二番目に大きな原因となっている。[一八四] しかし特定の外来の害虫を狙った最近の政策は、ＷＴＯによる有害な干渉に関するもうひとつの不安を呼び起こしている。

一九九八年一一月一一日に香港は、香港や中国からのアメリカ向けの荷物の梱包用木材を熱処理、燻蒸消毒、あるいは防腐剤処理をしなければ輸出を認めないという一九九八年のアメリカの規則について、ＷＴＯの「衛生植物検疫措置の適用に関する（ＳＰＳ）委員会」に異議を申し立てた。[一八五] この規則はアメリカの港湾周辺や空港周辺でアジア産のカミキリムシが見られるようになったのを受けて、動植物検疫局（ＡＰＨＩＳ）が定めたものであった。このカミキリムシは中国や香港から来た木製の梱包材に由来することが分かった。[一八六] 多くの荷物が木枠や木製のパレットで運ばれて来る。こういった梱包材や輸入丸太にはさまざまな木を食べる害虫がいることがある。その中にはアメリカに天敵が存在せず、いったん侵入すると急速に増えるものがある。

日本、朝鮮、そして中国を原産国とする木を食べるカミキリムシは、木に潜り込んでしまうと殺虫剤を使っても除去することができない。[一九四] 木を根こそぎ引き抜いて焼きはらう他には、除去の方法がないのである。[一九五] これまで動植物検疫局はカミキリムシの侵入に気づいて以来、ニューヨーク州ブルックリンで何千本もの木を根こそぎ引き抜いて焼却処分にした。[一九六] シカゴ市のレイブンウッド地区では、害虫防除のために五〇〇〇本以上のかえでの木について同じような焼却処分が行われた。カミキリムシはこの他にもウィスコンシン州マディソンやイリノイ州モートン・グローブの倉庫など三〇カ所でも、見つかっている。[一九七] アメリカ農務省は、カミキリムシによる被害は一三八〇億ドルに達するだろうと予測している。[一九八] この額はウィスコンシン州やミシガン州のメープ

ルシロップ生産者や板材といった、直接的な被害だけの額である。種の多様性や景観の面での被害は、含まれていない。

国際貿易の広がりによって五大湖の大型のヤツメウナギからマイマイガやカワホトトギスガイに至るまでさまざまな外来種が増えたためアメリカ政府は、取り返しのつかない損害や駆除事業のための途方もない出費を避けるために、防疫における早期発見にこれまで以上に力を入れるようになっている。

WTO加盟国であるためにアメリカは、カミキリムシ危機に対する対応がかえって難しくなっている。中国はこのWTOのルールを批判しているが、WTOに加盟していないためWTOにおいて反論することができない。したがってアメリカの措置を受け入れなければ、未処理の木材

カワホトトギスガイ

カワホトトギスガイという東ヨーロッパ産の貝がアメリカに侵入したのは、1980年代中頃にヨーロッパの船がバラスト水をセントクレア湖に放出した時に始まる。(187) 毎年10万個の卵を産むこの貝は、1年もするとエリー湖のほとんどすべての固定したものにびっしりと住み着いた。(188) カワホトトギスガイはPCBのような有毒物質を生物濃縮して食物連鎖の中へ持ち込むので、人々の健康に危険をもたらす。(189) また在来種も、危機にさらされる。例えばエリー湖では、こういった外来種によって淡水産2枚貝であるいくつかのイシガイ科の貝が絶滅した。(190)

マイマイガ

シベリア産の木材の輸入によると見られるアジア産のマイマイガの侵入は太平洋北西地域の林業や農場経済に5800万ドルの損失をもたらすだろうと、科学者たちは推定している。(191) アメリカでは年間何百万エーカーもの森林が枯れているが、ヨーロッパやアジア原産のマイマイガがその大きな原因となっている。(192) マイマイガの幼虫は樫の木を中心に樹木の葉を食べる。葉っぱを食べられてもまた新しい葉が出て来るが、それには大量の水分と養分を必要とする。そのため小枝や大枝が落ちてしまう。2年連続してこの落葉と新しい葉の生成とを経験すると、たいていの木は枯れてしまう。(193)

を使った梱包で送られる商品の禁輸制裁を受けることになる。[一九九] 一方WTOに加盟している香港はアメリカの措置に異議を申し立てることができる。そして「衛生植物検疫措置の適用に関する協定」（SPS協定）（第二章参照）に定められたところに従って、アメリカに厳しい立証責任が課せられるので、香港は有利である。アメリカが禁止の対象として香港を含めたのは、「アメリカ向けの［中国の］輸出の約半分が香港を経由している」からである。[二〇〇] これまでのところ香港は、正式にWTOに提訴してはいない。もし香港がアメリカに対して提訴して勝訴することがあれば、アメリカに残された選択は二つしかない。制裁措置を回避したければ、アメリカ中の森林を危険にさらすことになるが貿易措置を撤回するほかはない。

〈多角的環境保護協定がWTOと衝突〉

多角的環境保護協定（MEA）の交渉は、空気、水、野生生物などの自然が国境を越えたものであるという認識の具体的成果である。自然が公害によって汚染されたり、種の絶滅の危険にさらされたりすると、国は未然に被害を防ぐために行動しなければならない。気候変動、大気汚染、種の絶滅、そして有害廃棄物の国境を越えた移動といった世界的な環境問題に対応するために、多角的努力がさまざまになされつつある。

その中で多角的環境保護協定は、環境を守っていこうという世界的動きを反映した具体的成果と言うことができる。しかしWTOのルールの多くは、WTOよりはるかに前から存在していたものも含めて、こういった多角的環境保護協定と明らかに矛盾している。国際法上、WTOはWTO発足以前に存在したこういった条約よりも自動的に優先される。ウルグアイ・ラウンドの交渉にあたった人々は、これらの多角的環境保護協定や国内法規がWTOにおける異議申し立ての対象とはならないことをWTOの規定の中に盛り込むことを、拒否した。

多角的環境保護協定がWTOと衝突する形は、いくつもある。第一に、いくつかの国際環境保護協定は、貿易を明確に制限している。例えば、「絶滅の恐れのある野生動植物の種の国際取り引きに関する条約」（通称ワシントン条約、ＣＩＴＥＳ）は、絶滅の危機にさらされた種の輸出入を禁止している。「有害廃棄物の国境を越えた移動に関するバーゼル条約」は、世界の有害廃棄物の九八％を生み出している豊かな国から発展途上国へ有毒廃棄物を輸出することを禁止している。またモントリオール議定書は、オゾン層を破壊する化学物質や、こういった物質を含む製品の貿易を禁止している。第二に、こういった条約その他はその目的を達成するために、貿易上の制裁措置を取ることを必要に応じて認めている。またそういった制裁規定がない多角的環境保護協定であっても、（アスベストなどのように）ある国の潜在的に危険な製品を他の国の製品より厳しく扱うように各国政府に求めるものもある。従ってどのような多角的環境保護協定であっても、ＧＡＴＴ／ＷＴＯルールと衝突する可能性が十分にある。

そのうえＷＴＯのルールと多角的環境保護協定の間では、貿易とは関係のない面でも対立が起きてしまっている。本章の始めの方で取り上げたように、国連気候変動枠組み条約京都議定書において義務づけられた燃料効率関連法規の強化を図ろうとする日本政府を攻撃する手段として、アメリカや欧州連合はＷＴＯに規定された義務を利用した。

最後に自律的に機能する（すなわち強制手段を持っている）ＷＴＯと異なり、多角的環境保護協定は、それぞれの国が協定を実効あるものとするために行政として行動することを求めている。例えば「絶滅の恐れのある野生動植物の種の国際取り引きに関する条約」は、署名各国が保護が必要だと認めた種を列挙している。しかし保護を実効あるものにするのは同条約の裁定委員会ではなくて、それぞれの署名国の国内法である。従って同条約に規定された義務の多くをアメリカは、絶滅危惧種法（ＥＳＡ）を使って果たしている。絶滅危惧種法の規定は、「絶滅の恐れのある野生動植物の種の国際取り引きに関する条約」に列挙されている種や、それを使って作ったものの輸入を禁止している。またこの規定に従わない国に対して禁輸措置を取ることを定めている。[一〇一]アメリカ以外の国も、同じような国内法を持っている。ところがＷＴＯルールによれば、こういった国内法は違法な貿易障壁だと異議申し立てを受けることがあり得るし、実際これまでにいくつか異議申し立てを受けている。

ＷＴＯの紛争解決委員会は、ＷＴＯ違反だとされた環境保護法を支持するものとして多角的環境保護協定をとらえることを義務づけられてはいない。実際ＷＴＯルールには、国際法上の「最も新しい」義務は例外規定がない限りそれまでの義務に優先すると規定されている。[一〇二] 北米自由貿易協定（ＮＡＦＴＡ）にはごく限定的にではあるが「除外」条項が盛り込まれて、抵触する規定よりも三つの多角的環境保護協定を優先することになっているが、[一〇三] ＷＴＯその他のウルグアイ・ラウンド協定にはそういったものは見られない。これまでのいくつかのＧＡＴＴやＷＴＯの裁定が、多角的環境保護協定に規定された義務を果たすための各国の努力に水を差してきた。

〈ＷＴＯが多角的環境保護協定を無視している実例〉

イルカ問題：ＧＡＴＴの二つの専門委員会は、きんちゃく網マグロ漁によってイルカが激減するのを防ぐために作られたアメリカの法律を、すでに締結されているイルカの保護に関する多角的協定や、マグロ漁の加工生産方法についての汎アメリカ熱帯マグロ委員会の作業に関する多角的協定の趣旨に沿って検討することを拒否した。アメリカを始めとする提訴国がこういった協定の参加国であるにもかかわらず、ＷＴＯの専門委員会はアメリカの政策を、イルカ保護という国際的な課題にあまり関係のない一方的な措置であるとみなした。

ウミガメ問題：同じように絶滅の危険のあるウミガメに有害な方法で捕獲されたエビの販売をアメリカが禁止したことを取り上げた裁定の中でＷＴＯの専門委員会は、このアメリカの国内法がウミガメを保護すべき種としてあげている「絶滅の恐れのある野生動植物の種の国際取り引きに関する条約」[一〇四] の趣旨に沿ったものであることを無視した。同条約は、こういった絶滅危惧種の保護のために貿易上の制裁措置を取ることを認めている。[二〇五]ウミガメは、国連食糧農業機関（ＦＡＯ）の「責任のある漁業のための行動綱領」[二〇六]や「渡りを行う野生動植物種の保護に関するボン条約」[二〇七]においても、保護の対象とされている。異議申し立てを行なっているアメリカその他の国々が締結国となっているこういった国際的な環境保護条約が存在するにもかかわらず、お互いに納得の行くウミガメを守るためのエビ漁の方法を探る当時のＷＴＯ加盟一三二カ国を相手とした努力をアメリカは怠ったと、上訴を審理したＷＴＯの上級委員会はアメリカを批判した。

しかしながら、こういったＷＴＯの論理に従って多角的環境保護協定の交渉に臨むことを渋ることによって各国は、保護運動を人質に取って自国の主張を通すことが可能になる。例えばアメリカは、エビ漁に関するアメリカによる禁輸制裁措置をＷＴＯ違反として異議申し立てを行なっている四カ国のすべてを含む国々と、インド洋におけるウミガメ保護のための交渉をまとめようとしている。[二〇八]この交渉に参加の意欲を示しているのは、オーストラリアとタイの二国にすぎない。ＷＴＯの裁定が示すところによれば、環境保護政策を実行に移すには世界中の国が同じ動きを示すまで各国は待たなければならないことになる。実際ＷＴＯは環境保護のための特定の国内法規をＷＴＯ違反とする裁定を示すことによって、各国が多角的環境保護協定に従って積極的に行動することを妨げている。それによって環境問題に関する国際的な合意作りが、相当に阻害されている。

〈環境問題に関してＷＴＯ委員会の考え方は間違っている〉

ＷＴＯの貿易環境委員会（ＣＴＥ）が多角的環境保護協定を守るために新しいＷ

欧州連合が1996年にWTOが多角的環境保護協定を尊重して貿易上の制裁措置を取ることを認めるようにするいくつかの提案を行った時には、アメリカは欧州連合を支持しもしなければ、代案を示しもしなかった。

TOルールをWTO加盟国のフォーラムに向けてまとめるのではないかと、環境保護運動家たちは期待していた。実際には貿易環境委員会そのものの作業計画が優先された。しかし欧州連合が一九九六年にWTOが多角的環境保護協定を尊重して貿易上の制裁措置を取ることを認めるようにするいくつかの提案を行った時には、アメリカは欧州連合を支持しもしなければ、代案を示しもしなかった。[二〇九] そもそも貿易環境委員会の発足を呼びかけたアメリカ自体がこういった消極的な態度なので、他の国々はその無責任ぶりに呆れた。[二一〇]

実際発足後の四年間を経てもなお孤立無援に近い状態の貿易環境委員会は、委員会の意見をまとめてGATT／WTO体制に対して環境保護の立場に立った変革を勧告することが、まったくできていない。環境保護運動家の中には、貿易をゆがめる環境保護策を見つけ出し、それを潰す方法を示すのが同委員会の主な存在価値なのではないかと考える人々がいる。[二一一]

最近、同委員会は仕事の取り組み方を全面的に変えた。「ウィンウィン（どちらにとっても有利な）」戦略と呼ばれるものを採用して、環境保護法規をWTO提訴から守ることはあきらめて、環境にとっても有害な（漁業補助金のような）貿易障壁を捜し出し、それを取り除くことに専念するようになったのである。

一九九九年三月にジュネーブで開かれた環境問題に関するWTOのトップレベルの会合でWTO当局は、こういった戦略を支持してくれる環境保護団体を捜し出した。[二一二] ワールド・ワイルドライフ・インターナショナルのようないくつかの団体が、漁業補助金の支出を打ち切る提案を支持する声明を発表した。[二一三] しかしすでに存在する環境保護政策が世界中でWTOの攻撃にさらされることが多くなっている問題について、WTOは状況を改善することを怠っていると考えていた環境保護運動全体は、冷ややかな態度をとった。[二一四]

ところでクリントン政権は、WTOの将来が決まるシアトル閣僚会議において特にはっきりしたように、環境保護政策をそれと同じような方向へ向けようとしている。[二一五] 従っていくつかの環境保護団体は、いわゆる「ウィンウィン」戦略を中心に据えたやり方は、貿易の自由化をさらに押し進めるための取り引き材料としてヨーロッパ側の提案に対する環境保護運動側の反対論を利用したり、WTOの目的を達成するために環境保護運動を利用したりするためのものだと考えている。[二一六] 皮肉なことにＷＴＯの実務担当者や今ではクリントン政権でさえも「ウィンウィン」戦略をしきりに口にする今日この頃であるが、それにもかかわらずアメリカは林業製品の貿易の自由化を押し進めようとしている。林業製品の自由化は環境保護運動が強く反対してきたもので、産業界の推定の示すところでも森林の消滅を三～四％加速するとされている。[二一七] この問題は、今後のＷＴＯの交渉において優先的に取り上げるべき問題である。[二一八]

第2章

WTO、食品安全基準及び公衆の健康

The WTO, Food Safety Standards and Public Health

この章において……

事実：

●**EUの牛肉中の合成ホルモン：**EUが食肉中の残留物がヒトの健康を損なうことを科学的に証明できなかった（ホルモンそのものは健康を損なうことで知られている）との理由から、WTOは合成ホルモン残留物を含有する牛肉の禁止に反対する裁定を下した。WTOはEUがこの食肉をあくまで拒否したため、一億一六八〇万ドルの制裁を承認した。

●**企業検疫のオーストラリア食肉がアメリカ政府検疫と同等であるとされた：**WTO規制を適用することにより、アメリカはオーストラリア企業検疫食肉がアメリカ政府検疫食肉と同等であると見なした。サルモネラ発症の劇的な増加が新体制の実施と時を同じくしているにもかかわらず、両国の製品はどちらもアメリカ農務省規格合格品のシールが貼られることになろう。

●**原料サケに関するオーストラリア検疫：**WTOは、国内サケを汚染することから外来細菌を予防するよう設定された、未処理サケの輸入を管理するオーストラリアの厳しい規制に反対する裁定をした。オーストラリアは科学的にリスクを証明したが、リスクが生ずるか否かの正確な確率を証明してはいない。従ってWTOが禁止する明白な規定に欠けているというのである。

●**日本のコドリンガ試験：**日本の農業に深刻なコドリンガの被害はない。WTOは、試験がすべての果樹に必要であることを科学的に証明できないならば、日本が一種類の果樹についての試験にもとづいてすべての果樹に対する試験要求に訴えることのできないよう規制した。

●**韓国の食肉在庫可能期間：**食肉の三〇日在庫有効期間制限に対するアメリカのWTOへの提訴を回避するため、韓国は在庫有効期間を九〇日に延長することによりその食品安全政策を緩和した。

●**韓国の生産物検疫：**アメリカによるWTO提訴を回避するため、韓国はその生産物検疫期間を著しく短縮することに同意した。現在では生産物は、その安全試験結果が出る以前に消費者に販売されている。

●**EUの乳児用有毒歯がため禁止**：アメリカはおもちゃ産業を代弁して、歯がため及びその他のおもちゃに使用されているある種のプラスチック可塑剤類を制限するEUの幅広い政策に反対してWTOに提訴すると脅した。これは欧州各国政府及びアメリカ消費者諸団体の共同の努力の結果、WTOの脅威が裏目に出たという特異な事例である。

●**デンマークの鉛禁止**：デンマークで子供の発育に対する鉛の脅威を回避するための顔料及び化学諸行程中の各種の鉛化合物に関する禁止計画が実行される場合には、アメリカはWTOに提訴すると脅かしている。

概念：

●**「衛生植物検疫措置の適用に関する協定」（SPS協定）**：食品の安全、検疫、表示、及び動植物保健（たとえば、検疫、侵入種対策）に関するWTOの諸規則がふくまれる。

●**予防原則**：WTOはこの広範に使用される原則を次第に弱体化している。この原則は不確実だが可能性のある不可逆的損害を回避する行動を求める。予防的アプローチの下では、産業はある生産物が市場に承認される以前に、ある生産物の長期的な安全を証明することを要求される。WTOは、あるリスクが回避行動を行なう〝以前に〟存在することを科学的に示すよう各国政府に挙証責任を課している。そして予防的諸法律をWTOの攻撃の危険にさらしている。

●**ハーモナイゼーション**：貿易の促進のために各国のいろいろの基準を一律のグローバルな基準に置き換えること。WTOは食品、生産物の安全、環境及び他の基準のハーモナイゼーションを要求し、且つ促進している。ハーモナイゼーションは、いろいろの社会の人々が彼らが生活したいとする諸基準を作るための価値の選択肢を狭めている。

●**同等**：かなり異なる、より低い他の諸国の諸基準は明確な手続上のガイドラインや考慮すべき諸因子の列挙なしで主観的な比較にもとづいて国内諸基準と同等であると宣言することが可能となる。いったんある基準が〝同等〟であると宣言されるとなれば、それが国内基準であるとして取り扱われねばならない。

●**食品規格（コーデックス）委員会**：WTOが、WTO法を根拠とする食品諸基準の設定機関として認める、産業界に影響力のある国際的組織である。

アメリカ規制当局は数百万のアメリカ人の生命を助けるため市場に介入した。そうしなければ彼らは、危険な食品、生産物及び劣悪な労働環境に直面したであろう(一)。本章では、我々はどのようにして新ＷＴＯ諸法規が主要食品の安全、公衆衛生、動植物保健政策を破壊しつつあるかを再検討することにしよう。ＥＵの食肉中の合成ホルモンに関する禁止措置及びいくつかのその他の諸国の検疫法規に対するＷＴＯへの異議申し立てが成功していることに加えて、韓国はＷＴＯへの提訴を恐れて二つの食品安全法規を葬ることになった。突出したＷＴＯの脅威には、多くの製品に含まれる鉛をオランダが禁止したことに対するアメリカの提訴、乳児用のおしゃぶりに含まれるプラスチック軟化剤へのＥＵ政策に対するアメリカの提訴もある。他方、各国の異なる基準を単一の国際基準へと調整しようというＷＴＯの要請によって、アメリカはオーストラリアからの検疫牛肉がアメリカ政府検疫食肉と安全性において同等であるとまで宣言している。これらの輸入食品はアメリカの法律に適合したものとして表示され、アメリカに輸入される。最後に、ＷＴＯはＷＴＯの法規に沿うように諸基準を設けるために、様々な産業界

Cartoon by Gary Hallgren
New York Times, Sept. 14, 1994

に影響力のある国際的組織に権限を与えている。

アメリカの規制の基準は完全ではないが、食品医薬品局（FDA）、農産物安全検査局（FSIS）、全米高速道路交通安全委員会（NHTSA）、職業安全衛生局（OSHA）、消費者製品安全委員会（CPSC）は、消費者の利益のために広い範囲に渡って各企業をうまく規制してきている。しかしながら、多くのやるべきことが残されている。[二]

> **ウルグアイ・ラウンドは内外生産物を平等に扱うという要請を明らかに越えてGATTを動かした。それは各国がどの政策をとるべきか、健康、安全、環境規制をどれほど厳しくするかを制限する。**

食品を原因とする疾病により毎年九〇〇〇人ものアメリカ人が死亡し、六〇〇〇万人が発病している。[三] この数字は食品の国際貿易の増加に伴って増大していると思われる。消費者は、アメリカとは異なる、より不備のある安全基準の下で製造され、いいかげんな検疫と、長距離輸送をした食品類を食べることになる。

一九九六年のWHO報告では、食品供給のグローバリゼーションが世界的な病害の増加原因であったと指摘している。[四] この報告は一九九四年のイギリス、ノルウェー、スウェーデンにおける赤痢の発生及び一九九一年のアメリカ南部におけるコレラの発生がより甘い安全基準をもつ諸国からの食品の輸入によるものであるとしている。[五]

食品を原因とする疾病の発生増加についての他の理由は、食品の輸入に伴って、検疫が行なわれなかったことにある。例えば、NAFTA（北米自由貿易協定）の下でカナダとメキシコからのアメリカ農産物輸入は五七％増加した。[六] 同時期に、FDAの輸入食品の検疫は全輸入の八％から二％以下に低下した、すなわち汚染農産物が市民の手に届くことによりリスクが増加している。[七] このため、消費者及び公衆衛生関係機関は、アメリカ会計検査院とともに、アメリカがより厳しい安全検疫基準を導入し、実行するのに必要な経費を支出するよう勧告してきた。[八]

増大した貿易は、国境における食品安全検疫の強化を特に重要なものにしている。食品を輸出して外貨獲得及び保健行政と衛生関連支出節減の両方に対するIMF（国際通貨基金）の厳しい圧力の下にある貧しい国々は、(九)しばしば関連法規を適切に強化し、あるいは食品生産物を検疫することができないからである。

そして、こうした規制システムに対する財政支出は、財政困難時にはしばしば節減される。例えば、一九九二年、メキシコの食品安全検疫の支出は二五〇〇万ドルであったが、三年後のメキシコのペソ危機による経済破綻にともない、またさらなる〝構造調整〟を実行するため新規借款協定の強制により、食品検疫支出は五〇〇万ドルまでに切り下げられた。(一五)しかし、メキシコ生産物のアメリカ向けの輸入は確実に増加していた。すなわち一九九八年には全米の果物・野菜輸入の五二％がメキシコからのものであった。(一六)

食品を原因とする疾病の増加や食品安全基準と検疫の改善の必要性は、特権集団による規制緩和の圧力をはね返すこともなく、重要な公共の利益の後退は過去一世紀にわたり続いてきた。一九九六年、憤激したアメリカ消費者団体は〝規制撤廃法〟と名付けた法案を廃案にした。この法案は、規制当局が消費者の保護措置を導入したい場合に、い

WTOの「衛生植物検疫措置の適用に関する協定」（SPS協定）：無責任な通商官僚が公衆衛生政策を決定する

SPS協定はウルグアイ・ラウンド諸協定の1つである。これは、食品の安全及び植物病害、動物病害、検疫、その他動植物保健に関係する諸法律を制定する、WTO加盟国の権能に対して厳しい諸制限を設けている。WTOのSPS協定の第2条2項は〝不十分な〟科学的証拠にもとづく、WTO違反措置を挙げている。これは予防原則を見事に骨抜きにするものである。この原則では潜在的に危険な諸物質は市場に出荷されるまえに安全であることを証明せねばならない。各国政府はとくに科学的な確実性のない場合に、懸念される保健リスクから公衆及び環境を保護するためこの予防原則を適用しようとしている。WTOにおいて問題とされた各国のSPS措置は、WTO委員会（パネル）によりこれまでに支持されたことはなかった。事実、どちらかというと公衆衛生保護措置を弱めるか、あるいは除去されねばならない貿易障壁となる加盟国のSPS措置として一貫して解釈されてきた。

つでも当局に対し費用のかかるリスクアセスメント、並びにコスト・ベネフィット分析を行なうことを要求できるものであった。[一七] すなわちこの法案は生産物の規制並びに検疫処置の強化を行なうまえに、リスクを科学的

WTOの５年間：変化する消費者の見通し

今では国際消費者機構（IOCU）として知られている全世界の無数の消費者グループから構成される国際的機関は、1994年にウルグアイ・ラウンドを支持して出現した。いくつかの諸規定についての覚書に関与して、今ではコンシューマーズ・インタナショナルとして知られるグループ連合体は、消費者がウルグアイ・ラウンドから重要な利益を期待でき、かつ潜在的な脅威が多分現実とならないと結論した。

「貿易紛争を解決するため強化されたWTOの創設は、各国あるいは各貿易ブロックによる一面的な諸行動を超えた、開かれた、多面的な世界貿易ルールのための重要なあと押しをしなければならない」[10] とIOCUは声明で述べた。しかしながら、1つを除くアメリカ消費者組織をふくむ多くの他の消費者グループのすべては、ウルグアイ・ラウンド協定に反対する環境NGOや他のNGOと全面的な合意をとりつけた。[11]

ほぼ５カ年の後の今日、ウルグアイ・ラウンドの諸結果は、ウルグアイ・ラウンドを支持したいくつかの消費者グループに彼らの立場の再評価を迫っている。コンシューマーズ・インタナショナルは、ウルグアイ・ラウンドを批判して、近く開かれるシアトル閣僚会議に向けてポジションペーパーを発表した。このポジションペーパーは、消費者の基本的諸権利を脅かし、かつ、世界貿易拡大の潜在的利益の不均衡な配分へと導く局面を修復することを念頭において、消費者の参加とともに、ウルグアイ・ラウンド諸協定の諸結果の客観的な評価を要求している。[12] また、このポジションペーパーは、WTOの諸規則がだんだんと国内諸規定に影響を及ぼしつつあること、また効果的な消費者保護を保証する各国政府の領域を侵食しつつあることにも注目している。[13] 同連合体は、貿易の目的が消費者と生産者のニーズに合致せねばならないとしつつも、ウルグアイ・ラウンドにより設立された多面的な貿易システムが貧しい消費者のために約束された経済的利益を与えてこなかったし、また、情報、安全な品物あるいは競争的なサービスへの消費者のアクセスを改善してこなかったことに警告を発している。いくつかの事例では、実際に、既存の消費者への権利が侵害されている。[14]

に証明することを当局に要求しようとするものであった。このことは、たとえば毒物や労働安全のような公衆衛生問題に関する政策を策定したり、または食品を原因とする疾病のような生命を脅かす事態の発生への緊急対応の導入を求める当局に莫大な負担をもたらすものとなろう。

例えば、アメリカは多数の児童が大腸菌で汚染されたハンバーガーを食べて死亡した後に、食肉中の汚染微生物に対する新基準を導入した。しかしながら、食肉中の汚染微生物のレベルを引き下げることが、食中毒で発病し、死亡するリスクを引き下げることと直接関連することを証明する科学的研究は存在しない。従って、汚染されたハンバーガーによる死亡事実が証明され、新基準導入が認められたとしても、FSISはより強力な食肉検疫規制を発効するために必須のリスクアセスメ

コーデックス委員会は合成ホルモンを許容する

牛合成ホルモンをふくむ食肉に関するEUの禁止措置に反対するWTO規則の極めて重要な要素は、国際基準にもとづくEUの基準がWTOによって権限を与えられた国際的食品基準設置組織、コーデックス委員会により設定された要求である。(20) 極めて議論の多いこの委員会は非常に矛盾しているものであり、牛肉中の合成ホルモンの残留を許容している。(21)

同委員会の諸処理は、何が健康にもとづく規則作り出でなければならないかについて、はなはだしく産業の影響及び政治の介入を許している。(22) そして、コーデックス委員会はこれらの化学物質の認可を獲得するためのアメリカのキャンペーンのたった4カ年後に、牛肉に合成のホルモン残留を認める基準を公布した。アメリカはこの公布のために２回の票決を強いた。このようなことはコーデックス委員会ではほとんど聞いたことがない（一般に、この組織は全員一致により諸基準を設定している)。アメリカは第一の票決に破れた。また、コーデックス委員会はこのホルモンを認可することを拒否した。アメリカは２回目の票決を強いて、勝った。ホルモン残留物基準は僅差の33カ国の賛成、29カ国の反対、そして7カ国が棄権することで承認された。(23) EUの農業者による反対を抑えて、合成ホルモンのない食肉であるべきとのEUの消費者の主張が、重要なWTOについてのリトマス試験紙となっている。すなわち消費者の諸権利対WTO及びコーデックス委員会の国際食品基準という構図である。

ントを行なえないだろう。(一八) 多少、より弱められた法案がアメリカ議会に現在提案されていて、消費者グループはこの法案を廃案にすると断言している。(一九)

〝規制撤廃法〟に反対する行動に参加する多くの市民グループは知らなかったが、一九九六年のアメリカ議会で破棄されたコンセプトがすでに一九九四年に世界的に導入されていた、つまりＷＴＯの「衛生植物検疫措置の適用に関する協定」（ＳＰＳ協定）に具体化されていたということであった。

ＳＰＳ協定は、ＷＴＯ加盟国が食品安全及び動植物保健（病害、獣医薬、汚染微生物、添加物、食品検疫、等々に関する諸法規）に関する各国の国内政策を制約されうるという指針を規定している。食品基準及び検疫規制に関する一連のＷＴＯ規則は、現実的及び潜在的な健康脅威から大衆を保護し、安全食品に対する消費者の要求に応える各国政府の活動をいかにしてＳＰＳ協定が制限してきたかを説明している。

〈ＷＴＯ－ＳＰＳ協定：貿易は保健に勝る〉

ＳＰＳ協定の第一の目的は世界市場の細分化につながる食品規制の様々な違いを取り除いて、より貿易を促進することにある。(二四) ＷＴＯ各加盟国の食品安全規則は防疫、検疫、検査の義務づけなどをふくむ。家畜、水産、植物保健も同様である。許容可能な政策の目的、並びに各国がこれらの目的を追求することが可能である諸手段の両者を支配する厳しい規則を定めている。ＷＴＯ各加盟国はこれらの諸制限を上回る場合に相互の規制に異議を申し立てることが可能である。

食品規制における国際協調を促進するために、(二五) ＳＰＳ協定は食品、動植物保健政策をＷＴＯ法規に適応させるための一連の基準及び検査を包含している。第一に、ＳＰＳ協定の基準は人間と動植物の生命と健康とは異なる目的を達成するのに適用できない。たとえば、野鳥の卵殻を薄くする原因となるからといって、ある国はある殺虫剤を禁止することができなかったし、合法的なＳＰＳ協定の基準では禁止を正当化することができなかった。たとえば、動物大量屠殺に対する動物福祉法を、WTOは合法的なSPS規制とは見なしてこなかった。このような政策は非食品安全生産物基準を統括する、より制限的なWTO規則の対象となるだろう（「貿易の技術的障害に関する協定」（TBT協定）では詳細に説明されている）。

第二に、SPS協定の下では、ある国が自国民のため選んだ保護基準もまたWTOで取り上げる課題となる。たとえ、この基準が国内商品及び国外商品に等しく適用される場合においてさえもである。[二六] SPS協定はそれぞれの諸国の国内食品基準に設けられている〝リスクアセスメント〟と呼ばれる技術（手段）を使用することを各国に指図している。[二七] しかしいくつかのアメリカ基準は、たとえば、リスクの許容量を評価するのではなく、市民のリスクに対する被曝を全面的に禁止している。このような〝ゼロ・リスク〟基準は消費者にとってより安全であるにもかかわらず、WTO規則の下では、本質的に問題をはらんでいる。これらの基準がWTOにより承認されたリスクアセスメントの国際的に認可された形での適用が展開されていないからである。SPS協定はまた、政策がWTOに許可された目的を達成するのに必要とされることよりも、何よりも貿易に対してより厳しくしないことを要求している。[二八] リスクアセスメントとあわせてこの条項は、ほとんどすべてのケースにおいて、各国が（殺虫剤残留物、細菌汚染及び他のヒト病原生物に対する）〝ゼロ・リスク〟基準を採用できないことを意味している。

第三に、SPS協定は国際団体により定められた基準を上回る諸基準を採用し、あるいは維持している国々の権利をきびしく制限している。[二九] WTOは（生産物安全性及び技術的基準と同様に）食品安全、動植物保健に対する諸基準を設ける際には、指定され

デンマーク鉛禁止措置はアメリカやＷＴＯの脅威に直面している

鉛化合物類の国内禁止を実行したら、アメリカはWTO委員会にデンマークを告発すると脅している。[30] デンマークは、鉛化合物類が幼児の脳傷害を引き起こすことがありうると主張し、またECとWTOに顔料と化学工程で使用されている約200の鉛化合物類を禁止する意向であると通告してきた。[31]

た国際的基準関係当局に限って権利を与えている。より高度の基準を維持しようとする各国は科学的根拠という高いハードルに直面している。(二二)

不幸なことに、これらの基準作成団体すなわち、食品安全問題におけるコーデックス委員会、食品基準及び技術、生産物、環境基準の問題におけるＩＳＯ（国際標準化機構）は産業界により支配され、閉鎖的な（公的監視あるいは説明責任から隔離するような）やり方で運営されている（事実、ＩＳＯは純粋に私的セクターで、産業界から出資をうけた企業加盟団体である）。公衆及び環境保護の立場からすると、これらの団体は市民及び消費者運動に対して説明責任を負わず、強力な規制システムや説明責任をもつ政府により設けられた諸基準よりも甘い諸基準を設ける傾向にある。

遺伝子組み換え食品

科学の進歩が、新技術の人間の健康への悪影響をあらかじめ規制する勢力をしのいでしまうと、公衆衛生及び安全に対するWTO貿易諸規則の潜在的な脅威が増大するであろう。たとえば、新しい生物技術による潜在的な人間の健康及び環境への脅威は、SPS協定が効力をもった時代に、かろうじて議論され、決定的に重要なものではなかった。たとえば、人間の消費にとり生産物は見端を良くしたり、農薬に対し耐性を増加するために遺伝的に変化させられている。バイオテクノロジー会社は、人間及び環境の健康に関するそれらのインパクトの完全な理解が欠如しているため〝遺伝子組み換え食品〟(GMO)の無制限の販売及び貿易を押し進めている。明らかになっているデータによると、いくつかのGMOは人間でのアレルギー反応を引き起こすと指摘され、またいくつかのGMOはGMO作物を食餌するいろいろの良性の昆虫に対して致命的であるなどと指摘されている。しかもWTOにより各国政府に関して、重い義務が設定されている。すなわち諸規制を確立しようとし、あるいは実施しようと試みる各国政府は、GMOの危険の可能性を証明しなければならない。大衆を保護するとか、禁止に対する大衆の要求に応えるとか、あるいは少なくとも当該諸生産物に表示するといったそれぞれの権限がかなり侵食されている。

(WTO及びGMOに関しては第三章を参照)

かくして正当な公共の利益である緊急輸入制限措置は、食品安全法規が国際的な諸基準より強力で、他のSPS協定の目標や平均指針を踏みにじるような一応有利な立場にあるWTO加盟国による〝貿易障壁〟とみなされる。そこで挙証責任は、各国政府に対して、設定した保護レベルがWTOの要求を満たしていること、貿易に影響しないようWTOの法的目標を達成するのに他の方法のないことを証明するよう切り換えられている。かくて、これらのWTOの法規は各国法律の差異を除くばかりでなく、食品安全保護の強化にも反している。

WTOのSPSルールは、民主的に選出された各国政府から、WTO紛争解決委員会（パネル）に人を送り込んでいる企業及び貿易の官僚達にかなり影響されている国際的団体へと、食品及び人間のリスク曝露についての重要な決定権を一本化する効果をもっている。その結果、公衆の利益へと行動する国内の立法機関の力は抑制され、一般的な市民から権利恩恵を奪うことにもなる。彼ら市民にとっては、国際的フォーラムよりも国内的に自分たちの声を聞いてもらうほうが、はるかに現実的である。

〈食品衛生及び検疫法に関するWTOの記録〉

五年後に、食品をめぐってこの傾向が明らかとなっていた。WTOの各小委員会は、必要以上に貿易に厳しい規制であるとして、各国のすべての食品安全諸規制に対して裁定するようになってきた。これらの諸規制はEUの消費者保護のための合成ホルモン処理牛肉禁止、果実病原菌を防ぐための日本の検査の義務づけ、原料サケ輸入に関するオーストラリアの検疫などを含んでいる。特に、サケの輸入はその土地固有魚種を保護するよう計画されたものである。SPS協定に基づく提訴を恐れて、韓国政府は食品の安全基準の引き下げを行なった。

ケース１：ＷＴＯはヨーロッパに合成ホルモン牛肉を受け入れるよう迫る

潜在的に危険な物質は、市場に出る前に安全が証明されなければならないとの前提に基づく健康及び安全政策が敗北したケースとして、ＷＴＯ小委員会が、ＥＵによる域内での合成ホルモンの牛肉への使用禁止と合成ホルモン牛肉の輸入禁止措置に対して一九九七年に裁定したケースがある。この決定はＷＴＯのＳＰＳ協定が関係した最初の例だった。またこれは、民主的に選出され説明責任のある各国政府委員からＷＴＯへ、公衆保健政策立案の中核部分を移管することの悪影響を十分に示している。

> **貴方**がたの忠告に従って、我々はWTOの紛争処理機関の下でEU禁止措置に反対する行動を開始した[33]
>
> —US通商代表ミッキー・カンターから全米畜産協会への手紙—

一九八八年来、ＥＵは合成ホルモン類で処理された牛肉販売を禁止し、国内及び輸入牛肉の双方に対して差別なく禁止している。[三四] 消費される食肉中に残留する合成ホルモンの人間へのリスクは、はっきりしないが、合成ホルモン曝露はガン及び少女達の早熟と関係している。[三五] 合成ホルモン類で処理された牛肉の禁止についての既知のリスクと公衆の要求に基づいて、ＥＵは〝ゼロ・リスク〟基準を採用した。確定できぬリスクの許容量を評価することの試み、あるいは時間のかかる人間の健康への否定的影響を待たずにＥＵは、全てのリスクへの曝露から回避することを選んだ。ＥＵは多くのＥＵ加盟各国における、持続しかつ効果的な消費者キャンペーンののちにこの政策を選択していた。

アメリカの牛肉産業及びバイオテクノロジー産業はこのＥＵ政策に永年反対してきていた。[三六] 一九九六年一月にアメリカはＷＴＯでこの措置に異議を申し立てた。[三七] 一九九八年にＷＴＯ小委員会は合成ホルモン禁止が部分的にＳＰＳ規制下での違法な措置であったと判定した。ＷＴＯが承認したリスクアセスメントに基づいていなかったためである。[三八] ＷＴＯ上級委員会は小委員会の決定を支持

した。またEUは一九九九年五月十三日までにアメリカの合成ホルモン牛肉の輸入を開始するよう命令された。(三九)

EUは、WTO裁定の意図が禁止を裏づけるようなリスクアセスメントの提出を求めていると判断した。そこで、EUはWTOの批判に反駁し、禁止を維持するため必要となった新規のリスクアセスメントを開始した。

他方アメリカは、EUの合成ホルモン牛肉禁止が一見したところ明白にSPS協定のルールに反しているという見解としてWTOの裁定を判断した。すなわち、合成ホルモンの残留物が人間の消費に適さないとの科学的証拠は存在していなかったのである。従って、アメリカはEUの新規のリスクアセスメントとは無関係に、EUが輸入制限条項を解除するよう要求されているのだと主張した。(四〇) 一九九九年五月の期限までにWTO委員会裁定に従うことをEUは拒否し、一九九九年七月十二日にWTOは、アメリカの報復的な制裁要求を承認した。しかし、アメリカが要求した二億ドルは一億一六八〇万ドルへ、ヨーロッパ製の生産物の価格換算で減額させた。(四一)

この間、EUの新規リスクアセスメントの予備調査が一九九九年五月初めにマスコミにリークされている。このアセスメントによって、アメリカで使われている六つの合成成長ホルモンのひとつ、一七β―エストラジオールが発ガン物質の可能性が確定した。(四二) EUによる全リスクアセスメントはWTO期限では完成されなかった。そこでEUはこの事前評価がなされ、この問題がより完全な証拠に基づいて判断することができるまで、合成ホルモン禁止を継続するためアメリカに補償すると申し出ている。(四三) アメリカ通商代表シャーリーン・バーシェフスキーは、近い将来EUが牛肉市場を開放すると誓約する場合にのみ、アメリカはこの協定を受け入れると答弁している。(四四) 交渉はまとまらず、アメリカはトリュフ、マスタード、チーズ、フォアグラを含む重要なEU輸出品目に関して一〇〇%の関税を課した。

合成ホルモン牛肉規制の意味：合成ホルモン牛肉裁定で、WTOは科学的証明があらかじめ成されていない諸健康法規はWTO諸条項の下では受け入れられないことを実質的に宣言していた。事実、WTOは個々の社会の文化的価値、社会的あり方、優先権などの当該諸要素を基準設定手続きから除くことを企図していた。さらに潜在的に危険物質を無用に曝露することから人々を保護することについても同様だった。今回のケースにおけるWTO裁定は、現代の公衆衛生政策の柱の一つである、予防原則に直接挑戦する態度を示している。予防原則の下では、潜在的に危険物質は市場に出荷される以前に安全性が説明されねばならない。この原則は科学が常に環境あるいは公衆衛生への脅威を適時に防ぐために、当局に対して必要な情報を提供していない、という現実に基づいている。このアプローチに基づいた安全規制はアメリカだけでも数千名の生命を救ってきている。新しい医薬品を認可するシステムについてはアメリカの法の多くの分野が予防原則に基づいている。(四五)また国際的環境法においても広く認知されている。

たとえば、つわり防止薬のサリドマイドを認可しなかったことで、アメリカは先天性欠損症の深刻な蔓延を防いだ。他の諸国では、サリドマイドは一万以上の新生児に四肢障害を引き起こしていたと推定されている。当時ヨーロッパ、カナダでは市販が認められていたが、それは動物実験では否定的効果を示していなかったためである。(四六)サリドマイド被害は、服用者ではなく、服用した女性の子どもに、まさに時を越えて現われたのである。

しかしながら、アメリカの医薬法ではサリドマイドの安全性を証明するのは製造者の責任であり、また長期的影響が不明だったため、アメリカはこの物質を決して認可しなかったのである。ところがSPS法規は、〝健全な科学〟に基づいた公衆衛生基準を認めているだけだ。だが科学的証拠を裏付ける権威ある機関がないため、各国はWTOに対して規制が必要であることを示すための挙証責任を負担することができないのである。(四七)

こうして、WTOは建て前では予防原則に寄って立ったが、挙証責任を生産物の製造者から生産物を規制しようとする政府へと変更することとなった。しっかりとした予防原則に基づく民主的な消費者の規制を拒否することで、ＷＴＯはその優先順位についての強力なメッセージを発している。

科学的データが不十分な場合でも、価値判断及び社会的優先順位の判断は政策立案において中心的役割を演じている。人間は、リスクへの曝露が回避できるか否かについて判断し（受認できるか否か、代替物を供与できるか否か）、新製品への変更によってもたらされる利益と引きかえに、どの程度のリスクが合理的なのかについて、判断している。立法機関はリスクの許容レベルを確立するよりも、特定の災害に対するリスクをゼロにする決定を下すにちがいない。

たとえば、アメリカは冷凍燻製魚、ロブスター缶詰、インスタント・シーフードにおけるリステリア菌に対してはゼロ・レベルで対処している。(四八) リステリアは細菌で、妊婦の血液汚染、骨髄炎、脳炎、子宮汚染、膣頸汚染などを引き起こす。妊婦の場合は、流産や死産に至る。(四九) カナダ政府はアメリカ政府のリステリア政策を不要な貿易障害であると考え、『合衆国貿易障壁に関する一九九六年報告』でとりあげている。(五〇) 事実、ＳＰＳ協定の下ではアメリカのリステリア規制が不法な貿易制限として異議申し立てすることは可能であった。

リスクは、科学者らが、絶えず増え続ける新規殺虫剤の残留物や食品添加物の、長期にわたる人間の健康への影響を正確かつ迅速に予測することができる、という考え方に基づいて決定される。実は、科学者らはこうした決定を決して下すことができないことを認めている。毒素（たとえば大腸菌Ｏ―一五七）及び技術（たとえばＧＭＯ）に関する多数のデータはあっても不充分である。これらの理由から、多数の科学者、取締当局、消費者、環境団体は、たとえ科学的に証明されなくても、曝露を予防するための――とくに容易にリスクを回避するための――公衆衛生政策を求めている。(五一) ＷＴＯの政策は現在の科学の大勢を無視し、人々の心情を愚弄している。

食品安全のための、禁止よりは緩い規制措置でさえも、ＷＴＯと衝突する。ＥＵや他の諸国における合成ホルモン処理の牛肉販売の禁止措置に対する代案としては表示がある。アメリカ政府はこの相対的に弱い対策もまたＷＴＯ違反となると主張している。ＴＢＴ協定は、あらゆる非食品の安全性、動植物の保健製品の基準を支配していて、デザインや書かれている特徴よりも、製品の性能に基づいた技術的な規制を定めている。このことは家畜の飼育方法に関する表示をしなくてもよいということになる。何故ならば、ホルモンが残留していても、生産物の最終利用は変わらないからである。(五二) これに加えて、ホルモン牛肉のケースでは、ＷＴＯはすでに食品中に残留する合成ホルモンが人間の健康に危険なものと証明されていないと裁定した。ＴＢＴ協定の下では、ホルモン牛肉類の表示の義務づけが正当なＷＴＯの人間の保健目標を不適切な手段で達成しようとするものと裁定され、こうしたことはアメリカの牛肉に対する不当な差別待遇として裁定されるのである。(五三)

ケース2：オーストラリアのサケ――ＷＴＯは動物健康保護に難題と費用を加える

ＷＴＯは、人間の健康への保護措置採用を禁止するという障害を設けることに加えて、また植物及び動物の健康を保護する諸基準に対する厳しい要求を決めていた。一九九八年、ＷＴＯ上級委員会は、オーストラリア固有魚種を保護するため計画された輸入生サケの検疫が不当な貿易障壁となったと裁定した。(五四) オーストラリアは一九六〇年代以降に未調理サケの輸入を制限していた。(五五) この規制は、人間とあらゆる動植物に影響を与える感染性あるいは伝染性病原のオーストラリアへの侵入を阻止するための処理が施されるまで、原料サケの輸入を禁止することをオーストラリア検疫所長に要求している。

一九九四年、カナダ及びアメリカがオーストラリアへの未調理サケ市場への参入を申請した時に、オーストラリアはＷＴＯのＳＰＳ協定第五条によって要求されているリスクアセスメントを行なった。一九九六年、このリスクアセスメントに基づいて、検疫所長は未調理サケ輸入をオーストラリアは許可してはならないと決定した。(五六) 調査結果としては特に、リスクアセスメントが、オーストラリアに存在していない二〇種類もの細菌がカナダ及びアメリカのサケに存在していたことを明らかにした。オーストラリア政府はサケ魚種へのこれらの細菌の侵入が病害を引き起こす可能性があると結論した。また同政府はカナダがこれらの細菌を除去するための方法を開発していないこと、さらに、細菌はしばしばサケの死後も残存することがあり、また人間の消費用に調整された食品が、多くの場合動物のエサとして最終的に消費されていることをあげた。さらにオーストラリアのリスクアセスメントの最終報告は、カナダの未調理サケがオーストラリアに生息しているサケに感染する可能性があることを確認した。（五七）事実オーストラリアは、カナダが未調理のサケを通して病害が広がるリスクがあったことに同意しなかったわけではなく、（五八）カナダのサケに特有の病害に関係する適切な科学的データを作成することを拒否してきた、と指摘していた。（五九）

　オーストラリアの最終報告に対して、一九九八年六月、カナダ政府はサケの輸入禁止がＳＰＳ協定に違反していると主張してＷＴＯへ提訴した。（六〇）ＷＴＯ（小委員会）はこの禁止措置が健全な科学に基づいたものでなく、国際基準を逸脱し、恣意的で不当な差別的措置であるとの裁定を下した。（六一）

　オーストラリア政府はそのリスクアセスメントを示して次のように控訴した。すなわち、リスクアセスメントがＳＰＳ協定により要求され、行なわれたこと、また未調理のサケのもつ病害のリスクがそこで確認されたこと、従って、ＳＰＳ協定第二条によりカナダ産サケに曝露するリスク・レベルを決定することが許されるというものだ。（六二）上級委員会は、オーストラリアのリスクアセスメントが不十分なものと結論した。（六三）なぜならば、サケ病害の侵入と移動の可能性を算定できなかったからである。「リスクアセスメントで、侵入、定着、拡散の可能性があると断定しても、十分とは言えない……。適切なリスクアセスメントは……侵入、定着、拡散の可能性、蓋然性等を数値で評価する必要があるのだ」（六四）。このように、結論は〝単なる〟可能性の存在ではなくむしろ定量的リスクであることを要求された。また、このことは民主的に選出された政府の政策が科学的正当性というＷＴＯの定義にいかにして従属させられるのかという最初の事例ともなった。

　上級委員会は、人間以外への病害の拡散に関係するリスクアセスメントを実施するための厳正なガイドラインを確立した。その中でＷＴＯ加盟国は、植物、動物の病虫害に関係する規制の導入あるいは強制執行するに先立って毎回リスクアセスメントを実施しなければならないとした。（六五）これらのガイドラインは当該諸規制の許諾を希望する諸国に対して重大な財政的負担を課し、そのために、規制を思い止まらせることになる。財政資金の欠乏は、病虫害を包括する規制を採用している国々の企図を毎回危うくすることとなろう。オーストラリア政府の職員によると、「〈この種のリスクアセスメント〉をこなすことのできる科学者は我々の周りにそんなに多くはいない。完全なアセスメントは多くの時間及び資金を必要とする」（六六）という。

オーストラリア政府は、一九九九年七月までこの禁止措置を一時停止しなければならなかった。七月末にカナダは、オーストラリアによって採用された新規の措置がWTOのルールに従っていないことに対して、経済制裁を発動するようWTOに申し立てた。新規措置がWTOと調和していたか否かの問題に、改めて裁定を下すことが求められた。それに対抗してオーストラリアはどの位カナダがオーストラリアの検疫により実害をうけたかをWTO小委員会で測定するよう、反対に請求した（六七）。他方、オーストラリアの原料サケ市場への参入を要求するアメリカは、正に同様の問題を処理するWTO訴訟を開始してきた（六八）。この訴訟を審理する委員会が一九九九年六月に発足した（六九）。

WTOのSTS協定の規則では、加盟国に、警告側に組みするという誤りを認めない。オーストラリアの法律に反するこの裁定は、動植物に対する明確なリスクが数量化され、感染または蔓延が科学的事実を持って証明されるときにおいてのみ、動植物の保健に関するSPS協定の基準を採用するようWTO加盟各国に要求するという判例となっている。しかしながら、オーストラリアのケースと同様に、保健機関はしばしば危険性の正確な可能性が未知であるがために、まさにSPSの基準を採用しているのである。

オーストラリアのサケ輸入禁止措置に反対するその裁定において、ホルモン牛肉のケースと同様に、WTO委員会は、財政的及び科学的負担を、その国の法律について異議申し立てを受けた国々のほうに、禁止された生産品は安全でないということを示す形で負わせている。他方、輸入諸国はWTO規制の下でこれらの生産物が輸入諸国に許容される以前に、輸出諸国あるいは企業が、その生産物が病害のないことを証明することを、要求することができない。サケのケースの裁定では、水産病害の拡散に関する研究を実施し、カナダのサケに関する検査を実施し、オーストラリアの生きたサケの拡散に対する正確な確実性を評価する専門家を雇用することを、オーストラリア政府に実質的に要求している。

他方、カナダはその輸出用のサケについて北アメリカのサケに感染する既知の細菌のいないことを保証するための何事をも要求されていない。長期の研究を完成し、かつサケへの病害の伝搬のリスクを適切に定量化するという信頼に足るアセスメントを発表したのちにのみ、オーストラリア政府はWTO規則の下でカナダ政府に対しなんらかの諸要求を課することが可能なのである。このように、WTO規制では、各国は動植物の保健に対するリスク評価に基づく措置を採用する以前に高価なテストを何年もする必要がある。

最近の流れはこのアプローチによる潜在的に非常に困難な問題を示している。アメリカは自国の自然界に捕食動物のいない猛烈な食樹昆虫であるアジア・ナガツノカブトムシの重大な食害を確認しているが、これは中国からの未処理の木くず及び詰め物に混ざってアメリカに侵入してきたものだ。アメリカは直ちに未処理の木製コンテナを禁止し、シカゴ、ニューヨーク及び他の地区で数百もの汚染樹木を伐採し、焼却する厳しい措置――カブトムシが拡散するのを阻止する唯一の方法を取った。もし、アメリカ政府が長期に渡るリスクアセスメントの実施を要求されたとしたら、回復不可能な災害が起こったであろう。しかし、大量の中国製品をアメリカ向けに船積みする香港は、アメリカの政策に関してWTOのSPS委員会に告訴を表明した（第一章 WTOが環境に与えた影響参照）。もしも、香港がWTOへの正式な告訴を行なうならば、サケのケースの法理論が適応されることとなろう。

ケース3：日本のコドリンガの検疫――WTOは予防的措置の期間を制限する

破壊的なアジア・ナガツノカブトムシの侵入について心を痛めているアメリカと正に同様に、日本はコドリンガ（芯喰い蛾の一種）で食害された農業生産物を自国に入れないよう保証するため厳しい検疫要求を採用してきた。(七九) コドリンガは深刻な農業被害の原因として知られている。(八〇) この蛾は葉、堅果などの上に卵を産みつける。卵が孵化したのち、幼虫は成熟するためリンゴの果実の中へもぐり込む。これは気候にもよるが、三週間から五週間を要する過程である。[八一] この過程で、果実中にいるコドリンガの存在を検出する実際的で効果的な検疫法は知られていない。[八二] 日本には現在コドリンガが生息していないので、日本政府は重大な関心を持っている。[八三]

一九五〇年に、日本は植物防疫法を制定した。この法の下で、日本はコドリンガにとっての潜在的宿主であるリンゴ、サクランボ、モモ、ネクタリン、クルミ、アプリコット、ナシ、プラム及びマルメロなど九つの農業生産物の輸入を禁止している。[八四]

日本政府は輸出国が日本にコドリンガを入れないことを保証するための燻蒸処理を申し出る場合は、禁止措置の例外を規定している。[八五]「昆虫の駆除―燻蒸による品種比較試験のための実験ガイド」に解説されている手続きに従って、コドリンガの生息している各国は、日本に輸出しようとするすべての果実の個々の品種について燻蒸処理試験をしなければならない（すなわち、リンゴの個々の品種――レッドデリシャス、グランニースミスなど）。日本はコドリンガの卵が二、三の品種では燻蒸の効き目が低いために品種テストが必要だと主張した。[八六] 日本は「一九九六年コドリンガ病害リスクアセスメント」と題されたリスクアセスメントを提出した。その中で、農業生産物の輸入を通してコドリンガの侵入、定着、拡散の可能性を指摘している。[八七] アメリカの多くのリンゴ品種はコドリンガを除去する処理をしたのち、日本に輸出された。[八八]

しかしながら、一九九八年、アメリカは日本の要求する品種テストが農業生産物の輸出に不利に影響したと主張して、ＷＴＯへの提訴した。[八九] 日本の政策がＳＰＳ協定の下での義務に反しており、科学的事実に基づいておらず、またコドリンガの国内侵入を阻止するには、必要以上に過剰な貿易制限であると主張した。[九〇] アメリカは、リンゴの各品種に対する燻蒸処理の効果には差異がないことを自分たちの証拠が示していると主張した。[九一]

このケースにおけるＷＴＯパネルの裁定は、サケのケースにおける裁定の論理を拡張したものだ。[九二] パネルは日本のリスクアセスメントを受け入れず、[九三] 用意されたデータが禁止に対する科学的根拠がないことを示していると裁定した。パネルは、農業生産物の貿易を通して日本へのコドリンガ侵入のリスクはあったが、日本のリスクアセスメントがこのリスクと要求された厳格な日本のテストとの間の合理的な関連を立証していないと裁定した。[九四]結局四つの品目に関する日本の検査の義務付けは不当であると裁定したのである。四品目とはリンゴ、サクランボ、ネクタリン、クルミで、アメリカはこれらについては燻蒸の効果に差異がないことを証明した独自の科学的データを提出していた。[九五]

日本政府は、この検査の義務づけが、得られた科学的証拠を逸脱しているかもしれないことに気づいていた。しかし、現在日本にコドリンガが生息せず、その状態を維持するために、そして限られた耕地と第二次世界大戦を通して広がった飢餓の国民的記憶を考慮した結果、日本政府は適切な緊急輸入制限の発動は許されるべきだと主張した。[九六]そして、この裁定に対する控訴で、日本政府は、ＷＴＯが、科学的証拠に基づく措置というＳＰＳ協定の要請と〝完全に矛盾する〟措置だけを覆すべきだと要求した。[九七]

ＷＴＯパネルにより依頼された専門家の一人の証言は、コドリンガによるリスクに対する日本の法律は極端に慎重ではあるが論理的かつ合理的であると強調している。専門家であるパトリック・デューコム博士は次のように証言した。日本にとって、品種の検査規則を正当化する科学的証拠がなかったことは、様々の品種を検査するという日本の主張それ自体が必然的に誤りであるということを意味するわけではなく、主張の正当性が、証明されなかったということを意味している、と。

「いろいろな品種検査を要求するために日本が提出した論拠が科学的データに基づいていません」と彼は述べた。「その論拠は、品種の違いが存在することを示すわずかな実験データによって支えられていたのです。……（品種の燻蒸処理という）検査は、（殺虫剤として）十分な効果を示しました。（しかしながら、あらゆる品種に）この結果を当てはめるのは、燻蒸の効果は品種ごとに異なるはずだという日本の反論よりも科学的というわけでもありません……。この問題では、いくつかの科学的証拠を示すのに適したような研究プログラムがなかったのは、不幸なことです」[九八]（傍点は筆者）。

ここで、決定的な科学的データが欠如するために予防的な諸規制を設ける必要がある。しかし、このケースでは、ＷＴＯは当該諸規制の下でＷＴＯ提訴を切り抜ける諸条件を一層せばめてしまった。ＷＴＯ委員会は予防原則に基づく措置を正当化するのに用いられてきた一つのＳＰＳ条項がある限定された期間にのみ採用されうると裁定した。[九九] どの位の時間が許容されるかとの疑問が未回答のまま残された。

日本は控訴したが、上級委員会はすべての下級ＷＴＯ委員会での裁定を支持し、他の検疫果実、すなわちア

韓国はアメリカとＷＴＯの脅威の前に食品安全基準を引き下げる

アメリカは1995年に果物の食品安全検疫手続きの期間についてWTOへ告発するぞと、韓国政府を脅した。[70] この警告の実際の標的は日本及び中国であった。韓国は「アメリカがこれらに打ち勝つことができるというWTOの自由化の勝訴の一例にするための」、[71] 単なる手段であったにすぎない。当時、US通商代表ミッキー・カンターは、「〔アメリカ及び韓国の〕2国間協定がしばしば無視され、かつ解釈しなおされた」ことを上院で証言することにより、WTOの行動を正当化した。しかしながら、韓国政府は、このケースが大げさにとらえられてきたと述べ、またWTOへの提訴は、費用のかさむ重要性の高い課題——小さなものではなく——をとりあげるべきだ、と批判した。[73] WTO提訴への対策費用は、大部分の関係者とくに、途上諸国に対するWTOの脅威を作り出している。アメリカはWTOに苦情を申し立てたが、韓国は紛争処理委員会に回される前にこのケースに決着をつけた。[74] 韓国はより低い食品安全諸基準にする方がアメリカと対決するよりもより安価ですむと判断したのである。1995年4月に、韓国に輸入された果物に対する防疫期日は25日から5日へと短縮された。また韓国政府は、テスト・サンプルが分析される以前に、市場への果実の出荷を認可し始めた。[75]

しかし、アメリカと韓国とは決着していなかった。1995年5月に韓国の食品安全諸規則をめぐって別の苦情を申し立てた。このときは食肉生産物の在庫保存期間に関係していた。[76] エジプト、アラブ首長国連邦と同様に、韓国は食品安全の理由から食肉生産物に対する在庫保存期間を短期に制限している。[77] アメリカは、韓国法の下で、在庫保存期間が製造者に課されている〝販売期限〟よりも短くなければならないと苦情を申し立てた。さらに、韓国はWTOにおける長期にわたりかつ高価な紛争に直面するより、むしろ取り下げることを選んだ。食肉に関する在庫保存期間諸制限を30日から90日へと大幅に延長することを申し出たのであった。[78]

プリコット、モモ、プラム及びマルメロに対する裁定の拡大を求めるアメリカの要求に同意した。[一〇〇] 上級委員会の動きは重要であった。何故ならば、リンゴの四品種と異なり、他の果物のすべての品種にコドリンガの燻蒸処理が有効だと証明する証拠はないからだ。[一〇一] しかしながら上級委員会は、予防的燻蒸テストを、他の四種の果物に行なうべきではないのと同様の理由で、これらの果物にも行なうべきではないと主張した。テスト要求それ自体が適切なリスクアセスメントに基づいていないからだというのだ。[一〇二]

ＳＰＳ協定の下では、各国は疑問点のある政策を取り下げるか、あるいは科学的データを収集している間に補償金を支払うかが強制された。一九九九年四月一三日、日本はＷＴＯにコドリンガ規制を実施するため研究中であると報告した。共同声明において、アメリカと日本は一九九九年六月一五日に、両者がこれらの報告書採択の日から九カ月と一二日を実行期間とすることに同意したとＷＴＯに報告した。[一〇三] コドリンガの食害が起きた場合、この決定は日本の農業に対して広範囲の損害を引き起こす可能性がある。しかも、ＷＴＯはその因果関係に対しては責任がないのである。日本は一九九九年一二月三一日までにその法律を修正することに同意した。

脅威１：ＥＵに対するアメリカの脅威、有毒おしゃぶり禁止に反発する

国際貿易協定が、国内政策の枠組みの中で伝統的に処理されてきた諸問題を侵害した場合に、アメリカとＥＵとの間には関税率や分担額よりも公衆衛生や環境政策をめぐる貿易戦争がもっとも起こりうる。この種の事例の一つは、プラスチック可塑剤、フタル酸を含む幼児のおしゃぶりについて、ＥＵの禁止措置に対する、おもちゃ産業を代弁するアメリカの反撃である。フタル酸はプラスチックを軟らかくする添加剤である。このケースは、消費者団体による大量のメディア・キャンペーンが公衆衛生の基準を低下させないようＥＵを踏み止まらせた、というすばらしいものである。実際、支持団体はフタル酸の使用を自主的、段階的にとり止めるようアメリカの産業界に圧力を掛けるために、アメリカ貿易の脅威に関する否定的な宣伝を使った。

玩具類の中の毒性物質による幼児の被曝を制限する試みとして、ＥＵはフタル酸を規制し、おもちゃの化学成分を表示させることによって、子供用玩具、とくに口の中にいれるおしゃぶりなどのおもちゃの中のある種の化学物質の拡散を規制するよう動いた[一〇四]。アメリカ玩具類製造業者は、ＥＵの禁止提案が貿易に対する不法な障壁となると言い出した[一〇五]。

ヨーロッパ諸国は、一九九七年から三歳未満の子供向けに市販される玩具類の中のプラスチック可塑剤の使用を企業が自主的に中止するよう勧告した[一〇六]。一九九八年四月に、ＥＵの毒性・生態毒性・環境・科学委員会（ＳＣＴＥＥ）は、ＰＶＣ（ポリ塩化ビニル）製のおしゃぶりから幼児の口の中にかなり高濃度のフタル酸が溶出し、それが潜在的に肝臓や腎臓障害の原因となると結論づけた[一〇七]。すでに市販されているフタル酸に考慮しつつ、同委員会は新規のプラスチック可塑剤が市場に導入されるのに先立って、リスクを評価せねばならないと提案した[一〇八]。アメリカ消費者製品安全委員会が報告を受けたいくつかの研究によれば、フタル酸が実験動物に複数のガンを引き起こすことを発見した[一一〇]。ＰＶＣ類が環境に有害な有機物質という健康上の懸念があるにもかかわらず[一一一]、玩具類製造企業はおしゃぶりや他の玩具中のプラスチック可塑剤に対する規制に反対した[一一二]。

ＥＵ毒性・生態毒性・環境・科学委員会は玩具類中のＰＶＣやプラスチック可塑剤の事例を検討してきたが、一方、アメリカ商務省はアメリカ国務省に、玩具類の起こりうる規制措置への憂慮を伝えていた。ヨーロッパ担当課長等に対する行動メモの中で、国務省は「指導的立場にある玩具類製造業者がこの問題を解決するため商務省と接触した……」と述べていた[一一三]。この問題はデンマーク、オランダ、ベルギーなどですでに実施された自主規制だけでなく、他のヨーロッパ諸国における取引の禁止及び〝ヨーロッパにおける禁止体制〟が提案されるかどうかという問題でもあった[一一四]。

この警告は、政策上の貿易摩擦に対するアメリカの考え方を明らかにしていたばかりでなく、ヨーロッパ人が大変厳正であったことを示唆し、またアメリカ人が玩具類中のフタル酸をすでに制限していることを指摘した。このメモにはアメリカ玩具類製造業者がおしゃぶり中のフタル酸を三％に自主的に制限していると記して

いた。またこのメモは、アメリカを上回る基準での市販禁止を批判していた。[一一五]

実際に、あるフタル酸（DEHP＝ジエチルヘキシルフタル酸）についていえば、一九八五年に玩具類から完全に〃自主的に禁止〃したことはアメリカ玩具類製造業者にとって、充分に意義のあることであった。[一一六]しかしながら、他のフタル酸はおしゃぶり中でいまだに一般的である。ある科学分析によると、いくつかの玩具類にはフタル酸（DINP＝ジイソノニル・フタル酸）が三〇％以上含まれていることがわかった。[一一七]

国務省は〃クリスマスセール中は〃販売禁止措置を撤回させるよう大使館及び領事館に促した。[一一八]『ロスアンゼルス・タイムズ』紙は、クリントン政権が「マッテル社や他の玩具業者の要請に対応した」と報道した。[一一九]

EU毒性・生態毒性・環境・科学委員会がこの報道を口にする数日前に、あるメモがブリュッセルのアメリカ大使、A・バーノン・ウィーバーから、EC外交部委員長のハンス・ベスラーあてに送付された。その中で彼は〃不完全でしかも誤った情報〃を基にするいかなる報道による措置も、EUにとって軽率なものとなるだろうと忠告した。[一二〇]さらに、暫定的な禁止ですら「アメリカとEU間の貿易上の誤解を引き起こすものだ」とも忠告した。[一二一]

しかも、アメリカ政府はEUに対してその公衆衛生上の計画を中止するよう圧力をかけつづけたが、グリーンピースや合衆国公益研究グループ（PIRG）などの非政府組織（NGO）の努力によって、玩具類中のプラスチック可塑剤に、幼児ができるだけ曝露しないようにする世論が創り出された。一九九九年七月に、EUは加盟各国に対して、各国単位でのフタル酸を段階的に

自動車車体のポリ塩化ビニール（PVC）：アメリカの脅威

おもちゃ問題が生ずるかなり以前に、アメリカ政府は、アメリカ自動車産業からあらゆるPVC関連へのEUの規制行動を阻止するよう懇請され、支援してきた。1996年11月に、EU駐在アメリカ大使はEU規制当局に、自動車のPVC及び鉛をふくむ生産物と物質を禁止する動きを批判する文書を書き送った。これらの行動は「自由貿易の目的を侵食し」、また大西洋横断取引協議による諸努力をふみにじるものだと[109]大使は語った。

削減するよう決定した[一二二]。玩具業界はついに、子供と幼児の口の中に入れるよう設計されたこうした商品からフタル酸を段階的に使用中止にすると公表した[一二三]。一九九八年九月に、世界最大の玩具類製造業者マッテル社は、一九九九年までにおしゃぶりにはフタル酸を使用しないと発表した[一二四]。全米テレビネットABCがデンマーク環境大臣、スベント・オーケンに、アメリカの化学会社がヨーロッパの子供らに与えたダメージについてインタビューした。そののちに、アメリカ政府はとうとう引き下がったのだった[一二五]。一九九九年一二月に、アメリカ消費者商品安全委員会は玩具類及びその他の子供用商品の中のPVC類禁止に向けたルール作りの作業を開始した[一二六]。

〈WTO〝ハーモナイゼーション〟の諸要求：脅かされる環境、健康、安全及び説明可能な管理〉

ハーモナイゼーションとは、国ごとに異なるさまざまな生産物の基準と規制とを唯一のグローバルスタンダードに置き換えるための企業努力に与えられる名称である[一二七]。ハーモナイゼーションへの努力は、WTO体制の確立にとって大変重要なものだった。WTO体制は、食品基準[一二八]、技術基準のハーモナイゼーション[一二九]をあからさまに要求するだけでなく、WTOにそういうものとして確固とした国際基準をリスト化させるからである。

WTOの「衛生植物検疫措置の適用に関する協定」（SPS協定）は、WTO加盟国政府に国際基準及び国際基準設定技法を国内基準を作成する際の基礎とするよう要求している。各国は「国際基準、指針、勧告の下に、自分達の衛生および植物の衛生（食品基準）を置くこととなるのである[一三〇]」。SPS協定は、各国に非常に限られた条件下でのみ、関連する国際基準よりもより高度の健康保護レベルを守る食品安全基準をもつことを認めている[一三一]。

WTOの「貿易の技術的障害に関する協定」（TBT協定）はまた、加盟国に、国際基準に基づいて非食品安全技術基準を設置するよう要求している。たとえこれらの国際基準がまだ完全なものでなく、その完成が差し迫っているときであったとしてもだ。(一三二) 食品基準とともに、WTOは国際基準に適合した技術規制のみが貿易への不必要な障害を創り出さないと推定されるとしている。消費者、公衆衛生、地域社会、環境をより保護するための諸基準が貿易上の挑戦に支配されている。(一三三) 非食品分野で国際基準を逸脱する場合の、WTOの許容可能な理由としては、各国が基本的な気候、地理、技術上の要因に制限されている。

ハーモナイゼーションはいろいろの形態をとりうる

WTOは基準及び規制のハーモナイゼーションを保つために五〇以上の委員会並びに作業部会を設置してきた。不幸なことに、これらの作業部会は最も関心ある個人あるいは潜在的に影響を受ける地域社会の声を反映させるための機会を提供していない。これに加えて、作業部員は貿易の専門家を委員としていて、健康・安全問題の専門家を委員としていないし、一般的にすべての作業が、説明責任と監視の目から守られて実施されている。しかも、WTOの貿易規則の下で、これらの基準設定プロセスは直接に国、州、地域政策に影響している。

国際基準：WTOは国内基準が国際基準に基づくことを要求している。このプロセスを促進するために、SPS協定及びTBT協定は、ローマのコーデックス委員会(一三八)やジュネーブのISO(一三九)（国際標準化機構）によって設定されるWTO規則という特定の国際基準を指定している。WTOの特別な研究機関の数百の委員会や数十に及ぶ他の国際基準の設置機関は、WTOのハーモナイゼーションの指令に対して、入念な作業をしている。参加を要請される公的利益の代表者あるいは一般人は希である。国際的ハーモナイゼーション計画の圧倒的多数は閉じた扉の向こう側にあるテーブルで、私企業の代表たちにより立案されている。よりよい公衆衛生と環境保護を提供する国内基準は一連の厳しいWTOの審査とWTO規則違反とみなされないよう基準をパスしなければならない。

同等決定：画一的な国際基準の採用に加えて、ＷＴＯ規則に求められるもう一つのハーモナイゼーションメカニズムが〝同等決定〟である。[一四〇]〝同等〟の考え方の下で、他の諸国と大きく異なる——しばしばより低めの——基準が、国内基準と〝同等〟と宣言されることがある。ＷＴＯは、明白な手続上のガイドラインあるいは

牛肉の企業検疫は政府検疫と同等であると宣言

1999年6月1日に、WTOの同等要求に従ってアメリカ農務省は、オーストラリアからの企業検疫食肉の輸入についてアメリカ政府により検疫された食肉と同等であると宣言した。農務省長官、ダン・グリクマンは3年目のオーストラリア食肉検疫プログラム——政府検疫官の役割を著しく減じるものだが——をアメリカの強制的な政府食肉検疫システムと同等であると指摘した。[134] この決定は、1968年の健全食肉法の状況下で国内生産された牛肉の諸検疫要求に合致しない牛肉のアメリカ向け輸出をオーストラリアに認可することになる。また、この法律は、連邦政府の検疫官により検査される牛肉及び他の食肉生産物に要求されている。[135] この要求はアプトン・シンクレアの古典的な名書『ジャングル』にも記述されている精肉業の曝露話後の1906年に制定されたアメリカの安全諸政策にもとづいている。政府検疫に関するアメリカの政策は、公衆衛生保護に対する責任を会社の従業員——彼らは精密検査を最少にする大きな動機をもっていた——から政府の検査官に移すために定められた。アメリカの消費者には、アメリカの政府職員により検疫されてきた食肉とそうでなかった食肉を区別するための方法がなくなるだろう。何故ならば、両方の生産物がアメリカ農務省の保証シールを貼付しているからである。

オーストラリアの会社が行なう実験的な食肉検疫が1997年に開始された。オーストラリア保健省によると、1年目は、前年にくらべ5819件から7004件へとサルモネラ中毒が20%増加した。[136] 1998年に、これらの中毒件数は7892件とさらに5%増加した。[137] サルモネラ中毒率は1999年のはじめの数カ月は増加しつづけた。

すべてのサルモネラ食中毒の発生事件が食肉生産物に起因すると確認することはできないが、サルモネラ中毒の件数の劇的な増加は、オーストラリアの会社が検疫した食肉を米国が米国連邦政府職員により検疫された食肉と〝同等〟であるとみなす前に、注意深い検討が要求されている。

考慮すべき要素を列挙することなく、主観的な比較に基づいた同等決定をしている。一度、国外の基準が〝同等〟であるとされれば、国内基準として扱われねばならない。この政策の下でこれらの基準が国内法の下で要求されるのと同一レベルの保護を達成しないとしても、各国は他の諸国の基準を受け入れ、国内基準と同等と宣言された物品の〝自由な通過〟を認めるのである。その事例が、アメリカ農務省長官のダン・グリクマン（Dan Glickman）による一九九九年六月の声明であり、まもなくすべてのアメリカ人が影響を受ける可能性がある。そこではオーストラリアの企業検疫食肉がアメリカ政府検疫食肉と同等であると宣言されたのである。

相互承認協定：国際的ハーモナイゼーションの武器庫の中のもう一つの武器は、いわゆる「相互承認協定」（ＭＲＡ）である。ＭＲＡはあまりよく知られていないが、貿易自由化及び規制緩和のための、強力な新しい武器である。アメリカは通信分野におけるアジア太平洋経済協力閣僚会議（ＡＰＥＣ）フォーラムに参加する各国とＭＲＡ協議を考えているし、またＥＵとのＭＲＡ協議はすでに完了している。

アメリカとＥＵのＭＲＡは一九九七年六月二〇日に調印されている。これは特定の問題に関する詳細な協定である。六つの附属書を統合する包括的協定からなっている。附属書は通信、電磁互換性、電気安全、娯楽器具安全性、医療機器、薬品製造技術を包含している。（一四一）アメリカとＥＵ間の新しいＭＲＡは一九九九年七月二〇日に調印された。（一四二）これは生きている動物及び動物製品の貿易を促進する獣医技術及び他の問題を包含する幅広い協定である。

ＭＲＡは貿易関連のグローバルな健康及び安全の規制緩和の最も新しくほとんど知られていない構成要素の一つである。表面的には、現在のＭＲＡは検査基準及び良好な製造技術のハーモナイゼーションのための枠組みを形作っているように見える。しかし、ＭＲＡはいくつかの状況下では（例えば、医療機器分野での）製品認可につながるよう、また、最低でも規制システムと商品の自由通過の相互認可につながるように意図されていると思われる。ＭＲＡの法的位置づけは論争の余地がある。アメリカにおいては、ＭＲＡが行政レベルの貿易協定と同様の議会承認を必要とする条約として、あるいは規制機関相互間の協調的協定として分類されるべきかどうか明確ではない。

どのようにしてＭＲＡがまもなく消費者に影響を与え始めるのかを見るため附属書の一つに注意する必要がある。医療機器に関する附属書は、医療機器の製造業者に対する検査報告と特定の医療機器に対する出荷前届出（五一〇（Ｋ））報告の取り交わしを包含している。[一四七] ＭＲＡの下で、ヨーロッパのＣＡＢ（調和評価機関）はアメリカ市場向けのある種の機器に対する食品医薬品局（ＦＤＡ）の要請に基づいたすべての各種機器及び五一〇（Ｋ）評価についての検査を実施することができる。同様に、アメリカのＣＡＢはＥＵ市場向けの各種の機器に対するＥＵの要請に基づいた品質システム評価を行なうことができる。

しかしながら、アメリカ及びＥＵの医療機器の検査システムには多くの差異がある。アメリカにおいては、医療機器はＦＤＡにより規制されている。また当局の独占的管理は各種機器が安全且つ有効であることを保証するところにある。ＥＵにおいては、すべての加盟各国で市販される各種機器を許可する単一の調査手続きを創設することにより安全性を保証し、貿易を促進するという二重の指令がある。[一四八] これに加えて、アメリカは主として医療機器に対しては政府検査システムに依存している。しかしながら、ＥＵシステムの下では、政府とその非公式の私的実体――いわゆる届出機関――の両者が医療機器を評価している。[一四九] ヨーロッパでは、製造業者は彼らが市販しようとする各種機器の評価を行なう対象の届出機関を選ぶことができるのである。アメリカとＥＵ両者の評価者は、利害の衝突に陥り易いのではあるが、ＦＤＡの審査官を支配する規則は届出機関の担当者に適用される規則より包括的である。[一五〇] 医療機器検査及び製品評価を義務付けるというアメリカの重要な部分が、製造業者により代価を支払われ、弱められた、公益と私益の利害対立基準の下で処理する私的実体にまもなく委譲されるであろうという事実に、アメリカ消費者活動家の間で関心が高まっている。

このハーモナイゼーションのためのツールの法的位置付けには論争の余地があるが、一つの事柄は明白である。すなわちアメリカとＥＵのＭＲＡは大西洋の両岸で消費者に対して広範囲のインパクトをもつようになろ

国際的ハーモナイゼーションは
開かれたわかり易い政策作成プロセスをむしばむ

WTO適法の国際諸基準を設定するため、WTOにより権限を与えられた国際的諸機関は、市民には情報収集と監視のための、ほんのわずかの機会しか提供していない。これとは対照的に、アメリカの法律は、大衆が政策諸建議に関してコメントする機会を公告し提供するよう求めている。また国内の政策形成は、連邦行政手続き法（APA）[143]のような諸法律下で求められるアクセス可能な議事録などの「記録にもとづいて」実施されねばならない。この法律は建議された諸法規の前進した点、パブリックコメントの機会、そして諸法規案の公開レビューについての事前告示のための手順を規定している。またAPAは、いかに何故その結論に達したか、また何にもとづいて代替の諸建議に変えたかを書面をもって説明する規則を作成することを政府機関に要求している。

また情報及び政策作成への市民のアクセスは、情報公開法（FOIA）[144]により保証されている。この法律は、個々の市民が大部分の政府公文書類のコピーを得ることを認めている。政府サンシャイン法（GSA）は、重要な政府機関の諸会合が市民に告示されることを保証している[145]。あるいは連邦諮問委員会法（FACA）[146]も、政府諮問委員会に関する均衡のとれた説明及び公開の実施を要求している。

これに対して、WTOにより認定された準政府諸組織、たとえばコーデックス委員会でさえもが、そのような当然の手順を持っていないし、また、数百もの委員会及び企業部会も公開の義務を負っていない。いくつかのコーデックス作業小部会は記録文書を残しつつ作業を進め、これら作業小部会はNGO並びに憂慮する市民に役立てるための公文書類を作成しよう試みている。しかしその他の小部会はそのような努力をしていないし、また小部会の協力を強制することのできる義務も存在していない。たとえばISOのような産業側の組織に支配されているWTOの諸組織の場合には、意思決定者達に大なり小なり影響を与える情報を得るための市民にとっての手段はない。告示、均衡、公開及び市民の情報収集などの国内処理を固守するアメリカの連邦機関は、健康と安全諸基準の国際的ハーモナイゼーションに対し、せいぜいその場限りの対応をしてきた。微妙かつ力あふれるやりかたで、最近の貿易諸協定は、政府、産業、公衆の利益の間の政策形成における諸関係を再構築してきている。

うということである。しかし、このことは、保健関係者あるいは一般大衆の意見の反映なしに、秘密裡に長い間協議されてきた。協定調印に先立って、社会的関心は存在しなかったし、公開ヒアリング、あるいは普通アメリカの法律で規定される〝政府の情報開示〟も存在しなかった。

ハーモナイゼーション固有の限界

食品基準の低水準でのハーモナイゼーションという特異な事例のほかに、ハーモナイゼーションのコンセプトには重大な限界がある。第一に、ハーモナイゼーションは市民によって大きくは左右されず、身近な責任ある国と政府から、一般に決定に影響される人々への説明責任もなく運営されている国際的な議論の場へと意思決定の場を移すからである。近づきがたい国際組織へ意思決定の場を移すことは、民主的な説明責任ある統治に腐敗をもたらし、産業界がその過程を支配するということを保証するようなものだ。この意思決定の構造は、順次、より低い水準へと導くのである。

次に、ハーモナイゼーションの底流にある核心となる考え方は、無数の異なる文化に適応できる画一的なグローバルスタンダードを確立することが可能であるということである。しかし、基準の設定は無数の考慮すべきことに基づいており、少なくも文化的な差異ばかりでなく、特殊なリスクに曝露されることを人々が選択していることも含まれる。例えば、滅菌チーズ（パスツール滅菌処理）はアメリカでは基準である。しかし多くのフランス市民によってこのチーズは拒否されている。

第三に、適切な基準を設定するには、地理や文化によって異なるデータを考慮する必要がある。例えば、コメのような食品における殺虫剤残留の許容レベルを設定する上では、実際の食べる量――これはアメリカ、アジア、ラテン・アメリカの消費者間で大きな幅がある――を考慮しなければならない。

保健と環境の専門家は、世界的にハーモナイゼーションが許容されねばならないように限定される場合には、このプロセスが、公衆衛生の増進、天然資源の保全、労働者の安全基準をその最終目的として持たねばならず、それらの弱体化であってはならないと考えている。したがって、貿易協定の文脈におけるハーモナイゼーションの任務は、第一の目的が正当な公衆衛生及び環境法を含む貿易の障壁を除き、貿易流通を最大化することにあるので、特に問題なのだ。

〈WTOによって権限を与えられた国際基準設定機構は矛盾した義務をもつ〉

コーデックス食品規格委員会

コーデックス食品規定は〝食品法規〟の基準である。コーデックス食品規格委員会は国際的に許容された基準を通じて食品の世界貿易を促進するため、世界保健機関（WHO）及び国連食糧農業機関（FAO）によって一九六二年にローマで共同設置された機関である。[一五五]この機関はウルグアイ・ラウンドがWTOの法的基準であると認めた食品基準を確立している。[一五六]このことはWTO加盟各国の食品安全法規がWTOのSPS協定の下で問題にされる場合に、WTOの裁決機関がコーデックス委員会により設定される諸基準をこれらの法規が違反するか否かを立証することにより、法規の適

ＷＴＯのＳＰＳ協定は下方へのハーモナイゼーションを導く

WTOのSPS協定の「ハーモナイゼーション」と「同等」に関する各条項は食品安全及び動植物衛生諸基準を引き下げることを各国に強要することで脅威を与えている。まず、SPS協定は、国際基準にもとづく国内諸基準を要求する。[151]国際諸基準よりも厳しく公衆衛生保護を提供する国内諸法律が通過せねばならない個々の、より厳しい一連のテストを規定している。このことは、国際諸基準の限度を越えることを回避するための強力な動機を創り出すし、また、公衆衛生諸問題に対する革新的諸決定を阻止している。[152]つぎに、SPS協定の下では、表示された国際諸基準は食品安全に関する最低ラインとしてではなく、最高ラインとして機能している。緩すぎるとしてある基準に異議を申し立てることは不可能である。言葉を変えるならば、SPS協定は各国がある最小の保護レベルを提供し、既存の国際基準よりも高い諸基準を思い止まらせることとなる他には、いかなる命令も動機もふくんでいない。このような下方へのハーモナイゼーションは、潜在的な公衆衛生の低下という結果を招来している。

法性を評価することを意味している。これらの法規がもしも違反しているならば、当事国は、国内基準が諸国際基準よりもより高いレベルの健康あるいは安全性保護を提供する措置だけに適用される一連のWTOの審査に合致していることを証明する責任を負わねばならない。

世界の食品貿易のルールとしてのコーデックス規格をWTOが指定したことは、研究機関に対して強力な新たな役割を創り出している。WTOによりこの権限を与えられるまで、コーデックス規格は食品の衛生及び栄養品質、食品添加物、殺虫剤残留物、汚染物質、表示及び分析及び採取方法などに対する任意の基準としてのみ告示されていた。(一五七)コーデックス規格は当初、食品安全システムを確立し、そうすることにより貿易を促進するものとして発展途上国を支援するために計画されていたのである。

はじめは、コーデックス委員会の焦点は――健康ではなく――各種の殺虫剤許容量の関連で貿易を事前評価することだった。(一五八)WHOはある時点では、同委員会の活動が世界の保健状況を改善するというWHOの主要な使命に十分に結びついていなかったので、同委員会に対する支援を撤回するところだった。(一五九)事実、コーデックス委員会は公衆衛生を保護するという使命が、しばしば国際貿易を促進するとの使命と競合するために、グローバルな食品安全基準を確立するには適していなかった。同委員会のもつ当初の目的は食品諸基準の差別的な適用による国際貿易の混乱を回避することであった。(一六〇)事実、同委員会はその任務を次のように記

最近のコーデックス規格はアメリカの法律のもとで要求されるものよりも低い

コーデックス委員会の意思決定に対する産業界の圧倒的な影響力は、アメリカの食品安全諸規定よりも低い健康保護しか提供しないコーデックス基準の採用をもたらした。たとえば、1999年7月の会合で、同委員会はアメリカの法律の下で要求しているように、児童の健康への影響を考慮せずに、殺虫剤の残留を承認した。(153)また低温殺菌処理を義務づけない酪農諸生産物の安全基準が承認された。米国食品医薬品局（FDA）はすべての牛乳及び乳製品に低温殺菌処理を課している。またコーデックス委員会は、FDAにより許可されているよりも高い含有量の鉛その他の混入を認めるボトル入りミネラル・ウォーターのための基準を検討しつつある。(154)

The WTO, Food Safety Standards and Public Health

述している。

「食品類に対する諸定義及び要求の詳細及び確立を指導且つ促進すること、それらのハーモナイゼーションを支援すること、そうすることにより国際貿易を促進すること」(一七〇)

　コーデックス委員会はいまやその基準が公衆衛生を保護せねばならないと認識しているが、これらの目的は同委員会の貿易促進という事項に優先するものではない。

「コーデックス委員会は、食品の世界貿易を促進するために、広く合意された必要性から発足し、国際的に容認された諸々の基準は、そのための手段と見なされた。同時に、もし当該の国際的に許容された基準が作られる場合には、これらの基準は消費者の健康にとって今以上の保護に基づかねばならないということが了解された。当該基準はまた食品貿易で

容量（食品残留基準）の廃止を要求した。(167)

一般的に、このような諸告示は多くの反応をもたらさない。この場合には、明らかに訴訟がどっと氾濫した。多くのアメリカ及びEUの化学並びにアグリビジネスの生産者がEPAに対していろいろのコメントを提出した。すなわち、EPAの措置はWTOの新しい食品諸法規に違反していると主張した。大多数は、より高いアメリカの基準を支持する科学的証拠なしに、コーデックス規格の国際基準（食品に関するフォルペット残留を容認する）より高い食品安全基準をアメリカが採用することは、WTO違反であると多数意見は主張した。皮肉なことに、そもそもフォルペット使用が禁じられたのは、食品に残留した場合に発ガン性がある、という発見に対抗する文書を提供することを、製造者が渋ったことが理由の1つであった。(168) かくて、EPAのWTOジレンマとなる。すなわち、応じなかった会社のデータがなくても、アメリカの法律はEPAにこの物質の食品残留許容値の廃止を要求できるが、WTOのルールの下では、WTOの厳正なテストに対抗できるデータなしに、コーデックスに認可された物質を禁止することはできない。

結局、会社は9つの追加的な食品項目に関するデータを提供し、また、1996年に許容レベルがつぎの項目に対して設定された。それは、リンゴ、クランベリー、キュウリ、ブドウ、レタス、メロン、タマネギ、イチゴ、トマトである。(169)

の公平な実施を促進するものでもある。より自由な貿易とより良い消費者保護の目的は相互に独立し、且つ相互に支援し合うものと言うことはできない[一七二]」

国際貿易促進というこの重点は、アメリカの一定の国内的要請と鋭い対照をなしている。たとえばFDCA（連邦食品・医薬・化粧品法）[一七]は、公衆衛生に比べて貿易関連については二次的な役割しか持っていない。コーデックス委員会の重点は公衆衛生の唯一の根拠となるアメリカの基準と完全に食い違っている。

コーデックス委員会は消費者の健康が適切に保護されているか否かをどのようにして評価するかを詳細に記した体系化した基準を持っていない。同委員会にはまた基準を設定するのに必要なデータを作成するために企業を強制する力がない。[一七三] その結果、その基準は提供された特定の科学的見解に依存し、政策判断は

フォルペットの事例：WTOの規則及びコーデックスは食品供給における毒性物質の規制を複雑にする

フォルペットは、EPAが顔料、染料、プラスチック等における使用を認可した広範囲の用途の防カビ剤である。[161] これに加えて、2つのフォルペット製品の食品への使用も認可している。[162] フォルペットの登録はこれをB2レベル（発ガン可能性のある）のヒトの発ガン物質として分類されている。[163] 1987年に、EPAはフォルペットの非工業的使用を支持するための――最初に使用登録された食品の残留データを含む――データが提出されなかったために、あらゆる非工業的使用のためのフォルペットの認可を一時停止するための、通達を行なった。[164]

フォルペット製造者がこの物質の商業的使用に関するデータのみを提供すると述べると、EPAはフロリダのアボカドを除いて、この化学物質の食品認可を一時停止した。このためのデータは1990年に提出されていた。[165]

1993年に、フォルペットの登録者、Makhteshim-Agan（アメリカ）株式会社は、EPAにつぎのように書き送った。すなわち、米国において一時停止されたが輸入された食品においては残留許容値を認めてもらいたいと要望し、かつフォルペットが多くの国々において重要な殺虫剤製品であることも主張した。[166] しかしながら、そのような許容値を支持するデータは提供されなかった。そこでEPAは連邦官報に告示を記載した。すなわち、1994年のアボカドを除くすべてのフォルペットの食品許

コーデックス規格の起草者や特定の問題を検討している加盟国によってなされることになる。個々の判断に寄せる信頼故に、コーデックス関係者には絶大な裁量権が付与されている。

しかも、コーデックス代表、委員会及び作業部会はしばしば食品会社の巨人に支配されている。コーデックス委員会は、企業の公認アドバイザーの精力的かつ形式的な支援を受けて参加する政府代表で構成される。同委員会は国民には非公開である。他方、アグリビジネスや食品企業代表は活発に関与することを奨励され、NGOの限られた人が〝オブザーバー〟として認められた。一九九九年七月、ローマでの第二六回委員会会議で、アメリカ食品加工協会、全米トウモロコシ協会、国際酪農食品協会、及びアメリカ・ミルク製造業界などの貿易グループからの代表と同様、コカ・コーラとP&Gの代表は公式のアメリカ代表団の構成メンバーであった。(一七四)この会議へ〝オブザーバー〟として、一部のアメリカNGO、たとえばニューヨークの消費者同盟やワシントンDCの公益科学センターが認められていたが、NGOは公式のアメリカ代表団に含まれなかった。

業界代表は国際コーデックス会議に出席したアメリカの立場を発展させ、多くの作業委員会へ科学者と科学的データを提供して中心的な役割を果たした。(一七五)コーデックス規格案は作成プロセスがかなり進むまで、まったく公表されない。(一七六)市民の意見を反映させるためには、企画案の草稿を事前に渡してくれるよう、政府代表の誰かを説得しなければならないし、自分達の立場を他の出席者に伝えてもらうよう政府代表の誰かを説得しなければならないのである。これに対して、企業代表は出席者に直接彼らの意見を提出することができる。

アメリカによるコーデックス殺虫剤残留物規則の系統的な比較対照については八カ年間も結果がでなかった。比較調査が連邦会計検査院によって一九九一年に完了したときに、当たり前ではあるが、多くのコーデックス規格は、連邦の公衆衛生に基づく食品基準よりも弱いものであった。(一七七)例えば、いくつかのコーデックス規格はアメリカでは完全に禁止されている殺虫剤を許可していた。他にはヘプタクロル、アルドリン、ダイアジノン、リンデン、パーメトリン及びベノミルなどの殺虫剤のより高い残留を認めていた。(一七八)あるケースでは、アメリカ標準の五倍もの残留レベルを許可していた。この他、あるコーデックス規格はアメリカの州内で禁止されている殺虫剤を許可していた。[一八三] コーデックスによるＤＤＴの許可を糾弾する消費者運動によって果物と野菜に対するより厳しい規則が成立することになったことがあるが、コーデックスはその殺虫剤基準の主要な見直しに着手はしなかった。いまだにコーデックスはミルク、食肉及び穀物のＤＤＴ残留レベルを認めている。[一八四]

標準化に関する国際組織

ＷＴＯにより認められている他の大きな国際基準設定組織はＩＳＯ（国際標準化機構）である。ＩＳＯは業界メンバーで構成される私的セクターで、すべての非食品製品に対して基準を設定するために、ＷＴＯにより権限を付与された企業から資金提供を受けている。ＩＳＯが一九五〇年代に始まったときに、その目的は電球、スクリュー、バッテリー、その他の消費者製品で、市場の拡大を目指す企業を援助するための規格を基準化することであった。過去六年間に、ＩＳＯの重点分野は環境製品、エコラベル（環境にやさしい方法で製造された製品を認めるためのラベル）、残虐性の低い毛皮獣のワナを包含して拡大されている。ＩＳＯは今〝ＩＳＯ一四〇〇〇〟シリーズと呼ばれる標準を完成しつつある。すなわち管理事業に焦点を合わせ、最良の〝環境事業〟保証を提供することを含めている。今日まで、この提案は環境の質の尺度を含んでいない。[一八五] これら新しい問題へのＩＳＯの最近の拡大は、ＩＳＯプロセスへの関与を求める環境と消費者グループと接触を持ち始めたが、不幸なことに、ＩＳＯは企業により企画され、実施されている。そのことが重要な非営利団体の参加をまったく不可能なものにしている。

　各国の規制法に異議申し立てが続発すると、他の国際基準設定組織が、特定の基準で役割を果たすようになるかもしれない。例えば、カナダはＴＢＴ協定違反としてアスベストに関するフランスの禁止措置に異議申し立てしている。このケースの成行はアスベスト曝露と安全性に関する国際的に認められる基準の問題に係わってくる。しかしながら、アスベスト企業はＷＨＯとＩＬＯの労働安全に関する政策を設定する国際化学安全計画で顕著な役割を演じている。このことはアスベストに関するフランスの禁止措置へのカナダの提訴の成行に影響することになるであろう。ＷＴＯ、ＴＢＴルールの下では、フランスはこれらの国際基準からの逸脱を認められる限られた例外の一つとして適切であることを証明しなければならないのである。

〈ＴＥＰ及びＴＡＢＤ下における大西洋両岸のハーモナイゼーション：悪しきモデル〉

ＴＥＰ（大西洋横断経済共同体）は一九九八年末に開始されたアメリカ―ＥＵ貿易交渉に与えられた名前である。（一八六）ＴＥＰの第一の目的の一つは国際的ハーモナイゼーションである。このアメリカ―ＥＵ貿易自由化及び基準規制撤廃の開始は、しばしば〝ＴａｂＤ〟と言われる「大西洋横断取引協議」（ＴＡＢＤ）の要求であった。アメリカ通商代表のシャーリーン・バーシェフスキーはＴＥＰのハーモナイゼーションへの営みは、世界の他の地域において達成しうる〝モデル〟と指摘している。（一八七）

ＴＡＢＤは、大西洋の両岸の企業のために一九九五年にアメリカ政府の要請に応えて設立されたフォーラムである。ＴＡＢＤは、相互利益のためのハーモナイゼーションの提案を発展するため、米国政府とＥＵへ実行――これはほとんど既成事実だが――を提案している。この協議は企業にアメリカとＥＵの政府高官との高レベルの接触の機会を提供しているし、また企業合同で存在している個々の問題についてこれら高官らの配慮を確保している。事実、アメリカにおいては、商務省が主催する委員会の過程はＴＡＢＤの要求に応えてきた。政府チームはどの位の多数の企業要求を満足させてきているかを記録する自らの点数表を発表している。

ＴＡＢＤは貿易自由化の新たなパラダイムを検討してきたようだ。なぜなら政策立案から仲介者を大きく排除するからである。このケースでは、仲介者はアメリカ及びＥＵ政府であり、拡大すればアメリカとＥＵの市民、消費者、労働者、環境ＮＧＯである。通常の政策立案処理をめぐっての最終段階にもかかわらず、ＴＡＢＤは国際的な提案の実施に大きな成功を得ている。

一九九九年五月に、ＴＡＢＤはその中間報告を発表した。（一八八）この報告にはアメリカと欧州諸国の政府が過去に

TABD対TACD：平常の取引か、あるいは否か

当時の商務長官ロン・ブラウンが「大西洋横断取引協議」（TABD）の設立を主張してから数年後のこと、EUはアメリカとEUとの消費者、環境及び労働対話を組織するためクリントン政権に接近した。[179] 最初に、この政権は、貿易分野に存在した一連の政治的問題に対する手っ取り早い部分的解決として、対話の確立を検討した。

第1に、クリントン政権はファースト・トラック（一括提案）の議会否決をふくむ保守的な貿易政策を押し進める試みで、一連の屈辱的な政治的失敗に苦しんできていた。クリントン政権は、議会における成果を変えるために、――その政策を変えることを示すことにより――、政治的力学を転換することが必要であることを知っていた。第2に、ニューヨーク・タイムズにおいて「大西洋横断取引協議」（TABD）の諸施策が曝露されてからこのかた、[180] 政権内の何人かの政治的顧問達は、アメリカとEU貿易政策作成に対する大きな均衡のとれた接近の実現を創出することが必要であると主張していた。第3に、この政権は、対話を組織するに当たってアメリカの消費者と環境グループを注意深く選別することにより、対話の内容を管理することが可能であると信じ込んでいた。かくして、この政権は、政権の政策に方針が一致していると思われたいくつかのグループを選別した。クリントン政権の騒々しい出発のあとの幻滅を経て、「大西洋横断消費者協議」（TACD）はGATT、ウルグアイ・ラウンドに関するその立場をめぐって分裂してしまった国際消費者運動を再結集させようとしてきた。TACDは、1999年初めのブリュッセルにおけるその第1回の公式サミットで、TABDが行動を要求していた多くの問題点に関するアメリカとEU消費者のいろいろの立場の詳細なコンセンサスを準備した。

TACDは何人かのアメリカ政府高官が希望していたようなペットとして行動していないにもかかわらず、[181] 不幸なことにその果たしている役割はTABDの番犬(watch)だけであるかもしれない。TACDあるいは他の対話が市民を守るためには何の役にも立たないのか、あるいは太西洋横断共同体（TEP）協定に関して影響を持つものなのかは、これから明らかになるだろう。TABDの産業界の共同議長らが各国首長と私的な会見が許されているにもかかわらず、TACD及び環境対話は両方とも、1999年夏に米欧サミットから各国政府により締め出されてしまった。[182]

ＴＡＢＤの勧告に従って行動したことの点数表を含んでいる。ＴＡＢＤ報告はまた何十もの分野でさらなるハーモナイゼーションあるいは規制緩和を提案している。ここには製造物責任、経済制裁、気候変化、知的所有権、課税、サービス、政府調達、電子商取引、食品添加物、医療機器、薬剤、化学物質、自動車、航空基準などが含まれている。ＴＡＢＤとＴＥＰとが、ＷＴＯのハーモナイゼーションの計画以上に事実上私物化した基準設定にむけて実際に一歩踏み出すとすれば、ハーモナイゼーションの最悪のモデルとみなされるだろう。

第3章

新たな公衆衛生上の問題や環境問題にWTOが与えた影響：遺伝子組み換え作物

The WTO's Impact on Emerging Public Health and Environmental Issues: Genetically Modified Organisms

この章において……

事例：

●**遺伝子組み換え作物Genetically Modified Organisms（GMO）：**欧州、日本、オーストラリア政府は遺伝子組み換え食品の人、環境に対する安全性を危惧していた。そこで、それらのより長期的な影響が十分に明らかになるまでは、遺伝子組み換え作物に対しラベルを付けるか、又は規制することを要求し始めた。一方、アメリカは明らかにWTOを利用し欧州の遺伝子組み換え作物規制に脅しをかけている。しかし、これまでに正式なWTOの異議申し立てはなされていない。

概念：

●**バイオセーフティー議定書：**一九九九年の初期、コロンビアのカルタヘナ（Cartagena）で一四〇カ国の代表が集まった。そこでは、遺伝子組み換え作物の輸入を禁止し、遺伝子組み換え作物を他の商品と隔離することを許可し、今後の経済や環境へのダメージに対し遺伝子組み換え作物製造者に法的な責任を負わすという条約が署名された。アメリカはその条約署名を遅らせるために署名国にいかなる商品もその条約の対象外であると要求し、条約を骨抜きにしようとした。さらに、WTOルールがその議定書よりも優先されると宣言した。交渉はいまだ継続中である。

●**遺伝子組み換え作物ラベリング：**アメリカは強制的に遺伝子組み換え作物ラベリングをしなければならないという制度を各国が採択しないように努力していた。アメリカは遺伝子組み換え作物と遺伝子組み換え作物でない食品で安全性に違いはなく、実際に変化の生じた商品のみがラベルをつけるべきだと主張した。しかし、遺伝子組み換え作物は明らかに独創的なものとして特許目的のために変化させられたものである。

●**バイオテクロノジー交渉：**アメリカは遺伝子組み換え作物及びその他のバイオテクノロジー商品の貿易を保護するような新たなWTOルールを作るためにシアトルでの交渉に圧力をかけた。

〈明らかになりつつある健康と環境の問題に対するＷＴＯの影響力：遺伝子組み換え作物〉

生物学、農業、医療、及び食料品生産の分野でテクノロジーはこれまでにないほどの急速な成長を見せている。そのため、我々はそのスピードについてゆくことが出来ず、公共の健康や社会的、環境的また経済的影響の十分な評価はまだなされていない。さらに、それらの影響力を公表するための適切な政策をも持ち合わせていない。このことの最たる例が遺伝子組み換え作物（ＧＭＯ）である。

ウルグアイ・ラウンド合意とＷＴＯの設立により、国内で選択された政策よりも国際法を重視するという方向へ、政策決定の方針が変化した。つまり、ＷＴＯは貿易の流れを最大限にすることに重きを置き、そのルールは商品に対する他の政策目標などを組織的に台無しにしている。この世界規模の商業を牛耳るＷＴＯルールと遺伝子組み換え作物に対する我々の懸念は避けがたい対立であり、ＷＴＯが納得のいく公的な政策決定に対して、いかに立ち向かってゆくのかが注目されている。

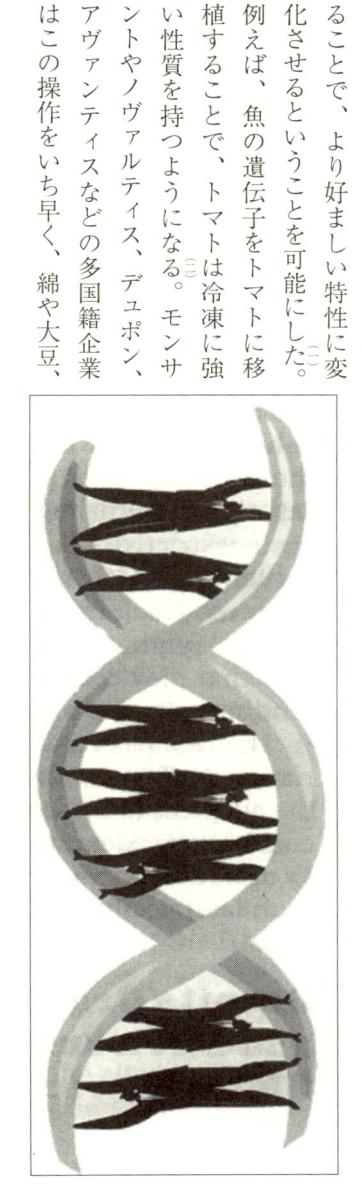

遺伝子組み換え作物とは遺伝子工学を通して作り出された作物であり、ある種から他の種に遺伝子を移植することで、より好ましい特性に変化させるということを可能にした[一]。例えば、魚の遺伝子をトマトに移植することで、トマトは冷凍に強い性質を持つようになる[二]。モンサントやノヴァルティス、デュポン、アヴァンティスなどの多国籍企業はこの操作をいち早く、綿や大豆、

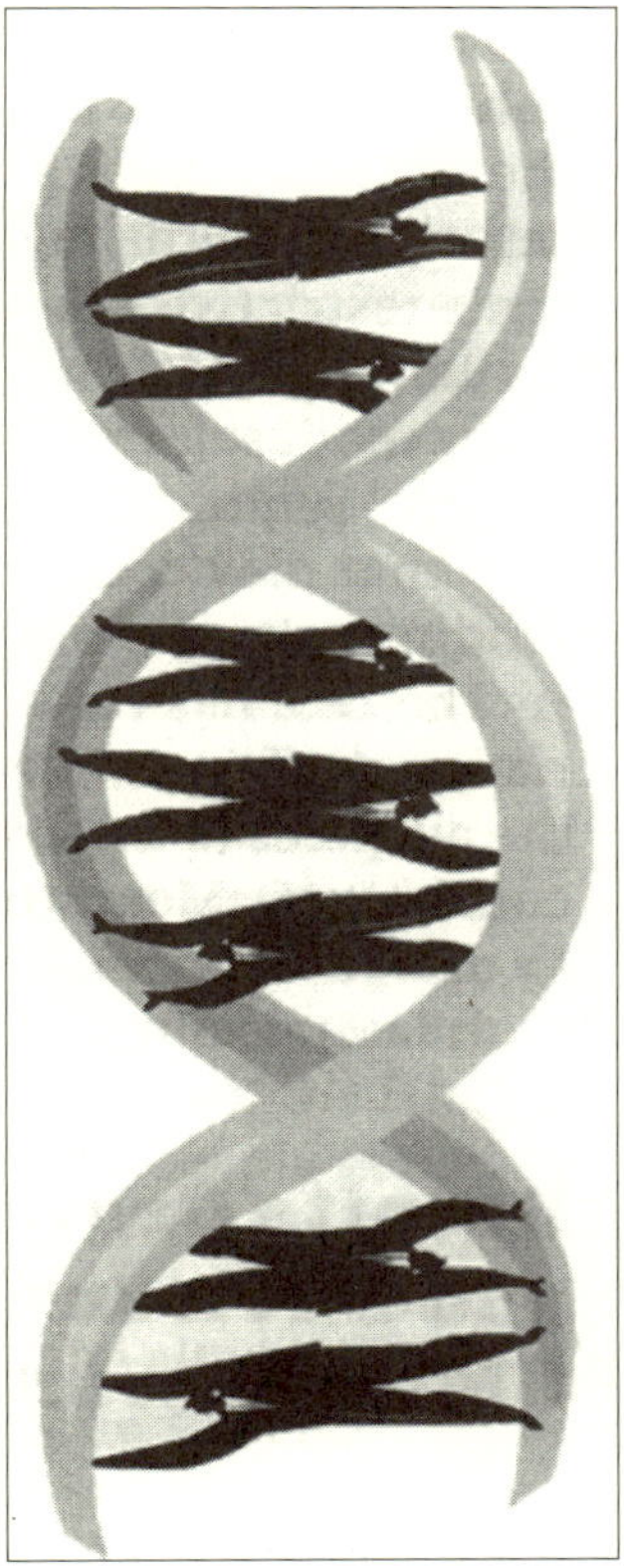

とうもろこしなどの農業穀物に取り入れ、病気や農薬、殺虫剤に強く、かつ高栄養価で生産性も高いという性質を持たせた。(三)

アメリカでは遺伝子組み換え作物を用いた商品に対して何の規制もない。そのため、消費者は商品が遺伝子組み換え作物を含んでいるかどうかについて全く知ることが出来ない。また、遺伝子組み換え作物がどれだけ人の健康に脅威でありうるかを知る由もない。それは、アメリカ政府も遺伝子組み換え作物を生産している企業も、遺伝子組み換え作物の危険性について調査しようという意思もないし、遺伝子組み換え作物による健康や環境への影響について説明することもほとんどしていないからである。

遺伝子組み換え技術により公共の関心が様々な側面で高まりつつある。それは、WTOが最も敵対意識を抱いている食品保証と安全や生態系の維持、環境保護といった分野においてとくに顕著である。それゆえ、今後の遺伝子組み換え作物規制に関する論争は、WTOが政策論者の手を取り進出してくるお決まりのパターンを象徴している。政策論者らは遺伝子組み換え作物の影響について十分に研究されるまではそれらの貿易に対し制限を加えることも、警戒心をつのらせることもしないという方針であった。

三つのWTO協定のせいで、各国は遺伝子組み換え作物に対する国内のセーフティーガードを維持又は強化することが困難になった。すなわち、「衛生植物検疫措置の適用に関する協定」(SPS協定)、「貿易の技術的障害に関する協定」(TBT協定)、及び、「知的所有権の貿易関連の側面に関する協定」(TRIP協定)がこの三つである。始めの二つは遺伝子組み換え作物の入国を制限しようとしている政府にとってかなり重荷となっている。第二章で述べたように、SPS協定は遺伝子組み換え作物を規制している国家にその規制の正当性を証明する科学的なデータを提出することを要求している。(四) 遺伝子組み換え作物の影響に関する科学的な確実性が欠如していること自体が明らかに、政府にとってそれらを規制する正当な理由とみなされて然るべきであるが、TBT協定は遺伝子組み換え作物を始めとする商品に規制を設ける際、政府に貿易に対する影響を最小限にするように求めている。(五) さらに、それが遺伝子組み換え作物を含んでいるものであると識別するために商品に付けられたラベルのほとんどがＴＢＴ規制の対象外であり、ＴＢＴ規制がこの比較的近代的な商品規制の形態を台無しにしている可能性もある。ＴＲＩＰ協定では農業製品の遺伝子が組み換えられることを許可しており、それらの商品に対して新しい商業権を認めている。これは、生物多様性や食品安全を懸念している政府の政策目標と相反している。

アメリカは欧州の遺伝子組み換え作物規制に対して異議を唱えている。(六)そして、遺伝子組み換え作物に関する責任ある規制を発展させるためになされている国際的努力、例えば国連のバイオセーフティー議定書の前に、断固としてその立場を変えようとしないＷＴＯの存在が立ちはだかっている。一方、ＷＴＯの貿易制裁という脅しにより、一三四のＷＴＯ加盟国の多くは遺伝子組み換え作物に対する不安要素の国家的又は多国家的解決を諦めてしまった。

〈健康と環境への影響についての証拠が積み重ねられつつあるにもかかわらず、アメリカは遺伝子組み換え作物規制とラベリングはＷＴＯに反すると主張している〉

遺伝子組み換え作物による脅威に関する実験的な証拠が徐々に明るみに出てきた。環境主義者や科学者によると、近年明らかにされつつあるデータは遺伝子組み換え作物が人の健康や生物多様性、環境に悪影響を及ぼしかねないことを示している。倫理学者や宗教団体もまた、生命体の遺伝子操作について倫理的な疑問を投げかけている。遺伝子組み換え作物の危険性を訴えている団体は、遺伝子組み換え作物の安全性が証明されるまでは国家が責任を持って規制するべきであるという多くの注目すべき提言を公表している。

第一に、農薬や除草剤に耐えるように改良された穀物は環境を脅かしているそれら化学物質への依存を続けることになる。(七)のみならず、そのような製品に対する要求の増大は遺伝子組み換え作物を扱っている企業にとっては望ましい状況であるかもしれない。例えば、モンサントは大手の除草剤メーカーであり、その除草剤に耐えうる綿の種子を作るために遺伝子工学部門を準備していた。その種子は意図された穀物にダメージを与えることなく、除草剤の適用範囲を広げることを可能にした。そして現在、世界で業界第二の規模を誇っている。

第二に、科学者は耐農薬、耐除草剤の性質を持つ穀物により、その特性は雑草にも受け継がれ、結果として農薬にも除草剤にも強い"スーパー雑草"が誕生すると考えている。アメリカとデンマークの科学者らは、除草剤に強い遺伝子は容易に収穫され、ナタネからカラシナのような近縁の野生植物に移ると発表している。もし、農薬耐性が有害な植物に移行すると、それらの環境への影響について無知なまま、公共の健康を危険にさらしつつ、さらに多量の農薬を使用しなければならなくなる。

第三に、遺伝子組み換え作物は生物の多様性を混乱させる。イギリス政府あてに書かれた報告書によると、もし、遺伝子組み換え作物が雑草や昆虫を根こそぎ殺してしまったら、それらを捕食したり棲家としたりして依存している種が被害を被る。例えば、コーンホオジロやヤマウズラ、ヒバリなどの鳥が挙げられる。実際、イギリス政府の派遣した研究グループは、アブラムシに耐性を持つように遺伝子組み換えをした植物がアブラムシを捕食していたてんとう虫の繁殖力と寿命に深刻な影響をもたらしたことを発見した。さらに、殺虫剤に対する耐性を持たせた穀物は緑クサカゲロウやとび虫のような昆虫類には無害または有益に働いたため、昆虫の多様性が損なわれてしまった。

一九九九年の五月、コーネル大学の研究チームは遺伝子組み換えトウモロコシ畑の刈り取り時に、近くに生えているトウワタに住んでいるオオカバマダラ蝶の幼虫が死んでいると報告した。この報告によりグリーンピースや憂慮する科学者同盟（Union of Concerned Scientists）のような環境団体は環境保護庁（EPA）に市場から遺伝子組み換え種子を排除することを求めはじめた。それを受けてEPAは現在調査中であるとしている。

第四に、遺伝子組み換え食品は消費者でアレルギーのある人、また倫理、宗教又は文化的に特別な食習慣を持つ人々にとって問題である。例えば、魚にアレルギーのある人は魚の遺伝子が組み込まれたトマトに対して反応してしまう。また、ベジタリアンやイスラム信者、ユダヤ教信者は豚の遺伝子が組み込まれた食品は信条的に食べたくないだろう。

第五に、遺伝子組み換え作物は人の健康を害するかもしれない。イギリス人科学者、アーパッド・プシュタイ博士は初めてラットに遺伝子組み換えジャガイモを与えた場合の影響を研究した。(一七) 彼は遺伝子組み換えジャガイモを食べたラットは内臓器官の成長と免疫システムに異常が見られることを発見した。彼はこの発見を公表した後、これまでの輝かしい業績にもかかわらず、モンサント後援のローウェット研究所（Rowett Research Institute）によって解雇された。(一八) ローウェット研究所はプシュタイ博士がその発見を実証するのに十分な科学的証拠もないのに公表したので解雇したと言っている。(一九)

英国の特別召集研究チームは後に、彼の研究には多少問題はあるが、遺伝子組み換え食品の安全性に関する不確実性に注意を喚起しているとしている。(二〇) 事実、イギリスの医師を代表している英国医学協会（British Medical Association）は英国内で遺伝子組み換え穀物を生産する際のモラトリアムを作成するよう求めている。(二一)

〈アメリカ通商代表はバイオセーフティー議定書交渉の中止を要求している〉

遺伝子組み換え作物の危険性に関する国際的な関心が拡大していることを受けて、一四〇カ国以上の代表が一九九九年の二月にコロンビアのカルタヘナで集まった。(二二) そして、一〇日間の日程で遺伝子組み換え作物を含めたバイオセーフティー議定書を完成させた。長期的な影響が事実上研究されていないテクノロジーに対してセーフティーガードとなる政策決定のため、各国で七年にも及ぶ国際的努力がなされており、その会議はそうした努力の総集編であった。一九九二年の国連による生物多様性に関する条約以来、バイオセーフティー議定書は不要であるというアメリカと産業界の反対に打ち勝つのに、三年以上も費やしていた。(二三) しかし、一九九六年一二月、議定書を作成した正式な交渉が、国連生物多様性条約の援助のもとで動き出した。(二四) その後、この交渉団はしばしば召集され、最終的なバイオセーフティー議定書が一九九九年二月に調印されるはこびとなった。

起草された時点からずっと、非政府組織団体と産業界の代表が活発に話し合いを重ね、彼らの地位を尊重することを政府に求めていた。[二五] 圧倒的多数の国家が遺伝子組み換え作物の輸入禁止や、遺伝子組み換え食品と従来の食品の差別化および、将来の環境、経済に対するダメージの法的責任を遺伝子組み換え作物製造者に負わすことを許可する条約を望んでいた。[二六] アメリカが率いる[二七]〝マイアミ団〟は遺伝子組み換え作物の主な輸出国で構成されており、カナダ、アルゼンチン、チリ、オーストラリアを含んでいた。〝マイアミ団〟は、WTOのSPS協定は遺伝子組み換え作物を禁止するためにはその決定を正当化する必要があると定めていることをバイオセーフティー議定書に盛り込むことで、産業界を保護しようとした。[二九] はっきりと証明されていないことに基づいたバイオセーフティーによって貿易を制限することは貿易障壁になり、議定書には明らかにWTOルールが議定書よりも優先されるはずだと記述されているというのがアメリカの主張である。[三〇]

交渉に参加したオブザーバーによると、州の環境と開発のための議員秘書であるラフェ・ポメランス（Rafe Pomerance）は議定書の弱体化を支持し、〝これは数十億ドル規模の産業である〟と叫んだ。一方、これに対しエチオピアの国立植物標本課の対策委員であるテオルデ・エジアバル（Tewolde Egziabher）は〝これは環境問題である〟と反論した。[三一]

表面上は環境を保護するために計画された交渉において、アメリカの代表派遣団は何としても産業界を守るというあからさまな願望を示した。それは、環境主義者だけでなく他の多くの代表団の怒りを買うものであった。[四二] さらに、あるコメンテイターはアメリカのエビ—ウミガメ事例やマグロ—イルカ事例での環境に関するセーフティーガードの異議申し立てを引き合いに出し、〝アメリカが環境上の交渉において自由貿易のお題目を唱えるのは皮肉な結果である。アメリカは環境に対する懸念に基づいて途上国に対し一方的な貿易制裁を強いることにためらいを感じていないのだから〟と述べた。[四二] このコメントはアメリカのバイオセーフティー議定書に対する立場が偽善的なものでしかないという点を浮き彫りにした。

最後に、マイアミ団は交渉で必需品（例えば大豆やトウモロコシなど）を含めないことで、バイオセーフティ

遺伝子組み換え作物――ラベルはWTOに反しており〝貿易障壁〟であるとアメリカは主張した。

アメリカは遺伝子組み換え作物制限に対する反対を止めていない。そして、遺伝子組み換え食品の強制的なラベリング制度に反対するためにWTOを利用していた。ラベルは消費者に偏見を抱かせるため、TBT協定のもとでは違法な貿易障壁となるというのがアメリカ側の主張であった。[32] アメリカは〝その食品がどのように作られたかをラベルで公開している全てのケースに対して、強制的な要求を支持している訳ではない〟と言っている。[33]

近年、オタワで開かれた食品ラベルに関するコーデックス会議では、強制的ラベリング制度を禁じているアメリカの立場を支持する動きは弱まっている。[34] 実際、遺伝子組み換え作物を含む食品はラベルを付けるべきでないというアメリカの主張に賛同したのはアルゼンチンのみであった。[35] 一方、ブラジル、オーストラリア、ニュージーランドは以前は、アメリカを支持していたが、意見をひるがえしラベリング制度の義務化を支持すると述べた。さらに、投票の結果、アメリカ国民の93%、[36] 欧州国民の74% [37] が遺伝子組み換え作物を識別するためのラベリング制度を希望している。アメリカ政府は〝アメリカの多くの消費者がUSDAやFDAのような政府機関に対し、遺伝子組み換え作物のラベリングは義務化すべきだと感じている。〟という事を認めた。[38]

コーデックスに対する最新の提案では、アメリカの立場はぐんと中立的なものになった。その提案とは、ある一定の遺伝子組み換え作物食品に対してのみラベリングを義務化するというものであった。つまり、〝現在ある適切な代替品と比較して、その新しい商品が成分、栄養価または意図された用途などの点で大きな違いがある場合、及び新たなアレルギーの存在が明らかとなった場合である。〟[39] しかし、遺伝子組み換え作物の定義によると、遺伝子組み換え作物は遺伝子の組み換えを行ない、その成分にかなりの変化を生じさせたものとされているので、このアメリカの新たな見解は論理的に矛盾したものであった。つまり、遺伝子組み換え作物はWTOのTRIP条項のもとでは明らかに特許性が認められる。[40] しかし、アメリカは遺伝子組み換え食品が安全性の面で従来の食品に比べて劣るという証拠はないと答えてい

ー議定書の採択を妨害した。(四三) 欧州代表団は「これは事実上、議定書の対象となっている遺伝子組み換え作物の九九%を除外することを意味している」と環境雑誌で報告した。(四四) それから、マイアミ団はさらに一八カ月間交渉を先延ばしにすることを提案し、すべてのバイオセーフティー議定書の採択を一九九九年一一月のシアトルでのWTO会議の後にさせようとした。(四五) 会議のために元々作られていた行動計画には農業分野でのWTO合意を改正することが盛り込まれていたので、マイアミ団はこの改正によって多くのバイオセーフティーに関する課題が環境よりも貿易重視の姿勢で対処できるともくろんでいた。(四六) しかし、他の国々はその提案を拒否し、バイオセーフティー議定書の交渉は一九九九年九月にモントリオールで開催される運びとなった。(四七)

アメリカ農務省による混乱したダブルトーク

アメリカ農務省のダン・グリックマン（Dan Glickman）の最近の演説を見るかぎり、他の国は遺伝子組み換え食品を受け入れなければならないという従来のかたくなな姿勢を変えつつあるようである。パーデュ大学で1999年4月29日になされたスピーチで、彼は「アメリカは無理やり遺伝子組み換え食品を国内外の人の喉に押し込むことはできない」と述べた。(48)

しかし、この新しいグリックマンの考えは実はこれまでの考えとほとんど変わっていなかった。遺伝子組み換え食品を消費者が購入しなければ遺伝子組み換え特許など意味がない。そもそも、アメリカの農務省は遺伝子操作された食品に有機（Organic）食品としてのラベルを付けることを許可すべきであると提案していた。(49) しかし、その案に反対する国民から27万通もの投書が届き、その後この案は却下された。(50)

現在、グリックマンは戦略変更をはかり、消費者がいわゆる〝一定の距離を置いた〟、〝無関係〟なものとして遺伝子組み換え作物を受け入れるよう促している。規制上のプロセスはあくまで消費者の信頼感を高めるためになされた。(51) 特に、彼は現在、遺伝子組み換え規制を実施している国との交渉を要求している。しかし、彼が最も重視している最終目標とは遺伝子組み換え規制は〝科学的根拠がないものである〟とはっきりさせることである。(52) それゆえ、この新たな戦略の目標が遺伝子組み換え商品の自由な貿易であることに変わりはない。

〈アメリカはコーデックスで遺伝子組み換え作物ラベリングに対して動き出した〉

アメリカの遺伝子組み換え作物規制に対する反対は遺伝子組み換え作物を含んだ商品にラベルを付けるという提案にまで及んだ。コーデックス食品規格委員会に対する最新のアメリカの提案では、ＷＴＯに矛盾しない形の遺伝子組み換え食品ラベリング制度における条件が挙げられていた（コーデックスとは国際規格であり、食品に関するＷＴＯ基準を設定するためにＷＴＯによって権限を与えられた機関である）。アメリカの案によると、新たな食品は現存する代替食品と比べて、〝成分や栄養価、用途などの点で明らかな違い〟が見られなければならない。または、ラベリングの目的が〝アレルギーの存在の開示〟(五三)でなければならないこととなる。伝統的な方法で得られた種や植物、食品と比べて、〝明らかな違い〟がある遺伝子操作された種や植物、食品は次に示す事例によって明らかとなる。種子の遺伝子操作をした企業はそれらの特許をとることができる。この特許を取得するためには、生産者側は商品に他の全ての物と比べ、明らかな違いを持たせなければならない。(五四)つまり、世界的な遺伝子組み換え作物ラベリングの義務化に対するアメリカの反発は論理的に無意味なものとなってしまう。

アメリカはこの奇妙な立場について次のように説明している。「バイオテクノロジーを駆使して得た食品が遺伝的に安全性に欠けるということや、品質又はその他の点で従来の方法で得た食品と異なるということを支持する科学的証拠は存在しない(五五)」。事実、コーデックスに対するアメリカの代表派遣団は遺伝子工学と伝統的な異種交配を比較研究していた。(五六)このことは、アメリカの主張が遺伝子組み換え作物問題の主な討論の的となるであろうことをコメンテイターが予期していた一つの理由でもある。

〈アメリカが明らかにＷＴＯに脅しをかけている間に遺伝子組み換え作物規制は広がりを見せていた〉

バイオセーフティー議定書署名に対するアメリカの抵抗にもかかわらず、遺伝子組み換え作物の規制を進めてゆく国は増えつつある。一九九二年にはEUが自主的ラベリング制度を承認した[五七]。その後、一九九七年五月には新食品規制（Novel Foods Regulation）を採択し全ての新しい加工食品と食品成分のラベリングを求めた[五八]。一九九八年九月には遺伝子組み換えトウモロコシと大豆に対するラベリング制度が開始された。そして、一九九九年六月に遺伝子組み換え作物を慎重に解禁するためのEU指令が施行され、広範に及ぶラベリング制度の義務化が適用された[五九]。

同様に、一九九九年二月に、インドでは最高裁が環境、人の健康及び生物多様性に対する保護が確認されるまでは、遺伝子組み換え綿花のフィールド試験を禁じる決定を下した[六〇]。また、一九九八年一二月にはオーストラリアとニュージーランドの厚生大臣は遺伝子組み換え食品にはラベルを付けることを推奨した[六一]。さらに、一九九九年五月、オーストラリアは強制力のある食品基準計画を導入し、公式に遺伝子テクノロジーの安全性がテストされ、〝安全性リス

新たなEUの遺伝子組み換え作物に関する規制はWTOにおけるアメリカによる攻撃の的となり得る。

欧州環境省の継続的な会議が1999年6月に開催された。そこで、フランスとギリシャは遺伝子組み換え作物の禁止を求めたが、EUは遺伝子組み換え作物承認に関するモラトリアム宣言を中止した。[70] しかし、遺伝子組み換え作物の計画的解禁に関してEU規制に大きな変化が生じた。[71] つまり、規制にはラベリングの義務化が盛り込まれ、さらに、あらゆる遺伝子組み換え作物の危険性評価が困難であることも記された上で、遺伝子組み換え作物の承認に10年間の期限を設けた。EUの発表によると、この実質的な効果とは、これにより事実上、遺伝子組み換え作物が禁止されることであると認めている。[72] これにより、WTOにおいてEUとアメリカの間の議論が大詰めを迎えた。[73] アメリカの新しいEU大使であるリチャード・モーニングスター（Richard Morningstar）は1999年8月に彼の第1回目の政治演説を行ない、そこでEUの遺伝子組み換え作物に対する嫌悪感は「WTOを違反する瀬戸際」にあると警告した。[74]

ト〟ができるまでは、それらを利用した食品の販売を禁止した。(六二)

アメリカはそのような規制は不必要であり、また、違法な貿易障壁であるとした。(六三)日本でさえ、以前はアメリカと同様の主張をしていたが、遺伝子組み換えトウモロコシやポテト、綿、トマト、大豆などのバイオテクノロジー商品に対してラベリングを義務化するという案でアメリカから非難されている。(六四)

アメリカは、農業業界の負担で遺伝子組み換え作物の集中的なテストを要請することはしないで、世界各国が適用している遺伝子組み換え作物規制を自国の〝無規制〟の状態に調和させようとしている。例えば、二つの遺伝子操作された綿花種子を市場の出すというモンサントの要請をＥＵが拒否した後、フランク・ロイ（Frank Loy）という国際問題にくわしいアメリカの下院議員はＷＴＯでその決定に異議を唱える権利があると主張した。ＥＵの決定が〝科学的なもの〟に基づいていないからというのがこの御仁の理由づけだった。(六五)

遺伝子組み換え商品の安全性が十分に研究されていないということをアメリカは認めている。(六六)それにもかかわらず、彼らは遺伝子組み換え作物がまだ危険なものであると証明されていないので、遺伝子組み換え規制制度を世界的に施行するのはＷＴＯに反していると主張しつづけている。残念ながら、遺伝子組み換え作物の禁止、制限又はラベリングを求めている国々は、アメリカがＷＴＯへの異議を唱えることで被害を被るかもしれない。なぜなら、ＷＴＯ―ＳＰＳ協定、ＴＢＴ協定も同様の論理を背景としているからだ。もし、遺伝子組み換え作物に関する一国の規制が食品の安全性という概念に基づいているのならば、ＳＰＳ協定は輸出国に遺伝子組み換え作物が安全であるという科学的証拠を求めるよりも、輸入国に対し遺伝子組み換え作物が安全でないということを立証することを求めている。(六七)仮に、ある国が環境保護に対する予防措置として、遺伝子組み換え作物を規制したとしたらＴＢＴルールではそれらが、環境上の脅威があるということを示し、また、正当な危険性に対処するための選択肢の内で、それが最も貿易を阻害しない対策であるということを立証しなければならない。(六八)

現在のＷＴＯルールが遺伝子組み換え作物規制の重要性に対して脅しをかけるようなことがあれば、一九九九年九月のバイオセーフティー議定書の決議が危機的な状況となり、我々の健康や環境への悪影響を回避するための遺伝子組み換え作物規制において国家の権力が危うくなるであろう。特に、アメリカの提案は本来、必要とされている決定とは全く逆である。そのため、バイオセーフティー議定書では、国家の遺伝子組み換え作物に対する安全策を規制するようなルールはいかなるWTO―SPS、TBTルールであっても、その対象を制限すべきである。(六九)

バイオセーフティー議定書には実効性をともなう記述が特別にされているわけではないので、各国がWTOに矛盾しない形でバイオセーフティー議定書を実行できるという保証はない。一章で述べたように多国間の環境協定（MEA）のもとで国内で実施するという義務は、WTOルールと対立しかねない。事実、MEA下で実施されているアメリカの法律は既にGATT／WTOルールに反しているのだ。

環境、生物の多様性及び人の健康に対する長期的な遺伝子組み換え作物の影響調査はほとんどなされていない。そのため、影響力を持ったバイオセーフティー議定書が早急に採択されることが必要である。この種の技術が登場し、それらが発達し国内外の健康や環境保護基準（第一章、第二章参照）に触れる可能性が高まるにつれ、国家がなぜ〝予防原則〟（製品が市場に登場する前に、その製品の安全性を証明することを製造元に求める）を講じなければならないかが示された。遺伝子組み換え作物に関しては予防原則が欠落しているため、製造されたものは店舗や家庭へと浸透してゆき、そのことがやがて問題視されるに違いない。

〈アメリカ産業界はシアトルにて新たなバイオセーフティー権と保護活動に対して圧力をかけている〉

遺伝子組み換え作物規制を望む世界的な関心が高まりを見せているにもかかわらず、アメリカ産業界とクリントン政権は政府の権力で現存のWTOルールを強化しようとしている。これまでの交渉を通して合意に至っていた行動計画には農業分野における合意の見直しが含まれていた。(七五)そのため、食品安全と遺伝子組み換え作物の問題はシアトルで話し合われるはずである。

ＥＵはシアトルの農業関連の行動計画で、食品安全といわゆる農業の〝多様性〟に関する懸念について取り上げることを求めた（七六）（〝多様性〟の概念とはＥＵおよび発展途上国によりＷＴＯ農業会議で提案されたものである。そこでは、農業政策におけるあらゆる側面を熟考することが求められている。例えば、穀物依存性、環境保護、開発及び生活水準などである）（七七）。

一方、アメリカとカナダは食品安全に関しては、既にＷＴＯルールにおいて適切に対処されていると主張している。健康と安全性を優先した再評価をするためのＷＴＯ農業会議を再び開催することを求めている消費者団体と健康保護団体の要求は、クリントン政権により退けられた（七八）。この二国はモンサントとデュポン／パイオニアという巨大なバイオテクノロジー企業の拠点であり、こうした企業がバイオテクノロジー商品の貿易拡大をシアトル行動計画に要求するであろうと述べている。この問題は現存している協定に付加的な課題を提起し、さらに、バイオテクノロジーに関する新たな独立した協定を生むことになるかもしれない。他のＷＴＯ加盟国に遺伝子組み換え作物の輸入についての承認を行なうことを時間切れに持っていくことこそが米加二カ国にとってのもくろみだからである。

発展途上国は遺伝子組み換え作物承認までの時間をむしろ長くするという方向で妥協策を探っている。インドはＳＰＳ協定の改正を提案しており、発展途上国に対してＷＴＯルールに追従する前に国内対策を準備するための時間を要求している（八〇）。

第4章

企業本位のＷＴＯの知的所有権は食料の安定供給と医薬品の自由な利用を妨げる

WTO Intellectual Property Rights For Corporations Threaten Food Security and Access to Medicines

この章において……

事実：

●**グアテマラによるUNICEF乳児粉ミルク販売規約の実施：**グアテマラはUNICEF規約を実施していた。同規約は乳幼児粉ミルクの包装に健康な、肥った赤ん坊を示すラベルを付けることを禁止する。文字の読めない母親が粉ミルクを健康な乳幼児と結びつけ、母乳で育てるのを止めないようにである。ガーバー社はよく肥った赤ん坊を含む登録商標ロゴを使用しているが、グアテマラ法規を守ることを拒否し、GATTの下での措置をとると述べた。グアテマラは、スイスにおける閉ざされた審判廷での長期間のしかも費用のかかる戦いの可能性に直面して、規制を止め、現在では輸入幼児食品を法の適用から除外している。

●**南アフリカ医薬品法：**必須の医薬品、とくに産業国でエイズ治療に使われるような薬品を、購入可能価格で提供するために、当時のネルソン・マンデラ大統領は、医薬品法を制定し、競争と低価格を生むために医薬品の並行輸入と強制許諾（compulsory licensing。強制ライセンスとも言う）を促進した。こうした政策はWTOの知的財産ルールによって許容されているが、アメリカ合衆国製薬販売グループと南アフリカ支店は医薬品法に対して、たえずWTOに異議を行使すると脅していた。クリントン政権は医薬品法の廃止を優先課題とし、本書で取上げた国務省メモは、そのためのゴア副大統領の働きを列記している。

●**インドは食料保安を脅かすような特許法の改正を求められた：**インド特許法は、医薬または食料として使用される種子、植物、その他の品目を特許の対象から除外していた。公衆の利用を保障するためである。WTOルールは二〇〇五年に施行されるが、これらの品目を含む独占的特許権の保護をインドに義務付ける。アメリカはインドの特許登録システムを非難し、またWTOもインドが登録制度の基礎にある特許法を変更しなければならないとしている。

●**タイの伝統医薬と生物窃取禁止：**タイでは、民間の治療者が伝統医薬を政府に登録できる――それによって伝統医薬を外国企業による特許取得から守る――法案を検討しているが、アメリカは法案がWTOに抵触するという疑問を提起している。

●**イスラエル一般医薬品法**：イスラエルの法律は、製造者に薬品の特許消滅後、ただちにその薬品の普及品（generic version）を売るための準備にかかること認めている。他方、アメリカはこの法律がWTOルールに違反すると主張している。

●**タイの医薬品供用政策**：タイでは医薬品審査委員会が、必須のエイズ治療薬を含めて、医薬品の価格を下げるために、強制許諾を促進していたが、アメリカはこの委員会の解体を求めて通商圧力をかけた。

概念：

●**知的財産に関連する通商協定**：もっとも論議のあるウルグアイ・ラウンド協定の一つ。他のWTOルールに比べて、この協定は知的財産所有者の独占販売権を設定することにより、通商を明示的に制限する。TRIP協定は商標、特許、著作権を含み、また広範な品目リストを対象とする。種子、細胞系（セルライン）と遺伝子のような微小生命体、遺伝子組み換え動物などが列記されている。

●**食料保障、種子とターミネーター技術**：TRIP協定は種子を特許の対象としているので、農民は先祖が産み出した品種について、企業がその特許権を取得した場合、その種子の使用料を毎年支払いなければならない。いくつかの企業は遺伝子工学によって生殖しない種子を製品化している。この種子は保存し蒔くことができない。何十億の零細農民の生存は種子を残し種蒔きをすることに依存しているというのに。

●**生物窃取（海賊行為）**：この言葉は、外国企業が途上国で土俗の知識、新しい医薬植物または種子品種を「踏査採集」することを指す。企業が特許権を取得し、それによってすべての販売権を「所有する」ためである。この章で取上げる事例は、インドのニーム木とバスマチ米、タイのプラオ・ノイとジャスミン米などである。

●**WTOの義務付けによる合衆国特許期間の延長**：TRIP協定を順守するため、合衆国はその特許権の期間を一七年の独占権から二〇年へ延長した。この変更により合衆国の消費者は何十億ドルもの高い医薬品費用を負担することになる。

知的財産権（ＩＰＲ）はアイデア、芸術的創作（小説、音楽、映像など）、技術的改変、市場販売手段（ロゴ、商標など）に対して所有権と法的保護を与える。知的産物に対して財産権を創設するという考え方は、芸術、科学、技術、産業の分野における改変（innovation）を奨励し、報いるためである。たとえば、ある会社が製品を発明した場合、特許が与えられ一定の期間にわたって製品を販売する独占的な権利をえる。発明者に製品の開発に要した投資に対する利潤を保障するためである。ＷＴＯの「知的所有権の貿易関連の側面に関する協定」（ＴＲＩＰ協定）は、強制力をもつ地球規模の財産権を創設し、一三四のＷＴＯ加盟国すべてが、これらの新しい権利を実施する国内法を制定すること、を求めている。ＴＲＩＰ協定は、多国籍企業のもつ商標、著作権、特許権について、新しい世界的保護を効果的に確立するためのものである。

ＴＲＩＰ協定が知的財産権と競争法の国際的「調和」を言い出すまでは、各国は個別に、一方で、企業が改変から利潤をえる利益と、他方で、社会が全体として改変の成果を享受できるよう保障する利益とを、どのように均衡させるかを決定する自由を有していた。さ

生命に特許を付ける：ＷＴＯのＴＲＩＰ協定が許すこと

WTO加盟国はTRIP協定の下で生命形態に特許を与え保護する法的義務を負うのか。答は、ほとんどイエスに近い。そして生物工学産業とクリントン政権がシアトルのWTO閣僚会議で主導権を握れば、答は将来イエスにかわるであろう。

TRIP協定は、通常は植物、動物と「植物と動物の基本的な生物学的生育プロセス」(1) について各国が特許を禁止することを認める。しかし、植物と動物の生育する非生物学的かつ微生物的プロセス、すなわち植物と動物がクローンまたは遺伝子的に改変されていれば、特許の対象となり、協定は加盟国にその保護を求める。(2) またTRIP協定は各国が微小生命体についての財産的請求を保護するよう求める。(3) これらの中には、人間と動物の細胞系（セルライン）、遺伝子、へその緒細胞が含まれる。(4) たしかに、TRIP協定の保護から明示的に除外される唯一の領域は医療行為（外科的技術のような）である。(5)

このようにTRIP協定は食料安保と公共保健と環境にとって大きな意味をもっている。

らに、産業改変はしばしば研究・開発に対する公共投資の直接の結果（六）であることに鑑み、多くの国では国内の知的財産法はしばしば新しい技術、ことに医薬品の利用に関しては、公益の要請をすこぶる重要視していた。

二〇〇五年には、ＴＲＩＰ協定は、限られた例外を除いて、一三四のＷＴＯ加盟国（七）に対して統一的な全世界的ＩＰＲ保護を義務付け、そうすることで各国の政策決定者が操作できる余地をきびしく制約する。各国は、限定された狭い領域において、独自の知的財産権政策を進める余地を与えられるが、大部分についてはＴＲＩＰ協定が、知的財産権についての統一定義を示し、またそれを保護する政府の義務についての統一ルールを定める。（八）

さらに、ＴＲＩＰ協定が求めるＩＰＲ保護の水準はきわめて高い――大部分のＷＴＯ加盟国がウルグアイ・ラウンド協定の実施前に認めていた水準よりも高い。たとえば、ＴＲＩＰ協定の下で、アメリカ合衆国でさえ、法で定めた特許の期間を一七年からＷＴＯの求める二〇年に延長しなければならなかった。（九）

ＴＲＩＰ協定は、それまでの世界的知的財産ルールに比べて、広い範囲に適用される。ＴＲＩＰ協定は、典型的な企業による改変とされていたものを越えて、さらに地球規模での特許権の保護を義務付けるようなＩＰＲの定義を定めている。その定義は、薬品、農業化学薬品、植物品種と種子胚、何世代にもわたる植物育成と伝統的な栽培から生じたものをも含む。（一〇）また定義は加盟国に微生物に対する財産権の主張を保護するよう求める。これらの中には人間と動物の細胞系（セルライン）、遺伝子、へその緒の細胞が含まれる。（一一）多くの国では、これらの分野は国内知的財産権法の対象から除かれている。（一二）ＴＲＩＰ協定の下で、知的財産権の保護から除かれている唯一の領域は医療行為（診断的、治療的、外科的技術）である。ただ医薬品は対象とされる。（一三）

〈ＷＴＯの二重基準：ＩＰＲ保護主義と「自由」通商は何の関係があるのか？〉

ウルグアイ・ラウンド協定の中に、アメリカ合衆国の主張によって知的財産権ルールを加えたことについては、きびしい意見の対立があった。第一に、知的財産権ルールの国際的機構、世界知的財産権組織（WIPO）が、まさにその目的のために創設された国際団体として、すでに存在していた（一四）。

第二に、WTOの目的は、明白に通商の自由化であるが、IPR保護は意図的に通商を制約する。ひとたび製品または生成過程に対して特許権が認められると、企業はその改変による製品と価格設定について、定められた期間の独占権を与えられる。WTOのTRIPルールの下で与えられる二〇年間の独占は、価格競争と消費者の選択を阻害する。批判者にとって、この矛盾はウルグアイ・ラウンド協定が——その支持者の主張にもかかわらず——「自由通商」は普遍的な善であるという信念に基づくものではなく、企業にとって、たまたま有利な通商ルールを促進するためであったことを示している。

企業の財産権を保護するために、通商の制限をほとんどあらゆる領域において容認するのに、なぜ労働者や環境保護のためには制約できないのか。この当然な疑問を環境主義者や労働者の支持者が提起している。通商自由化を目的とする協定の中に、通商を制約するIPRsを入れるのは、基本的に矛盾している。この矛盾から注意をそらせるには、言葉の詐術を弄する必要がある。「知的財産権」の接頭語として「通商に関連した」という文言を置くことで、独占スタイルのIPR保護を地球規模に拡大するのである。支持者たちは、

地球規模の統一の必要

多様な国の基準を統一して地球全域の基準に替える過程を指して、調和という表現が使われる。食料と製品に関するWTOのSPS協定とTBT協定は、間違いなく国家基準の弱体化を招くと批判されている。いずれの協定も、各国に対して公衆と環境を保護する最低基準を定めるよう求めていない。しかし、各国が国内基準を国際基準よりも強力にすることは制限している。ところが、TRIP協定が定めた知的財産権と競争法は、低い基準に合わせて調和を求めるWTOのとる方向の例外である。企業の見地からすると、TRIP協定は、知的財産権保護の大部分の領域において、非常に高い基準の採用を各国に求めており、高い基準での統一を求めている。

一つの関連を捏造して、ＷＴＯに新しい通商規制を強力に実施させる手がかりを与えたのである。

ＷＴＯの広範なＩＰＲ保護とその強力な紛争解決手続を組み合せると、企業は重要な新しい武器を手にしたことになる。すなわち、産業界が反対する保健または医薬品政策を採用する国に対して、ＷＴＯの容認する制裁を科すことができる。以下に述べるように、産業界はＷＴＯが科す制裁の可能性を利用して、公益のためにその国がとる政策を攻撃することをためらわない。しばしば産業界は、制裁を加えるという脅迫に自国政府の支持をとり付けている。ことにアメリカ合衆国の通商当局者は、製薬産業による戦略を進展させるために、ＷＴＯのＴＲＩＰ協定ルールが適用されない領域においても、他国の法律を攻撃し、きわめて積極的にＷＴＯを活用している。

〈ＷＴＯのＴＲＩＰ協定：発展途上国による食品と医薬品の利用〉

ＴＲＩＰ協定は発展途上国において激しい抗議を引き起こした。多くの途上国は伝統的に食品と医薬品を国内のＩＰＲ法から除外してきた。それは私的独占支配を排除し、公衆がこうした基本的な必需品を利用でき、買えるように保障するためである。(一五)しかし、ＴＲＩＰ協定の下では、かつては公的領域におかれていた――食料と医薬品――は地球規模の特許法によって、いまや私的所有に移されている。つねに食料の不足と病気に脅かされている途上国の多くの人々にとって、ＷＴＯのＴＲＩＰによる企業財産権の保護は、公益のための要請、ことに公衆保

国連がWTO知的財産権ルールを批判

国連開発プログラム（UNDP）は、その1999年人類発展報告（Human Development Report）の中で、TRIP協定を途上国の食料保障と公衆保健を崩すものであると批判している。UNDP報告によれば、WTOのTRIP協定ルールは、貧しい人と途上国にとって、穀物種の買入れと医薬品の公衆による利用をさらに高価なものにする。

健の危機に対応するための政府の権能を不当に制約する。それに加えて、世界の生物多様性の大部分が存在する途上国は、原産の植物と他の野生生物を奪う「生物海賊行為」が広がることを怖れている。すでに生物工学企業は薬草や土俗の使用法を収集するための「探索者」を派遣している。TRIP協定は、これらの企業が食料・医薬資源に対する世界的な特許を得て、独占的な所有権と販売権を手中にする能力を与えている。

国連開発プログラム（UNDP）は一九九九年の人類発展報告（Human Development Report）の中で、TRIP協定を途上国の食料安全保障と公衆保健を崩すものであると批判している。UNDPによれば、WTOのTRIP協定ルールは、貧しい人と途上国にとって穀物の種の買入れと医薬品の利用をさらに高価なものにする。UNDPはルールを改正するよう勧告している。(一七)

TRIP協定の批判者は、途上国にとって協定による負担に見合うような利益はほとんどないと見ている。知的財産権の保護は工業国に一方的な利得をもたらす。工業国の企業や個人は全世界の特許の九七％を現在保有している。一九九五年には、全世界の特許権・著作権料と使用料の半分以上がアメリカ合衆国へ支払われた。(一八)さらに途上国の中において付与された特許権の八〇％は、工業国の住民が保有している。(一九)

また、途上国側の批判者が正しく指摘しているように、現在の工業国がまだ知的財産と技術の開発途上にあった（従って、技術の輸入国であった）ときには、このように厳格なIPR保護を自国で採用していなかった。(二〇)

WTOが異議を持ち出す可能性は、途上国にとってきわめて厄介である。途上国は、ジュネーブのWTOにおいて、異議に対する弁論を展開するための資力に乏しく、また経済的報復に対抗する力も比較的弱体である。WTOのルールの下では、勝訴した国は地域にまたがる制裁を加えることができる。すなわち、WTOの一つのパネルがTRIP協定に関わる紛争について下した勝訴判定に基づいて、工業国は途上国の産品や製品に対する経済制裁を加えることができる。(二一)まさに、以下に述べるグアテマラの幼児ミルク事件に見るように、WTOへの抗弁を準備する大きな費用負担と制裁の怖れだけで、途上国はIPR法を変え、または産業界と工業国の政府が敵視するような政策案を取り下げざるを得なくなる。

ＴＲＩＰ協定は、狭い限定付きで公益の見地から知的財産権保護を制限する場合を認めている。たとえば、次に述べるように、ＴＲＩＰ協定は政府が並行輸入と強制認諾（強制ライセンス）を与えることを認める（それにもかかわらず、どうしても必要なエイズ薬品をもっと安く入手するために、こうした手段を利用しようとした南アフリカ法を、アメリカ合衆国はＷＴＯの制裁を使って妨げようとする圧力をかけつづけた）。しかし、これらの条文は、分野によって意味の明確さがちがっている。

植物多様性のために、各国がどのような種類のＩＰＲ保護を定めなければならないのか。それについては、ＴＲＩＰ協定ルールはあいまいである。解釈上、

インド国会はWTOのTRIP協定実施に追込まれる

インド国会はTRIP協定の実施を拒否し、ウルグアイ・ラウンドの他の側面のみを実施するに止めた。そして、インドの総理大臣は、1994年後半に薬品と農業化学品特許に関するTRIP協定ルールを実行する行政命令を下した。行政命令は、それまで二度にわたってインド特許法の改正を拒否した国会両院によって承認された。インド特許法は「食料または医薬、薬品としての使用を目的とする、または使用されうる効用のある」物質に特許を付与することを禁止している。(22) 特許法条文15（2）は、特許局が特許の認められない物質に関する特許申請を「拒否する」旨を定めている。(23)

次いでインド政府は、TRIP協定が求める2005年の実施まで、特許申請を記録する行政手続を定めた。(24) アメリカ合衆国はWTOにインドの措置に対する異議申立をした。(25) 1997年9月、WTOパネルの一つが、インドはただちに医薬と農業化学品についての特許申請を受理する法律を制定しなければならない、と判定した。TRIP協定の完全な実施時に、特許権を申請日付まで遡って発効させるためである。(26) このパネルの判定によれば、インドの行政的特許記録手続は、医薬と農業化学品の特許を禁止しているインド法に優越するものではない。従って、この手続は、申請時に特許を与えることが違法であった特許申請について、2005年、新しいルール施行時に申請通り審査され認可されるという合理的な期待を申請企業に与えるものではないという。(27) 1999年3月、インド議会はWTOの要求に応え、特許法を修正するTRIP協定実施法を承認した。(28)

協定の文面は各国が独自の体制を設定することを許している（従って、この領域では独占的な特許ルールを求めていない）。しかし、それに代わるどのような規制がＷＴＯの審査に合格するのかは全く明らかでない。たとえば、各国が固有の動植物を窃取する海賊行為と商品化を防ぐ保護措置を定めるのは認められるのか。伝統的な医薬の登録を進めるタイの政策に、アメリカ合衆国が制裁を持ち出したことを見ると、とても認められそうにはない。

加えて、ＴＲＩＰ協定は「技術的改変」とされるものに対する高い基準を定めていない。従って、企業は原住民グループが何世代にもわたって使用してきたプロセスについて特許を求め取得することもできる。

〈ＷＴＯのＴＲＩＰ協定は食料の保障を危うくする〉

農業技術の改良にもかかわらず、世界の人口の多くは継続的な栄養不良の状態にある。現在、生産される食料の量は世界の人口を養えるが、食料と種子の流通・利用上の障害が多くの人を空腹のままにしている。(二九) 一九八〇年代には基本的な栄養を得られない家族の割合と数が、ラテン・アメリカとサハラ以南のアフリカとにおいて増加した。(三〇) サハラ以南のアフリカでは、現在でも七〇〇万人近い人たちが緊急の食料援助を必要としている。(三一) 世界的な規模では、七二の国連世界食料計画のプロジェクトが対象国内で五年またはそれ以上の期間にわたり行われている。これは食料不足が緊急かつ構造的な問題であることを示している。(三二)

食料の保障は一九九〇年代にも改善されていない。途上国の一人当たりたんぱく質摂取量は一九七〇年から一九九六年の間に三・三％低下し、サハラ以南のアフリカでは同時期に五・七％低下した。サハラ以南のアフリカでのカロリー摂取は一九七〇年の二二二六から一九九六年の二二〇五カロリーへと九％低下した。(三四) 一九八九年の合衆国農業省のすすめる摂取量の数字によれば、二五歳から五〇歳の成人は、一日当り二五五〇カロリーの消費を必要とする。(三五)

食料取引の巨大な成長にもかかわらず、世界の食料供給の一五%が取引されているにすぎない。[三六] 世界の人口の大きな部分がその食料の補給を零細農業に頼っている。零細農民は毎年種子を残して置けなければ穀物を作ることができない。事実、世界中で農村部の一〇億四〇〇〇万人が、その食料と生活を農家の残す種子に頼っている。[三七]

ＴＲＩＰ協定は、危ない世界の食料保障をさらに脅かす。食料と種子の利用と配分問題を悪化させるからである。たとえば、二七三（b）条の下で、ＷＴＯ加盟国は種子を含む多様な植物に対する農業企業の所有権保護を義務付けられる。この条文は、種子貯蔵の所有権と支配を農民から奪い去り、大きな種子・生物工学会社が力を結集する新しい強力な道具となる。

「ターミネーター」種子は遺伝子工学が作りだしたもので、それから生育する穀物は再生しない種子を実らせる。従って、農民は毎年新しい種子を買わなければならない。

企業が種子の特許を取ると、地元の農民はその種子のタイプを使うために毎年料金を払わなければならない。その種子は農民の先祖が何世紀もかけて育成した産物であるにもかかわらず。これまで、大豆、トウモロコシ、ナタネの品種について特許が与えられている。[三八] 零細農民は毎年種子を買い入れる費用を払う余裕がない。他方、ＴＲＩＰ協定は、その地の農民共同体が何世紀間も栽培し、交配し、完璧にその地に合った品種を保護する方法を定めていない。生物探索者はその品種を収集し、遠方の企業に特許をとらせることができる。

また、企業は「かれらの」財産の「使用」を効果的に支配するために、遺伝子工学を活用して、農民が種子を貯蔵することをできなくさせている。モンサントはすでに遺伝子加工された種子を買う農民に、次年の穀物のために種子を残さないという合意をさせ、契約を破った農民に対しては調査のうえ法的措置をとるという掲示を立てている。[三九]

企業による支配はすでに考えられる次の段階に入っている。モンサントは一代限りの種子の特許を申請し取得している。費用のかかる調査や法的攻防をする必要をなくしたのである。食料保障グループが「ターミネーター種子 terminator seeds」と呼ぶ断種種子は、薬品を加えた場合にのみ活性化されて成長する。そして穀物が実らせる種子は決して発芽しない。(四一)

この手の種子を販売する主な市場は途上国のようである。そこでは市場の集中化とターミネーター技術が重なって、地元の農民に強力な頚木(くびき)を付けることができる。(四二) ターミネーター穀物は普通の穀物を偶然に汚染し、付近で栽培されている同種の植物種子の再生力を破壊するのではないかと心配されている。(四三) この新しい技術に対しては合衆国と世界各国で猛烈な反対が起こり、モンサントは現在のところ製品開発を見合わせているが、しかし、その特許は保有したままである。(四四)

多くの途上国はターミネーター技術を禁止する措置をとっている。たとえば、インド政府はインドへのターミネーター遺伝子と技術の導入を完全に禁止する立場をとった。その技術が零細農民に重大な脅威となるからである。(四五) しかし、食料と産物の安全性に関するWTOの合意(SPSとTBT合意)の下では、インドの法律は将来において異議に直面することになりそうである。

穀物の品種を特許化する能力は、食料と農業分野におけるビジネス企業の合併を促進している。たとえば、北アメリカにおいて、わずか四つの会社が種子市場の六〇%を支配している。(四六) 全米農民組合の会長が連邦議会委員会で述べたところによると、その結果、事実上の独占が存在し、新しい会社の市場参入を制限している。(四七) 少数の多国籍企業の手に市場が集中することは、カルテルと食料値上りを招く可能性を増し、途上世界の食料不足を改善するよりもむしろ悪化させることになる。

またターミネーター技術の発達は、急速な農業、化学、生物工学産業の一体化を反映している。大部分の種子会社は、いまやモンサント、デュポン、ダウ・ケミカルといった生物工学と殺虫剤の巨大企業と提携しているか併合されている。(四八) ターミネーター技術を開発している生物工学会社が種子市場を占める割合はたえず増大している。五つの有力な生物工学会社——モンサント、アストラゼネカ、ノヴァーチス、デュポン／パイオニアとアヴァンテスの各社はそれぞれのターミネーター種子の特許を所有している。(四九)

最後に、ＴＲＩＰ協定が助長する穀物種の独占所有は、「単独耕作農業」の拡大と関連している。知的財産権によって保護された産物の積極的な販売は、穀物または家畜の同一品種を世界中に広げ、各地にある何百という穀物と家畜の種類の多様性を消滅させることになりかねない。(五〇)穀物の一品種だけを大規模に栽培することは、食料保障と環境に大きな危険をもたらす。第一に、単一耕作は生態系の均衡を保つ役割を担っている多様な穀物と家畜品種を消滅させる。いわゆる単一耕作の終局には、生態系がその多様性を失い、ペスト、病害と環境ストレスに対する抵抗力を失い、危い不安定なものになる。歴史で有名なアイルランドのジャガイモ飢饉をもたらした病害のは単一耕作から生じた。じゃがいもの病害は国中の畑から畑へ伝染した。じゃがいものランパーという品種のみに頼ったからである。一九七〇年、合衆国におけるトウモロコシ病害の蔓延のすくなくとも一五％は、遺伝子の統一性が原因であった。(五一)トウモロコシ品種は同質であり、全トウモロコシが同じカビに侵されたのである。

多くの国の政府は生物多様性が消滅し、食料保障に影響することを防ぐ措置をとっている。生物多様性条約は、知的財産権が条約の目的を「支持するもので、反対するものではない」ことを確実にするため、加盟国に協力を求めている。すなわち、条約の目的は生物多様性の保存と持続可能な使用、その利益の公平な共有である。(五二)しかし、企業による種子と植物の所有を保証するＴＲＩＰ協定は、条約の原則を実施する各国の権能を制約する。

〈ＷＴＯのＴＲＩＰ協定は途上国の資源の生物海賊行為を助長する〉

途上世界のＷＴＯ加盟国の多くは、農業ビジネスによる食料供給の独占傾向に対して、共同体と零細農民を

> **ひとたび**TRIP協定が完全に実施されると、WTOに加盟した途上国は、「違法」穀物を引抜くか、零細農民から使用料を徴収することで、植物種子会社の特許権を実行する義務を負う。それを怠れば、その国はWTOの通商制裁にさらされる。[55]

保護する政策を他の植物について定めようとしている。しかし、ＷＴＯのＴＲＩＰ協定の文言は、こうした合意の原則と実現を崩すものである。この争点を対象とする主要な国際合意が二つある。第一の合意、一九九二年の生物多様性条約は、生物多様性に関連する「生来の地元共同体の意識、改良、慣行を尊重、保持、継続する」ことを加盟国に義務付けている。[五三] この条約は、共同体と零細農民が主要な農業穀物を育成し、大きな生物多様性を守っていることを認めている。農業ビジネスはいまや農民の穀物を原材料として活用しようとしている。第二の合意、「農民の権利原則」は、一九八七年に国連食糧農業機関（ＦＡＯ）が採択したもので、農業共同体がその祖先から幾世代にもわたって集団的に栽培してきた種子（胚原質）と技術を、今後も発展させ保有することを支援する法的、財政的方法を開発するためのものである。[五四]

　しかし、ＴＲＩＰ協定の条文はこうした国際合意の意図に違反する。すなわち、原産の生物から薬効や殺虫効果を得るために、種子、薬草と伝統的な加工法を途上国から盗む行為を防止する国際合意に反する。生物窃取の一つのかたちは、その地の原住民の共同体が何百年、何千年もかけて栽培してきた植物種を、企業が特許を取って利用することである。会社が植物の特許権を取得するためには、その品種に改変を加えたと主張するだけで足りる。しかも、その改変は品種を意味のある仕方で変えていなくてもよい。[五六] 特許審査官は主張されている「新種」を検査する施設を利用できないので、しばしば特許権を認めてしまう。特許権が妥当かどうかは民事訴訟で争うしかない。あまりにも大きな訴訟費用がかかるので、原住民の共同体は訴訟を起こすことができない。[五七]

　ＴＲＩＰ協定がひとたび実施の段階に入ると、発展途上の加盟国は、種子会社の特許権を強制する義務を負い、「不法な」穀物を引き抜くか、零細農民から使用料を徴収しなければならない。それを怠れば、その国は

ＴＲＩＰ協定に違反したことになり、通商制裁を加えられることになる。[五八]

たしかに、何百という原産種の特許権がすでに州や地域の農業センター、私企業の手に収められている。僻地助成国際財団（Ｒｕｒａｌ Advancement Foundation）とオーストラリア遺産種子保管者会（Heritage Seed Curators Australia）の協同研究によれば、すでに一五〇近い研究機関と企業が、自然に生成している植物種に対する特許権または使用権を申請している。[五九]この研究によれば、国際農業研究協議グループ（Consultative Group on International Agriculture Research）と国連食糧農業機関との協定があり、五〇万以上の植物種子の胚原質が「信託」されたが、協定は実行されていない。協定に反して、何世代にもわたって栽培されたものを含む植物種子が、信託協定の署名国における知的財産権申請の対象となった。[六〇]

ニームの木の例

生物窃取の有名な最初の例は、インド原産の

企業によるバスマチ米の生物窃取

テキサス州を本拠とするライス・テック社は、1997年に「バスマチ」（Basmati）米についての特許権を取得した。同社の特許申請書は、インドとパキスタン農民が何世代のわたってバスマチ米を栽培してきたことを認めていた。それにもかかわらず特許が与えられた。[61] 最近の報告書の中で、この特許権は公共信託されているものを許可した不適切に例とされた。[62] ライス・テック社は伝統的なインド米をごくわずかに改変していた。インド原生の品種に合衆国特許を与えたことは、ニューデリーにおいて激しい抗議を招いた。バスマチ米は重要な輸出穀物で、毎年50万トンを越える量がヨーロッパ、アメリカ、中東へ送られている。[63] インドの民間団体グループの連合が合衆国インド大使に書簡を送り、知的財産についての合衆国見解の前提を批判した。「間違いなく、インドと他の途上国の農民、民間治療者、部族、漁民の知的財産を合衆国が窃取している」と書簡は述べている。[64] TRIP協定の下では、インドはアメリカ企業の特許権をインド農民に対して強制しなければならない。

「プラオ・ノイ」というタイの植物は潰瘍を治療するために使われてきたが、[74]日本の会社によって特許権を取られ、タイ人はそれを販売するすべての全ての権利を失った。[75]

ニームの木から抽出されたいくつかの産物についてである。インドの原住民は常にこの木のもつ薬効と殺虫作用を尊重してきた。「村の薬局」というニックネームで知られ、何世紀にもわたってインド人はこの木からの成分を歯磨きに使い、挫創から潰瘍までさまざまな症状の治療に使っている。原住民はこの木の効用をつねに知り、活用してきたが、西欧の科学者がその性質に関心を示したのは一九七〇年代になってからである。[六七]

一九七一年に合衆国の輸入業者がこの木の薬理作用に注目して以来、アメリカと日本の多国籍企業がニームの木から抽出される多様な成分について、いくつもの特許を申請し取得した。合衆国に設立されたグレイス社(W. R. Grace Company)は、すでにインド国内に拠点を置いて、その産品の製造と販売をはじめている。[六九]グレイスの特許権の取得理由は、抽出方法を近代化したことが真の改変に当たるというのである。[七〇]ここでいう改変とは、伝統的な知識に基づくものであり、ニーム基盤の殺虫・除草剤、生薬は原住民が何世紀もかけて複雑な製法を使って産出していたことを無視している。

三五カ国の二〇〇を越える非政府機関が、この特許権付与についてアメリカ合衆国の特許商標局に対して抗議した。[七一]グレイス社はニーム種子から薬効のある抽出成分を独占的に使用するのである。抗議が主張するのは、問題の薬効抽出がインド人には昔から知られ活用されているということである。特許承認時に、インド人はその知識を利用でき、従って、特許を認められた抽出法は「誰にも明白であり」、改変の産物といえない。グレイス社は、伝統的な生薬に対する特許権を弁護し、TRIP協定の下でインドには同社の特許を保護する義務があると主張するであろう。[七二]企業はTRIP協定ルールを種子の多様性と土着の知識を集中的に支配するために使う。それに加えて、企業の支配に反対する加盟国はTRIP協定の制裁に直面するのである。

強迫1：アメリカはタイの反生物海賊行為政策がWTOに違反すると非難する

一九九七年、タイ国議会は伝統的な生薬に対して、他の独特な知識の形態と同じように法的保護を与える法案を審議した。この法案は伝統的な治療者が使う生薬を登録することを認め、バイオテクノロジー会社や薬品会社がその薬品または製法に特許を求める場合、会社は伝統的な治療者と交渉しなければならないとしている。(七六)

この法案提出の背景には多くの薬効植物や昆虫に対する収奪の歴史がある。数年前、腫瘍(七八)の治療に使われる「プラオ・ノイ」というタイの植物について、日本の企業が特許を取り、タイ人はそれを販売する全ての権利を失った。またタイは現在そのジャスミン米を販売する権利を保護しようとしている。アメリカに「ジャスマチ」という米製品があり、消費者はこれをタイの香料米と混同するというのである。(七九)最近、英国の大学は、何年も前に

生物多様性が危機にさらされている
貧しい国にとって特許権は高すぎる

英国を本拠とする環境グループであるガイア（Gaia）財団は、ナンビアの非政府組織から、薬効をもつ原生植物に対する特許を取得するための助力を求められた。多国籍製薬企業による生物窃取を防ぐためである。植物について特許取得の費用を調査した後、ガイア財団は、貧しい国にとって特許取得の費用は手が出せないほど高額であると結論した。[(83)]

原生の植物体に特許を得たいと望む貧しい共同体は、数多くの産業国の特許を取得しなければならない。かくして、農民や原住民は特許の申請、確保、維持のために大きな費用を負担することになる。報告書によると、１つの発明を対象とする10の特許を52カ国で取得するためには500，000ドルほどの費用を要する。[(84)] また報告書は民事裁判所で特許権を執行するための余分の費用をも算定している。こうした訴訟の費用は政府ではなく、一方的に特許権保有者の負担になる。「これらの数字から、ナムビアの共同体が特許申請者集団の行進に加わる費用を払えないことは明白である。特許は金持と強者のものになっている。特許申請のために大きな費用が必要だからである」。[(85)]

> **アメリカ**の消費者は、WTOによる思いがけない特許権延長によって高い薬価を「内輪に見積もって」60億ドル負担することになる。(90)

薬品会社から助成された研究で、タイの野生から採集した二〇〇種の海洋菌類株の返還を拒否した。(八〇)真菌株は、その規模と遺伝子の重要性からして、世界でもっとも絶滅に瀕した集団の一つである。専門家によれば問題の真菌株は、薬品業界がガンやエイズのような病気の治療に使える可能性を発見すれば、何億バーツ（何百万ドル）の価値があるという。(八一)

タイの伝統的生薬登録法案への対応として、アメリカ合衆国国務省は一九九七年、タイ帝国政府（ＲＴＧ）へ手紙を送り、「アメリカ政府は、そのような登録制度はＴＲＩＰ協定に違反する可能性があり、これらの物質の医学研究を妨げると信じる」と警告した。(八二)

国務省の手紙は法案の写しと一一項目の質問への公式回答を求めている。質問は「法案はタイにおける特許権保護の付与とどのように関係するのか」で始まり、「タイ王国は将来において、タイの治療者と外国研究者の間の関係を扱う契約システムを考えているのか」で終わっている。(八六)

一九九七年六月三〇日、世界中の数十カ国の二〇〇を越える非政府組織と個人が署名した手紙を国務長官マデライン・オルブライトへ送り、「アメリカ政府が多数の外国の国内事項である知的財産権法に関して干渉している仕方に」憂慮を表明した。(八七)手紙の署名者たちは、政府が加盟した国際協約を順守する必要を認めながら、オルブライト長官に対して「アメリカには、外国がそれを順守するための国内民主的過程に、干渉する責任も権利もない」ことを指摘した。(八八)

今日まで、タイ政府はアメリカの強迫に屈せず、現在でも議会は法案の審議を進めている。

〈ＴＲＩＰ協定、医薬品と健康〉

ＴＲＩＰ協定はＷＴＯ加盟国に二〇〇五年までに薬品に対するＩＰＲ保護を実施するよう求めている。(八九)特許権は製薬会社に特定の薬剤を販売する独占権を与える。製薬産業は利潤の幅が増すことで利益を期待しているが、世界中の消費者グループ――と多くの途上国政府は――ＴＲＩＰ協定が公衆の医薬利用を広げようとする政策にとって、大きな障害となることを懸念している。

ウルグアイ・ラウンド協定以前から、すでにアメリカは厳しいＩＰＲ保護を定めていたが、ＷＴＯへの加入によって特許権の有効期間を一七年からＷＴＯの求める二〇年へ延長した。この延長は、一般的に利用できるアメリカの医薬品の価格を、延長のない場合に比べて相当に高いものにしている。一つの薬品、ラニタデンＨＣＩの一般利用が遅れることで、アメリカの消費者は二〇〇九年まで一〇億ドルの余分の費用を負担することになる。(九一)ＴＲＩＰ協定が消費者に与える全体的な影響について、一九九五年の研究によれば、アメリカの公衆は、ＷＴＯの薬品特許の予期しなかった延長に伴う薬品の価格高によって、「内輪に見積もっても」六〇億ドルの余分の支払いをすることになる。(九二)また、この研究はＴＲＩＰ協定がアメリカの医療費抑制の努力に相当の悪影響をもたらすとしている。さらに同報告によれば、ＴＲＩＰ協定の求める特許権延長によるメディケイド［(低所得者に対する）医療扶助］、メディケア［六五歳以上の老人や身体障害者に対する医療保険制度］など、連邦と州政府の公的医療費の直接増加分は、全部で一二億五〇〇〇万ドル近いという。(九三)

工業国にとって、ＴＲＩＰ協定は薬品に対する地球規模の強制できる知的財産権を確立する鍵となる第一歩であった。しかし、ＴＲＩＰ協定はいくつかの重要な留意事項を含んでいる。すなわち、強制許諾と並行輸入など――政府が公益促進のために特許権保有者の権利を修正する方策を認めている。

強制許諾とは、政府が特許権者の独占権を停止させ、他社（一般製薬会社など）に特許権者への使用料支払いを条件に薬品の製造を許すことである。(九五)強制許諾は、発明者に投資への見返を与えながら、競争を刺激し低価格によって公衆に利益をあたえる。

すべての工業国は、アメリカを含めて、多様な技術改変について強制許諾を認めている。たとえば、アメリカでは、清浄大気法は大気汚染コントロール技術に関する特許権について、強制許諾を与えている。アメリカの独禁法担当者は、独占または反競争行為の問題に対する救済として、強制許諾を活用している[九七]。全国公共放送局(NPR)は、アメリカ作曲家、著作者、出版者協会(ASCAP)の著作物を非営利的教育放送に利用する強制許諾を与えられた[九八]。

TRIP協定が認める第二の方策は並行輸入である[一〇七]。並行輸入とは、商品を製造者から直接購入するのではなく、商品価格の安い国から卸商や他の第三者を通して輸入する方法である。並行輸入業者は、商品がもっとも安い国の市場を探して、価格の高い国へ輸入する。消費者にとっては恩恵であるが、地域圏によって相当の価格差異を付けようとする製造者は並行輸入に反対している[一〇八]。たとえば、広く使われている抗生物質、アモキシリン(Amoxicillin)一錠は、南アフリカで五〇セントするが、ニューヨークで

合衆国の通商圧力によりタイは医薬品利用、価格政策を放棄した

7年にわたる合衆国の圧力と強迫を受けて、タイは1992年特許法を改正した。いくつかの改正点の一つは、タイ薬品審査委員会(PRB)の廃止である。[99] PRBはタイの薬品価格を規制する権限を有していた。このPRBは保健政策の実施に決定的な役割を担うとされていた。タイには産業国の市民の一部に提供されているメディケイドのような公的健康保険プログラムに比べられるものはない。[101] PRBは、タイのエイズ患者の5人に1人が罹る髄膜炎の致命的な症状の治療に使う延命薬剤、フルカノゾーレ(flucanozole)などの価格を抑えることに成功していた。[102] フルカノゾーレはファイザーによって販売され、一日の摂取量の薬価は14ドルであった。PRBが強制許諾を認め、地元の三社に薬品製造を許したので、現在、薬価は1日1ドルになっている。[104] 同じように、PRBはエイズ薬、ジドヴデイン(zidovudine)が1992年に一カ月当り324ドルという高価格であったのを、1995年には87ドルまで下げさせた。[105] 強制許諾はTRIP協定の下で認められているが、合衆国はタイ法に対する強硬な批判を続けた。その理由はタイ法がTRIP協定に合致せず、薬品審査委員会の存在そのものがWTOに抵触するとしている。[106]

は三〇セント、ジムバブエでわずか四セントである。(一〇九)

並行輸入は豊かな国でも貧しい国でも同じように利用される。アメリカは薬品について現在許していないが、他の多くの商品については認めている。(一一〇)ヨーロッパでは並行輸入は広く薬品業界によって行われており、小さな国は近隣の人口の多い国から輸入することで大規模経済の利点を生かしている。

強制許諾と並行輸入がTRIP協定で認められている事実がありながら、アメリカ合衆国政府と薬品産業は、WTOの異議を使って、貧しい国がこれらの政策を採用して、薬品を利用しやすく買える価格にするのを妨げつづけている。少数の有名な産業による強迫例が示すように、業界団体がWTOの異議を使って国を強迫する役割を果たしている。これまでのところ、アメリカ政府は強制許諾または並行輸入に対して、公式のWTOの異議を行使していないが、多くの国に対して行使の警告をだしている。

産業界と合衆国は、TRIP協定(と合衆国の)基準を超える知的財産権保護をしばしば要求している。事実上、クリントン政権は、南アメリカにその進歩的な薬品利用法を廃止させる努力を記した国務省報告の中で、次のことを認めている。「並行輸入問題について、……アメリカ法務官は、TRIP協定の文言の下で、並行輸入に関する紛争はWTOの紛争処理手続に服さない」としている。(一一一)従って、公式のWTO異議を提起することは、アメリカまたは製薬業界にと

世界保健機関：WTOは貧しい国における薬品利用を制限する

第51回世界保健総会の決議において、WHO執行委員会は次のように述べた。「世界の人口の三分の一は、基本的な薬品の利用を保障されていない状況である。あたらしい世界通商合意は、途上国の地域の製造力と薬品の利用、価格に否定的な影響を憂慮して」、各国は「公衆の保健が医薬品と厚生政策において商業利益に優先すること、また知的財産権の通商に関連する側面に関するWTO合意の下で、基本的な薬品利用を保護するための選択を検討すること」を確実にしなければならない。(112)

さらに、WHOの報告は保健機構の総長に対して、WTO加盟国が「世界通商機構の監督する［WTO］協定が薬品と公衆健康にもたらす影響を分析し、適切な政策と規制措置を展開すること」に助力するよう求めている。(113)

って、いずれの利益にもならないであろう。そのような異議は成功しないであろうし、またＴＲＩＰ協定の下での脅しを将来効果のないものにしてしまうからである。

しかし、ＴＲＩＰ協定の強迫措置が保健施策の採用を止める効果を生んだ有名な例がすでにある。たとえば、産業界の圧力によって、国連児童基金（ＵＮＩＣＥＦ）と世界保健機関（ＷＨＯ）などの世界保健団体が推進した実施計画をグアテマラは放棄した。以下に、製薬産業と農業産業がＴＲＩＰ協定の下で異議と制裁措置を求めるという脅しを使って、他国の法律を変更させた事例を上げる。

強迫２：アメリカ、ガーバー通商の脅しがグアテマラの乳児粉ミルク法を弱める

幼児の死亡率を下げる試みとして、グアテマラは一九八三年に法律を成立させ規則を制定した。その目的は、新生児の母親が乳児を母乳で育てることを促進し、母乳に代えて乳児の粉ミルクを飲ませる健康上の危険性を十分理解させるためであった。法律はＷＨＯの母乳代替物販売基準の文言、たとえば、「ヒューマナイズド母乳」または「母乳同等」などの表現の使用禁止、を実施するものであった[一一四]。文字を読めない人にも伝わるように、ＷＨＯの基準とグアテマラの規制は「哺乳ビンを使っての授乳を理想化する」ような幼児の画像の使用をも禁止した[一一五]。

乳児の粉ミルクの一製造者ガーバー食品（ガーバー）は、会社のロゴに「ガーバー赤ん坊」という肥った乳児の絵を使っていたので、グアテマラの法律と規制に反撥した。ウルグアイ・ラウンド協定の施行日の直前に、ガーバーの副社長はグアテマラの大統領に宛ててなんらかの通商制裁をちらつかせる脅しの書面を送った[一一六]。紛争はもっとも抵抗できない市民、新生児を保護しようとする国家と、乳児の粉ミルクを売るのみならず、グアテマラ法が誤解を生むとみなす方法での製品の販売を主張する、超国家食品製造会社（モットー：「乳幼児がわが社のビジネス」[一一七]）との対立であった。

ＵＮＩＣＥＦによれば、母親が母乳ではなく人工母乳代替物で育てるよう誘導されるので、毎年一五〇万人

の乳幼児が死亡する。[一一八] ＵＮＩＣＥＦの報告によれば、死亡の主な原因は致命的な幼児下痢である。それは貧しい国の母親が粉ミルクを清浄でない水で溶くために起こる。[一一九] ＵＮＩＣＥＦは途上国の乳児のわずか四四％（工業国ではさらに少ない）しか母乳で育てられていないのは、母乳代替ミルクの容赦ない宣伝の結果であるとしている。[一二〇]

一九七〇年代の地球的市民運動は、乳児用粉ミルクの巨大企業ネッスルに対する不買運動などを含めて、乳児用粉ミルク販売に対する公衆保健ルールを確立する政治的圧力を生み出した。[一二一] 世界保健機関とＵＮＩＣＥＦは、母乳代替物販売規範（Code）を起草し、人工ミルクよりも母乳で育てることを勧め、乳幼児の生命を保護に努めた。[一二二] この規範は母乳の部分的または全面的代替物に使用できるとして販売される、またはそのような表示をしている幼児食にも適用される。[一二三]

一九八三年、グアテマラはＷＨＯの規範に基づいて母乳ミルク代替物の販売を対象とする法律を制定し、大統領命令によって実施した。この命令は、ＷＨＯ規範を採用して、文字の読めない親に丈夫な肥った赤ん坊を連想させるような粉ミルクの包装の使用を禁止するとともに、二歳未満の乳幼児用食の表示にそうした赤ん坊の絵を使うことを禁止した。また法律と規則は、ミルク代替品の製造者に製品の表示に母乳による養育が優れている旨を明白に記載することを求め、さらにグアテマラ保健省の承認なしに、無料の試供品配布と販売員による製品の直接販売とを禁止した。[一二四]

アメリカで設立されたガーバー社は目立った例外として、全てのグアテマラ国内と外国の乳児粉ミルクと他の母乳代替品の供給者は、グアテマラ法を順守するため

合衆国がヨーロッパ連合の産出国表示をＷＴＯへ異議申し立て準備

合衆国はヨーロッパ連合による農産物・食品の産出国表示規制をTRIP協定の違反するとして異議申し立てをすると表明した。[127] 合衆国はEUの産出国表示を求める手続は、合衆国企業の商標権を侵害すると主張する。これらの企業の商標権はWTOのTRIP協定によって保護の対象となる知的財産権の形態であるという。[128]

商品包装に必要な変更を加えた。[一一五]グアテマラの乳幼児の死亡率は法律制定後に大きく低下した。ＵＮＩＣＥＦはその文書の中でグアテマラを規範が成功したモデルとして取り上げている。[一一六]

　ガーバーは多くの点で問題となる表示法違反を犯している。粉ミルクを病院にいる新しい母親に直接販売し、また医者や保育所に対し無償の試供品を配ったといわれる。しかし、もっとも重要な点は、「ガーバー赤ん坊」をそのラベルから外すことと、母乳による保育が優れている旨の記載を拒否していることである。[一一九]グアテマラ保健省はガーバーに対して表示法の順守を求め数多くの交渉を試みた。[一二〇]一九九二年秋、ガーバーはグアテマラ政府の食品・薬品登録規制局（ＦＤＲＣ、アメリカ合衆国のＦＤＡに当たる）に粉ミルク商品包装の承認を申請した。ＦＤＲＣはガーバーに赤ん坊の絵を削除し、「母乳は赤ん坊に最良」の文字を加えるよう求めた。[一二一]ガーバーは行政不服手続を通してラベルの変更に抵抗した。まず四カ月の期間延長を求め、保健省のラベル変更要請に対する差止請求を提起し、さらに、不服手続進行中は同社製品のグアテマラへの輸入を継続する許可を求めた。[一二二]一九九三年一一月、グアテマラ行政審判所は保健省に有利な審判を下した。[一二三]ラベル規制が実施されてから五年、法律が制定されてから一〇年が経過していた。

　ガーバーは審判に服すのではなく、保健ルールが国際的商標権と合意に侵害するという理由を上げて、新しい反撃を開始した。一九九三年一二月、ガーバーはアメリカ通商代表部に書面を提出し、ラベル法は「ガーバー商標の事実上の収用」に当たるので、代表部がグアテマラに与えられている優遇一般システム（ＧＳＰ）を停止するよう求めた。[一二四]その後、ガーバーはＧＳＰ認証停止の申立を取り下げたが、他の通商関連の問題点を取上げてグアテマラを強迫することを止めなかった。

　ガーバーはグアテマラ政府を商標権侵害を理由にＷＴＯに提訴すると脅かした。[一二五]手紙は明白な脅しを含んでいる。「本件の有利な永続的解決がつけば、わが社はＧＡＴＴに提起したすべての訴えを取り下げるであろう。」グアテマラ政府は乳児の粉ミルクを販売するために「ガーバー赤ん坊」の使用を禁止したが、この商標ロゴを尊重し、それを他の競争者から保護するという立場をとっていた。[一二六]ガーバー自体はＷＴＯへの異議申立を起こせないが、グアテマラ政府を困惑させるために抗議の限りを尽くし、その「権利をＣＢＩ、ＧＡＴＴまたアメリカアメリカ議会に持ち出して」防衛するという。(一三七)

ガーバーがグアテマラ大統領に宛てた手紙によると、「ガーバー赤ん坊」は同社の商標の不可欠な部分であり、(一三八)そのような商標として、ウルグアイ・ラウンド協定、ＴＲＩＰ協定はガーバーに新しい商標権保護を与えることになる。一九九五年になると、ガーバーによるＷＴＯ措置の脅しはグアテマラ政府内でもワシントンの大使館でもまともに受け取られるようになり、功を奏した。グアテマラは法律を修正し、輸入幼児食品は同国の厳しい乳児食品表示法の適用外となった。(一三九)

ＷＴＯ措置の脅しはグアテマラのような途上国に対して使われると、高い成功率を示す。これらの途上国はスイスのジュネーヴにあるＷＴＯ審判所において、攻撃される政策を効果的に弁護する資力と専門的手段を欠いているからである。

不幸なことに、グアテマラ政府内にはＷＨＯ／ＵＮＩＣＥＦ規範のＷＴＯによる実施の妥当性を争うの専門家がいなかった。(一四〇)ＷＴＯ手続は、グアテマラがガーバーの威嚇を根拠のないものと見て、ＷＴＯで争うことを困難にしている。ウルグアイ・ラウンド協定には、ＷＴＯ係争事件の当事者が外部から国際商事法の専門知識をもつ弁護人を雇うことを公式に妨げる条項はない。しかし、一方当事者がＷＴＯの弁論において相手当事者の代理に異議を申し立てると、ＷＴＯパネルが異議の妥当性を判断するという慣行がある。(一四一)このように、通商紛争の判定手続は、貧しい国、その多くはＷＴＯ合意の下での法的中立に対して弁護を専門とする専従職員を置けない――にとっては、さらに不利に仕組まれている。(一四二)ＷＴＯの慣行は、豊な当事者が貧しい国の代理人依頼に異議申立を許すので、貧しい国がＷＴＯに意味ある参加を妨げる。また、ＷＴＯへ異議申立をするという強迫は、貧しい国が最も必要とする公衆保健を守る安全施策を採用するのを止めさせる、きわめて強力な道具となるのである。

実のところ、グアテマラ法はアメリカによるＷＴＯへの異議申立に対抗できたかもしれない。それはＴＲＩ

P協定が公衆保健を知的財産権保護の例外とする規定を含んでいるからである。TRIP協定第八条は、WTO加盟国に「公的保健と栄養摂取を保護するために必要な措置を採用し、［また］権利保有者による知的財産権の乱用を防ぐために必要な……適切な措置を［とる］こと」を許し、「……但し、それらの措置はこの協定の諸条文と合致するものでなければならない」と定めている。[一四三] 第八条の定める「例外」はその文面からして弱く、またトートロジーである。その定めるところは、TRIP協定からの逸脱はTRIP協定と合致するものでなければならない、としているからである。しかし、このような例外が適用されるような状況を考えることは難しい。公衆保健の危機（マーケティングが引起した乳児死亡の蔓延）が認識されて、危機に対処する国際的努力が国連によって母乳代替物の販売に関する規定にまとめられた。実際、乳児粉ミルク製造者の販売方法に注目することで、WHO／UNICEF規約と消費者運動は、すくなくとも、製造者が赤ん坊の犠牲において、TRIP協定の文言の定める「かれらの知的財産権を乱用して」いるという前提に立って行われている。

　さらに、TRIP協定の商標についての条文は、おもに企業間の競争を支配するルールを定め、WTO加盟国が商標権の保有者を競争相手による侵害から保護するよう求めている。[一四五] TRIP協定はWTO加盟国が公衆保健を守るために商標を「侵害する」問題に直接対処するものではない。

　しかし、TRIP協定第二〇条は、加盟国が「特別の要件を定め、たとえば、……一つの企業の商品またはサーヴィスを他の企業のものと区別する能

WTOは世界保健機関規約を打ち負かすのか

　WTO加盟134カ国のうち、104カ国がWHO/UNICEFの母乳代替品販売規約[148]を批准しているにもかかわらず、この国際協定と各国における実施はWTOルールに基づく異議にさらされている。「無害とする」（hold harmless）条項がないので、新しい国際公約は古いものに優先する。すなわち、WTOはWHO規約を打ち負かす。TRIP協定は、自己の利益をはかろうとする産業界や政府にとって、途上世界において公衆保健を改善する国際努力を妨げる効果的な武器となる。

力を損なうような方法を用いて、「商標の使用」を不当に制約する」ことを禁止している。[一四六]この条文は、ＷＨＯ／ＵＮＩＣＥＦの乳児ミルク販売規約を実施する法律に異議を唱えるために使われやすいもので、ガーバー社による強迫の中核を成すものである。ガーバーは同社を特定するロゴの禁止は、その知的財産権の強制収用に当たると主張した。[一四七]

　まさに、ガーバーが一定水準の処遇を求める基本的な権利は、ＴＲＩＰ協定の条文が知的財産権保有者に絶対権を与えた結果である。これは非差別に焦点をおいた、元のＧＡＴＴ条文からの離脱である。元の条文は各国に外国製品に対して国内製品と同等または不利ではない扱い与えることを求めていた。グアテマラ法の実体と実施が共に非差別、すなわち、法律は国内と外国の粉ミルク乳幼児食品会社に同等に適用された点は無視された。ＴＲＩＰ協定の下では、ガーバーのような企業は一定水準の取扱いを受ける権利をもつことになる。これらの絶対権はガーバーのような国際企業を差別のない公衆保健法の適用から保護することになる。

　アメリカとヨーロッパの製薬産業はグアテマラでのガーバーの経験から教訓を学んだようである。ＴＲＩＰ協定の異議を提起して、薬品をより安い価格で利用できるようにしようとする国に対して強迫する運動を始めている。次の事例が示すように、

合衆国製薬業界はイスラエルの一般薬品法に対してWTO異議の脅し

合衆国の薬品業協会、アメリカ医薬品研究・製造業者（Pharmaceutical Research and Manufacturers of America＝PHRMA）は、イスラエルに対して、一般薬品に関する提案中の法案についてWTO異議を提起すると述べた。[150] イスラエルの法案は、特許権消滅前に国内の製薬会社に対して、特許登録薬を利用して一般薬品の研究と開発を許すものである。法案の目的は、独占的特許権の消滅後、早急に消費者により安い薬品を提供するためである。こうした法律がなければ、特許が消滅するまでは、一般薬品会社は将来の生産に向けての準備を禁止され、独占的支配の状況を実質的に延長することになる。

「われわれはWTOのTRIP協定のような国際条約に訴えるというオプションを検討している」とPhRMAのトーマス・ボムベルズ国際問題担当副社長は語った。[151]

それらの国のとる措置が明らかにWTO上合法である場合にも標的にされる。

強迫例3：薬品産業は南アフリカの薬品法に対するWTO異議を行使する

［アメリカ通商代表部は］いわゆる革新薬品産業の国際的IPR関心事のすべてを無思慮に取り上げてはいない。われわれは医薬品の保護についてバランスのとれた対応をしてきた。TRIP協定の関連条文はこの問題を反映している。TRIPは、国内において知的財産権保護に制約を加えることを望む国が強制認諾を使う場合について、相当数の条件を特定している。TRIPにはこれらの強制認諾条項の使用について、これを解消する移行期間の定めがないので、将来いつまでも使われることになる。(一四九)

ミッキー・カンター前アメリカ通商代表

国際医薬品産業は、クリントン政権の助力を得て、南アフリカ国民に保健と医薬品を利用しやすくするネルソン・マンデラ前大統領の努力に反対する運動をしてきた。南アフリカ医薬品法は一九九七年に制定されたが、まだ完全には実施されていない。(一五二)この法律が実施されると、(一五三)一般薬品の使用が奨励され、製薬会社が自社の製品を処方する医者に報奨金を支払うことは禁止され（アメリカではすでにキックバック法によって違法である）、さらに、医薬品の費用を抑制するために並行輸入が認められる。(一五四)また、南アフリカの医薬品法は政府が強制認諾を与えることを定め、競争する製造者（たとえば、製薬会社）が薬品開発者へ費用と利益を組み込んだ使用料を支払って薬品製造許可を取得できるとした。TRIP協定第三一条の下では、強制認諾は使用料が特許保有者に支払われる場合、合法である。(一五五)

南アフリカの医薬品産業グループは、大きな外国の製薬企業の子会社から成り、アメリカの医薬品研究製造協会、（PhRMA）と密接な関係がある。(一五六)このように、南アフリカとアメリカ合衆国製薬産業が南アフリカ医

「アフリカのためのNAFTA」法案：強制許諾、並行輸入をめぐる幕引き騒ぎ

1999年、アフリカ発展機会法（African Growth and Opportunity Act=AGOA）、アメリカの新聞が「アフリカのためのNAFTA」と呼ぶ、論議のある法律条文がアメリカ国内の通商討議にあたらしい発言者を登場させた。HIV/AIDS共同体は法案に強く反対している。その理由は、わずかの新しい通商利益を手にするために、アフリカ諸国は合衆国の急進的な知的財産権の概念を受け入れなければならない、からである。WTOのTRIP協定を超えてアフリカ諸国に圧力をかける法的根拠を定めるための、このAGOAは通商利益を失うことをおそれるアフリカ諸国に対して、並行輸入と強制許諾の実施を止めさせる合衆国の手段を強化するものであった。(161)

合衆国とヨーロッパのHIV/AIDS活動家は「アフリカのためのNAFTA」法案に対して積極的に反対したが、イリノイ州選出、民主党のジェシィ・ジャクソンJr.下院議員提出の対案「アフリカのための希望」（HOPE for Africa）法案を支持した。(162) AGOAと違って、「希望」法案はHIV/AIDS予防と治療への援助金を増し、アフリカ政府が医薬品を一般により安く利用できるようにする法律について、合衆国がTRIP協定を理由にその削除を求めることを禁止する。(163)

石油会社を含む大規模の企業の連合と、クリントン政権がAGOAを促進したが、この法案に対する一般の支持はほとんどなかった。アメリカ国内のアフリカン・アメリカン宗教指導者の連合と何百ものアフリカ支援民間団体が、連邦議会にAGOAを廃案にするよう働きかけた。1999年4月、何百という「希望」の支持者はジャクソン議員とともにワシントン特別区の繁華街に集り、「アフリカのためのNAFTA」がアフリカにおけるHIV/AIDSの流行を悪化させる可能性を非難し、製薬産業に対して並行輸入と強制認諾への反対を止めるよう呼びかけた。(164) 7月、AGOAの積極的な提案者の1人である、民主党チャールス・ランゲル議員がACT-UP（エイズ活動家団体）との会談を拒否した後、活動家はニューヨーク市ハーレムの議員の自宅で彼と対面した。ランゲルの隣人たちは下院議員がアフリカのHIV/AIDS患者の状況よりも医薬品業界を支持していることに驚いていた。(165)

薬品製造者協会（ＰＭＡ）の会頭と南アフリカ法に反対する統一戦線を組んで、南アフリカ政府に対してＷＴ

Ｏ異議を提起すると脅している（一五七）。

ＰＭＡ会長のミリエナ・ディーブは、一九九七年九月のヨハネスバーグでの記者会見で、協会の会員はかれらの特許会社とすでに協議をして、南アフリカがその提案を変更しないのであれば、ＷＴＯに異議中立をする用意があると述べ、「かれらが変更しないのなら、われわれに選択の余地はない」と言い放った。「争点はＷＴＯへ行くことを念頭において検討されている」（一五八）。

数週間後、アメリカのジェームズ・ジョセフ南アフリカ大使は、南アフリカ議会の委員会に宛てて書簡を送り、提案された保健法案から並行輸入条項の削除を求めた。書簡には「アメリカ政府は、法案の公共政策の内容が知的財産権を侵害しうる点について、重大な関心を抱いている」（一五九）と記されていた。ジョセフ書簡は、スイス、フランスとヨーロッパ連合が同様な要請をしたと述べている（一六〇）。

クリントン政権は、一九九八年三月のクリントン大統領の南アフリカ公式訪問中に、この製薬産業の苦情を取り上げ、その後、一九九九年初頭、ゴア副大統領がマブキ（Mbeki）大統領と会談した折にも、問題にした（一六六）。

合衆国通商代表部は南アフリカに対して、ＧＳＰ（一六七）（Generalized System of Preferences 一般優遇制度）のいくつかを停止し、いわゆる三〇一条の「監視リスト」にのせた。

合衆国と他の国は、強制許諾と並行輸入が両方とも一般に用いられ、ＴＲＩＰ協定の下で合法であるにもかかわらず、ＴＲＩＰ協定の脅しを使うのである。多くの国は並行輸入を認めるのみならず、いくつかの国、ヨーロッパ共同体と日本を含めて、政府の独禁法取締当局は製造者が並行輸入を妨害することを防止するために積極的な措置をとっている（一六九）。

このような行為は製薬産業の利潤を減らせることになってはいない。製薬産業は保健業界の平均に比べると、つねにはるかに高い利潤を上げている。一九九六年から一九九八年の期間をとると、アメリカ大企業報「スタンダードとプアー五〇〇社」の中に入った三五社の保健企業は利潤を平均六・三％増加させている。他方、製薬企業トップ一〇社は利潤を平均一七・五％増加させ、その中の六社は「スタンダードとプアー」のトップ五〇社に入っている。[一七五] これらトップ六社の重役たちは、この三年間にサラリー、ボーナス、株券オプションなどで、二億二二八〇万ドル——一年平均一一八〇万ドルの収入を得た。[一七六] 製薬企業の巨大な利益と重役への報酬は、

国務省メモは南アフリカ医薬法を攻撃する
合衆国副大統領ゴアの役割を詳しく伝える

1999年2月、連邦議会の1議員への報告書において、国務省はゴア副大統領が合衆国－南アフリカ2国間委員として南アフリカ医薬法の効果を削ぐために努力したことを詳細に述べた。[170] 報告書によると、1998年8月、ゴアは南アフリカの法律を当時の南アフリカ副大統領メベキ（Mbeki）と行った討議の「中心課題」とした。[171] さらに、1999年2月に開かれた、次の二国間委員交渉においても、ゴアはメベキに対して南アフリカ医薬法の廃止問題をふたたび取り上げげた。[172]

1999年6月、HIV/AIDS共同体活動家がゴアの大統領選挙遊説先で抗議したことに応えて、「ゴア上級アドヴァイザー」の1人は、医薬品の供与を増大させる医薬法の廃止を求めて南アフリカに圧力をかけたゴアの役割を弁護した。「あきらかに副大統領は、合衆国の会社の商業利益を擁護する立場とらなければならない」。[173] しかし、その後、ゴアの選挙遊説先で繰り返された抗議運動は、副大統領の立場をいくらか修正する圧力になった。

1999年6月25日、ジェームズ・クライバーン議員（サウス・カロライナ州選出民主党）、連邦議会黒人幹部会議長への書簡の中で、ゴアは「私は南アフリカがその国民の保健を増進するための努力——医薬品の強制認諾と並行輸入を行う努力を含めて——を支持する。そうした努力が国際協定と合致して行われる限りにおいては」と述べた。彼の言明は言葉の上での変更を示すが、この法律に対する合衆国政策の実際上の変化が伴わないかぎり、口先きだけのことにすぎない。のみならず、副大統領の発言は論理的に矛盾している。WTOのTRIP協定の下で、並行輸入——どのような立法の形態をとつても——は完全に合法である。まさに、ゴアの言明の表現はGATT条文の二重表現のくり返しである。GATT条文は各国政府が人間の健康を守るためにとり得る措置を限定した。すなわち、GATT自体と矛盾しない限りにおいてのみ、各政府は公益を保護し、または独自の環境基準を定める自由があるというのである。クリントン－ゴア政権が、はたして南アフリカの医薬品供与政策に関する立場を変更するかどうかは、今後の展開を見なければならない。

WTO Intellectual Property Rights For Corporations Threaten Food Security and access to Medicines

強制許諾と並行流入などが実施されていた期間に生じている。このことから、これらの政策が公衆の求める医薬品の利用の対価として、薬品開発投資に対して十分に合理的な利益を提供しているといえる。

〈アメリカはWTOのTRIP協定に対する「巻返し」がシアトルで起こることを怖れる〉

TRIP協定は、現在のところ途上国のための移行期間を定めている。移行期間とは、協定が工業国については一九九五年から実施されたので、途上国には五年間の猶予が与えられたのである。この期間はいまや終了し、いくつかの途上国はWTOにおいていわゆる「ノン・ペーパー」[一七七]を回覧し、移行期間の延長を求めている。

TRIP協定の第二七・三（b）条は、

した。[190]

・ そこで、南アフリカは、合衆国政府に対して、合衆国製薬産業が医薬法を南アフリカ最高裁で争っている訴訟を止めさせるよう、影響力を行使することを求めた。訴訟を止めることで、議会が法律の実施について文言を明確に書き改める余地を得るためである。しかし、合衆国は訴訟がその交渉の立場を強化すると判断し、南アフリカに対して合衆国は介入する権限をもたないと伝えた。[191]

・政権が南アフリカに対する強力な圧力をかけているとき、アメリカのエイズ活動家グループACT-UPは、1999年6月、ゴア副大統領の選挙運動行事を5つ妨害した。公衆保健運動団体が、クリントン政権に対して南アフリカの並行輸入と強制認諾への攻撃を止めるよう何年にもわたって働きかけていたが、成功しなかったのが、ACT-UPの抗議はついにこの問題について相当のメディアの関心を集めた。「ニューズ・メディアは、世界で1年に200万人の人が死亡していることを取り上げようとしないのに、5つの選挙運動地での妨害には注目した」と多国籍モニターの編集者ロバート・ウエイスマンは書いた。[193]

・ 政権の政策担当者と活動家との数回の会合の後、ゴアは合衆国が南アフリカに圧力をかけたことを否定し、また南アフリカにおけるエイズ予防と治療への支援を約束するする声明をだした。エイズと公衆保健活動家は、ただちにゴアの声明をあいまいで、政権の真の政策変更を約束するものではない、と反論した。

生命体の特許に関する規定であるが、これが最大の関心を集めている。同条は、特許によるか、または他の「効果的」システムによって、[一七八]植物種についての知的財産権を保護するよう求めている。移行期間の終了によって、すべてのＷＴＯ加盟国はこの条文を実施しなければならない。しかし、工業国と途上国の非政府組織は、この条文についての「実質的な審査……が行われる」[一七九]まで、その全面的な実施にモラトリアムを求めている。事実、ウルグアイ・ラウンド協定は、一九九九年、途上国のための移行期間が終了するまえに、同条を審査する義務を定めている。[一八〇]しかし、この審査が相当の修正を意味するのか、たんに実施状況に焦点を置くものであるのかについては、意見の違いがある。[一八一]

　生命体に特許を認めることに対する特別の憂慮に加えて、アフリカ・グループはＷＴＯに対して、ＴＲＩＰ協定に関す

国務省はクリントン政権による南アフリカのエイズ治療薬利用法に対する戦いを記録している

クリントン政権は南アフリカに対して、その医薬品法を「廃止、中止または消滅」させるようといかに努力したか。国務省が合衆国下院国際関係委員会に提出した報告書の中で、誇らしげに詳細に述べられている。[185]

・合衆国大使ジェームス・ジョセフは1997年6月、南アフリカ議会公聴会において、合衆国産業界の見解を代表して述べたが、望ましい結果は生じなかった。

・1997年7月、当時の商務長官リチャード・ダーレィは南アフリカの商務長官とこの問題を取り上げ交渉した。その結果、南アフリカは法案に修正を加え、合衆国産業界の関心事に対していくらかの譲歩が得られた。合衆国はこれで満足しておらず、1997年末、南アフリカにその法律の全面的停止を説得するため「全面的な圧力」をかけている。[186]

1998年初頭、合衆国アフリカ通商代表ローズ・ウイテカーは合衆国産業界の立場を伝えるために南アフリカを訪問、[187] またダーレィは南アフリカ保健相と会談した。[188]

・1998年8月、ゴア副大統領は二国間の「交渉による解決のための副大統領計画」を提唱した。[189] 合衆国は「交渉に進展があれば」南アフリカに対して停止している優遇一般システム（Generalized System of Preferences）の便宜を復活してもよい、と

る提案のリストを提出している。提案は、いずれも途上国がもっと効果的にＴＲＩＰ協定に関連するＷＴＯの活動に参加でき、協定の下で原生の知識の保護が行われるようにするためのものである。（一八二）

こうした動きや提案を見て、アメリカは知的財産権問題をシアトルでの閣僚会議の中心議題とし、現行のＴＲＩＰ協定の要件を強化しようとする、はじめの立場からは後退した。いまや、合衆国は新しい協議がＷＴＯの現行ＴＲＩＰ協定の「後退」を招くことを怖れている。（一八三）そのため、合衆国は独立の生物工学の話合を呼びかけ、遺伝子改変生命体の問題をＷＴＯの農業協定の枠内で扱い、原生の知識と共同体の権利の争点を回避しようとしている。ＴＲＩＰ協定第二七・三（ｂ）の法定審査問題があるので、合衆国はシアトルにおいて、こうした問題への対応を避けられないかもしれない。しかし、合衆国の方針が通れば、審査は「実施状況に関する無意味な情報の交換」に終わるであろう。（一八四）

第5章

WTOと発展途上国

The WTO and Developing Countries

この章において……

事実：

●**カリブ海諸国の小規模農夫：**バナナを輸出していないアメリカは、巨大企業チキータ社（チキータだけで欧州連合［EU］市場の五〇％のシェアを占有）のCEOが民主、共和両党に多額の選挙運動資金を連続して寄付した後、チキータ社に代わって、EUの旧植民地国（島国全体でEU市場の八％のシェア）からヨーロッパへ輸出されるバナナの優遇措置を公然と非難した。世界貿易機関（WTO）は、EUがロメ協定の開発条約で交渉した特例がカリブ海の旧植民地国から関税を下げてバナナを輸入するEU市場の特定部分を優遇するという条項を組み込んでいないと裁定した。アメリカはEUが裁定に従っていないとして制裁措置を実施、これに対してEUは裁定に従うと表明している。そうなれば、カリブ海諸国の小規模の自営農夫の運命は翻弄され、低賃金労働者が働くラテンアメリカの巨大プランテーションで作るバナナですでに世界市場の三分の二を握っている三大バナナ企業（チキータ、ドール、デルモンテ）をさらに支援することになる。

概念：

●**国と国の間でも国民の間でも賃金格差広がる：**国連貿易開発会議（UNCTAD）の報告書によると、急速な貿易自由化を経験した途上国では、賃金格差が広がっている。ほとんどの場合、原因は未熟練労働者の雇用と実質賃金の減少にある。もっとも豊かな国で暮らしている世界人口の五分の一と、もっとも貧しい国で生活している五分の一の間の所得格差は一九九七年には七四対一だった。一九九〇年の六〇対一、一九六〇年の三〇対一に比べ格段の開きがある。一九九七年には二〇％のもっとも豊かな人々が世界の所得の八六％を獲得しているのに対し、もっとも貧しい二〇％の人々はわずか一％しか手にしていない。

●**WTO体制下の後発途上国（LDC）の貿易シェアの減少：**ウルグアイ・ラウンドの実施中、四七の最貧国は毎年二・六％と五％の間の輸出収益の減少を見てきた。その一方、輸入食品の価格は上昇した。

●**途上国の成長**：ウルグアイ・ラウンドの推進者が約束した経済成長とはうらはらに、過去四年半、途上国の経済成長は停滞している。ウルグアイ・ラウンド下でほとんどの国の命運が激しく覆された。アジア、ラテンアメリカ、アフリカにおいては生活水準が落ち、とりわけラテンアメリカは崩壊寸前で、一九八〇年代以来、もっとも深刻な経済急落にあえいでいる。東アジアは経済危機に直面しているが、その理由のひとつにWTOが鳴り物入りでほかの国に広めた投資および財政サービスセクターの規制緩和が挙げられる。アメリカのマスコミは危機は去ったと報じたが、経済危機によって失業率は四倍にハネ上がり、極貧の生活を余儀なくされた人々が二〇〇％増えるという予想がたてられている韓国とインドネシアでは、数十年かけて達成した経済成長がすべて水の泡となった。

●**関税の拡大**：途上国はWTOの交渉の場では無力だった。その結果、裁定には最初から途上国の利益にそぐわない点がいくつかあった。関税率の設定がそのひとつで、原料は低い関税率、付加価値製品は高い関税率が課せられている。このため、富める国には安定した廉価の天然資源の供給が確保される。ところが途上国から見れば、「おいはぎ」同然の天然資源の搾取を続ければ、将来の展望のない低い所得の道しか残らない。これではせっかくの経済多角化に歯止めがかかるのは必至だ。それでも関税が拡大すれば、木材を産出する途上国から家具を製造して船荷するよりは、豊かな国で、熱帯木材を使って家具を造るほうが安く上がる。

●**一般特恵制度（GSP）、ロメ協定の弱体化**：WTOは最恵国（MFN）の要件を放棄する貿易に関する一般協定（GATT）の伝統を踏襲して、途上国に特別に低い関税を認めている。しかし、ウルグアイ・ラウンドによる一般関税の引き下げから見ると、GSPの相対的利益、あるいはロメ協定の関税率は引き下げられている。それも場合によっては、WTOが特定品目を非関税にすると利益はまったくないことになる。またEUはロメ協定全体の再交渉をしている。ロメ協定の条項がWTOの裁定に即していないのが理由のひとつだ。EUはロメ協定を開発モデルから遠ざけ、北米自由貿易協定（NAFTA）に似た互恵的な自由貿易協定モデルに近づけるため、WTOの遵守問題を利用している。

一九九四年にウルグアイ・ラウンド交渉が終結したとき、途上国には次のことが約束された。開発国が繊維・衣類といった製品の関税を引き下げ、ゆくゆくは撤廃し、先進国が世界市場を牛耳る手だてとなっていた農業補助金を打ち切ることだ。ウルグアイ・ラウンドの推進者はまたWTOが舞台の地ならしすることも約束した。そうすればアメリカのような経済大国が利益を得るために途上国からの市場アクセスを絶ち、一方的制裁をすると脅しをかけることもできなくなるだろう[二]。

しかし、明るい展望が約束されたにもかかわらず、WTOが発足して約五年、途上国に住む人々のほとんどの人にとって、利益の取り分は減り、その取り分が個人にわたるときにはさらに不公平に分けられた。言いかえれば、第一にウルグアイ・ラウンドの下では、最貧国の貿易シェアは増えるどころか減少した[三]。第二に、WTOが発足して以来、世界の大企業が記録的な収益を上げたというのに[四]、国と国、国民の間の所得格差は広がる一方である。

〈ウルグアイ・ラウンドでの途上国の貿易シェア〉

ウルグアイ・ラウンド協定が途上国に及ぼす影響の全容は全面実施を待たなくては窺い知れない。「知的所有権の貿易関連の側面に関する協定」（TRIP協定）、農業合意（AOA）、「サービスの貿易に関する一般協定」（GATS）といった主要な協定は、規定にもよるが途上国で一〇年から一五年かけて段階的に導入していく。

ところが実施から約五年の間に早くもいくつかの一般的な傾向が現れている。

ＵＮＣＴＡＤによると、ウルグアイ・ラウンド以来、ＬＤＣ（後発途上国）の輸出入シェアは大幅に下落した。(七) ＵＮＣＴＡＤはまたウルグアイ・ラウンド協定が実施されると、世界の最貧国（四七カ国のＬＤＣ）は食糧の輸入に一億四五〇〇万ドルから二億九二〇〇万ドル多く支払わなければならないので、輸出収益がおよそ一六三〇億ドルから二六五〇億ドル減るだろうと予測している。(八)

最貧国が世界貿易から取り残されるのは、市場解放に反対だからではなく、生産性を向上する能力がないからだとＵＮＣＴＡＤは結論づけた。(九) たとえば、貧しい国の製品に対する関税障壁を撤廃すると、未発達状態の産業ははるかに強力な生産性をもつ外国の製造業者と競争せざるを得なくなり、その結果、産業の発展が滞ることになる。

「急速な貿易自由化を経験した国ではほとんど例外なく、賃金格差が広がっている。ラテンアメリカの国々においてはほとんどの場合、未熟練労働者の雇用が減り、およそ20から30％台の実質賃金の減少という大きな打撃が、その原因となっている(2)」

ＵＮＣＴＡＤは、とりわけＬＤＣには管理アプローチに組みして急激で、それ以上の貿易自由化をすることは避けるよう勧告している。「供給能力が弱い現状を考えると、段階的な自由化が好ましい。未発達状態の産業の保護と、国内企業の育成と技術向上を目指す産業政策は、もはや今世紀成功したすべての後続の開発国に功を奏したようにはいかないだろう」(一〇)。

以上のことから、ＵＮＣＴＡＤは貿易を自由化してもＬＤＣが利益を享受することはできないと判断した。その判断基準となったのは、この二〇年間にもっとも急成長した経済国がきわめて有効的に活用した従来の経済開発ツールはＬＤＣには使えないという点である。韓国、インドネシア、マレーシア、中国といったいわゆる「アジアのトラ」は「政府が経済に果たす役割がきわめて大きい。これらの国は産業政策と計画、金融システムの国家管理、そのほかの介入によって海外市場アクセスを広げて利益を得てきた」(一一)。実際、「アジアのトラ」

が管理貿易と投資政策を、特に証券情報サービス部門で放棄した程度は、一九九七年と九八年の財政危機で動揺した程度とぴったり一致する。「東アジアは対外的金融ショックで脆弱になったが、その理由のひとつは一九九〇年代に市場優先政策で金融市場を改革しようとしたからだ。この改革により、銀行の数が増え、銀行と国際経済とのつながりが広がり、その結果、主に短期累積債務の膨大な増加によって、国際的な金融ショックに晒されることが多くなった」[一二]。

しかし、ウルグアイ・ラウンド協定のせいで経済開発政策の主要部分が貿易法違反になってしまった。つまり、たとえば特に「貿易に関連する投資措置に関する協定」（TRIM協定）では未発達状態にある産業の保護は、海外投資の規制に関連する場合は禁止している[一四]。こうなると途上国は海外投資者の製品輸出で外貨を獲得することも、国内市場で自国製品を競争から守ることもできなくなる。

同様にTRIP協定は、海外投資をするメリットだった途上国へのテクノロジーの流出を禁じている。当時の産業国家は産業化の段階では、海外からテクノロジー・デザインを輸入することもできたが、それは今ほど厳しいパテントや知的財産の保護がなかったからだ[一五]。

〈「絵に描いた餅」の成長に基づく生活水準の向上の見通し〉

WTOの前文が謳っている賃金と生活水準の向上を得るには、まず経済が育たなければならない。UNCTADによると、世界経済はヨーロッパの失業と途上国の貧困を改善するためには、毎年少なくとも三％の成長をとげなくてはならな

WTO下でのアフリカの損失

1994年OECDの報告書によると、ウルグアイ・ラウンドの下では、アフリカの貿易条件は2002年までに更に0.2％悪化するだろうと予測した。[5] その後、UNCTADは、ウルグアイ・ラウンド農業協定により農作物価格を自由化しても、アフリカの農民の収入を引き上げることはなく、むしろ自由化による利益を受けたのは主に貿易業者だと報告した。[5]

い。[一六]たしかにＷＴＯ主導の経済成長は大げさに聞こえたが、この三％の成長という目標は一九九五年と一九九八年の間に一度だけ一九九六年に達成されている。[一七]

ＵＮＣＴＡＤの報告では、途上国が先進国との収入格差を埋めるには毎年六％成長しなくてはならない。[一八]ＷＴＯの推進者は、このような目標を達成する唯一の道は貿易を自由化し、サービスセクターを規制緩和して、投資家を保護するというウルグアイ・ラウンド政策のパッケージ方式を採用することによって「近代化」するしかないと主張した。しかし、この二〇年間に、国際通貨基金（ＩＭＦ）の下で似たような経済の規制緩和を行ったほとんどの国になにが起こったかというと、成長率が著しく急落しただけだった。[一九]

たとえばメキシコでは、一人当たりの年間実質所得は一九六〇年代には三・九％、七〇年代には三・二％上がった。しかし、八〇年代にメキシコがＧＡＴＴに加盟し、ＩＭＦの構造調整政策を受けて以来一人当たりの所得は停滞している。[二〇]ラテンアメリカ全体としては、一九六〇年と一九八〇年の間は七三％もの伸びを見せた一人当たりの所得が、一九八〇年から一九九七年の間には五・六％伸びたにすぎない。[二一]

WTO、TRIM協定の事例

日本対カナダ——日本は米加自動車協定によるカナダの裁定は、外国製品に対する付加価値付き現地調達要件と販売要件を課していると主張。これに対して1992年2月にパネルが設置された。

EC対インド——EUは自動車セクターの輸入ライセンスはインド政府と承諾覚書を結んだ地元のジョイント・ベンチャー製造業者だけに交付されるべきだと主張。これは特定の現地調達と輸入条件を要求するものだが、TRIM協定に違反する。

日本、EC、アメリカ対ブラジル——提訴によると、自動車セクター投資関連のブラジルの裁定はTRIM協定に違反するとされたが、協議は1996年から棚上げされている。

アメリカ対フィリピン——アメリカはフィリピンの豚肉と鶏肉の関税率割当ては海外投資家にとって不都合にあると申し立てたが、当事国は1998年3月和解に応じた。

—出典WTO[13]—

一方、アジアでは、WTOのTRIM、GATS、金融サービス協定（FSA）ではずみをつけたウルグアイ・ラウンドと同様の投資と金融サービスの自由化を行なったが、経済危機に陥ってしまった。アメリカ経済諮問委員会の一九九九年大統領経済白書によると、「ほとんどの国で、国際資本取引の抜本的な自由化と資本統制の漸進的な除去が危機の前触れとなっていた。東アジアの経済は一九九〇年代に、国内外ともに金融自由化に踏みきった」[二五]。タイ、韓国、インドネシアといった八―一〇％の年間成長率を毎年維持している国は完全雇用を成し遂げ、貧困撲滅に向かって進歩を遂げたものの、厳しい経済的収縮に苦しんでいる。[二六]経済関連の報道では経済危機は終息したとあったが、当のアジアの人々は毎月ひどくなっていると見ている。実際、ある国では極貧の生活を余儀なくされた人々と失業者が二〇〇％増えている。[二七]

そもそもウルグアイ・ラウンドは、国の経済統合を大々的に推し進めることを目的として誕生したが、逆にアジアの危機をラテンアメリカ

WTOの途上国に対する構想

ウルグアイ・ラウンド協定は企業の経済的グローバリゼーションを推進する機動力として機能しているが、途上国の経済と人口の大部分が既存の世界市場へ無理やり押し込まれる結果となった。この戦略は地球に暮らし、小規模農業で生計を立てている75％の人々に対して警鐘を鳴らすほどの影響の重大性を有している。[22] WTOの目標はこうした農業で生計を立てる途上国の自給経済を現金主導の市場経済へと迅速に変えることだ。能率を考えれば、農村でも国全体としても食糧生産あるいはほかの基本的ニーズにおいて自給を控え、むしろ食糧やほかの必需品を買うための現金を確保するために世界市場で売るモノをすべての人が生産すべきだ。この見解は社会的、文化的含みのため非難されてきた。[23] ほとんど注目されなかったのは、ウルグアイ・ラウンド協定が全面実施され、西側の強力な農業の生産と食糧輸入を可能にした能率が途上国に課せられると、地球に住む31億人のうち、20億人が農業セクターに参加できなくなってしまう点だ。[24] 新自由主義経済理論によると、自らのコミュニティーや暮らしから追いやられたこれらの農民はほかの経済セクターでより効率よく雇用されるだろう。しかしながら、彼らは実際問題としては供給過多が労働賃金を引き下げている都市部の労働人口に加わるだろう。

とアフリカに広げてしまった。こうした地域は東南アジアとの貿易なくしては成長を望めないというのに、大打撃を被る結果となった。アフリカの国々は輸出収益の二五―三五％を東アジアに依存している[二八]。アフリカの成長は一九九九年には一％まで落ちると予想されている[二九]。そしてラテンアメリカの輸出品の一〇％がアジアに入るが、ＯＥＣＤ市場で廉価のアジア製品と競争しなくてはならない。ＯＥＣＤ市場ではラテンアメリカからの輸出品が全体の六〇％になるが、一九八〇年代の累積債務危機以来、ラテンアメリカはもっとも深刻な経済的衰退に陥り、疲弊している[三〇]。

過去五年間に最高の経済成長を経験したこれらの国々は、ウルグアイ・ラウンド方式の規制緩和政策を取らなかったし、市場投機に晒されることもなかった。たとえば中国は政府が投資と通貨流量を厳しく統制しているが、多くの農工業製品の輸入規制をして、国内産業を手厚く保護し[三一]、一九九〇年代には年間平均八％の成長を遂げている（過去二〇年間では平均一〇％の成長）[三二]。ＩＭＦの融資を受ける条件として市場の規制緩和を迫られたほかのアジアの国とは違って、中国には自由のきく兌換通貨がない。だからこそ中国は大きな損害を受けずに「アジア」危機を乗りきったのだ。

〈国と国、国民の間で広がる所得格差〉

ＷＴＯの推進者が約束した経済成長はまだ実現していないが、このおよそ五年の間に、歓迎できない経済開発が台頭し、国と国、国民の間の所得格差の度を増した。途上国のＷＴＯ批判者が警告した通りの結果となったのだ。彼らはウルグアイ・ラウンドの「企業管理貿易」ルールの下の勝者は先進国の巨大多国籍企業でしかない、とかねて主張してきた。

ＵＮＤＰによると、世界のもっとも貧しい二〇％の国ともっとも富める二〇％の国の間の一人当たりの所得格差は、グローバリゼーションが加速するにつれ開いている。もっとも富める国に住む人の五分の一と、もっとも貧しい国に住む人の五分の一の収入差は一九九七年で七四対一だった。一九六〇年には三〇対一、一九九〇年には六〇対一だったが、ますます開いている。(三三) 一九九七年にはもっとも富める二〇%の人々が世界の収入の八六%を占有していた。一方、もっとも貧しい二〇%の人々が占める割合はわずか一%にすぎない。(三四) 一九九八年には、世界の人口の四分の一が赤貧にあえいで暮らしているが、この数値は増えると見られている。(三五)

UNCTADは国家間に所得格差の分極化が大きくなると、国内の所得格差が増えると言っている。(三六) UNCTADの報告書によると、「急速な貿易自由化を経験したほとんどすべての途上国で賃金格差が広がっている。ラテンアメリカの国々ではほとんどの場合、未熟練労働者の雇用が減り、およそ二〇—三〇%台の実質賃金の減少という大きな打撃がその原因となっている」。(三七) メキシコが一九九六年にGATTに加盟する際、国立経済研究所は一九八五年のメキシコの貿易改革に焦点をあて、貿易自由化と賃金格差の増加の関係を徹底的に分析した。同研究所はメキシコにおける賃金格差は改革の後、広がったと見ている。したがって、経済の規制緩和をして、世界市場におけるその相対的メリット——メキシコの場合は低賃金労働——に依存して市場開放に移行すれば、その国の国民すべてが利益を得るという「理論」を論駁した。(三八)

〈ウルグアイ・ラウンド協定は特に途上国を脅かす条項が盛り込んである〉

工業先進国の開発の専門家は早くも一九九三年には、ウルグアイ・ラウンド協定の貿易と投資の自由化政策は多くの途上国のためにならないことがわかっていた。先進国のWTO推進者により葬り去られた報告書には、ウルグアイ・ラウンド協定でもっとも失うものが大きかったのは特にサハラ砂漠以南のアフリカ諸国だとOECDが報告したことが記されていた。(四四) OECDはウルグアイ・ラウンドの立役者なので、この警告には決して無視できないというニュアンスがともなうのは否定できない。

米国連邦議会経済研究所(CRS)はこのOECDの予測に賛同して、一九九五年にウルグアイ・ラウンドが実施されると勝者も敗者も出るだろうと予測した。[四五]　ＣＲＳによると、もっとも痛手をこうむる敗者はＬＤＣとロメ協定をＥＵと結んだアフリカ、カリブ海、太平洋諸国（ＡＣＰ）だとしている。[四六]　ウルグアイ・ラウンドへの国民の反発は往々にして先進国におけるよりも途上国の方が強い。著名な経済学者にとっては、途上国の学者も含めて、一体どんなことになるかおおかたの予測がついている。[四七]

こうした予測を招いたのは、ウルグアイ・ラウンド・パッケージ方式のいくつかの概念と規定である。

組織的な関税引き上げは天然資源の「おいはぎ」搾取を増長させる

ウルグアイ・ラウンドの関税スケジュールでは製品に価値が付加されるので関税率が上昇することを念頭に入れてある。つまり最低の関税率は原料で、関税率は加工、製造の段階で上がることになっている。

途上国、ウルグアイ・ラウンド交渉に引きずり込まれた

多くの途上国はよい判断もつかないまま、意に反してウルグアイ・ラウンド交渉に臨んだ。[39] そもそもウルグアイ・ラウンドはほとんどの主要工業国の支援を受け、アメリカ主導で進められてきた。「最初はグローバルな生産と生産能力のためのもので、[40] 決して関税、非関税の基準といった専門的なことではなかった。したがって主な交渉はアメリカ、EECと日本の三国・地域が行なっていた」と語るのは『再植民地化―GATTウルグアイ・ラウンドと第三世界』[41] という本の著者で、長年GATTの分析に携ってきたチャクラヴァルティ・ラガーヴァンだ。

ほとんどの途上国の交渉担当者は国際商取引に欠かせない専門知識や財源や人的資源がないといった多くのハンディキャップを抱えているため、予想される結果や、実施の際にこうむらなくてはならない費用についてはっきりと読めなかった。[42] こうした情報が不足していたのに加え、元来経済力が不釣合なので、途上国の交渉担当者は交渉中に出される提案には、自国の経済的利益を最大限にすることではなく、否定的影響を最小限に押さえ、損害を封じ込める考えで応じざるを得なかったのである。[43]

実はウルグアイ・ラウンドのこの特徴こそ途上国のＷＴＯ批判者の恰好の材料になっている。つまり、ウルグアイ・ラウンドは政治的に独立を果たしたばかりの途上国を経済面で「再び植民地」にしているというのが彼らの言い分だ。関税が上がれば、貧しい国の天然資源を搾取する「おいはぎ」同然の開発の引きがねとなる。環境破壊の脅威に加えて、関税が上がれば、廉価な天然資源のアクセスが増え、最貧国の工業化を挫けさせ、そうすることで、先進国の製造部門に大きな利益をもたらす。製品に価値が付加されるのは製造段階、したがって、ある途上国の熱帯樹木から造って、先進国に輸出される家具は相対的に高い関税率となる。一方、富める国に船荷される未加工の熱帯樹木の丸太は相対的に低い関税率となる。おまけに富める国でその丸太から製造される家具には一切付加税はかからない。

多くの途上国は農業加工品の垂直的多角化の可能性を探ってきた。そうすれば開発能力を向上させる好機に恵まれ、ひいては原材料を輸出するよりはるかに利益が見込める。だが残念なことに関税が上がれば多角化への動きは封じられてしまう。ウルグアイ・ラウンドの加工品の関税率は第一次産品に対するよりも高いのである。さらに最終製品に対して、貧しい国の競争力を弱め、そうなると当然加工処理業務への投資も阻まれてしまう。[四八]

ウルグアイ・ラウンドの関税スケジュールによると、現在、ＬＤＣの手堅い輸出収入源になっている多くの品目に対する関税が二〇〇〇年ま

NAFTA、メキシコ、飢餓

メキシコは主要品目のトウモロコシの供給を維持するため補助金と輸入割当てを使ってきた。NAFTAはメキシコのトウモロコシ市場にアメリカからの輸入品を開放して、大きな割当てを振り当てた。メキシコはより廉価なアメリカのトウモロコシを輸入するという理由で自国の生産者に対する補助金を打ち切った。[52] すると1年も経たずに、メキシコのトウモロコシとほかの主要穀物の生産は半分に落ち、何百万もの農民が離農せざるをえなくなった。[53] 1996年にアメリカがトウモロコシ不足を経験するや、メキシコは食糧危機に陥り、[54] その結果、メキシコの子どもの5人に1人が栄養失調にかかった。[55]

でに撤廃されることになっている。[四九]その品目はコーヒー、紅茶、カカオ豆、金属、綿花、金、ダイヤモンド、そして生野菜が含まれる。[五〇]関税が撤廃されると、製品の世界価格が下がり、したがって、その品目を特産としている国の輸出収入も下がるだろう。西アフリカの農業専門家はこう言っている。「[第一次産品]は外貨獲得に欠かせない重要な財源であるが、世界価格が変動するので、きわめてリスクが大きい[五一]」。

製品価格が下がれば、食糧の安全保障が損なわれる

WTOが改組された一九九五年以来、第一次産品の価格は二五%下がっており、現在に至っては記録的な低値をつけている。[五六]LDC（後発途上国）は食糧輸入国になっているので、国民の台所を満たすべく輸入する財源を確保するためにのみ外貨の確固たる流入が必要とされている。その結果、下落する物価によってもたらされた輸出収入の減少という形で問題を悪化させている。[五七]

ウルグアイ・ラウンド農業協定では、途上国が小規模生産者を守り、食糧生産の自給自足を促進する際頼っていた多数の国内援助プログラムと輸入規制を禁止しているが、[五八]輸出補助金は続行している。[五九]国内の小規模生産者にとって、アメリカや、特にEUの補助金付き農産物から保護されることもないので、ウルグアイ・ラウンドでは

WTOの途上国、代表なき運命

最近の報告によると、アフリカのシエラレオネはWTOの手続きや委員会に参加するのに多くの障害に直面した。極度の貧困にあえぐシエラレオネはWTOへ代表を派遣するにはジュネーブに本拠地を置くNGO（非政府組織）に頼らざるを得なかった。[62] LDCの例に漏れず、LDC連問題を協議する数多くの委員会に常勤スタッフを置くことは不可能だ。それでも政府外の代表はしばしばWTOの活動からは除外される。タンザニアの大使がこの窮地を簡潔に語っている。「多くの国民が飢餓に苦しむタンザニアのような国では、GATTに金を供出することなど考えられない」。[63] しかし、WTOで決められたウルグアイ・ラウンド協定の拡大政策がLDCの命運を握っている。

小麦やトウモロコシといった主要産物の輸入に一層頼らざるを得なくなる。[六〇]しかし、輸入食品を買うにしても、外貨が安定して入ってこない上に、価格が下落している第一次産品の輸出に依存せざるを得ない状態では食糧不足が高じるのは目に見えている。それどころか、ＬＤＣでは飢餓を招く恐れがある。

〈肝心なＷＴＯの決定はいまだ途上国抜きで行われている〉

途上国、特にＬＤＣには、ＷＴＯに呼応した貿易ルールを作る交渉能力も専門技術者もいない。実際これらの国はこれまでも、そして今でも意思決定フォーラムからは疎外されている。提案が出されたときも、いわゆる四つの国・地域（アメリカ、ＥＵ、日本、カナダ）、そして途上国の中でも強大なインドとブラジルの間でまず根回しがされて、途上国はただ言いなりに判をおすしかない。[六一]

〈ウルグアイ・ラウンドはＬＤＣの貿易特恵を弱体化する〉

ウルグアイ・ラウンドでは、工業先進国がＬＤＣに利益をもたらす制度、たとえばアメリカ、ＥＵが行使した一般特恵制度（ＧＳＰ）を維持することを認め、最貧国に関税特恵を与えている。ただしＭＦＮ（最恵国）の義務とぶつかる場合は、ウェーバー貿易自由化義務の免除を認

ブラジルはEUに挑戦。「コカインではなくコーヒー」の貿易特恵

途上国との貿易を促進する目的の、ほかのEUの政策もまたWTOの非難を浴びた。1998年12月の事、ブラジルは麻薬撲滅を目指している中央・南アメリカからコーヒーを輸入するEUの優遇措置は最恵国待遇を謳うGATT第1条に違反するという異議申し立てをした。[65] たしかに貧しい農民は経済的に困窮して麻薬の栽培に手を染めることも往々にしてある。EUのGSPは危険に晒されている農民が合法に作物を育て、麻薬取締プログラムに参加すればEU市場に免税でアクセスできるという褒賞を与えることで奨励している。[66] EUの特恵制度は麻薬が大きな財源となっているアンデス山脈グループと中央アメリカ共同市場の特産品にも適用する。[67]

めて、セーフガード緊急輸入制限措置が行使できる。[六四] しかし、ウェーバーが付いているとはいえ、ウルグアイ・ラウンド以降の一般的な関税率に比べると、関税引き下げでこうした制度の価値は損われてしまった。

加えて、七〇カ国の低開発国へのEUのロメ協定の特恵の多くはおしなべて撤廃される恐れがある。この七〇カ国のほとんどがACPの旧植民地だ。ACP諸国の製品を輸入するEU市場の特定部分を優遇する措置も含めて、ロメ条約は一般特恵制度をはるかに越える貿易収益をさまざまな形で与えてきた。そのロメ協定のACP諸国のバナナ貿易に反発して、アメリカ主導でWTOが異議申し立てをしたことは、ロメ協定下の開発アプローチを廃止する交渉に首尾よくはずみをつけることとなった。[六八]「ACP諸国が受ける優遇措置のせいで、もはやロメ協定はWTOとは相容れない。われわれの主要な貿易相手は交渉を注意深く監視している。現状のままで手をこまぬいてはいられないのだ。WTOルールをなんとしても変えていかなくてはならない」。EUのロメ協定の交渉者は言う。[六九]

ロメ協定の貿易体制――つまりロメ協定第五条の再交渉が目下進行中だが、EUはこれまでの延長期間に慣例だった非互恵的ロメ体制の延長を認めず、ACP諸国のさまざまな地域との間で個別に交渉する互恵的貿易協定を進める意向だ。ちょうどNAFTAに似ている。EUはこうした変化の理由として、WTOの適合性を挙げている。

ACP諸国は提案された貿易新体制とEUの思惑にはかなり疑念を抱いている。[七〇] まず、取引は双方向であるから、ACP諸国政府はヨーロッパの補助金付き農産物市場に切り込んでいくには非力になる。[七一] そうなるとただでさえ不安定なACP諸国の食糧確保の安全性がますます揺らぐだろう。第二に、個別交渉だと、ACP諸国のさまざまな地域がお互いに張り合うことになってしまう。[七二] 第三に経済格差がある国と国の間に自由貿易協定を結ぶことはとりもなおさず貿易そのものの方向性がそれてしまう恐れがある。これでは貿易体制を固めるどころではない。[七三] 実はEUと南アフリカは最近自由貿易協定を結んでいる。この協定はUNCTADの報告によれば、南アフリカよりEUに利益が上がるという。なぜなら南アフリカのほぼ半分の農産物を除外している

一方で、EUの補助金付き農産物輸出を増やしているからだ。[七四]

次の事例を見ると、途上国が、地場産業を向上させ、地元労働者を鼓舞し、地域を活性化するような経済開発戦略を追求する能力にWTOルールがどのような影響を及ぼすか明らかになるだろう。

事例1　アメリカがチキータ社を擁護してカリブ諸国のバナナを攻撃

EUとACP諸国の旧植民地との間に結ばれたロメ協定は関税特恵を設け、製品一式に対してACP諸国にEU市場の特定部分を優遇している。[七九] この体制はACP諸国が経済的、政治的に安定するには欠かせないものである。[八〇] EUはロメ協定のウェーバー条項（自由化義務の免除）をウルグアイ・ラウンド下の最恵国関税要件に添って再交渉した。しかし、一九九六年に、アメリカ政府はチキータ・インターナショナル社（チキータ）に代わり、EUに対してロメ協定下の体制はWTOの義務に違反していると提訴した。

バックグラウンド：アメリカはバナナは一切作っていない。ラテン・アメリカのコロンビア、コスタ・リカ、ホンデュラス、パナマの広大なプランテーションで働く三万七〇〇〇人の内、八五%以上をチキータ社が雇用している。[八一] またチキータ社はEUのバナナ市場の半分を占めている。[八二] カリブ諸国全体ではEU市場の八%、[八三] そして世界市場の三%[八四]を占めている。チキータ、デルモンテ、ドールの多国籍企業三

バナナゲート？

経済的援助のない国でも、価格が適正なら、多国籍企業の入札に望みたいところだが、WTOの紛争処理制度は「国をレンタルする」という考えに則って適用されうるという疑念が湧いている。[75] バナナを生産していないアメリカだが、多国籍企業チキータ社が民主党に50万ドルを寄付した数日後、クリントン政権はWTOにバナナに対する提訴をした。[76] バナナ体制に対するWTOの裁定の実施計画に応えて、共和党上院議員のリーダーは「1998年ウルグアイ・ラウンド協定遵守法」を起草、WTOの裁定を完全に遵守しない場合EUに対して課税するものとした。[77] チキータ社のCEOカール・リンドナーが今度は共和党に35万ドル寄付をした１カ月後のことだった。[78]

社を合わせると世界市場の三分の二を制している。(八五)

世界のバナナのほとんどが、安い労働賃金で支えられたラテンアメリカ、中央アメリカの大規模プランテーションで作られている。(八六) 一方、東カリブ海のバナナ生産者はたいていは山間地のほんの一握りの区画を所有して、バナナを作っている小農民で、彼らの生産コストは当然高い。セントルシアの首相はこう語っている。「ロメ協定の貿易協定は貿易を歪めてわき道へそらすのではなく、本来ならかなわないはずの世界貿易体制へ参入できる好機を与えてくれたのだ」(八七)。

カリブ海諸国のいくつかの小さな島国にとって、バナナは経済的、政治的安定に欠かせない。こうした国の山岳地と限られた耕地を考えると、バナナのほかに合法的な現金作物を開墾するのは文字通り不可能だ。ロメ協定のバナナ体制にもっとも依存しているＡＣＰ諸国はセントルシア、ドミニカ、セントビンセントおよびグレナディーン諸島から成るウィンドワード諸島を含むが、バナナの収益が輸出収益の六三％から九一％になる。(八八) 加えて、ドミニカの労働人口の三三％、セントビンセントの人口の七〇％がバナナの生産、マーケティングに携っている。(八九) 一九九〇年にはＥＵに輸出されたバナナはＡＣＰ諸国のバナナの総輸出量の九四％にもなる。(九〇) セントルシアのバナナの小農民がこう言っている。「バナナのように確実に収益をあげているのは観光しかない。観光が一番金を落とすのはたしかだが、上からオレたちのところにおこぼれがくるわけじゃない。バナナで稼ぐ金はそれこそ土まみれになって手に入れたんだ」(九一)。

「ロメ協定の貿易取決めは貿易を歪めてわき道へそらすのではなく、本来ならかなわないはずの世界貿易体制へ参入できる好機を与えてくれたのだ」(87)

ケニー・アンソニー　セント・ルシア首相

ＷＴＯの挑戦：ＡＣＰ諸国の輸出バナナ市場の特定部分を優遇するというＥＵの政策はＷＴＯルールのもとでは弁解できない不当な差別だ、とアメリカは提訴した。(九二) それに対してＥＵはこう反論する。ＷＴＯのロメ協定のウェーバー第一項によると、最恵国主義にはＥＵがロメ協定の義務を遵守するために「必要なかぎり」ウェーバーをかけると規定されている。また第一項には「割当て保証」もはっきりと明記され、違う解釈をすれば、そもそもロメ協定のウェーバーが無意味になってしまうだろう。だが、ＥＵの反論はＷＴＯのパネルでは通らなかった（九三）。またロメ協定のウェーバーではモノの流通、売買業者の輸入ライセンスのＧＡＴＳルールには触れておらず、これに対してＥＵは抗議した。

一九九七年九月、ＷＴＯの上訴機関が裁定を下した。ロメ協定のウェーバーではＥＵがＡＣＰ諸国のバナナに対して、ほかの商品に課すより低い関税率で、市場アクセスの七％を保証するという優遇措置を取ることを禁じた前回のパネル裁定を踏襲した形となった（九四）。パネルによると、ＥＵに対するロメ協定のウェーバーにもかかわらず、ＡＣＰ諸国が享受してきた特別関税割当てを撤廃するか、そうでなければすべての国に平等に設けるべきだったのだ。この特別関税割当ての撤廃によって、ロメ協定による利益は事実上消え、ＡＣＰ諸国がチキータ社のような、広大なプランテーションを持つ巨大多国籍企業と渡り合うこともできなくなった。

ＥＵは一九九八年に、パネル裁定を検討する提案を提出、パネルが違反の裁定をしたほかの政策を救済することで合意した。しかし割当て問題にはあくまでも取り組む姿勢を見せ、ＡＣＰ諸国とそれ以外のバナナ生産者に対して二段階制の関税割当て体制を維持するように提案した（九五）。セントルシアの貿易相、アール・ハントレーによると、「単純な関税なら、安い資源から利益をあげられる道が広く開かれるだろう。そうすれば競合することがますます難しくなる（九六）」。

ＥＵの提案に応えて、アメリカ共和党の上院議員がリーダーシップを取り、一九九八年ウルグアイ・ラウンド協定遵守法の議案を起草、ＷＴＯのバナナ取引の裁定に従わない場合、ＥＵに関税を課すこととなった（九七）。この動きはチキータ社が共和党の全米委員会と議会と上院の選挙キャンペーンへ三五万ドルの政治献金をした一カ月後のことだった（九八）。共和党はクリントン政権がＥＵへの制裁措置を取ると宣言した後、結局土壇場になって議案を撤回することに同意した。

一九九九年二月、クリントン政権は、EUがWTOに従わなかったとして、多岐に渡るヨーロッパ製品に関税を課すことを発表。制裁の対象となった製品はヤギのチーズ、カシミア、ビスケット、キャンドル、シャンデリアで、総計五二〇〇万ドルの年間評価額となる。五二〇〇万ドルといえば、アメリカのバナナの売買業者がロメ協定のせいで失ったと申し立てたと同じ金額だ。[九九] WTOのパネルはアメリカの申し立てた損害を否認、一九〇〇万ドルにまで引き下げたが、関税は認めて合法とした。これは一九九九年三月に実施されている。[一〇一]

これに対してEUの言い分は新しい提案がWTOの紛争処理委員会の前回の報告に即していないとパネルが裁定しないかぎり、アメリカは報復措置としても関税を課すことはできないというものだ。アメリカが前に表明した所信に組みするように迫ったラテンアメリカ諸国のひとつ、エクアドルはEUの提案した救済策に異議申し立てをしたが、それに応えてWTOは一九九九年四月にパネルを設置し、EUの新体制は前の裁定に従って行動していないと言明。[一〇二] EUはACP特恵措置を撤廃するしか選択権がないことを発表した。[一〇三]

バナナ事例を追求すればアメリカの利益を損なう：ACP諸国のバナナに対するEUの優遇措置が撤廃されても、アメリカの経済的利益が増すことにはならないと同時に、アメリカの安全保障とこの地域の麻薬撲滅を目指すアメリカの目標にかげりをもたらすことになるだろう。

WTOからカリブ海諸島バナナ生産国へ。未来を握るのはビジネスではない

EUのバナナ輸入体制がACP諸国を優遇しているとして、アメリカがWTOに提訴をしたが、セントルシア、セントビンセント両国もEUバナナ市場の優遇アクセスを享受している。同政府代表団は当該事例の評議と公聴会への参加を許されなかった。両国はこの件で一番命運がかかっているが、貿易省にGATTとWTOの専門家がいないため、外部から顧問を雇わざるを得なかった。しかしWTOは各国政府から成る機関なので、WTOの紛争処理委員会は訴訟手続きから外部の顧問を除外して、この2カ国の島国の利益を代表ないままに放置した。[100]

ＷＴＯ裁定は思いがけない副産物を生んだ。直接関わりのある諸島はもとより、アメリカにも深刻なダメージを与えたことだ。ヨーロッパのバナナ体制に代わって、直接援助支払いで政府や農夫を援助すれば、カリブ諸国の人々のかけがえのない生活に終止符が打たれるだろうことは間違いない。カリブ諸国のバナナ貿易に携る「中流」の人々が終焉すれば、この地域の経済基盤を覆し、何千人もの人々の自活の道を閉ざすことになる。過去に遡って見ると、この地域の経済が不安定になったとき、社会的転覆に繋がったことが思い出される。仮に経済的不安定が永遠に続くとしたら（ただし、昔のように天候に左右されたバナナ経済へのダメージとは違う）、これらの国の民主主義、人権、労働の権利の揺るぎない伝統を脅かすことになる。ほとんどの人が民主主義者で、投票率がアメリカの二倍というこの国の生活水準を考えれば、彼らの安寧をじりじりと覆していく脅威は計り知れない。

実際、純粋に経済的見地から見ると、アメリカがＷＴＯを通してカリブ諸国に対してバナナ攻撃をすれば、アメリカの国益は広範囲にわたって損なわれることになるだろう。まず第一にアメリカはカリブ海の世界的な観光ブームから一番利益を受けている。これは国が安全で安定していなくてはならない。第二にカリブ海諸国はアメリカが貿易収支の黒字を得ている数少ない地域である。[一〇五] カリブ海諸国はヨーロッパにバナナを売り、売った交換可能通貨でアメリカの輸出品――一九九二年から一九九六年の間だけとっても、三七二億ドル相当のモノとサービス――を買っている。[一〇六] 第三に、アメリカは南アメリカからカリブ海を通ってアメリカに流れ込んでくる麻薬を阻止するために莫大な公共資源を注ぎ込んできた。

カリブ海諸国のバナナ経済を潰せば、たちまち不法な麻薬の栽培と密売に方向転換するのは自明のことだ。ワシントンポスト紙の一九九六年の記事は米海兵隊の将軍で、大西洋・カリブ海米軍司令官のジョン・シーハンの見解を引用している。カリブ海諸国は「唯一バナナに依存している。人々は家族を養わなければならないのだ」。そして、もし背中を押されたら、麻薬取引や密売に手を染めてしまうだろう。[一〇七] 南アフリカの麻薬カルテルはすでにカリブ海諸国にも及んでいるが、離農した農夫が残された経済手段は麻薬売買しかないと悟れば、

「WTOの裁定により、商取引から締め出される最初の民主国家はドミニカ、セントビンセント、あるいはグレナディン諸島だろうか」(104)

ダグラス・ペイン　フリーダム・ハウス　コンサルタント

バナナ指数：アメリカ、カリブ海諸国のバナナ貿易に挑む

アメリカが毎年輸出するバナナ数	0（109）
ドミニカでバナナ貿易に従事する労働者の比率	33%（110）
セントルシアでバナナ貿易に従事する人口の比率	16%（111）
カリブ海諸国で自立したバナナ生産者の世界市場シェア	3%（112）
ACPバナナに対するEUの優遇措置以前の1993年のアメリカ、ドール社のEU市場シェア	11%（113）
EUのバナナ優遇措置が始って5年後の1998年のドール社のEU市場シェア	15%（114）
チキータ社のEU市場シェア	50%（115）
自立したカリブ海諸国バナナ生産者のEU市場シェア	8%（116）
チキータ社が12—18時間労働に対して労働者に支払う日給	＄6（117）
チキータ・ブランズ・インタナショナル社CEO、カール・リンドナーが、クリントン政権が1996年のEUのバナナ政策に対しWTOに提訴した2日後、民主党に寄付した金額	＄50（118）
ACPバナナ政策でEUを罰するため共和党のリーダーが「WTO裁定遵守法」を起草する前、カール・リンドナーが共和党に寄付した金額	＄35万（119）
ドミニカとセントルシアの輸出収益の内、バナナ産業が担う比率	50%以上（120）
カリブ海諸国からの「フェアトレード」バナナが「標準」バナナと共に船で輸出されたとしたら、高くても前者を購入するだろうヨーロッパ人の比率	74%（121）

悪に染まるまいと自制する気持ちも失せるだろう。カリブ海諸国政府はバナナ体制に対するアメリカの追及に憤慨して、麻薬撲滅運動でアメリカと協力することから手を引いている[一〇八]。結局、バナナ経済を潰すことは、もう一つの結果を生むことになる。それは、きわめて多くの人々を失業させてしまうため、不法移民がアメリカへ殺到することだ。

第6章

WTO体制における先進国経済：合併、サービス産業、そして低賃金

Developed Country Economies Under WTO: Mergers, Service Jobs and Low Wages

この章において……

事実：

●**日本の大規模な販売店のケース：**日本は家族経営的な小売店を奨励する法律を、アメリカがＷＴＯでその法に異議を申し立てた後に修正した。その法律は、大規模な小売店が店舗を開く前に、経済、交通、環境やその他の影響の査定を求める内容であった。

●**ＢｅｅｒⅡのケース：**この一九九二年のＧＡＴＴの判決は二つの重要な慣例を設けた。第一は、ＧＡＴＴの要求を充たすことを国家と地方自治体に強制するために、政府に対して基本的に可能な対策を全てとることを要求することである。第二には、ＧＡＴＴの法と商売上の小規模な対立を奨励する事を目的とした税法は、外資系の大規模な企業に対して区別を明確にすると明言していることである。

●**カナダの雑誌のケース：**アメリカはＷＴＯの場で、米加で分割発行している雑誌（アメリカの編集になる記事とカナダの広告をのせる雑誌）に対するカナダの消費税に異議をはさむ事に成功した。このカナダの法律は、カナダ側が小規模の独立したカナダ側の出版社に圧力をかける方法で、アメリカの大手の出版社が彼らとカナダの出版社が分割してともに発行する雑誌の広告料を低く設定していると決断を下した後に、こういった出版物に特別な税を課した。カナダはアメリカの要求を満たす政策に変更した。

概念：

●**賃金と貿易赤字へのクリントン政権の公約：**ＷＴＯの影響力を測るには時間的にまだ尚早だが、結果は二つの明確な公約の中にみることができる。一つ目は、ウルグアイ・ラウンド政策は毎年一七〇〇ドルもアメリカの家庭の収入を増加させるだろうという公約であり、これはウルグアイ・ラウンド政策が遂行されて以来、どの年も実現はしない結果となった。二つ目の公約は、アメリカの貿易赤字は新たな雇用を生みつつ一〇年以内に六〇〇億ドル減少するであろうというものであったが、これは現在増加しつつある貿易赤字が今後の六年間に毎年二〇〇億ドル急激に減少する場合のみに、実現する可能性があるにすぎない。

●**投資手段に関連する貿易についてのＷＴＯ協定**：この協定は、投資する際に必要となる手続きを禁止し、その代わりＭＦＮ（最恵国待遇）と国家の条約を必要とする事で、海外投資をより有益なものになるようにした。

●**サービスにおける貿易についてのＷＴＯ協定**：ＷＴＯは、「サービスの貿易に関する一般協定」（ＧＡＴＳ）がただ単に国境を越えたサービスだけではなく、輸出市場における商業的進出を開始する権利を含めた、ありとあらゆるサービス提供手段を包括するものとして、ＧＡＴＳ協定を投資に関する、世界で最初の多面的協定と見なしている。

●**財政面の活動の協定**：この具体的、部門別の協定はウルグアイ・ラウンド協定が完成した後に論議されることになり、企業の合併と獲得に関する多くの規制を撤廃するものである。ＦＳＡの条件の多くは、銀行業務と保険業務を包括してはいるが、アジア経済危機に巻き込まれたアジアの国々にＩＭＦが課した条件と同じ内容である。

●**ハイテク部門とサービス部門の雇用の配置転換**：この章は、製造業関連の職が消えてしまっても、ハイテクとサービス関連の職は常に安定しているという神話の本質を暴くものである。むしろ、費用節約の目的で、ある種の高給職（コンピュータ・プログラムや会計等）、低給料の職や事務職（データ入力や医療記録の管理等）を発展途上国へ配置する傾向が顕著になってきている。例えば、博士号を持つあるコンピュータ・プログラマーの年間給与は、インドではわずか九〇〇〇ドルである。

●**ＧＡＴＳとＴＲＩＭ協定と統合意欲**：これら新しいＷＴＯ協定に伴う主な傾向は、多くのサービス部門で合併と獲得による企業の整理統合であり、これは現在直接海外投資の六〇％を占めている。

●**先進国の賃金**：アメリカ人労働者の中流階級の賃金は、一九七三年の場合と比べて四％低いままである。労働省は低賃金のサービス業（小売店の店員、清掃夫、レジ係、ウエーター等）を、将来的に成長する部門のトップに加えている。

ウルグアイ・ラウンドを支持する米国など先進国の人々は、数多くの問題点を抱えるＧＡＴＴの拡大やその結果生れたＷＴＯ設立の意義について、具体的な事例を挙げ、経済的な効果があったと主張しようとした。例えば、クリントン政権はウルグアイ・ラウンドによって米国の各家庭は一年間に一七〇〇ドルもの利益を得るだろう（一）（『ワシントン・ポスト』紙、九四年九月一三日付）という見通しを立てた。またＷＴＯは——いまなおその約束は果たされていないが——大規模な多国籍企業をはじめ小さなビジネスに携わる人々、農家や労働者までがウルグアイ・ラウンドによって利益を得ることができる、と説いてきた。

米国そして欧州各国の政府は、ウルグアイ・ラウンドが批准されれば世界全体の所得は年間で二一三〇億ドル増えるだろうという、世界銀行とともに公表されたＯＥＣＤ（経済協力開発機構）の調査報告を何度も宣伝材料に使っている（二）。こういったレポートを批判的に分析した結果、以下のように細部にわたる問題点のあることが分かった。このような所得拡大効果はＷＴＯが批准された年から数えて一〇年間しか続かないこと、さらにウルグアイ・ラウンドの表面上の成果は実のところ年間〇・七％でしかなく（三）、しかも、こうした事実を米国のメディアが報道していないことなど

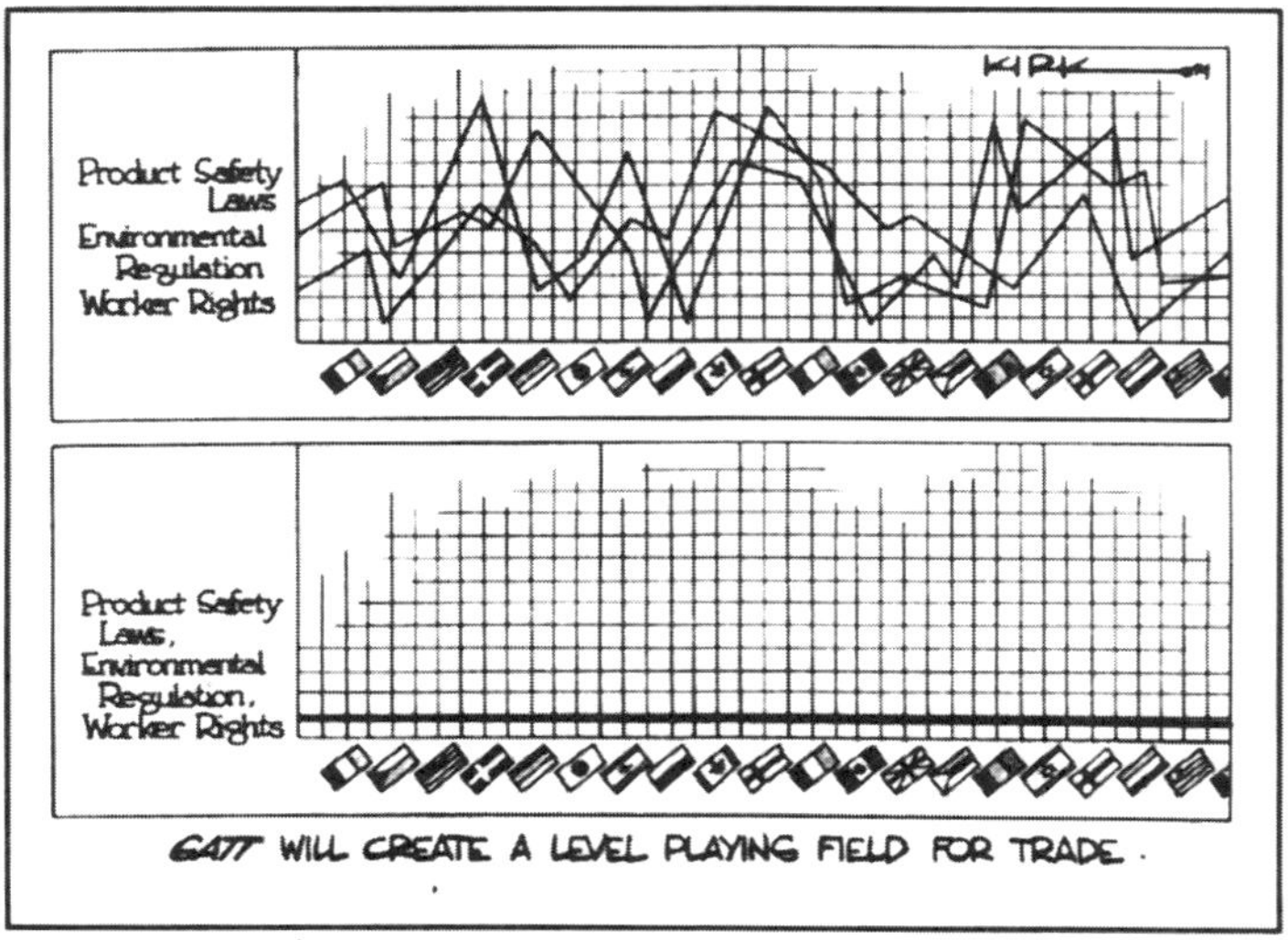

である。

ウルグアイ・ラウンドを巡っての評価が分かれるのは、米国の雇用や経済成長に与えるインパクトの度合いが米経済の中で占めるサービス産業やその役割に関連して、相反する見解があるからだろう。ウルグアイ・ラウンド支持者たちは、サービス産業やハイテク産業が将来、米経済の中で大きな役割を占めるだろうと主張する。（四）一方で製造業は過去のものとなり、今では途上国がそうした産業の適地として登場し、役割が変わってきたと考える。集中的に労働力を必要とする場合、途上国では低い賃金で労働力を調達できるし、その結果、賃金負担が低くなるという利点を活用できる。

だから、ウルグアイ・ラウンドに対する米国の戦略は、①ハイテクやサービス分野における目標（海外投資の権利確保や保護、知的所有権の保障など）を達成する、②繊維やアパレルのような特定の産業分野では譲歩する、③競争力の弱い製造業貿易はダンピング防止や通商法（三〇一条不公正貿易慣行への報復措置）で対処する――というもので、米国は北米自由貿易協定（NAFTA＝米国、カナダ、メキシコ三国による相互的な市場開放協定。一九九四年発効）交渉では成功したが、米国にとって好都合な合意を生み出すことは出来なかった。しかし米国は、WTO加盟国市場の中に、「サービスの貿易に関する一般協定」（GATS）、「貿易に関連する投資措置に関する協定」（TRIM協定）、さらには「知的所有権の貿易関連の側面に関する協定」（TRIP協定）交渉を進めて行く過程で、多国籍企業に新しい絶大な商業的諸権利を確立させることに成功した。

一方、ウルグアイ・ラウンド批判者たちは以下のような点を指摘する。第一にGATS、TRIM、TRIP協定の究極のねらいは海外における米国の投資を保護することにある。言い換えれば、ウルグアイ・ラウンド協定の多くは、低賃金の国々に対して米国内のさまざまな雇用を輸出する道を拓くことを容易にするものだった。この中にサービス部門やハイテク分野のものが含まれているが、伝統的なサービス部門の仕事――それは地域の経済や社会と結び付き、それ故に比較的安定していたのだが――そのものが経済のグローバル化によって不安定なものに変わってしまう。また、海外ではエンジリニアリングやコンピュータ・プログラミング、そして会計士といった高賃金のサービス産業が生まれるなどの変化が起き始めている。新しいウルグアイ・ラウンド協定は世界規模での合併を増やし、その結果混乱を引き起こしている。こうした傾向は、合併の結果余剰となった仕事を排除することで株価上昇をもたらしたり、仕事そのものを減らすことに繋がっている。

二番目に、ウルグアイ・ラウンドの批判者たち――またそれ以外の人達も――サービス産業の現実を踏まえながら、その神話性に異議を唱えている。いくつかの例外はあるにもせよ、米政府の調査によると、平均的なサービス産業は製造業よりも賃金が低いという決定的事実がある。また、製造部門と違って、サービス産業では一般的にいって勤続年数の長さに欠けるうえ、労働組合加盟率も低い[六]。そのため、健康保険や年金などの面で製造業の労働者に比べて十分な便益を得て

・（外貨の貯蓄を増すために）外資系企業が輸入物を買い入れるための為替手段に規制を課すこと

・（市場のシェアを求めて現地の企業と競合させないために）外資系企業に自分達の製品を輸出するよう要求すること。

発展途上国におけるTRIM協定の最も大きな影響は、サービス業界の大規模な統合の傾向を促進させることであった。これには2つの理由が挙げられる。第1に、WTOの財政業務協定と遠隔通信協定は、これらの業界での海外所有権や合併に関する、発展途上国の規制を明らかに削除したことである。第2に、国境を越えたサービスを売るための権利を保障することで、GATS協定は各市場においてサービス供給者を運営する必要性をなくしたことである。

WTOのシアトル閣僚会議にとって、投資は議論の余地の多く残る問題である。多国間投資協定（MAI）を設けるために、ウルグアイ・ラウンド協定完成後すぐの1995年に開始したOECD協議は、WTOから除かれていたNAFTAスタイルの投資家の権利を世界的に設けようとする不正な試みであった。[5] 世界の市民運動はMAI協議を暴き、停止させた後、EUと日本は、シアトル閣僚会議とともに始動しているWTOにMAIを加えることを要求し始めた。これは、MAIに反対する国際的な反対運動をWTO閣僚会議重点キャンペーンへと変化させることになった。

いない。（七）現時点における世界最大の雇用主は、一時雇いの労働者を仲介するマンパワー社である。マンパワー社は九七年に一四〇万人もの臨時職員を斡旋している。（八）一方、米国労働省はレジ係やウエートレス、ビルや事務所の管理人、そして小売業者といった賃金の低いサービス業務が、これから先最も増加する職種になるだろうと予測している。（九）

それとは対照的に、企業はグローバルなサービス業務や投資分野で新たに権利を獲得したり、保護措置を受けるなどして多くの利益を得ている。九四年の場合、米国企業の海外直接投資額は六一三〇億ドルだった。九八年になるとこれが九八〇五億ドルへと、五〇%以上の二桁の伸びを示している。（一〇）九七年の法人利益は一〇・三%増で、五年連続の増益だった。（一一）このため税込みの利益率は八・五%増と六〇年代半ば以来最も高い伸びとなり、税引き利益率も六・四%増で、第二次世

貿易関連の投資手段についてのWTO協定

過去の貿易協定は世界中に商品を輸送するための法律を定めた。ウルグアイ・ラウンドは貿易関連の投資手段についての協定を含むものであり、これは世界中で商品とサービス生産を移動させる法律を制定した。

ウルグアイ・ラウンド交渉中、アメリカはNAFTA方式の投資家の広範囲な権利と保護を要求した。発展途上国による反対意見は、結果としてわずかに狭義のアプローチで終わった。その一方で、発展途上国側は自分達の企業はその他の国々で好意的に扱われることを保障することに成功した。仮にほとんどの途上国側に投資を規制する法律がないとすれば、最も重要な変容は発展途上国側に求められる。その結果として、投資政策が国内の経済発展から遠ざけられ、投資家の権利を保障することになったのである。

例えば、TRIM協定は投資を規制し、国の発展を促す目的で途上国が伝統的に用いてきた政策を禁止することによって、海外投資をより有益なものとした。TRIM協定では、以下の政策が禁止されている。

- （資本の蓄積と経済の多様化を促すために）外資系企業に現地で物資を購入することを要求すること
- （支払いの健全なバランスを維持するために）外資系企業に輸出と輸入のバランスをとることを要求すること

WTO「サービスの貿易に関する一般協定」

WTO「サービスの貿易に関する一般協定」(GATS) は、GATTが商品の貿易で行なったのと同じような方法で、サービス業における貿易の自由市場を開くことを目的に設けられた。

サービス業は、サービス業に関して世界最大の輸出者 (14) のアメリカによる議員への強烈な働きかけの後、GATTにもたらされた。(15) 統合、獲得、もしくは新しいサービス職の展開等を外資系企業による自らの市場において、国々は許可しなければならないという趣旨でアメリカは、GATS協定が各WTOメンバーである国で新たな権利の確立を築くことを望んだのであった。

その一方で発展途上国は、サービス分野の自由化に強く反対していた。(16) 発展途上国は、工業国からの大規模で多くの国にまたがるサービスを提供する企業が、もし政府に監視されずに店舗を構えられる権利を獲得したら、途上国内の未成熟な企業は圧倒されてしまうことを予測したのである。(17)

一般的に、GATS協定はすべてのサービス業界に当てはまるが、それはいわゆる、反復 (Bottom-up) アプローチによってである。これは国々が盛り込むことに同意したサービス分野だけが含まれるということである。

けれども、GATS協定で明確に触れられた特定のサービス分野が4つある。財政分野、遠隔通信分野、海運業分野と航空輸送業分野である。協定は財政分野 (財政業協定) と遠隔通信分野 (遠隔通信協定) における規制緩和を図るために進められた。(18) これらの協定は、こういった分野で海外所有権の権利を含め、すべてのWTO加盟国が妥協せねばならない規則を自らが定めたという意味では、本末転倒である。

GATS協定はWTO加盟国に他の国々からの企業に以下の事柄を許可することを求めている。

・商業的存続を確立すること (補助金を設けたり、現地企業と合併したり、吸収すること)

・サービス業を国々がお互いに提供しあうこと (例えば国際電話サービスやデータ処理など)

・サービスを提供するために国家間を往来すること (例えば弁護士やコンサルタントなど)

界大戦以降、最も高い伸び率になっている。[一二]

サービス分野での経済活動とGATS協定は、先進諸国の労働者に恵みをもたらすという甘い見通しは、いまなお実現されていない。そうした見通しが一連の神話と、誤った前提に基づいていたからである。

〈サービス部門とハイテク経済に関する共通の神話〉

九六年のヤンコロビッチ・パートナーズ（Yankolvich Partners）の調査によると、米国のサービス部門の起業家が海外で仕事を広げていったおかげで、米国人に限らず他国の人々に対しても、仕事をする多くの機会を創り出したことが明らかになった。この調査は二五〇の多国籍企業を対象にしたもので、約半数の企業は事業の拡大を図り、米国の外に製造業ではない業務をそれぞれの地域ごとに責任をもたせる形で再配置しようと、真剣に取り組んだ。[一三]

> **GATSは世界で最初の投資に関する多国間協定であり、国境を越えた貿易だけでなく、輸出市場において〝コマーシャル・プレセンス〟確立する権利を含むサービス業務を提供していくうえでのあらゆる可能手段が用意されている。**[29]

神話　その1：身近になるハイテクと専門サービス業務

米国では製造業部門で多くの人々が職場を失ったり、[一九]合併によって一時解雇に追い込まれるといった報道がなされているが、その一方で繰り広げられている海外でのハイテク産業やサービス産業の活発な動きはあまり注目されていない。

サービス業務は二つのタイプに分かれつつある。つまりコンピュータ・プログラミングや会計士のような高い賃金を得られるような仕事と、企業活動の中心から遠避けられるような低賃金労働である。

例えば、オーエン・コーニング社は資金調達部門や人材斡旋、そしてビジネス・サポートや海外の大学から人材を採用する仕事などの高いレベルの専門職を海外に移している。[二〇]スイス航空は経理部門の大部分をインドに移した。[二一]また、ワシントンDCの郊外にある病院は、診療記録などの資料やファイルをモデムを通してインドのバンガロール（南インドのコンピュータ・ソフト産業の中心地）に移し終えた[二二]（米国では一人当たりの年間給与二五〇〇〇ドル、一方インドは三〇〇〇ドルである）。

米国とメキシコの国境沿いに広がるマキラドーラ地域（輸出保税加工地区）は、元来、輸出向け組み立て製品に税金をかけないところなのに、いまや一つの製造工場もない。スパーマーケット・チェーンは高学歴者を安く雇って、クーポンからコンピュータ・データを入力するために、近くのメキシコの労働市場を都合よく使っている。[二三]複雑な保険の数理計算業務から航空券の予約（アメリカン航空はバルバドス最大の民間雇用者である）に至るまで、「事務処理部門」の仕事を別の場所に移す傾向が定着している。そしてアイルランドやフィリピン、バルバドスなどの国々は、進出してくる米国のサービス業務の起業家たちのために受け皿を用意している。[二四]

一方、ハイテク分野においてはホワイトカラー職を海外に送り出す動きも起きている。アドバンスド・マイクロ・ディバイス社やヒューレット・パッカード社といったシリコンバレーを創り上げた企業は、その雇用を賃金の低い国へとシフトさせている。例えば、多くの米国ハイテク企業が、インドのバンガロールで働くコンピュータ・プログラマーと契約を結んでいる。そこではコンピュータ科学の博士号を持つ人々に対して、年間九〇〇〇ドルが支払われている。[二六]また、ＩＢＭ社の固定磁気ディスク記憶装置製造部門は、当初米国と欧州で始まったが、その後は労働力の安いところに工場を移している。[二七]ウォールストリート・ジャーナル紙は「ＩＢＭ社はアジアのある国とパートナーを組み、共同事業として新しい場所に工場を設けるが、そこではＩＢＭ社員は雇わないことを計画している。これが認可されると、さらにコストの安い地域に

1997年に外国から直接投資総額の5分の3が地球規模の企業合併によってしめられている。これは96年対比で50%も増えている。[31]

移動できるようになる、と考えている。こうしていまある高コストな地域からアジアへ工場を移すことで、ディスク・ドライブの組み立てコストが半分になる」（九四年四月二一日付）と伝えている。[二八]

神話 その2：巨大合併によって雇用者も被雇用者も利益を得る！

ＧＡＴＳ協定が実行に移されて以降、世界中のサービス業務の提供者たちの間で大規模な合併が次々に起こ

アメリカ鉄鋼業分野への債務保証がWTO内で不法補助金として指摘される

歴史に残る輸入の大幅な増加とアジア通貨危機によって引き起こされた3万5000人分の失業の限定付救済をアメリカ鉄鋼業分野へ与えることを目的とした立法は、WTOの不法補助金であるとしてEUに標的にされている。[38] 国々に“回復”への道をたどることを要求するIMF、東アジアでの大規模な通貨下落、輸入価格を下げ続けるブラジルとロシア等の要因で、[39] 米国議会は1999年に緊急鉄鋼業債務保証法を通過させた。法案は、鉄鋼業者向けに10億ドルの債務を保証するために2億7000万ドルを提供するものであり、[40] アジアの通貨危機の反響[41] から鉄鋼業を守るために鉄鋼輸入に歯止めを課すはずだった法案に比べると、影響力の弱い代替案である。1980年代に劇的に再構築されたアメリカの鉄鋼業界は、世界で最も能率が良いのである。

在アメリカEU特使は次のように記した。「鉄鋼業界で発生した深刻な問題を我々は認識しているし、また、国内の鉄鋼業界が直面している問題を議会と行政の両方が考慮すべきなのも理解している。けれども我々は、貿易を粉砕する新しい法にサインし、アメリカが自らの経済の一分野における一時的問題に反応しない旨を決定することを求める。貿易を粉砕する新しい法にサインすることは、我々の視点では、WTOの（社会的）責任に逆行しているように思われる」。[42] 債務保証は世界市場においてアメリカの鉄鋼業分野の相対的信頼を高めるものとして、補助金と補償手段に関するWTO協定に反するとEUは主張した。[43] 皮肉なことに、クリントン政権がWTO協定に違反するからということで、これらの反対意見はもはや無力であると労働組合のリーダーに伝え、割り当てとその他の一面的な行動に常に反対したという理由から、より影響力の弱い法案が練られることになった。

米国において最も多数の、中核的な労働者たちの資金は、1973年のそれに比べて4%も低下している。[45]

り、それが潮流となっていった。WTOはGATS協定について以下のように記述している。「これは世界で最初の投資に関する多国間協定であり」、「国境を越えた貿易だけでなく、輸出市場において〝コマーシャル・プレゼンス〟を確立する権利を含むサービス業務を供給していく上でのあらゆる可能な手段が用意されている」。[三〇] ここでいう［Commercial presence］とは、サービス業務の提供者が集団としてWTOメンバー国の市場に参入し、それらの国々と争い、買収する新しい権利を持つことである。

GATS協定に基いて他のWTO加盟国でもコマーシャル・プレゼンスという

緩和に拠るものである。[58] ますます膨張しつづけるアメリカの貿易赤字は、（製造業といった）輸入競争に打ちのめされた高コスト産業分野での雇用が落ち込んだことを意味している。クリントン政権の公式を応用して、貿易の雇用効果を計算すると、1994年以来、貿易によって85万8000人分の雇用がアメリカで失われたことになる。[59] 賃金水準の高い製造業の喪失の影響は、アメリカ経済が迅速なペースで生み出しているサービス業界の雇用によって相殺されてしまう。アメリカ労働省の報告によれば、現在生み出されている雇用は一般的に、失われてしまったものほど報酬が多いものではない。前者は本来、報酬の少ないサービス分野のものであり、後者は報酬の多い製造業の分野である。[60] 現実には貿易によって職を失った労働者は失った職と同じか、さらに多い報酬の職を見つけるよりも、より報酬の少ない職に就くことを強制されやすい傾向にある。[61] 最後に、家族全体の収入の増加は、中間層の個人的な収入の増加よりも多く、ある意味でこれは、過去に家族の内でほんの数名が働いて獲得できていた質の高い生活を維持するために、より多くの家庭の構成員が労働力となる必要性を示唆している。

新しい権利を得ることで企業は、サービス分野で増えている統合をさらに促進している。九八年は「巨大な吸収合併」の年といわれている。この年には合併や企業買収取引は一万二五〇〇件以上行われ、総額は一兆六〇〇〇億ドルを越したという記録が残っている[二二]（『フォーチュン』誌、九九年八月二日号、四五ページ）。

合併吸収のほとんどが金融業と通信業務に属するもので、これらは今のところ最も多くＷＴＯの規制緩和を享受し、その多くが国境を越えて行われている。[二三]

実際のところ、企業が行う外国投資の性質が変わってきている。直接投資の六〇％が国境を越えた合併吸収で占められており、これは九〇年代で最も大きい数字である。[二四]

企業による整理統合、合併や吸収は一時解雇という事態をもたらす。[二五]合併の結果過剰になった労働者を解雇することは、結果として、巨大企業の株価を大き

WTOの公約はさらに破られることになった。アメリカの収入増加の夢は具体化せず、赤字が増加した。

ウルグアイ・ラウンドの包括的な経済の影響力の査定が、すべての秩序が段階的に完全に採用されるまで着手されない一方で、クリントン政権は鍵となる2つの短期間の公約を打ち出した。それらはウルグアイ・ラウンド協定の発効から5年経た今、評価することができる。

・政権は、ウルグアイ・ラウンドが輸出の増加により雇用の増加を生み出して、1156億ドルのアメリカ貿易赤字を10年で、600億ドル減らすと約束した。(53)

・政権は、ウルグアイ・ラウンドが承認されれば、毎年各家庭に1700ドルの収入増加があると約束した。(54)

貿易赤字：アメリカの貿易赤字は、1994年と1995年には980億ドル、1998年には1640億ドルといったように、WTOの発効以来、着実に増加してきた。(55) 政権の予想が長期間で実現化されるためには、赤字は今後6年間に毎年210億ドル減少しなければならない。だが、アメリカの貿易赤字は1999年の中頃までには2180億ドルにまで膨らみ、1999年年末には、空前の記録になるほど増えると予想されていた。(56)

中間層の収入：ウルグアイ・ラウンド協定が発効されてから、どの年をとってみても公約である1700ドルの中間層の収入増にはつながらなかった。(57) 過去の2、3年の間の僅かな収入増は、貿易に拠るのではなく、むしろ連邦準備制度理事会の金融

く押し上げる主要因になる。(三六) バランスシートの上では従業員のカットはコスト削減や純益増として表れる。数多くの分野で展開された合併吸収ラッシュは、世界の労働人口の三分の一に相当する約一〇億人を失業や不完全雇用の状態に追い込み、事態を悪化させた。(三七)

神話 その3：自由貿易は生活水準を高める！

一般的な経済理論によると、自由貿易を進めることによって、すべての国で貿易拡大による利益（つまり、すべての消費者に輸入品が安く手に入る）が得られるという。しかし、この理論はそれぞれの国の中で「勝者と敗者」が生まれることを示している。米国では、この二五年の間に、多くの労働力が「敗者」へと組み込まれていった。(四四)

米国ではGDPに対する輸入の割合が七三年以来二倍以上に増えている。当時、エコノミストたちはこうした事態をグローバリゼーションの襲来だ、と説明した。(四六) ところが現実には米国の労働者たちの平均賃金は七三年以降下がっている。また、最近のような九年以上に及ぶ好況期のあとでさえ、平均賃金はようやく景気後退前の八九年水準に到達したという状態である。米国労働者の平均賃金はいまだに七三年水準より四％下に放置されたままなのである。(四七) このことは七三年以前の事態と、はっきりした違いがあることを示している。米国の労働者は四六年から七三年にかけて七九％もの賃上げを獲得していたからだ。(四八)

賃金水準が悪化する一方で、米国企業の収益は増えている。国民所得に占める法人利益のシェアーは、前回の好況時に比べて三・二％増加している。(四九)

増え続ける貿易は米国の労働者を痛めつけている。経済学者たちは、輸入がどんどん拡大した結果〝中の上〟クラスの仕事が奪われ、(五〇) しかもそれだけではなく、輸出によって創り出された仕事が、輸入競争によって失ってしまった仕事に比べて決して高い賃金をもたらさなかったことに気付いたようだ。過去一五年間に及ぶ輸入シェアーの拡大の結果、輸出シェアーの拡大が生み出した仕事の約二倍にあたる、高い賃金が貰え優れた技術力を必要とする仕事が失われた(五一)。輸入の急拡大によって厳しい競争にさらされている企業の賃金は、輸出が急増している部門で支払われている賃金より四・五％高い(五二)（ロバート・コットほか著『良き仕事、外に流れ行く』経済政策研究所、九七年一〇月）。

ウルグアイ・ラウンド協定はどの業界の利益にもなっていない。それどころか、WTOは重要な役割を果たしている小規模企業の利益を、ある部分は促進し、またある部分を禁止するなどによって蝕んでいる。

〈WTOは小規模ビジネスの発展を蝕んでいる〉

WTOが規模の小さい地方の生産者ではなく、大規模な多国籍企業に味方していると評される理由の一つが、その取り決め自体が大企業が利用しやすいように準備されているという点を指摘しておこう。例えば、ウルグアイ・ラウンドの新しい規定の多くが小規模なビジネスの領域外のところにその対象が向けられていることだ。外国における通信システムの管理だとか、外国で銀行業の免許を取るとか、さらには工場の再配置、外国企業の買収、世界中で製品の売り込みを図るといった事などである。しかも、こうした仕事は知的所有権の国際的保護を必要とするものばかりだ。さらに付け加えると、GATTやWTOの裁定者たちが、小規模なビジネスの利益に対して明確に敗訴の判断を下した事例はいくつもあった。

最初に紹介するのはGATTが九二年に出した裁定にかかわるもので、カナダ政府が米国政府のアルコール製造業に対する免許や販売のやり方、さらには小規模なビール会社に対する減税措置の在り方など、さまざまな点について異議申し立てを行ったことがある(六二)（九一年四月一二日DS／二三／二）。これは関係者の間で「ビールII」としてよく知られている訴訟で、GATTの裁定者は米政府が大規模生産者より小規模生産者を優遇するのは許されない、との判定を下した(六三)。その理由は、小規模な生産者を優遇すると外国の大ビール会社に対して差別的な印象を与える、というものだった。また、GATTの裁定者は以下のように述べている。連邦主義制度という考え方の下で、多くの州がそれぞれのやり方でアルコール販売や免許の手続きを行うことはかなり面倒であり、ＧＡＴＴ規定では認められない。何故ならば、結果として輸入ビールが高くなってしまう――と指摘している。(六四)

カナダ側が申し立てた主な内容は、米国がビールに高い関税をかける一方で、年間生産額が二〇〇万ドルに満たない米国内の小規模なビール会社が製造した六万樽の製品に対しては、当時適用されていた最も低い税率を採用していたというものだ。(六五)カナダ側は①年間の生産量の多寡やクレジットの有無によって州政府の関税率に格差を付けることはＧＡＴＴの規定に合致しない、②多くの州でアルコール飲料を販売する場合に必要とされる要件が輸入ビール側に対し多大な負担を強いている――などと非難した。(六六)

米側は、小規模なビール会社に対して低い税率を適用することは、小規模な産業を振興するという意味からいって不当ではないと主張。(六七)一方、カナダが異議を唱えていた米国で州ごとにアルコール販売や免許の手続きが異なるのは、地域社会の福祉の向上に貢献するとともに、連邦制度の持つ固有のシステムの結果であり、各州が任意でこうした仕組みを作り上げたのだと反論した。(六八)ここで問題になった州によって異なる手続きというのは、具体的にはアルコールの販売、流通、さらに消費に対する規制がどうなっているのか、また、どういう形がふさわしいのかを確かめようというもので、ＧＡＴＴの裁定者たちはこの二つについて、ともに反対した。

一つは、政府が小規模な生産者に対し経済成長を高めるという目的で、政府の基本的な権限である租税制度を利用してはいけない、という点である。特にミネソタ州、オレゴン州、ミシガン州、そしてウィスコンシン州とオハイオ州そしてペンシルベニア州の法律に関わる問題が俎上に上った。ＧＡＴＴは、これら各州の減税措置は米国以外の生産者に対する差別的なものではなく、国内で事業を行う小規模な事業者を対象にしたものであったとしても、それらの州のビール会社に対してだけ減税措置を講じたことを非難した。(七〇)最近の事例を見ると、ＷＴＯの対処法も、小規模ビジネスの振興に関わる政策判断がウルグアイ・ラウンド協定から強い影響を受けていることが窺われる。

訴訟 その2：WTOは巨大店舗に立ち向かう小規模ビジネス向け奨励策をないがしろにしている！

日本の大規模小売店舗法（略称：大店法）は、大規模な小売店が営業を始める前に徹底的な公聴会や経済、交通、環境そしてその他についてのアセスメントを行うことを決めている。（七一）この法律の目的は地域に立地する小売店など小規模なお店の経営を維持し、促進することにある。この法律は、交通や環境破壊など社会的コストの高さを考えることなく、大企業が推し進めようとする不公平な競争を事前になくすことによって、小さな商店の活動領域を確保しようと考慮されている。また、この法律は国内だけでなく海外からの投資者に対しても、一定以上の規模の小売業者すべてを総合的に保護するプロセスが用意されている。

米国の通商代表部（USTR）はこの法律に対して二つの方向から攻撃を加えた。米側はまず、コダック社が写真フィルムと印画紙について、日本側の措置は輸入に対する障害になっているとWTOに提訴している間に行われた。（七二）地域の小さな販売店よりも大規模な小売業者の方が輸入品をより多く売りさばける傾向があるという理由から、大店法は貿易活動を阻害する、と非難したのである。（七三）

しかし、WTOの裁定は、大店法には小売店の輸入販売を妨げるような規定は何もないとし、この事例について米側が立証することは不可能だと判定した。

第二に、米側はWTOに対して、GATS協定の下でのパパママ・ストアー（零細小売業者）についても苦情を持ち込んだ。その根拠として米側は、日本の大店法が求める公聴会の開催や影響アセスメントなどの諸手続きは、外国業者の日本市場への接近に障害をもたらし、結果として日本の小規模な小売業者の抵抗力を強めている、と非難した。（七五）

USTRがWTOに持ち込んだこれらの訴訟はいずれも裏付け資料に乏しいものだった。例えばUSTRは小企業が大規模な小売店の営業活動を制限するために開店日を遅らせたり、営業時間に制限を加えるなどの目的でこの法律を悪用した、と述べた。[七六] さらにＵＳＴＲは、この法律で厳密に決められているいくつかの分野に関連して、大規模小売業者は小売業者に競争を持ち込まないようにしようといった類いの〝特別な約束（密約）〟を取り付けることができる、とも指摘した。[七七]

米国と日本との政府間交渉は九六年に始まり、九八年にコダック訴訟が解決するまで続いた。日本政府は九八年五月、従来の大店法を廃止し、代わりに「大規模小売店舗立地法（略称：立地法）」を成立させ、米側の要求に従う形を取った。[七八] この新しい立地法は旧法とは違い、環境と交通面での影響アクセスだけを行うと決めており、地元の小売業者と大規模小売店との競合云々は、以来、考慮の外に置かれる事態に変わった。[七九] ＷＴＯが惧れたのは、ウォールマートや日本での同規模の小売業者が市場支配をしやすくするために、小規模ビジネスの経営者を犠牲にするといった方向に政策が変更されるところにあった。

〈ＷＴＯ／ＧＡＴＳ協定：合併、競争そして消費者問題〉

近年、サービス分野で起きている世界規模での合併や事業規模の拡大という事態は、先進諸国と発展途上諸国の消費者、労働者、そして小規模なビジネスの経営者に対し、多くの危険な信号を発信している。

合併・吸収そして反競争的慣行

自由主義経済哲学の一部分を構成しているのが「専門化」と「規模の経済」の増進である。皮肉なことだが「規模の経済」をどんどん進めて行くと市場独占、つまり最も非効率的な状態になるのである。巨大企業の権限が強くなると、何の制限も設けられずに市場参入が保証され、企業がカルテルを結んだり、価格を硬直的に決めるなど反競争的な商習慣に浸ることで世界市場での独占を確立しようとする。この結末は、競争の結果生まれる利益は、本来なら企業が奉仕すべき社会に還元されなければならないのに、それとは逆の目的、つまり規模の小さい競争相手を排除し、市場参入を制限する結果に終わってしまう。

ＷＴＯは消費者と企業家利益の競合を調整するような取り決めにはなっていない。確かに、現在の米企業は米国内で展開される反独占政策を弱める手段としてグロバリゼーションを利用している。米企業は、彼らの業務範囲が世界に拡大している事を理由に、自国の独占禁止政策を解釈し直すよう当局に圧力をかけている。米国アンティトラスト協会のアルバート・Ａ・フォール会長は「この議論の筋は、これらの企業が国内だけではなく、世界で競争しているのだから、国境を超えた競争の性格を考慮して独占禁止規制は、より寛大に解釈されるべきだ」（九九年八月八日のパブリック・シティズンのファイルから）と述べている。（八〇）

世界中で市場を確立している一握りの巨大な米娯楽産業コングロマリットは、競争というものの国籍を超えた特質をよく知っている。娯楽産業で進む世界規模の合併は、特有の問題を生み出している。というのも、国家はしばしば文化的な多様性や自国のアイデンティティを守るために映画やテレビ、ラジオ、そして出版などのいわゆる「文化産業」へ、外国企業が参入することを規制しようとする。国内の映画館やレコード会社、あるいはテレビ会社や出版社が、外国の娯楽コングロマリットとの競争に負けて従来の仕事から撤退していくという事態は、単に従業員の仕事が奪われるというだけではない。地域の遺産や伝統文化を反映する製品のすべてが市場から姿を消すことになってしまう。

それ故に、文化産業をＧＡＴＳ協定に含めるという提案は、ハリウッド映画によって国内の映画やオーディオ・ビジュアル産業が完全に支配されるのを防ごうするフランスやカナダと、米国との間で大きな論争点となった。（八一）結局、ＧＡＴＳ協定のいくつかを、文化産業の特性に適応させるということで妥協が成立した。まず第一に、ＭＦＮ（最恵国待遇）が、一般的に文化産業に適用される唯一のＧＡＴＳ協定で

米通商代表部「通商法301条委員会」に宛てた手紙の中で、米国商工会議所はアメリカ文化の優越支配から自らの市場を守ろうとするすべての外国政府を非難している。(89)

（1996年4月12日付）

ある。[八二]第二に、GATS協定はいかなる「例外」（いわゆる文化産業に努力してつくりあげた）規定を含んでいない。と同時に、各国はオーディオ・ビジュアル・サービスに特別な関与を差し控えることを認める。[八三]このような形で米政府はウルグアイ・ラウンド協定締結という目的のために、ハリウッドが得るであろう利益を犠牲にしたと考えられている。

GATS協定が文化産業について包括的な例外規定を設けていないために、他のあらゆるサービス業務と同様、GATS協定に沿って将来は自由化が検討されることになるだろう。また、いまのGATS協定においても、WTO加盟各国は他国の法制に対してさまざまな形で挑戦することが認められている。例えば、外国雑誌の参入を禁止したカナダの法律に対して米国が挑戦し、WTOがカナダに敗けの判定を下した例がある。米側は、製品（この場合は雑誌）の非差別待遇を求め、GATT規定に基づいて訴訟を起こしたのである。

訴訟 その2：WTOは文化的多様性に対してNOを突き付ける！――カナダの雑誌

サービス部門における自由化は、近年すでに、文化産業へ衝撃をもたらしている。最近の米国の報道では、ハリウッドの映画会社がサービス業務、つまり映画製作や音響、セット・デザイン分野の仕事をカナダに移したと、伝えている。[八四]これは文化産業についてカナダ政府が特別に保護的であるとか、また、テレビや映画、出版活動において既に一般的な傾向である米国支配を排除しようとカナダ側が懸命になっていることと併せて考えると、極めて皮肉だ。[八五]

WTOに対する政府内外で多い批判点は以下のようなものであろう。娯楽産業の輸出分野で米国が担っている役割が大きいために、文化の世界単一化が促進され、消費者中心主義の考え方が広まってしまうということになる。WTOが、最近カナダに対していわゆる「SPLIT-RUN」雑誌（既存の外国雑誌から当該国の読者が関心を持ちそうな記事だけを選んで再編集したもの）に禁止裁定を下したことは、一国の文化活動とはいっても、「自由貿易」の原理を外すことは出来ないということを示している。WTOの規定では、国家もその土地の文化の形を守ろうとする事柄も、世界中に製品を売る歩く娯楽産業コングロマリットの権利の前には顔色無し、ということになっている。実際、米国政府はタイム・ワーナー社の代理人になってカナダの文化政策に挑戦した（『ニューヨーク・タイムス』紙、九七年七月一日付）(八六)。カナダは外国雑誌に対して市場を閉めるどころか、カナダにおける英語雑誌の半数、雑誌販売店で売られているものの五分の四が、海外からのもので占められている(八七)。しかしながら、九七年にWTOはカナダに対して国籍に基づく雑誌市場の規制を保持してはならない、と裁定した。

九六年以来、米政府はカナダが「SLIPT-RUN」雑誌にかけていた関税につき、WTOに異議申し立てた(八八)。それらの雑誌は外国で編集された内容をカナダ向けに特別に編集をして、広告スペースもカナダ国内で売りさばかれ、宣伝活動がなされている(九〇)。カナダ政府は米国で刊行されている巨大な雑誌に広告収入を奪われることを惧れ、小規模なカナダの出版社を守る目的で税法を制定した。カナダ政府は地元の雑誌社が米国に本拠を置く出版コングロマリットとの競争で生き残れなくなることを心配したわけだ。

九五年になって、カナダ政府は「SLIPT-RUN」雑誌に対し八〇％の内国消費税を課すことにしている「六五年法」を改定した(九一)。このような行動にカナダ側が踏み出したのは、雑誌「スポーツ・イラストレーテッド」による「SLIPT-RUN」関税にかかわる脱税、つまり同誌の発行元である米国のタイム・ワーナー本社が、その前の年に、関税の適用を避けるために衛星を通じてカナダ向けに記事を流したからである(九二)。

九六年、米政府はカナダの雑誌輸入政策についてWTOに異議申し立てを行った(九三)。米側の主張は①八〇％という高い税率、②六五年以来続けられている「SLIPT-RUN」雑誌に対する課税の在り方、③輸入雑誌に適用される高い郵便料金――に反対する意志の表明だった(九四)。

一方、カナダ側は、米国版のスポーツ・イラストレーテッド誌の広告収入はカナダ版の発行経費以上に高額である、と反論、自らの税制を擁護した(九五)。この一件についてニューヨーク・タイムス紙は「スポーツ・イラストレーテッド誌は最も安い料金でカナダ版の広告スペースを売ることによって、小規模なカナダの出版会社に脅しをかけている」と伝えている。カナダにとって、タイム・ワーナー社が広告の安売りをしたことはダンピ

ングの罪（市場を独占するために製品価格を下げて売ること）に等しいことだった。（九六）

カナダ側から見れば、自国のジャーナリズムそのものの存亡に関わる問題なのである。カナダ出版会社が広告収入を失い、そのビジネスから撤退していくとカナダという地域に根差した記事が減っていく。その代わりに登場してくるのが米国のジャーナリズムであり、これはカナダに対する文化帝国主義をもたらすことになる。

この雑誌訴訟問題は、米産業界の中ではアメリカン・カルチャーそのものをどう守るか、といった観点から受け止められた。後に、米商工会議所がUSTRの通商法三〇一委員会に宛てた手紙の中で、米国文化の優位性から自国の市場を守ろうとするすべての外国政府を非難している。（九七）

九七年三月、WTOはカナダ政府の方針は差別化や輸入規制を禁止しているGATT規定に違反しているという裁定を下した。（九八）後に、この決定は上訴されるが、そこでも是認された。（九九）

そこでカナダ政府は、米国が望んでいるように、雑誌の輸入を無制限に認める代わりに広告サービス業務の売買を規制することを目的とした法律を立法し、提案する手続きを取った。（一〇〇）これは論争になった法律より、緩やかなGATS協定で認められた分野に手続きが移ったことを示している。つまり、カナダ政府は九七年のWTO裁定に従いながらも、その一方では、自国の産業や文化を保護するという力を持ち続けることが出

カナダはWTOにおけるアメリカの食品証印に異議を唱える可能性がある

WTO法の下では、アメリカの食品証印と学校給食プログラムで奨励金は成り立っているか、という問題をカナダ政府は取り上げるだろうと最近カナダの農水局の役員は示唆した。社会保険プログラムは国内農業の奨励金とみなされるべきだ、というカナダの酪農家グループの立場をカナダ側の貿易交渉担当者は取るのかと尋ねられ、カナダの農水省の官僚は、〝（シアトルでの）議論の一部は、国内奨励金が何で成り立っているかという定義の話になるに相違あるまい〟と述べ、それらの社会保障プログラムの幾つかは、〝間違いなく〟その定義に集中するだろう。(112)

来たわけである。[一〇一]

ＧＡＴＳ協定は下から、つまり紛争当事者側の要求を積み上げて決めていくものである。だから、カナダ側は広告を排除しながら、広告サービス業務を外国に売買することに関する規制を保持できたのである。

米国はこのカナダの措置に激怒した。ＮＡＦＴＡ協定の下でカナダが与えられていた優遇措置が停止され、米側は四〇億ドル相当の輸入制裁措置をカナダに提示、脅しをかけた。[一〇二] 結局、九九年五月にはカナダが新立法を破棄するよう圧力をかけられた。その結果カナダ政府は出版物の中身について相応のカナダ的な内容が〝実質的に〟維持されておれば、米国の出版社がカナダの得意先に対して一八％分の広告スペースを売ることを認める――という米側との約束事項を廃止することになった。[一〇三] しかしここでいう〝実質的に〟の中身が米国とカナダの取り決めの中で、はっきりと定義されていなかったため、この協定はカナダ出版界

健康福祉（ヘルスケア）サービスが シアトルラウンド　のための産業によって標的となっている

アメリカの健康福祉産業は、さらなる世界規模の自由化、民営化、そしていわゆる〝新競争的で規則的な改革〟を健康業界で促進させるために、WTOのシアトル閣僚会議を用いたがっている。[118] さらに悪い事には、アメリカ政府は公式に、健康福祉分野での自由化の援助を決断した。[119]

シアトルでの健康福祉についての広く、柔軟な交渉を求める文面で、公的運営と健康福祉に関する規制が、個人経営の福祉サービス提供者の海外市場進出を困難にしている、と業界側は不平を述べた。[120] 健康福祉の業界によると、現存の規制は概して振興しつつある市場では問題ではない一方で、OECD諸国の規則は特に過剰である。[121] その結果として業界側は、アメリカの代表団が発展した国では規制緩和を、発展途上国では民営化を促すことを望んでいる。

だが、プライバシーの保護と秘密厳守の規則だけではなく、健康福祉の専門家の認可に関する規制撤廃に行政が熱心に取り組むにつれて、健康福祉の分野での規制緩和は顧客をますます、無防備な状態のままに放置することになる。[122] これらの協議事項は、アメリカの議会で要求された時に、繰り返しないがしろになってしまったのである。

の「身売り」と評された（一〇四）。こうした経緯を踏まえて、カナダ政府は産業界を支援するための「ミリオン・ダラー」基金を設立した。だが米国の出版業界は、我々も新しいこの補助金を受ける資格がある、と主張を展開している（一〇五）。

金融サービス部門の合併と市場の脆弱性

資本移動の自由化に伴って金融サービス部門での合併が増え、そのことが金融市場に不安定さをもたらしていることは、いろんな調査報告で指摘されている（一〇六）。九七年のＷＴＯ金融サービス協定は世界的にも巨大な金融分野における多国籍企業が、吸収、合併、あるいはそれに類したことを始めることで商業上の存在価値（COMMERCIAL PRESENCE）という権利を確立し、そのことによって新しい市場への道を切り開いてきた。しかし、それらの金融機関は、その後の世界経済を混乱に陥れたアジア通貨危機の引き金を引いたり、米国内における投資信託や年金信託の安定度を危うくさせた。

国際決済銀行（ＢＩＳ）報告によると、外国為替の総取引量は九五年から九八年の間に二六％も増え、一日の取引高は一・五兆ドルに達している（一〇七）。この売買取引の多くは金融サービス産業によって行われている（一〇八）。しかも、そのほとんどが貿易や対外投資を円滑にするという目的ではなく、大部分が投機的取引（僅かな通貨変動を見逃さず、利益を得る目的で行われる売買（一〇九））である。アジア通貨危機の最初の出来事、タイのバーツ貨の切り下げは、この結果生まれたものである（一一〇）。

サービスへの消費者の基本的なアクセス

ＧＡＴＳ及びＴＲＩＭ協定は、すべてのＷＴＯ加盟国の投資家に対して「内国民待遇」を与えるよう求めている。このことは、外国企業が国内の企業や国営企業と同様の公共サービスを受ける権利があることを意味している（一一一）。とりわけ、発展途上の国々が、国際通貨基金（ＩＭＦ）から強い要請で公共的資産の民営化を迫られている。これらのサービス部門については、GATS協定によって外国との競争に開放することが義務付けられている。電気、電話サービスや水道、ガスといった公益企業は民営化され、GATS協定の下で外国企業に吸収合併されている。こうして基本的なサービス業務への地域アクセクに対する脅威が増え続けていくであろう。公益事業の民営化は、グローバリゼーションの顕著な一つの特徴である。(一一三) これはまた、そのようなサービスにおける究極的な貿易の最初のステップとなるだろう。

仮に、基本的な公益サービス業の民営化が進み、GATS協定のルールに従って自由化が着実に行われていくと、多くの消費者がそれらサービースにアクセスすることが出来なくなるかもしれない。例えば、米国では地方に住む消費者の電気や電話サービスが都会の消費者に比べて高くなりかねない。価格面において地域格差が生ぜず、誰に対しても平等なアクセスを保証するために、公益事業は国から補助を得ている。(一一四) 公益事業に対する規制がない場合、大企業は基本的サービスについて遠隔地に住む消費者に対し価格面で不利な扱いをするなど、価格支配に乗り出すに違いない。こうしたことは、水道の民営化をした多くの途上国で見られる現実である。例えば、パキスタンでは公共水道が付設されている豊かな家庭に比べて、民間の水道業者から買った水を使うスラムの住人は八三倍も高い料金を払っている。(一一五) インドネシアでは、水道業者から水を買う貧しい人達は六〇倍もの料金を支払っているし、ペルーでは、その差は二〇倍に達している。(一一六)

それに加えて金融サービス分野では、一部の多国籍企業の中で、規制緩和と自由化が進んだ結果、経営をしている場所とは全く関係のないところでの合併が盛んに行われている。こうして、巨大な多国籍銀行の経営者は、資本市場から地域性を締め出してしまうことが出来る。(一一七)

〈シアトル会合向けのサービス・アジェンダ〉

こうした危険信号にもかかわらず、米政府はGATS協定の下でサービス部門だけではなくヘルスケアーや教育分野における規制緩和を促進し、自由化推進を支持している。[一二三] 仮に、金融サービス産業で示されたような前例がヘルスケアー産業で繰り返されたとすれば、関係業者の大合併によって、文字通り世界中の死と生命を二つながら握る巨大で独占力の強い存在（マンモス企業）が創り出されてしまうだろう。合併へと向かうこうした動きは、ヘルスケアー産業や医薬品業界でも広がりを見せている。例えば、九七年のヘルスサービス分野における合併・吸収件数は米国内だけで六四〇、二番目の多さである。[一二四] こうした合併・吸収は主として膨大な利益を上げている病院系列と管理された医療提供者の間で行われている。その結果、ヘルスケアーへのアクセスが減り、議会から強い反発を招いている。議会では現在「患者の権利を確保するための法律（Patient's Bill of Rights)」が論議されている。[一二五] この法律は金儲け主義で提供される過剰なまでのヘルスケアーとその危険性から患者を守ろうという意図が込められている。

だから、ＷＴＯのシアトル会合で提案されたサービス分野におけるさらなる自由化と規制緩和は、大きな議論を呼ぶだろう。サービス業務分野における自由化促進の最も強い支持者である米政府は、新しいＧＡＴＳ協定の下での交渉を成功させるために圧力をかけ始めている。対象はテレコニュケーション、流通、オーディオビジュアル、建設、旅行、教育、健康産業、そして政府調達と多方面にまでわたっている。[一二六] これらすべてのサービス分野を一度に交渉の場へ持ち込むことで、交渉相手国を弱い立場に追い込もうとしている。米国との交渉相手国は、自国がどうしても保護したいサービス業務がある場合、その免除を米側にお願いしなくてはならない。また、協定を結ぶ最終段階になると、違った分野で妥協することを条件にしなければならないといった事態も起き、それだけに米側に対して弱い立場になってしまう。発展途上国はサービス分野においてこれ以上の自由化に応じることを惧れている。[一二七] どうすれば自国の旅行業や海洋スポーツ産業、建設業を外国資本から守ることができるのか、彼らは強い関心を抱いている。[一二八]

（訳協力　見原礼子）

第7章

WTO体制下の基本的人権と労働者の権利

Human and Labor Rights Under the WTO

この章において……

事実：

●フランスのアスベスト禁止が攻撃対象に：カナダはフランスが欧州連合八カ国と共に発ガン性があることが知られているアスベスト禁止に踏み切ったことに対し、貿易ルール違反としてWTOに提訴した。アスベストの主要生産国であるカナダは、フランスの全面禁止が、貿易に最も影響の少ない政策であり、「なおかつ」国際的基準に基づいた政策であるべきというWTOが課している要件を満たしていないと主張している。そして産業界の影響力の下にあるこういった基準は、アスベストの禁止ではなく「管理された使用」を求めているという。労働者の安全性に関する最も顕著なWTOの裁定となるはずのこの問題は、すぐには結論が出そうにない。しかし、もしWTO裁定委員会が（WTOの信用を落とさないために政治的な決断をせず）WTOルールをそのまま当てはめるならば、フランスの禁止令は不当な貿易障壁とされてしまう恐れがある。

●ビルマに関するマサチューセッツ州の調達政策：欧州連合と日本は、ビルマの独裁政権と取り引きのある企業にペナルティーを課すマサチューセッツ州の選別的購入法は、ルール違反だと訴えた。暫定軍事政権を経済的に締め上げようというこの政策は南アフリカに関するアパルトヘイト反対運動にヒントを得たもので、ビルマの民主化運動の指導者たちから要請のあったものである。しかしWTOの調達ルールは、政府の調達決定にあたり人権などの非商業的要素の検討を禁じている。また、どういうことが行われているにせよ、すべての国は同じ扱いを受けなければならないとも定めている（最恵国待遇）。アメリカの「USA・インゲージ」という企業を代弁するグループが国内の裁判所で係争中なので、WTO裁定は棚上げとなっている。

●ナイジェリアに関するメリーランド州の調達政策：マサチューセッツ州の調達政策問題が山場にさしかかったころ、メリーランド州はナイジェリアの軍事独裁政権に圧力をかけるために選別的調達規則を可決成立させようとしていた。クリントン政権はただちに国務省から州議会へ幹部職員を送って働きかけた。そしてWTOルールに抵触する恐れがあり、提訴される可能性があることを国務省を代表して証言した。余裕をもって可決すると見られていた法案は、一票差で否決された。

概念：

●**政府調達に関する協定**：この協定は、何兆ドルにも達する物資やサービスの調達を対象としている。その条件は、国として考えること（従って国内の問題について選別的調達はできない）、最恵国待遇を与えること、そして決定に当たって（人権、環境、労働者の権利などの）非商業的要素を考慮してはならないことである。

●**労働者の権利に関する問題を取り上げるべき機関は、WTOではなくILO**：クリントン政権を始めとするWTO加盟国は、労働者の権利に関する問題をWTOでは取り上げず、強制力のないILOが取り上げるべきだと明記している一九九六年シンガポール閣僚会議宣言に署名した。同宣言はまた安い労働力を利用したほうが先進国に有利であると明確に述べ、「保護主義者」が労働者の権利の問題を取り上げるのはこの「利点」を損ねることになると厳しく非難している。

●**WTOでの労働者の権利問題に関するクリントン政権の発言は二枚舌**：WTOに向けて労働者の権利の問題をしばしば口にしながらもクリントン政権は、一九世紀のイギリスのような労働者搾取へと後退しつつある。クリントン大統領は労働者の権利を擁護する格調の高い演説を行なって「話術戦略」を展開する一方で、労働者の権利など押しのけて「NAFTAアフリカ版」法案やFTAA構想というNAFTA拡張交渉を進めるという現実主義的な貿易政策を取っている。同政権はシアトル閣僚会議に向けては、労働問題を引っ込めた。

●**児童労働による商品の禁止はWTOルール違反**：WTOルールは「どのようにして」生産されたかによって製品を区別することを、加盟国に禁じている。従ってアメリカによる児童労働による商品の輸入禁止は、GATT／WTOルール違反とされる。最近クリントン政権はILOの搾取的児童労働に関する条約に署名して名をなしたが、児童労働による商品の取引を禁止する法律を使って同条約を実行しようとするとWTO違反となるのだから、同政権の真意が疑われる。

●**サービス提供者の移住は可、政治亡命者は不可**：WTOのサービス協定は、サービス提供者を移民規制から一部免除することを各国に求めている。これでは自国での政治的訴追を逃れるなどの重大な非商業的理由でアメリカに入国しようとする人々を締め出すことのできる移民規制が、機能しなくなる。

ＩＬＯは「国際的に認められた労働」条件を定め、それに照らして判断を示す有能な組織である。従って労働条件を向上させるためにＩＬＯが果たしてきた役割を、私たちは評価する。貿易を拡大し、自由化をさらに押し進めることによって経済の成長と発展を図ることは、労働条件を向上させるうえで有益であると、私たちは確信する。労働条件を保護貿易の擁護のための口実にしてはならない。またそれぞれの国、特に賃金水準の低い発展途上国の相対的利益に疑問を投げかけるようなことは、絶対にあってはならないと考えている。[一]

――一九九六年一二月のＷＴＯシンガポール閣僚会議宣言。クリントン政権と一三一カ国が署名した。

全般的にウルグアイ・ラウンドは巨大多国籍企業が世界中に生産拠点を移転させ、商品やサービスの販路を広げるのに好都合な世界的な商業環境を作り出す。このことはウルグアイ・ラウンドが企業に認めている特権や保護規定を、地域や労働者に認めている特権や保護規定と比べると、よく分かる。例えば企業は新しい財産権が「知的所有権の貿易関連の側面に関する協定」（ＴＲＩＰ協定）、「貿易に関連する投資措置に関する協定」（ＴＲＩＭ協定）、また「サービスの貿易に関する一般協定」（ＧＡＴＳ）の規定によって認められ、保護されることになった。[二] 他方、労働者の権利は完全に無視され、せいぜい労働者の

"It's the World Trade Organization. Something about noncompliance with GATT."

「WTOからの電話だ。GATT抵触とか何とか言ってるぞ」

権利を擁護する政府の政策は貿易障壁であると考えられるのでＷＴＯルール違反として異議を申し立てることができると述べられている程度である。実際一九九六年一二月のＷＴＯシンガポール閣僚会議宣言は、労働立法に真っ向から対立するような表現が含まれていた。つまり「労働条件を保護貿易の擁護のための口実にしてはならない。またそれぞれの国、特に賃金水準の低い発展途上国の相対的利益に疑問を投げかけるようなことは、絶対にあってはならないと考えている」（傍点は引用者による）と述べられていた。（四）

　同様に人権問題に基づいた他国の差別的な扱いも、明確に禁じられている。したがって人種隔離政策との戦いの中で南アフリカの指導者たちが求めたような禁輸措置は、現行のＷＴＯルールに抵触することになる。ビルマの軍事独裁政権に圧力を加えるためのアメリカのある州の差別的購入法も、ＷＴＯルールに違反しているとして提訴されている。

児童労働によって生産された商品の輸入を禁止するアメリカの提案はGATT違反となると、下院調査局報告書は断じた。(2)

　このようにＷＴＯの打ち出した原則が人権や労働者の権利の保護に及ぼす影響は、計り知れない。労働問題や人権問題に関して企業に基本原則がない場合には、賃金や労働条件をめぐって容赦ない「値崩れ」が起きるだろう。最も低い生産コストを提供できる国が生産拠点の移転によって「勝利」する。しかしその国で働く人々は、ひどい労働条件と飢餓賃金の下で「敗北」する。こういった国との競争にさらされる国の労働者についても同じである。（五）

　労働団体、開発援助団体、また人権グループの間でウルグアイ・ラウンドに反対する声が上がったのは、それが雇用と賃金に好ましくない影響を与えるとの恐れからだけではない。ＧＡＴＴ／ＷＴＯルールが実施されれば労働者の権利その他の国際的人権規定の普及と実現に脅威を与えると考えられたからである。その恐れは、今現実のものとなっている。まず第一にＷＴＯルールは、製品そのものには関係のない「製造加工方法」（ＰＰＭ）を理由にして差別することを原則的に禁止している。（六）「製造加工方法」というのは生産方法を取り上げることを言い、製品の物理的特性や最終的利用法に基づかない区別を設けることを指す。この規定によって市民や消費者は、企業や各国政府に人権問題の改善を迫る手段をほぼ全面的に奪われてしまう。第二に最恵国待遇規定に基づいてWTO加盟国は他のWTO加盟国に対して、異なる待遇を与えてはならない。つまりある国に対して認めた待遇は他のどの加盟国にも認めなければならない。第三にWTOの「政府調達に関する協定」（AGP）は政府が購入を決定する際に非商業的要素を検討することを禁じている。それによって環境保護や社会的影響を考慮して優先的に購入したり、ILO条約や国連人権会議に反した条件の下で生産された商品の購入を禁止したりする調達ルールは、WTOルール違反とされてしま

最近特に熱心にクリントン政権は搾取的児童労働に関するILO条約の締結を提唱しているが、新条約に従って児童労働による商品をWTO加盟国が市場から締め出そうとすると、WTOルール違反となるだろう。

クリントン大統領は1999年のシカゴ大学での卒業式のスピーチの中で、最も搾取的な児童労働を禁止する新しいILO条約の締結を呼びかけた。[7] 次にスイスのジュネーブへ向かった彼は、そこでマスコミに囲まれながらその提案に署名した。このILOの新しい条約は表現があいまいなために、労働界からも児童労働問題の活動家からも非難されている。すべての児童労働を禁止しているわけではなく、売春や奴隷労働のような最も「搾取的な」ものだけを対象としているからである。しかも表現を弱めたために、少年少女を兵士として使うことを禁止するには至らなかった。次に最も皮肉なことには、こういったあいまいな表現に基づいて規制しようとすることすら、WTO違反の可能性がある。ILO新条約は、商品がどのようにして作られたか（すなわち搾取的児童労働によって作られたか？）に基づいて区別を設けることを、求めている。現在のWTOルールではどのようにして商品が作られたかに基づいて自国の市場に受け入れる商品を区別することは、加盟国に許していない（生産と加工については第１章参照）。従ってアメリカは児童労働を禁止することはできても（またそうしても）、ILOの新条約に違反している他国で作られた製品のアメリカ国内での販売を禁止することは、WTOルールに照らす限りできないことになる。

う。最後にWTOの紛争処理機関は、労働者の安全のためのセーフガードを技術的な貿易障壁であるとする裁定を下すことができる。

結局こういったWTOルールは、労働者の権利や人権の保護を世界中で進めるためにこれまで取られてきた方法の前に立ちふさがる壁となっている。非常に悪質な児童労働を禁止したり、減らそうとしても、WTOのさまざまなルールのどれかに引っかかって異議申し立ての対象となる可能性がある。実際、下院調査局（コングレッショナル・リサーチ・サービス）のある研究報告書は、児童労働によって生産された商品の輸入を禁止するアメリカの提案はGATT違反であるとの判断を示している。(八)

労働者や労働組合は先進工業国においても発展途上国においても、一九九四年のウルグアイ・ラウンド協

クリントン：労働者の権利の問題を口にしながらも後退

クリントン政権は貿易問題と労働問題に関して二枚舌を使っている。1996年のシンガポール閣僚会議では労働者の権利に関する作業グループをWTO内に設ける後押しをするという最低限の約束をしておきながら、労働問題はWTOではなく国際労働機関（ILO）が扱うべきだと明言しているシンガポール閣僚会議宣言に結局署名した。

労働問題を各国が議論する場としてWTOではなくILOがふさわしいという意見を支持したクリントン政権は、決定的な決断を下したことになる。世界中の多くの労働組合がWTO加盟諸国に、拘束力のある労働力問題担当部をWTOに設けるように支持を求めてきた。産業界は昔から、ILOこそが労働問題を議論する場だと主張してきた。産業界がILOを好むのは、ILOにはWTOとは異なり強制力がないからである。クリントン政権は産業界の立場に立ち、WTOにおける労働問題の占める位置を突き崩したと多くの人が考えているシンガポール閣僚会議宣言に署名することによって、さらに追い討ちをかけた。ILOルールは、多国間環境保護条約（MEA）のようなものである。加盟国はILO条約に署名し、その線に沿って国内法を整備する。同意したルールに従わない場合その国をWTO加盟国はWTO紛争解決委員会に提訴できるWTOとは、大違いである。同委員会は違反に対しては貿易制裁を課すことができる。ILOにはこのような強制力はない。

しかもGATT／WTOルールに特に変更がなければ、児童労働に関して禁輸措置を取ったりしてILOの規定を遵守しようとすると、WTOルール違反とされる。従って

定の採択に反対した。彼らは産業資本と労働者の利害関係をうまく調整しなければ、WTOは一九七〇年代に始まった企業によるグローバリゼーションをひたすら加速するばかりであることを、よく知っていた。しかもウルグアイ・ラウンドの農業ルールによって発展途上国の何百万もの自耕自給農業に従事する家族が農地を捨て、仕事を求めて都市へ流入するようになるのは明らかだった。この労働力の流入によって労働市場は軟化し、すでに生活困難であるのに賃金はさらに低下するだろう。

一方新しいウルグアイ・ラウンド協定によって投資家は保護され、生産は賃金水準の高い地域から資本家にとって有利な賃金水準の低い地域へと移転し、完成品の販路として豊かな国の市場へのアクセスが保証される。児童労働を利用し劣悪な労働環境の中で飢餓賃金で生産される輸入品は、国内生産のものよりわずかに安く価格を設定することによって、最大限の利益を得ることができる。従って生産コストを低く抑えても、そのメリットは消費者へはもたらされない。それどころか労働基準や環境基準を守って生産する国内の業者が、廃業を余儀なくされる。あるいは競争に生き残るために国内産業が労働コストの削減に取り組むたに、先進工業諸国の賃金が引き下げられる。しかし最終的には中国の日給平均一ドル[九]、あるいはメキシコの日給平均三～四ドル[一〇]という水準にはとうてい太刀打ちできず、国内産業の国外移転が起きるだろう。こういった中で発展途上国の労働者の生活水準は、向上することがない。

ウルグアイ・ラウンドから五年近くがたち、ここに述べた筋書きのいくつかがすでに現実のものとなりつつある。企業はこれまでにもまして生産コストの最も低いところを求めて自由に移転できるので、発展途上国は賃金の安さと環境基準や労働基準の敷居の低さを激しく競うようになる。ウルグアイ・ラウンドで認められた

> ウルグアイ・ラウンドに費やした数年はアメリカの国民所得の増加という成果をもたらしはしたが、それは企業収益に反映されるばかりで、賃金となって反映されることはなかった。[11]
>
> ――国連貿易開発会議（UNCTAD）

市場開放原則は市場における企業活動についてほとんど何の条件も設けていないので、各国政府は最低基準すら確保しようとしないだろう。それどころか企業は何の責任も取らずに移転できるので、労働者の権利や環境基準を守ろうとする国に対して懲罰的に振る舞うことができる。

〈WTOの下では労働者は無権利状態に〉

発展途上国の開発問題の専門家や労働組合が特に心配しているのは、WTO規則がこれまで各国政府が国内の産業基盤を整備し、それによって職を生み出し維持するために利用してきた貿易関連の投資措置を、撤廃していることである。つまり「貿易に関連する投資措置に関する協定」(TRIM協定)は、輸出加工区(EPZ)の拡大を奨励している。その一方で世界的製造企業は海外の子会社から部品のほとんどを輸入し、豊かな国の市場へ向けての輸出製品の組立を飢餓賃金で労働者にやらせている。輸出加工区が世界中で、特に発展途上国で増えるだろうとILOは指摘し、そこでは労働者の保護や労働組合の基本的権利がしばしばないがしろにされているので、そういったことがないように各国政府に強く求めている。(一二)こういった輸出加工区の労働者の賃金はすずめの涙程度に過ぎないのに、大手世界企業は高額で製品を売っている。例えば一足一〇〇ドル以上もするナイキのスニーカーが、時給数セントの労働者の手によって作られている。(一三)一方で企業の国外移転で職を失ったアメリカの工場労働者は、新しい仕事が見つかったとしてもその賃金は前よりも少なくなることが多い。(一四)米州諸国では同じような輸出加工区が、輸出加工区を世界中に広めるのが賢明かどうかを検証するための豊富なデータを提供している。例えばアメリカとメキシコの国境に設けられた輸出加工区、いわゆるマキラドーラでは、生きて行くことすらおぼつかないような賃金しか支払われていない。(一五)そこでは食品、光熱費、家賃地代、交通費、水道代、冷蔵庫の維持費などからなる消費者物価指数は、一九九八年は一週間につき五四ドルであった。(一六)そして労働者の平均手取り賃金は、週あたり五五・七七ドルであった。これでは一・七七ドルしか手元に残らないが、それで教育費、衣服費、医療費その他を賄わなければならない(一七)。北米自由貿易協定(NAFTA)には労働面に関しての特別協定が付帯してはいるものの「骨抜き」となっている代物で、メキシコの労働者の権利状況はNAFTA発効以来の六年近くのうちに奈落の底を目指しつつある。そしてメキシコの賃金水準は、生産性の向上に後れを取っている(一八)。

低賃金を狙った輸出加工区のシナリオは、労働者の権利の保護と多様な生産活動の確保のために各国政府が必要としている措置を禁止するさまざまなWTOルールによって、すでに書かれている。例えば「貿易に関連する投資措置に関する協定」(TRIM協定)は、投入するものの一定部分は国内で調達することを義務づけることを、発展途上国の政府に禁じている。もし国内調達を義務づけることができれば、ただ豊かな国へ輸出する製品を輸入品を使って組み立てるだけであるよりも多くの仕事をもたらすはずである。また労働者の団結権や団体交渉権といった権利を実現しようとする国は、企業が労働者に対し厳しい態度で臨んでいる国へ移転することによって「報いを受ける」のが通例である。こういった際限のない企業優遇競争と決別するには、労働条件や団結権などに関して国際的にすでに認められている基本的な権利に違反して生産された商品やサービスにウルグアイ・ラウンド協定が付与しているような、気前の良い市場開放の特権を取り上げる他はないのは明らかだ。本質的にこういった政策が貧しい国々の賃金水準を常に引き上げるとは限らないが、少なくとも企業が各国政府に対して労働者が労働条件の改善を求めて戦ううえで必要な権利を「否定」するように圧力をかけるということはなくなるだろう。少なくとも基本的に状況は変わってくる。思いどおりに販路を広げることができなければ、いかに安く作るかということはどうでもよいことになるはずである。

WTOを改革すれば労働者対多国籍企業のWTOの偏見を正すことができるかというと、その見通しは暗い。一九九四年のウルグアイ・ラウンドの交渉の中でアメリカとフランスは、「社会条項」をWTOの中に含めることを提案した(一九)(「社会条項」という言葉を使う時、NAFTAのような無意味な付帯条項のようなものから他のWTOルールに匹敵するような中核的協定に含められる規定に至るまで、国や組織によって意味するものが大きく異なる)。国際労働機関（ＩＬＯ）もまた社会条項を支持すると表明し、ＷＴＯ加盟国が負うべき義務の中に最も基本的な労働者の権利を含めるべきだという報告書を出した。[二五]
グローバリゼーションの問題に深くかかわってきていた非政府組織の多くは、ＷＴＯの「社会条項」は役に

ＧＡＴＳ移住ルール：アメリカと海外での低賃金を保証？

「サービスの貿易に関する一般協定」（GATS）には「協定に基づきサービスを提供する自然人の移住に関する付属文書」が含まれている。その狙いはサービスを提供する者の国から国への移住をもっと円滑にすることで、[19] 同文書は「サービス貿易協定」の他の規定に「無効化と減損」をもたらすような国境管理規則を定めることを加盟国に禁じている。[20]

これとは対象的に難民などの人権問題に関しては、このような国境撤廃を義務づけるような規定は出現したことがない。移住労働者や人権問題活動家のために尽力している弁護士たちは、労働者や政治的難民や個人的信条故に訴追を受けた人々が国境を越えることを許されていないのに、なぜ企業経営者には国境を越えて自由に行き来する権利がWTOによって認められているのかと、しばしば疑問を投げかけている。WTOのサービス協定の最近の傾向として、弁護士、エンジニア、看護婦その他の職業資格を他国のものであっても認めるように定めている。実際アメリカのバーシュエフスキー通商代表は、「サービス分野における［他国の］規制基準で認められた認定や免許［の認知］」は、欧州連合とアメリカのトランスアトランティック・エコノミック・パートナーシップ交渉の重要な目標のひとつであると述べ、環大西洋地域でのこういった交渉は「世界規模で達成できるかもしれない例として」重要だと強調した。[21] ここで同通商代表が世界規模でと言っているのは、WTOの下でという意味である。

移住に関する付属文書は、「あらゆる範疇の自然人」を含んでいる。[22] しかし実際にはこの規定の恩恵を享受することになるのは何と言っても、海外に移したサービス部門を監督するために先進国から開発途上国へと移住する管理職だろう。工業のグローバリゼーションの経験から分かるように、開発途上国が外国の直接投資にできるだけ頼らずに済むようになるために必要な知識の移転をできるだけ少なくするために、現地の労働者をトップの管理職へ抜擢することはめったにない。[23]

クリントン政権の貿易に関する「話術」戦略

クリントン政権は議会でファースト・トラック（通商条約に関する大統領への権限の一括委譲）の否決（２回）、「CBI」と呼ばれるラテンアメリカのNAFTAの拡大案の行きづまり、そして「多国間投資協定」（MAI）交渉の失敗などの企業による管理の下での貿易政策の屈辱的破産を経て、新しい戦略を打ち出した。

広く支持を集めることのできる新しいバランスのとれた方法を生み出すべき時がとっくに来ていることを認めようとしない同政権は、旧来の政策の化粧直しでしのぐ決心をした。もはや評判の悪い貿易政策を無理やり議会で通すことは不可能と見たクリントン政権は、「話術戦略」に打って出たのである。

まずクリントン大統領は1998年のジュネーブでのWTO閣僚会議で演説し、WTOの中に貿易に関して労働者や環境を優先した方法を取り入れることを呼びかけた。(29) 皮肉なことにここで彼が呼びかけた内容は具体的にはすべて、1995年のウルグアイ・ラウンドに基づく諸立法によってすでに義務づけられている内容なのであった。WTOの手続きの透明性を高めるとか、労働者の権利に関する作業グループを発足させるとかが、そこには盛り込まれていた。しかしクリントン政権は演説後も、こういった先延ばしになっていた改善策に手をつける様子がなかった。それどころか米州自由貿易圏（FTAA）と呼ばれるNAFTAの拡大案の議題から労働問題、人権問題、そして環境問題を外すことを、同政権ははっきりと約束してしまった。

そして1999年の年頭教書スピーチでは、今度は大統領はまた新しい取り組みを呼びかけた。「世界経済に人間の顔を」持たせようというのである。(30) 残念ながらクリントン政権は労働者の権利などの問題をしばしば口にしながらも、世界経済を19世紀のイギリスのような労働者搾取の拡大へと後退させつつある。まず第１に同政権は、労働者の権利に関する規定が欠けているためにアフリカやアメリカの労働組合や民主党議員のなかの多くの人が反対しているにもかかわらず、「NAFTAアフリカ版」法案を下院で可決させようと強力に働きかけている。それからもともと迫力に欠けていたWTOでの労働基準の扱いに関する同政権の立場を、さらに後退させた。WTOに対するアメリカの1999年７月の具申書は、WTOとILOの協力体制の強化を呼びかけているだけである。(31) この他にも同政権は「話術戦略」の一環として貿易問題に関する意見を非政府組織（NGO）から聞くための「民間」委員会を発足させるなどの新しい分野も切り開いた。たしかにそういったいくつかの委員会で多くの非政府組織と労働組合が労力と時間を費やしたが、政策に新しい方向を持たせることには成功していない。

立たないし、せいぜい政治的に悪い影響があるに違いないと考えていた。また悪くすると、WTOの抱える問題から人々の目をそらせてしまうだけかもしれないとも考えていた。[二六] こういったグループは基本的に、人々の利益を損なうWTOの数々の原則やルールを具体的に変えていくか無くしていくかしなければ、労働者の味方であるかのような文言を付け加えるだけでは膏薬貼りのようなものだと考えている。うわべを取り繕うだけで、とりあえず人々の注意をそらすだけだというのである。

少なくともアメリカは一九九四年に、WTOが労働問題に関する研究報告書をまとめるにせよ、WTOが労働問題に関する作業グループを発足させるにせよ、「貿易と国際的に認められた労働基準の関係を早くから検討することを明記するのでなければ、WTOを発足させるマラケシュ閣僚会議宣言を支持することはしない」と明確に述べていた。[二七] 作業グループというのは、WTOの中では最も低い位置にある組織である。そこで研究と討論が行われるが、交渉その他の活動を行うわけではないので、WTOルールの実効性のある変更にはつながらない。

しかしアメリカは一九九五年に労働者の権利については一言も触れずに、マラケシュ宣言を承認した。労働問題に関する作業グループのことなど、どこにも触れられていなかった。[二八] マラケシュWTO閣僚会議でクリントン政権は、環境問題に関する作業グループの発足を強く要求することには成功した（WTO貿易環境委員会（CTE）に関しては、第一章参照）。

労働問題に関するWTO作業グループはいまだに実現せず

1996年のシンガポール閣僚会議でアメリカは、労働者の権利をWTOの議題として取り上げることを強く求めた。その狙いは、労働者の基本的権利を少なくともWTOで研究するために「作業グループ」を発足させることにあった。そして新しい問題をWTO交渉の議題として持ち出すことの意味を研究するために、いくつか作業グループが発足した。本格的な取り組みを数年間先送りするためのものと考えられているのが、労働問題に関する作業グループである。これなど最も本格的な妥協の産物と言える。[32] にもかかわらずそれですら具体的な取り組みの開始を見ないまま、今日に至っている。

一九九六年のシンガポールでのＷＴＯ閣僚会議でアメリカは、ＷＴＯにおける労働者の権利に関して新たな提案を行った。ＷＴＯが労働問題に関する研究報告書をまとめ、労働問題に関する作業グループも発足させることを、提案したのである。(三三) このクリントン政権の突然の方針転換は、多分に国内の政治状況から来ているのは明らかだった。(三四) クリントン政権の狙いはＷＴＯの議題に労働者の権利を取り上げるように努力していることをアメリカの労働界に示すところにあることを、アメリカの貿易担当官たちが認めていた。(三五) そうしておけば商業的利益というもっと高い優先順位のもののために労働問題を引っ込めても、労働組合は非難の声を上げないだろうという計算である。(三六)

シンガポール閣僚会議宣言にアメリカは署名した。それは労働問題に言及していないだけでなく、労働問題についてはＩＬＯに下駄を預けることによって「現状以下」にしてしまったと考えている人々すらいる。(三七) ＩＬＯは（ＷＴＯと異なり）あまり強制力を持っていないからである。シンガポール閣僚会議はまた、ある国の労働法規が保護主義的貿易障壁となっているとＷＴＯにおいて訴えられているのでもなければ、労働問題はＷＴＯが取り上げるべきものではないとはっきりと述べた。(三八) 国際的な労働団体や国内的な労働団体の中には、シンガポール閣僚会議で労働問題に進展が見られたと発言する団体がいくつかあった。彼らの主張によれば、ＷＴＯにおける議論からは姿は消したにしても労働者の権利が問題であることをＷＴＯに認めさせただけでも、成果があったというのである。閣僚会議においてＷＴＯ加盟国に労働問題に関して形ばかりのことすら約束させることができなかったアメリカは、もうひとつの議論の多い情報関連技術に関する提案に関しては、大変な有能ぶりを示した。そして会議の締めくくりとして情報関連協定に署名した。

一九九九年になるとクリントン政権は、はるかにトーンを落としたものではあったが、またもやＷＴＯと労働者の権利の問題を口にし始めた。シアトル閣僚会議における優先議題に関してＷＴＯに提出したものの中でアメリカは、「貿易と労働の関連」に高い優先順位を与えるべきだと主張したのである。(三九) しかしアメリカが目指していたのは、代わりばえのしないしろものだった。ＷＴＯに対しＩＬＯをオブザーバーとして参加させよ

ＷＴＯ加盟国に国際的に認められた中核的労働基準の遵守を求めることも提案したが、この困難な事業をどのようにして実行するのか具体的にははっきりせず、提案の中に具体的記述はなかった。そもそもアメリカが批准を済ませているのに、ＩＬＯ条約の中核的労働基準の規定のうちのひとつに過ぎない。従ってこの件に関しては、アメリカに対する国際社会の目には厳しいものがある。アメリカは第三の提案として労働基準に関連した貿易問題を取り上げる作業計画を将来発足させることを呼びかけていたが、その主張には具体性が欠けていた。

これはアメリカがＷＴＯであくまで労働問題を取り上げる努力としては、他では例を見ないほどはなはだ弱々しいものだった。まず第一にアメリカは、ＩＬＯの後押しの下で整備されてきた国際的労働基準を実行に移し強制するための法律を始めさまざまな労働法規をＷＴＯが一つ一つ取り上げては貿易障壁ではないかとあげつらうのを止めさせるための、「免責」発言を強く求めることはしなくなってきた。第二にシアトル以後はアメリカが交渉議題として取り上げることを求める項目の中に、いまや労働問題が含まれなくなってきた。それは、「先取り計画」をまとめておくべき項目の中に含められるようになった。[四〇] しかし「先取り作業計画」に含めた他の問題と異なり労働問題は、アメリカは権限の弱い作業グループに回すことしかしなかった。これとは対象的に投資政策や競争原理は貿易そのものとは本質的に異なるにもかかわらず先取り計画のリストに取り上げられている。他の取り上げるべきかどうか論議の多い分野の問題には、ＷＴＯの交渉議題にする道を残しておいた。こういった問題に関しては、三年をめどに現実にどういう成果を上げることができるかを検討するものであれば、あらゆる交渉の提案を受け入れる用意があるとアメリカは主張した。[四一] 貿易交渉において労働問題をちらつかせては相手の頭を混乱させるのは、クリントン政権のいつもの手であった。つまり、議論の的となっている労働問題を取り上げて人気を集めつつ、例えば非常に議論の多いグローバルな投資の話をＷＴＯで始めようとしているのとは対照的に、こと労働問題についてはいつまでたっても作業グループに回すことしか支持しないのである。

実際アメリカの多くの労働組合はクリントン政権の守られない約束にうんざりしていて、シアトル以後のどんなWTOの交渉の開始にも反対している。例えば全米ティームスター労働組合（IBT）や全米鉄鋼労働組合（USWA）は何百もの消費者や環境や宗教や農場や食品安全や開発や人権の市民団体と手を携えて、世界中で「会議はいらない、引き返せ」（ノーニューラウンド、ターンアラウンド）と主張している。この二つの組合はWTOがどのくらいの悪影響をすでにもたらしているかを調べ、それを取り除く具体的な方法を探るために、世界中の一〇〇〇近くのNGO組織に働きかけ、話し合いを始めるように呼びかけた。

〈WTO提訴によって基本的労働権や人権が脅かされている〉

以下の例を見れば、労働問題や人権問題に関してWTOに不安を抱くのが根拠のないことではないことが容易に理解できよう。労働問題に関しては、WTOは「すべての舟を引き揚げる」ことはせず、生活水準を引き上げるというWTO支持者の約束を果たすことにも失敗している（発展途上国については第五章、先進諸国に関しては第六章参照）。実際にはWTOルールは、最も安い賃金と最も制限のゆるい労働条件を求めて絶え間なく移転することを、気ままな企業に許してしまっている。また今ではWTOは、以下に紹介するフランスにおけるアスベストの禁止に対するカナダのWTO提訴の例のように、職場の安全確保のための強力な手段を容赦なく攻撃するために利用されている。この他にも、悪質な独裁政権に対して人権を無視するならば体制が揺るぎかねないことを強力に伝えるため、政府が購入権限を利用するのを思い止まらせるのに、WTOルールは提訴なり脅しの形で、使われている。

例1：フランスにおけるアスベスト禁止をカナダがWTOで非難した。

アスベスト（石綿）は人間にガンを引き起こすことが証明されている。(四二) 早くも一九一七年には科学者たちは、アスベストに接した人々の間に肺ガン、中皮腫（胸部と腹部の間膜のガン）、そして石綿症（致死性の肺の炎症）が起きることに気づいていた。[四三] アスベストに接してから二〇年後に発症することが多い。フランス国立保健医学

産業界と国際基準設定機関との結びつき

極めて限られた状況でもない限り、加盟国は国際的基準を採用することがWTOの「貿易の技術的障害に関する協定」（TBT協定）によって義務づけられているために、こういった国際的基準の正当性が大きな問題になってきた。化学薬品業界は特に「化学薬品の安全性に関する国際事業」（IPCS）に強い影響を与えてきた。この事業は、ジュネーブの国連保健機関（WHO）で進められているもので、WHO、ILO、そして国連環境計画の協同事業となっている。[45] 1993年に医学雑誌『ランセット』のある記事は、ICI（訳注・イギリスのインペリアルケミカルインダストリーズ社）、ヘキスト社、そしてデュポン社の３社がフロン冷媒や殺菌薬ベノミルに関するIPCS報告書の最初の草案を書いたことを伝えた。[46] IPCSは内部の反対意見を報告書に反映させていないと、アメリカの国立労働安全衛生研究所（NIOSH）の科学者たちは批判した。この『ランセット』の記事によって、IPCS報告書をまとめる作業にあたる専門家作業グループと企業コンサルタントとの裏での利害のせめぎ合いがあったことや、ほとんどいつもIPCSの作業グループの会合に顔を出して市民の健康や安全に関して活動している組織の代表の意見などを企業側の「オブザーバー」が押しのけることが多かったことが、明らかになった。[47] 例えば1993年にはアメリカ政府の科学者たちが、塩化メチレンに関するIPCS環境健康基準文書が、化学薬品メーカーの役員がまとめた草案に基づいていることに気がついた。[48] そこでNIOSHは、IPCSが基準文書をまとめる際の客観的な作業方法を確立するまではIPCSの活動からは全面的に手を引くことにした。[49]

公衆衛生に関わっている人々の中のアスベスト専門家によれば、アスベスト業界はILO、WHOなどの国際的な労働者の安全基準を定める諸機関に自分たちの意見を反映させるために、２つの出先グループを使っているという。例えば国際繊維安全性グループと職業衛生国際委員会（ICOH）はあたかも第三者の立場に立つ専門家で構成されているかのように装いつつ、ILOのアスベストに関する政策を自分たちに都合のいい方向へ誘導しようとした。実は彼らはアスベスト産業に支持を集めるために設立されたアスベスト研究所から派生したグループなのである。[50]

研究所（ＩＮＳＥＲＭ）の研究によれば、白い石綿にたまたま接した建設労働者や一般市民がアスベストに関連した病気に最もなりやすかった。(四四)

毎年フランスだけでもアスベストに関連したガンで少なくとも二〇〇〇人が命を失っている。(五一)イギリスのある研究によれば、アスベスト被ばくによって二〇二〇年までにＥＵ内で五〇万人が命を奪われるだろうという。(五二)一九九六年にフランスは、ドイツ、オーストリア、デンマーク、オランダ、フィンランド、イタリア、スエーデン、そしてベルギーの後に続いてアスベストを全面的に禁止した。(五三)

フランスの法律は、アスベスト代替品の使用がかえって国民にさらに大きな健康上の危険をもたらすのでない限り、アスベストもアスベストを含むどんな製品も禁止している。(五四)フランスの禁止措置はアスベストの輸入だけでなく、国内での生産もその対象となっている。

世界第二の輸出国であるカナダは(五五)フランスのアスベスト禁止を、ＷＴＯの「貿易の技術的障害に関する協定」（ＴＢＴ協定）に違反し、従って輸入の量的規制と差別的な扱いを禁じたＧＡＴＴ第三条並びに第九条に抵触するとして、一九九八年にＷＴＯに提訴した。(五六)ＷＴＯルールの下ではアスベストを規制することはできても禁止することはできないはずだというのが、カナダの主張であった。カナダはまた、たとえ禁止が特定のＷＴＯの規定に違反していないとしても、カナダがウルグアイ・ラウンドに基づいて当然期待できた貿易上の利益のフランスのアスベスト禁止による逸失分について、カナダは補償を受ける権利があるとも主張した。(五七)

アメリカはフランスの禁止を支持し、第三者国具申書を提出した。(五八)そしてＷＴＯは聴聞を開始した。(五九)追い討ちをかけるようにカナダ政府は、一九九九年七月のヨーロッパ全域に渡るアスベスト禁止についても、欧州連合（ＥＵ）にＷＴＯ提訴をちらつかせて脅しをかけている。(六〇)

ＷＴＯの「貿易の技術的障害に関する協定」（ＴＢＴ協定）は環境保護と国民の健康の確保のためであっても、政府が取ることのできる手段に制限を設けている。同協定は、製品の技術基準が同協定において許された範囲内での社会的、環境保護的、消費者保護的、また公衆衛生上の必要を満たす上でやむを得ない限度を越えて厳しいものとなることのないように求めている。またこういった基準が国際的なものとしてすでに存在するか、その確立が目前である場合に限り、あくまでその国際的基準に照らした措置であることも求めている。(六一) フランスのアスベスト禁止はこういった規定に違反しているというのが、カナダの主張である。

貿易をできるだけ妨げないというルール：カナダは貿易をそれほど制限しなくてもアスベストの害から労働者を守る方法はあると主張している。切れにくい温石綿を使えば健康上の害を減らすことができ、しかも「ほとんど何のリスクもなく使用することができる」とカナダは断定した。(六二) つまり国民の健康を守るというフランスの目的は別の形の規制、つまり「管理された使用」によって達成することができるというのがカナダの主張であった。(六三)

ＷＴＯへの異議申し立ての中でカナダはまた、アスベストの「管理された使用」の規制形態を裏づける国際的基準の存在も指摘した。「管理された使用」とは、製造から施工現場での扱いに至るまで労働者がアスベストに接する可能性のあるすべての状況において労働者を保護するための基準を定めることを含む。ＩＬＯはアスベストに関して労働者安全ガイドラインを定めている。(六四) しかしＩＬＯはアスベスト産業からの強い圧力と影響力の下にあるとの指摘がある。(六五) 第三者的立場の健康問題専門家で構成されているかのように見せかけながらインターナショナル・ファイバー・セーフティー・グループは、ＩＬＯの方針を変えさせようとした。実はこのグループは、アスベスト産業を後押しするために発足したアスベスト研究所の副産物であった。(六六) 同様に職業衛生国際委員会（ＩＣＯＨ）も、アスベスト産業と共同戦線を張っていると非難されている。つまり「ＷＨＯとＩＬＯがどこから情報を得ていたかを見ていくと、情報のほとんどが職業衛生国際委員会（ＩＣＯＨ）から来ていることが分かった。……実際上カナダ・アスベスト研究所の顧問たちがそっくりそこに顔を揃えているのであった」とアスベスト専門家バリー・キャスルマンは『インターナショナル・ジャーナル・オブ・オキュペーショナル・アンド・エンバイロンメンタル・ヘルス』の編集長ジョーゼフ・ルドゥーの言葉を引用しなが

ら報告している。[六七]

国際的基準を使わなければならない：カナダはまたアスベストを規制するための法律上の推定的基準として、温石綿を扱う際のＩＳＯのガイドラインを引き合いに出している。[六八] この国際標準化機構（ＩＳＯ）はＩＬＯやＷＨＯと異なり、元来は工業団体である（ＩＳＯについては第二章参照）。そのうえＩＳＯが基準を定めるのは、国民の健康や安全の確保を目的としているからではない。にもかかわらずＷＴＯの紛争解決委員会はこの産業界が参加し資金もそこから得ていてごく限られた範囲についてのみ判断するＩＳＯに、フランスのアスベスト規制に関し関連技術情報を提供できる専門家の名簿の提出を求めた。[六九] 公衆衛生問題にまったく経験のない工業標準化の専門家グループのリストから人選するのでは、ＷＴＯの審議が公衆衛生には冷たい視線を投げかけ、貿易を拡大するための基準には甘くなることがほぼ確実というものだ。

さらに具申書の中でカナダは、フランスが行った研究のリスク評価を批判し温石綿安全説をてこ入れするために、アスベスト産業側と見られる科学者たちの証言も援用した。[七〇] そのひとつがグレアム・ギブズ博士の研究である。[七一] ギブズ博士はインターナショナル・プログラム・オン・ケミカル・セイフティーがアスベストに関する報告書の結論部分をまとめる際には、退室を求められた。博士はアスベスト産業の代弁者であると同委員会は考えたからである。[七二] カナダの主張に添えられたもうひとつの研究は、ジャック・ダニガン博士によるものである。[七三] 博士はアスベスト産業の貿易団体であるアスベスト研究所の元保健環境部長である。[七四]

「貿易の技術的障害に関する協定」（ＴＢＴ協定）は実際、国際基準をまとめるさまざまな機関をひとしなみに考えている。そこにはＷＴＯが依頼してもよい技術的専門家に関しても、国際的な基準を定める機関の会員数や構成に関しても、利害の対立を調整するためのルールというものがまったくない。にもかかわらずカナダは国際的基準がすでに存在するというだけで、フランスはＷＴＯの規定に従ってアスベストの輸入を認めなければならないと主張した。すなわち、カナダは決して世界貿易機関加盟国が自国民の健康と安全を守るために必要な措置を講じる権利に異議を唱えているわけではない。しかしその権利はＷＴＯ協定に基づいて　加盟国が負っている義務を無視して行使してよいわけではない。この件に関してはフランスはアスベストの全面禁止には踏み切るべきではなかった。温石綿を含む最新の製品が健康に及ぼすリスクに関しては、科学的証拠は存在しないのである。[七五]

［傍点は引用者による］

アスベスト代替品を有利にする差別：さらにカナダはアスベストを禁止することによってフランスは、アスベスト代替品としてフランスで利用されることになるはずの製品を、アスベストよりも有利に扱っているとも主張した。[七六]健康に害があるというのである製品が禁止されればそれによって有利になる競合品が出るのは、常に当然のことである。カナダは競合品の生産者が手にする利益は貿易ルールに反すると主張している。[七七]実際カナダは、「類似品」の定義に代替品を含めることを強く求めている。こういった定義は余りにも幅広く解釈できるので、ある製品を健康問題を理由に禁止することを「どんな製品についても」相手国に止めさせることができることになる。すべての代替品をひっくるめて「類似品」と定義できるからである。

この他にカナダは、代替品やセメントが健康に及ぼす影響が解明されていないとも主張している。要するに健康に及ぼす影響が解明されていないのに温石綿の代わりに代替品を利用することによって、フランスはアスベストを差別していると言うのである。カナダは結局、特定の製品の貿易に悪影響を及ぼすような各国政府規制の撤回を迫るために、ＴＢＴ協定を利用したいと考えている。適当な代替品の利用によって引き起こされるかもしれないという仮定的なリスクを調べなければならないと主張することによってである。

無効化と減損：最後にカナダは、フランスのアスベスト禁止はウルグアイ・ラウンドの成果として欧州連合が保証した関税特権がもたらすはずの利益を「無効化し、減損している」と申し立てている。[七八]すなわち国内の代替製品と温石綿の公平な競争を、禁止措置が阻害した疑いがあると言うのである。カナダがフランスを含めた国々と貿易協定を結んだ時点で合法的であった製品については、危険であるとしてもカナダには輸出する権にはあると主張していることになる。貿易特権を認めた時点では知られていなかった健康上の悪影響が明らかになった品目について、やっかいな問題が引き起こされている。実際無効化と減損を申し立てるに当たり証明が義務付けられているWTO規定違反はカナダ側には、特にない（第八章参照）。紛争解決委員会が支持しさえすれば、こういった主張によって本来WTO違反ではないはずの労働者の安全のための法律や健康保護のための法律が、補償を求めることができる違反とされる可能性がある。

以上のようにアスベストの例はいくつかの問題を明らかにしてくれる。例えば危険な物質を規制するためにはそれぞれの国はどの程度の慎重さが必要なのだろうか？　しかし多くの人はWTOがアスベスト禁止をルール違反と裁定するようでは、安全な職場を確保するという広く認められた権利がひどく脅かされると考えている。[七九]WHOによればすでに世界中で年間一億六〇〇〇万例の職業病が発生している。[八〇]このように職業病が蔓延しているのは、職業上の健康の問題や安全の問題にかかわる法律の適用がゆるいか、あるいはまったく機能していないことを窺わせる。多くの国で使われているすでに発ガン性が証明されている物質の禁止令をWTOがルール違反とするのであれば、職場の安全を確保するための多くの法律の未来は危険にさらされていると言わざるを得ない。

ILOによれば一億六〇〇〇万人の職業病に苦しめられている人々のほとんどが、発展途上国の人々であるという。[八一]カナダのアスベスト輸出相手国の上位一〇国のうち七カ国は、発展途上国である。豊かな国々ではアスベストの売上が減る一方なので、カナダは使用量が増えつつあるアフリカ、南アメリカ、そしてアジアの市場を失いたくないと考えている。[八二]実はフランスでの全面禁止が

「私は は同［マサチューセッツ州ビルマ］法をこれからも支持していくことが重要だと考える。この法律は議会を通り、知事が署名した法律である。州政府が誰と取り引きするかは州政府に決める権利があり、同法はまさにその一例である。」[88]

——トーマス・ライリー、マサチューセッツ州司法長官

旧植民地であるモロッコ、チュニジア、そしてアルジェリアを始めとする国々に波及することを恐れて、カナダはアスベストを禁止した欧州連合各国の中でもフランスをねらい撃ちにしたのだと報道されている。これらの開発途上国はどれも、カナダのお得意様なのである。（八三）

世界中で貧しい国が工業化を進めるにつれ、導水管、発電所、工場、学校、そして刑務所を作るために必要な資材として、最も便利で安いアスベストがしばしば採用されている。しかしこういった国々の職場の安全管理はお粗末で、安全管理そのものがまったく考えられていないことすらある。（八四）アスベストによる開発途上国の死亡例は今後三〇年で一〇〇万人に達するものと考えられている。（八五）カナダのアスベスト輸出相手国の上位一〇国のうち一九八六年に導入されたアスベストを取り扱う際の安全基準に関する国際決議を批准した国は、ひとつしかない。（八六）

ウルグアイ・ラウンド協定前文は、新しい国際貿易ルールが世界中の労働者の生活水準を引き上げるだろうと約束している。（八七）ところがこの新しいルールが、それまでＷＴＯ加盟国の多くが施行していた公平な職業安全法規を貿易ルール違反として非難する道を開いた。この件に関しては、ＷＴＯの政治力学自体がＷＴＯ自身のルールを無視する可能性があると見ている人々もいる。よく知られているアスベストがもたらす健康上のリスクだけでなく、ＷＴＯの最近の環境保護に敵対する裁定に人々が反発しているので、カナダがアスベストを売りつける権利をフランスが国民や労働者を守る権利に優先させるような裁定は、ＷＴＯはあえて出さないかもしれない。いずれにせよ、そういった時代に逆行する裁定をＷＴＯが他にいくつか出したので、そういう結果になることをＷＴＯはよしとしていると人々に受け止められている。

例2：ビルマの軍事独裁政権による人権侵害を非難する法律に対するＷＴＯ提訴

ミャンマーでは政府と軍部が荷物の運搬、工事、基地の維持管理その他の支援業務、政府や軍部の農業、

> 木材伐り出しその他の生産活動、時には個人の便益を図るために市民に強制労働が広く課せられていることを証明する十分な証拠が委員会のもとに寄せられている。……このどれも、協定の例外規定に当てはまらない。……強制労働は通常は使役されないはずの人々だけでなく、女性、子供、そして老人までも巻き込みつつ、ミャンマーでは広く見られる。……委員会が入手したすべての情報と証拠は、強制労働や義務労　働に駆り出されている人々の基本的必要だけでなく、安全性や健康の確保が政府によってまったく無視されていることを示している。（八九）
>
> ［傍点は引用者による］
>
> ＩＬＯ報告書「ミャンマーにおける強制労働」

一九八八年にミャンマーで政権を掌握した暫定軍事政権（彼らはビルマをミャンマーと改称した）が重大な人権侵害と民主主義の抑圧を行なっていることは、世界中に知れ渡っている。最近ＩＬＯはビルマの独裁政権の人権侵害に関する手厳しい報告書を発表している。（九〇）ビルマの民主化運動を進めているノーベル平和賞受賞者アウン・サン・スー・チーは、軍事政権を財政的に追いつめるためにかっての南アフリカの時のような外国資本の引き上げを呼びかけた。（九一）二〇余りのアメリカの自治体やマサチューセッツ州政府（九六）がこの呼びかけに応え、ビルマで事業を行なっている企業との調達契約を打ち切った。（九七）好ましくない政府の行為を間接的に支えるために納税者のお金が使われることがないようにするために、選択的調達法が考え出された。こういった政策の狙いは、多国籍企業資本のビルマからの引き上げである。選択的調達法の源は、一九八〇年代にアメリカで盛り上がったアパルトヘイト反対運動のきっかけとなった資本引き上げと選択的調達のための住民投票で、南アフリカの民主化に大きく寄与したと広く認められている。

マサチューセッツ州の選択的購入法に対する非難には、二つの流れがある。日本や欧州連合はＷＴＯに訴え、ＵＳＡ＊インゲージ（九八）という多国籍企業を代弁するグループは合衆国憲法違反であるとして、マサチューセッツ州の裁判所に提訴した。

政府調達に関する協定：市場の一員として行動する時には、各国政府はＷＴＯルールに従わなければならない

1996年にマサチューセッツ州で成立した対ビルマ選択的購入法について欧州連合と日本は、1997年の夏に異議を申し立てた。同法はWTO1994年「政府調達に関する協定」（AGP）に違反しているというのである。(92)

そもそも同協定は世界中の国の政府調達という巨大市場を意識しつつ先進国が後押しして、ウルグアイ・ラウンドの中で話し合われてできたものである。先進諸国は、調達の問題をすべての加盟国が拘束される協定のひとつにしたいと考えていた。しかし政府調達を開発の有力なひとつの手段としている現実を抱える多くの発展途上国は、これに激しく反発した。同協定はそこから生まれた妥協の産物である。つまり同協定は、協定に署名した国または連邦（州あるいは自治体）国にしか適用されない。他のウルグアイ・ラウンドの協定と異なり、同協定は自動的にすべての加盟国に適用されるわけではない。アメリカの他は、先進工業国を中心に26カ国が署名している。

同協定は政府の調達について、商品もサービスも「国別扱い」にすることを義務づけている。つまり署名した国の政府は、個々の企業について選択することは認められていない。(93) それだけでなく、差別をしていないという実績を条件をすることも、禁じている。つまり契約を実行する能力だけを問うべきで、その他の要素を考慮に入れることは許されないのである。環境問題や人権や労働問題が国内外の入札業者に関わって来る部分があるとしても、それを選択の条件にすることは許されない。(94) また同協定には最恵国規定があるので、外国企業の自国内または海外での人権問題、労働問題、また環境保護の実績に基づいて企業ごとに差別的に扱うことも認められない。WTOがマサチューセッツ州の対ビルマ選択的購入法をつぶすことができたのは、最後の２つのルールによるところが大きい。このようにしてWTOの調達協定は、政府や企業に納税者に納得の行く行動を取らせるための有力な手段を市民の手から取りあげてしまっている。

先進諸国は今この政府調達協定を、すべてのWTO加盟国に拡大しようとしている。その第１段階としてアメリカと欧州連合は、各国の調達リストをWTOに提出することをすべての加盟国に義務づける提案を、シアトル閣僚会議で行う。世界中の政府が調達している額は、年間数兆ドルの規模である。(95)

裁判の中でＵＳＡ＊インゲージは、マサチューセッツ州の法律は外交政策を進める連邦行政府の排他的権限を侵したと主張した。(九九) マサチューセッツ州政府は、国際的な商取引も含めた経済上の当事者として当然の購入に際する選択を行っただけで、それは憲法に認められた権利であると主張した。(一〇〇)

一九九八年一一月四日にマサチューセッツ州裁判所はＵＳＡ＊インゲージの主張を認める判決を下した。(一〇一)「妨害または混乱の恐れが大きい」場合には自治体や州政府が外交政策に介入することは許されないとの判断を示したのである。(一〇二) 上級審は一九九九年六月にこの判決を支持した。(一〇三) この重要な裁判は、現在は連邦最高裁判所へ持ち越されている。

一方欧州連合と日本は、アメリカでの司法決着待ちでＷＴＯ提訴を棚上げしている。(一〇四) マサチューセッツ州が連邦最高裁判所への上訴で勝訴すれば、改めて欧州連合と日本はＷＴＯへ提訴することになるだろう。この試金石となる案件は、世界中の人権擁護のための民主的政策推進にＷＴＯがどこまで横やりを入れられるかをはっきりとさせるだろう。

しかしそれ以前に日本や欧州連合のＷＴＯ提訴の可能性は、すでに悪い結果をもたらしている。ＷＴＯ提訴が繰り返されたりマスコミでたたかれたりするのを恐れたクリントン政権は、人権問題解決のための同じようなメリーランド州の提案を、封じ込めることに成功した。つまり、国務次官補デービッド・マーチックを急いで派遣して、まさにビルマを巡るＷＴＯ提訴が重要な局面を迎えていたころにナイジェリアに対する選択的調達法を審議していたメリーランド州の立法委員会で証言させた。(一〇五) 可決成立しそうだったこの法律が実現していたら、メリーランド州はナイジェリア政府やナイジェリアで事業を行なっている企業との契約を、すべて禁止していたはずである。(一〇六) このクリントン政権の代弁者は、「州や自治体の禁輸措置はルール違反とみなされ、思わぬ混乱を招くことだろう。……ＷＴＯ提訴を招来しないように皆様と力を合わせていく所存だ」と語った。(一〇七) 国務省のロビー活動はメリーランド州議会を説き伏せ、州議会はナイジェリア法案を一票差で否決した。(一〇八)

欧州連合と日本のＷＴＯ提訴の継続もまた、ＩＬＯの判断をＷＴＯがどのように扱うかの試金石となるだろう。ＩＬＯはビルマの軍事独裁政権は、ビルマ国民と少数民族の基本的人権を組織的に侵犯していると判断した。(一〇九)そして労働者の権利に関して法律を整備し、慣行を改めるように独裁政権に求めた。ＷＴＯに持ち込まれてマサチューセッツ州の法律を否定する裁定が出れば、それはＩＬＯの権限領域をＷＴＯが明らかに侵食した最初の例となるだろう。ＷＴＯが命令を出すことになる領域は、実はＩＬＯだけに権限のある領域なのである。

第8章

前例をみない紛争解決システム

The WTO's Unprecedented Dispute Resolution System

この章において……

事実：

●**米通商法三〇一条とコダック事件：**クリントン政権は下院と産業界に対し、米国内法で確立された一方的な貿易制裁である「三〇一条」がWTO体制下でも効力を失わないことを確約した。しかし、WTOの文書にも明らかな通り、これはまったくの虚偽である。実際、米国が日本の写真フィルム市場へのアクセスをめぐり三〇一条を用いようとしたところ、日本は三〇一条についてWTOに異議申し立てを行う構えを見せた。すると米国はいったん引き下がり、後にコダックの事件をWTOに提訴した。しかし米国が異議を申し立てた慣行はWTOルールによって守られるものではなかったため、米国はすべての争点で敗れた。現在、欧州連合（EU）が米国の三〇一条はWTO違反だとして異議を申し立てている。

概念：

●**申し立てた側が勝つ制度：**WTOで確定した二二事件中、被告側の国が勝訴したのは三つに過ぎない。つまり、この体制に基づき申し立てを行う力を持つ国が有利に働くのである。一方、貧困国や保健・環境問題で提訴された国がいつも敗訴国であるのが実情だ。皮肉にも、例外たる三つの事件には、日本のフィルム市場とEUのコンピューター部品の関税見直しを提訴した米国の提訴二事件が含まれる。

●**米国内法を提訴された事件では米国が全敗訴：**反ダンピング法から法人税ルール、ウミガメ保護、大気清浄ルールまで、WTOは米国の多岐にわたる諸政策を違法と認定した。

●**適正手続きが保障されていない紛争解決機関：**WTOの強力な紛争解決システムは、ごく基礎的な適正手続き原則さえも保障していない。本章で曝露されるように、利害関係の存在をうかがわせる著名なWTOの委員がヘルムズ・バートン法による対キューバ政策が関係する事件の審理に関わっている。WTOの推進者である米通商代表部代表ミッキー・カンター氏さえ、こうしたWTOの密室性に憂慮を表明した。

●偏った構成の委員、多様な争点には不明：ＷＴＯ紛争処理小委員会（パネル）の委員には、通商システムの現状維持に利益を享受する人物が選ばれる特徴が見られる。また委員は保健、環境その他の諸問題に判断を下さねばならないにも拘わらず、その知識が通商政策に限られていることも多い。本章は通商法上、労働者の権利擁護に批判的な人物が、労働問題が関わる事件の委員に選ばれている問題を取り上げる。

●国の同意を得てのみ認められる法廷助言者の書面提出：近年、ＷＴＯ上級委員会は、法廷助言者の書面提出を禁じたパネルの判断を覆したが、事件に利害を持つ市民が書面を提出できるのは、当事国政府を納得せしめた時のみであると限定した。

●非違反申し立て：ＷＴＯは、実際にはＷＴＯルールに反しないが、相手国が当然受けると想定される特定の利益を害する国内法についての異議申し立てを認める。カナダがフランスのアスベスト禁止に対して起こした申し立てもこの一例である。カナダは、フランスのアスベスト禁止はＷＴＯルールのどの具体的条項にも違反しないが、ＧＡＴＴのウルグアイ・ラウンドでは、より有利な関税と市場アクセスの環境により、アスベストでのより大きな利益が期待できたはずだとして、補償を求めた。

●州や地方政府の法体系にも適用されるＷＴＯルール：ＥＵと日本が起こした米マサチューセッツ州のビルマ人権法に対する提訴は、ＷＴＯルールが適用されるのは国家レベルの行政に限定されないことを示す。とはいえ、この原則はＷＴＯ合意のいくつかに明記されている。州や地方政府の法が提訴された時、ＷＴＯの手続き上は米連邦政府のみが関与を認められる。このことは、ある州法が提訴された時、それに対立する連邦国家の政府が、ジュネーブの閉じられたドアの奥で、その法を擁護しうる唯一の存在ともなりうることを意味する。

ＷＴＯは、現行のいかなる国際的取り決めよりも強い執行力を有する。実際、ウルグアイ・ラウンド交渉が国際貿易システムに及ぼした最大の劇的変化は、コンセンサス形成を旨とするＧＡＴＴ体制から強制力を持つ法廷機関を有する世界貿易機関に移行したことであった。ＧＡＴＴに署名した諸国は「契約国」と呼ばれ、法的には案件ごとに、相互に合意した範囲内でＧＡＴＴルールに従うとされた。ＷＴＯは「法的人格」（国際連合における政治的地位と同じ）と自前の執行力によって成り立つ独立機関であり、貿易ルールに基づいて拘束力を持つ法執行機関を有すると定められた。ＷＴＯ体制下の諸国は「加盟国」と呼ばれ、ＷＴＯのすべての取り決めに対し義務を負う。ＷＴＯによる執行権から逃れることができるのは、その他の加盟国が全会一致で同意した場合のみである。

ＧＡＴＴは、その他のほとんどすべての国際合意にもみられる典型的な国家主権擁護の歯止めを持っていた。ある国に義務を負わせるには、コンセンサスを要した。そのため、他の国を紛争解決機関に対し提訴することはできるが、決定を受け入れさせたり、不服従国に対して制裁を科すには、ＧＡＴＴの全契約国の合意を要件とした。一種の緊急避難措置として選択肢は確保されていたが、ＧＡＴＴ体制の正統性を維持するため、自らの利益に反する決定にも異議を唱える国はほとんどなかった。一九九一年、米国イルカ法に適用されようとした最終裁決に対し、米国とメキシコが用いた機能がそれに当たる。

それまでのＧＡＴＴと異なり、ＷＴＯの委員による決定はそれ自体が拘束力を持ち、適用には全会一致の同

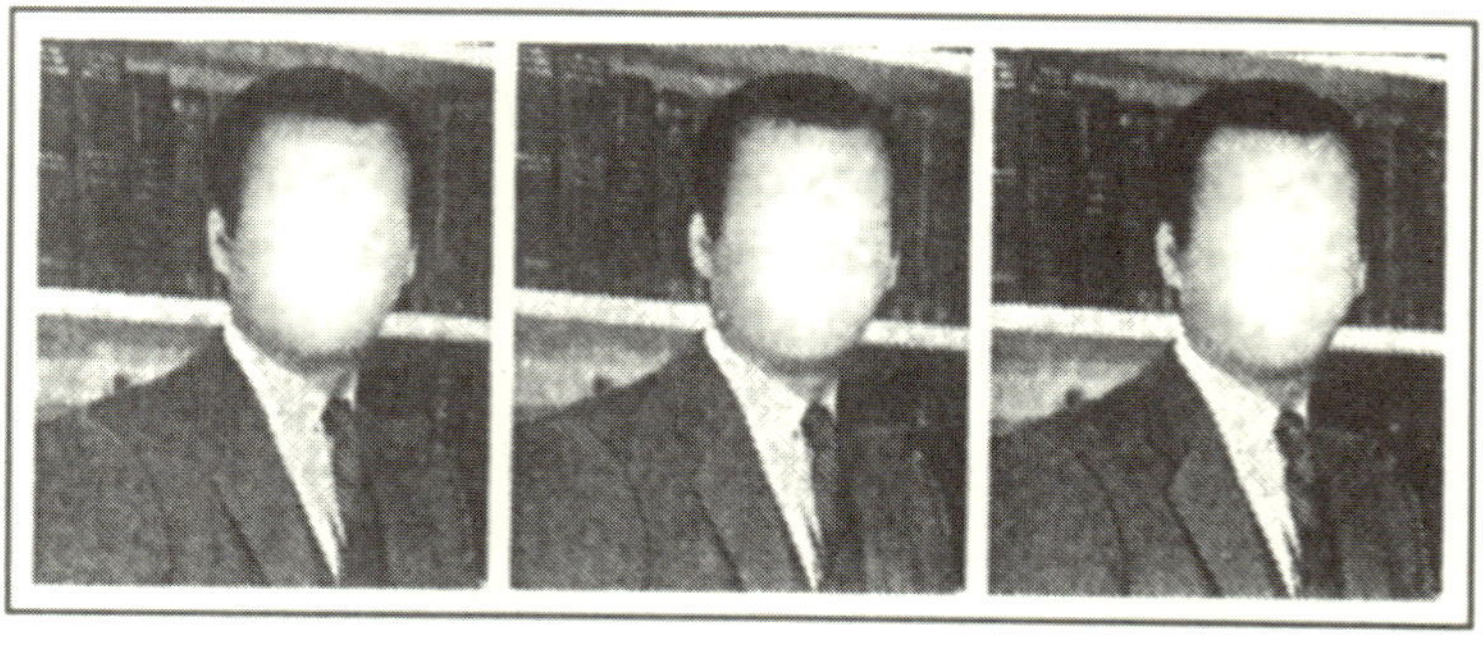

意を要しない。貿易制裁もまた同様である。のみならず、WTOをその他の国際的取り決めと比較して特異なのは、執行を「止める」ことにコンセンサスを要する点である。ひとたびWTOの司法機関がある国内法を違法と判断するや、当事国は国内法を改正するか、さもなくば制裁に甘んじねばならない。さらにより警戒すべきは、そのような制裁・補償交渉は暫定的措置に過ぎず、諸国はWTOルールに従って国内法を改正せねばならないというのが米政府の公式見解だという点である。（一）

こうしてWTOの紛争解決システムが持つ強制力や、ウルグアイ・ラウンドの新ルールが、従来は国内政策の範疇と理解されてきた分野にも進出しようとしている。即ち、市民の健康や安全、環境、社会的問題にまつわる諸問題は、国内で提起される問題から、スイス・ジュネーブの閉ざされた扉の奥に場を移し、そこで行われるWTO委員の会合に判断をゆだねられねばならなくなる。

WTOルールは、この紛争解決機関に、現行の貿易モデルやルールに関与した委員を送り出すと定める。執行のシステムは、「物品とサービスの貿易を拡大する」（二）ことを固有の目的とする機構たるWTOの要である。従って、ある政策がほかの政策目標と競合する場合、WTOの委員が自由貿易推進に寄与する法解釈を行う傾向があっても不思議ではない。

事実、WTO紛争解決機関の委員には、各国政府の特恵を逆転させる権限が与えられている。こうした民主主義と透明性の原則に反するあり方はそれ自体、問題をはらむ。しかしながら、WTOはそれに留まらず、開かれた意志形成過程のための方策、特にその意志決定によって最も影響を受ける者である当事国の市民からなされた関係書類の開示請求に対しては、公開を原則としていない。こうした政策決定は広範な経済的条件を考慮した上でなされるが、関係法がWTO紛争処理小委員会（パネル）の判断を受ける場合、WTOの定めた狭量な基準のみによって決定が下されることになる。

WTOの紛争解決システムの強力さに思い至れば、その過程と手続きには厳密な審査が必要とされてしかるべきである。

〈記録が示す：WTO紛争解決機関の大敗者は市民の利益〉

強力で執行力を持つWTO紛争解決システムは、すべての加盟国で自国に有利に働くと理解されていた。米国のWTO推進者たちは、この紛争解決機関が確立することにより、ウルグアイ・ラウンド交渉では諸外国にゆだねられていた責務を、世界で最も開かれた市場を持つ米国の手で担うことが可能になると約束した。同じ調子で、他国のWTO推進者は、米国の一極主義から自国を守り、様々な開発段階にある諸国に、通商法上の違反についてより平等な救済手段を確保すると確約したのだった。

しかしながら、WTO紛争処理小委員会の五年間を振り返ってみれば、現実にはかなり事情が異なったことがわかる。結論から言えば、WTOに提訴する経済力を持つ諸国が勝者となるのである。現在までのところ、WTOの紛争処理小委員会はほぼすべての事件で提訴した側を勝訴させ、訴えられた国内法を敗訴させる決定を下した。これまで審理が済んだ二二事件のうち、被提訴側が勝訴したのはわずか三件のみである。一九九九年七月時点で、米国は提訴された事件すべてにおいて敗訴している。WTOは、ウミガメ保護や空気汚染防止の諸規定、反ダンピング法などについて違法と認定した。[三] 米国は持ち込んだ件数が最も多く、二二件の提訴国（共同提訴含む）である。興味深いことに、提訴側が敗訴した三件中、米国は二件、つまりコダック事件とEUコンピュータ事件を提訴した国でもある。

先進諸国は、提訴国を利する決定を出すことが多いWTO委員の判断傾向を利用する力を持つ。多くの開発途上国は、提訴する資金力がないばかりか、WTOの保護を享受するためのコストを支払う能力もない。WTO体制では、途上国が富裕国によるWTO提訴の脅しの後、国内法を改正しているという注目すべき傾向がみられる。

最後に、諸国間の競争の文脈に立つ時、WTOにおける真の敗者は市民の利益だということになる。WTO

紛争処理小委員会が下した決定を慎重に分析した結果、民主的に成立し、WTOの場で争われた環境や健康、食料安全性に関する国内法はすべて敗訴したという結論が得られた。どの法律も、貿易の障害とみなされたのである。

〈不透明な審理、適正手続き保障なし：紛争解決機関〉

WTO紛争処理システムの枠組みと機能は、ウルグアイ・ラウンドの「紛争解決に関する了解」（DSU）に規定されている。DSUが有するルールは事実上、ただ一つである。つまり、すべての委員の活動、記録文書は機密扱いとされる。[七] このWTOルールの下では、紛争処理小委員会は秘密裏に審理を進め、記録文書は紛争当事国に限定して配られ、適正手続きや市民の参加は保障されず、第三者機関への申し立ては不可能である。WTOの下部パネルや上部機関の審理は非公開で進められ、手続きは機密扱いである。政府が自文書を自国民に対して自発的に開示する場合を例外として、すべての文書も機密扱いとされる。紛争解決過程の秘密主義は、健康や環境などの諸政策について申し立てを受けている国の国内法提議者が、審理の十分な情報を入手する機会を阻止する。これは国内の裁判所だけでなく、国際司法裁判所などほかの国際紛争システムと比較しても対照的である。国際司法裁判所は審理を公開するとともに、厳正な適正手続きの原則を採用する。[一二] WTOの密室性は、ミッキ

「WTOの機密性」に関する
元通商代表部代表ミッキー・カンター氏の発言、今昔

WTO推進活動中：「ウルグアイ・ラウンド合意は紛争解決プロセスの透明性の増大をもたらす」。[5]

WTO協定締結後：「カンター氏は、大多数の米国人とってWTOへのアクセスがより可能となることを支持する考えを示し、加盟国にも手続きのほとんどが秘密裏に進むあり方に終止符を打つことを支持するよう働きかけてきたと強調した。彼はこの点で過去数週間、重要な進展があったと報告、閉じられた扉の奥で進む小委員会については説明をいとわないと述べた」。[6]

ー・カンター米通商代表部代表の公約とも矛盾する。カンターは一九九四年、「ウルグアイ・ラウンド合意は紛争解決プロセスの透明性の増大をもたらす」と述べたのだった。[一二]

ＷＴＯの紛争は、三人で構成する小委員会によって聴取され、審理される（当事国が五人制を選択した場合はその限りでない）。[一三] ＷＴＯ事務局が個別紛争ごとに小委員会の委員を選定し、当事国は「やむにやまれぬ理由」による場合にのみ選定に異議を申し立てることができる。[一四] 委員会の決定が出た後で取りうる唯一の対抗手段は、上部委員会に上訴することである。七人の委員で構成する上部委員会が原審を覆したのは、これまでのところ一件のみである（本章の米国がコンピュータ事件の二審でＥＵに敗訴した項を参照）。

〈貿易問題専門の官僚が環境や健康、労働者の権利、経済開発の政策を決定〉

ＷＴＯ紛争処理小委員会の委員を務める資格には、ＧＡＴＴ委員の任務経験のほか、貿易機関もしくは貿易司法機関において国家を代表した経験、ＷＴＯ加盟国の通商政策の上級職員の経験、国際貿易法や通商政策について教鞭を取った経験もしくは著書があること――などがある。[一五] こうした資格要件により、委員には現行の貿易システムとルールに利害関係を持つ者が就任する傾向が生まれるとともに、国際貿易やＧＡＴＴ体制の現状維持が果たす役割を支持する哲学に結びつく考えを共有していない恐れのある委員を排除する働きが起こる。

また、こうした資格要件の設定は、委員の専門分野を狭い国際商取引の政策に限定する。七〇〇ページ以上に及ぶウルグアイ・ラウンドの非関税ルールを見れば、貿易紛争が発生している分野の大部分は、環境、動物や人間の健康、経済発展、職場の健康・安全向上、といった市民の利益を擁護するため施行されている広範な国内法と、そうした政策の制約を受けるＷＴＯとの間に起きていることがわかる。ＷＴＯの委員を務めるには、貿易法の専門家というだけでは不十分ということは記録的に証明されている。いくつかの決定では、環境の条

ＷＴＯバナナ事件の委員：環境・労働重視を公然と批判

もし環境・労働市場の目的を追求するために貿易措置を使いすぎれば「重要なマイナスの影響が間接的に及ぶ。例えばルールに基づく多義的な貿易制度が台頭する、といったことが考えられる」[18]
「環境・労働重視の観点からの憂慮は、貿易障壁を引き上げるための便利な言い訳を増やすだけだ」[19]

これら２つの台詞は、WTOの紛争解決機関に名を連ねている貿易問題専門家キム・アンダーソン氏が書いた記事からの引用である。国際貿易や開発問題について幅広い著作を持つエコノミストであるアンダーソン氏は、オーストラリアの閣僚に外国事情や通商について助言する役職にも就いている。[20] 世界経済にまつわり反「環境・労働擁護」に片寄ったアンダーソン氏の思想は、WTOの紛争解決システムが擁立する委員の知識がバランスを欠くものになるのでは、という市民の憂慮が単なる思いこみではないことを裏付けている。

アンダーソン氏は、米国がカリブ諸島産のバナナを優遇しているEUのロメ協定を提訴した事件で、WTOパネルの委員を担当した。[21] この事件は労働政策にも重要な意味を持った。争われたのは、米国の業者が南アメリカ大陸に所有する広大なプランテーション農場で劣悪な労働条件の下、人を雇い、生産するバナナよりも、カリブ諸島の農家が小規模な家族単位の土地で生産するバナナに好条件を与えて取引していたEUの政策である。[22] EUの狙いは、カリブ諸島の人々に、コストはよりかかるけれど、よりよい条件でバナナを生産させることで、一定の市場を保証することにあった。1997年、WTO小委員会はカリブ諸島への優遇措置を不当と認定し、後に上部機関もこれを支持した。この結果、もしEUが米国の報復関税措置への抵抗をやめれば、カリブ諸島のバナナに対する優遇措置は撤廃され、小規模な農家によるバナナの生産を基本とする民主的な経済の原則は決定的な打撃を受ける。小規模な土地を持ち、質素な生活に甘んじてきたカリブ諸島の生産者らは、中南米の巨大プランテーション農場で低賃金の労働者を雇う一握りの大企業にとって替わられてしまう可能性が大きい。

約や国際法の一般ルールにおける解釈を必要とした。[二六] ＷＴＯによる決定は必ずしも一般の常識的解釈と整合するものではなく、WTOの委員は国際法の一般ルールの解釈においてあまりに視野が狭いとして、国際法機関誌でも批判を受けている。[一七]

事実として、委員となる個人が、目前の紛争で問題となっている事象の専門家であることを要件とするしくみは存在しない。このことは、健康や環境にまつわる措置が紛争となっている場合、特に憂慮されるべきである。DSUは委員が専門家に意見を聞くことを義務づけてすらいない。外部者の意見は聞くこともできるものの地位に貶められ、彼らによる鑑定は義務づけられていない。[二三]的確な法分析をもたらすための基本的で最低限の措置は、より広範な専門的能力を有する委員を選択することである。

〈利害衝突の基準「聞くな、知らせるな」〉

ウルグアイ・ラウンドで規定されたWTOの紛争解決システムでは、小委員会で任務に当たる委員が利害関係を持たないしくみを保障していない。WTOは一九九六年、「紛争解決に係る規則及び手続に関する了解」の施行規則を採択した。[二四]この文書は、DSU（紛争解決に関する了解）委員会の機密性は委員の信頼性と不偏不党性に密接に関係すると定めている。しかしながら、この定めは、目的を達成するために設けられた備えがあまりに脆弱であるため、焦点がぼやけたものとなっている。それは以下に紹介する国際通商会議の代表の選び方によって明らかとなった。キューバに投資するある外国人に対し、米国のキューバ自由民主連帯法（ヘルムズ・バートン法）に基づいて科せられた制裁措置への異議申し立て事件を裁く代表に、キューバに工場を持つネッスル社の取締役会に名を連ねる人物が指名されている始末なのだ。

「手続きに関する了解」では、委員個人の背景は自主開示の原則に基づいており、彼または彼女の横顔を公にすべきか否かは本人の判断に任されることになっている。[二六]つまり情報開示は「[意義のない] 関連性にまで及ぶべきではない」とされ、委員の「個人プライバシーの尊重を考慮」せねばならないと定められる。また情報

利害関係にある人物が紛争処理機関の委員を務める実例

アーサー・ダンケル氏は貿易専門家の間で著名な人物だ。ネッスル社の取締役会と国際通商会議（ICC）政策委員会の両方に名を連ねており、具体的な紛争事件に利害関係を有し、通商政策について偏見を持っていることは明らかだ。ダンケル氏は、米国のキューバ自由民主連帯法（ヘルムズ・バートン法）に強く反対するICC国際貿易政策委員会の代表も務めている。(30) ヘルムズ・バートン法は、キューバ革命時代に米国の国民から違法に得た手段を用いて投資し、利益を得る外国企業に制裁を加えると定めた法律である。国際貿易と投資を推進するために設立されたICCは、この法律に極めて批判的である。1996年6月19日付け文書では「ヘルムズ・バートン法は国際貿易のあり方を歪め、米国の貿易パートナー諸国の企業に対し、かなりの商業上の混乱をもたらす。この法律は世界貿易機関の原則とも明らかに矛盾する要素を含み、WTO協定における米国の義務とも相容れない」との立場を明らかにした。(31) そのICCで、貿易問題にまつわる考え方を定義し、決める委員会の代表を務めているのがダンケル氏なのである。(32) ダンケル氏はまた、1994年から1999年まで、ネッスル社の取締役をも勤めた。(33) ネッスル社は1930年からキューバで生産会社を営み、紛争事件の判決や米国の対キューバ通商政策のあり方に利害関係を有している。EUがヘルムズ・バートン法を提訴した際、WTO事務局長はこの事件を担当するパネルの委員にダンケル氏を選任した。パブリック・シチズンが1998年、米国通商代表部（USTR）に対し、ダンケル氏のICC委員会での経歴を指摘すると、USTRはこの問題を認識していないと回答した。WTOのパネルが任命されて２年後のことだ。(35) ダンケル氏に企業取締役としての経歴がある問題もこれまで、持ち上がっていない。こうした見過ごしがある以上、WTOの利害関係者に関する「規定」も、米政府の言うWTOにおける国内法の保護も、説得力を欠くといえよう。

クリントン政権は、国内法を擁護すべしとの原則を承知でヘルムズ・バートン法に反対してきた。(36) 閉鎖的なWTOの席では特にそうであった。貿易に関して、政府の通商政策は第一義的に企業によって形作られる、との原則がある。例えば通商交渉において米国の考え方の基本を決定する貿易助言委員会は、企業代表を数百人も抱える一方、市民団体の代表は一握りしか採用していない。産業界の構成員によって反対を受ける環境、健康、開発などの諸政策を各国政府がまともに擁護する腹積もりどれだけあるか、実に疑わしいところである。

開示が「委員就任の資格を持つ人物にとって職務上、重荷となって」はならない[二七]。言い方を替えれば、ある人物がＤＳＵの資格条件を満たせば、利害関係を明らかにするかどうかは委員の勝手だということとなる。しかも、完全な情報開示が委員にとって重荷と判断されれば、情報開示は免除され、委員は事件との個人的利害関係の有無については秘匿したまま、委員の資格を維持することになる。このプロセスは、裁判官の信頼性・独立性を保つために米国内の司法機関で採用されている手続きとは大違いである。ＷＴＯは地球規模の通商の最高裁判所とも呼ばれるが、米国最高裁の判事らは大統領による指名の後、上院の審査を受けねばならず、米連邦裁判所の判事らも利害関係にまつわる厳格なルールによって規制を受ける。

ＷＴＯにおける実効的な利害関係ルールが不在であることによって、少なくとも一つのケースにおいて、利害関係の可能性を持つ委員が選任されることになった。これは、実効性と公正さの点について、なぜＷＴＯの紛争解決システムへの疑問の声が絶えないかを示す実例である。ＥＵが米国のキューバ自由民主連帯法（ヘルムズ・バートン法としても知られる[二八]）を提訴した事件で、アーサー・ダンケル元ＧＡＴＴ事務総長がレナト・ルギエロＷＴＯ事務総長によって紛争解決の委員に選任された。ダンケルは当時、ネッスル社取締役会のメンバーであり、同社はキューバに生産会社を持っていた。ダンケルはまた、国際通商会議の重要な委員を務めており、同委員会はこの法律に批判的な報告文書を出していた（囲み参照）。

国際機関、国内機関を問わず、多くの司法機関では判事が署名で意見を書くことになっているが、ＷＴＯ小委員会の報告では正反対に、委員は匿名性を保つ[二九]。この慣行は、委員の持つ経歴と委員が小委員会で果たす役割との関係を監視するための重要な手段を市民から奪う。「利害関係ルール」の確立後、産業界の利益増進に多くを費やしてきた経歴を持つ人物としてよく知られるダンケル氏が選任された例は、少なくともＷＴＯが司法の独立を軽視していることを示すものである。

〈傷に侮辱を加える：委員の短所を補う市民の能力を制限——ＷＴＯ〉

紛争解決機関のメンバーに健康や環境などの専門家がいない短所を補完することは、こうした分野での独立した専門家の審理参加を義務づけるとか、パネルに第三者委託を義務づけること（法廷助言者制度）によってある程度、可能だったかもしれない。しかし、ＷＴＯの紛争解決システムは、いずれもそれを保障していない。

ＷＴＯ委員は、外部の専門家や専門機関からの情報や助言を要請することはできるが、義務づけられてはいない[三七]。しかしながら、そうした専門家の名前は委員会がその案件の審査報告を発表するまでは秘匿されるため[三八]、それらの専門家に利害関係が存在することを防ぐことはできない。

専門家や委員は国内法や政策の目的についての理解や吟味を欠いたまま、選挙で選ばれた各国代表によって形成された政策に修正を加えることができる。委員はウルグアイ・ラウンドにのみ拘束され、紛争案件の当事者と経済的利害を有する関係にあるかもしれない。それとは対照的に、国内法が提訴されたＷＴＯ加盟当事国の市民は、参加者となることはできない[三九]。つまり、問題が投げかけられている国内の事情・理由について最も豊富な知識を持つ人びとが排除され、参加できないことになる可能性がある。

ＷＴＯは最近、法廷助言者の書面提出の全面的禁止を解除したが、係争事件に関心を持ち、訴訟に参加しようと望む市民は様々な障害に直面する。牛肉ホルモン事件では、米政府が欧州の無差別保健法に加えた攻撃に対し、米国の市民団体が激しく反対した。諸団体は欧州の禁止に賛成して訴訟に参加しようと

不純な思想を排除

WTOが市民団体の参加を排除する姿勢は強烈なもので、スタッフはわざわざ書面をスイスから米国まで返送してくる費用さえ惜しまない。パブリック・シチズン（ワシントン）など健康・消費者団体が、ホルモン牛肉紛争で米国の立場に対立する内容の書面と科学データをWTOに送ったところ、「WTOの紛争解決ルールは第三者の参加を禁じている」とパブリック・シチズン誌を叱りつける手紙と一緒に返送されてきたのである。

したのだが、市民団体の視点は、訴訟における米政府の主張には反映されなかった。当時、WTOは自らが政府の集合体であるとして、市民メンバーが訴訟に参加することを一律に禁じていた。

一九九八年、WTOは政策を変更し、事件に関して政府の公式の主張の一部を構成する場合に限り、法廷助言者の書面提出を認めた(四〇)。公式見解の変化は上部機関のエビ・カメ事件での決定に反映された。パネル(一審)による決定は、要請していない非政府筋からの情報を受け付けることは「現時点で運用されているDSUの規定にそぐわない」(四一)と判断していた。この論理は、WTO紛争解決機関へのアクセスがWTO加盟諸国、つまり各国政府に限って保障されるということである(四二)。これに対し、上部機関は、政府の集合体という体制は、第三者の参加是非を判断する権限を各国政府に保障することによって機能すると強調した。

クリントン政権はこの変更を大きな進歩だとして賞賛した。しかし、この新政策も非常に限られた効力しか持たないものだ。政府はこれまでも、そう意図しさえすれば、第三者の書面などを公式文書の中で採用することはできた。市民団体がWTOの係争事件での自国政府の考え方に同意しない場合であっても、そうした情報は政府が提出しないため、WTOの委員には届かないであろう事情には、今後も変わりはないのである。

外部や第三者からどんな情報を受け取るかについて、国際機関やその仲裁システムのほとんどは、WTOほど独占的ではない。例えば国際司法裁判所(ICJ)は国際的な民間団体に対し情報を要請することができるし、そうした組織から提出されたいかなる情報をも審査する義務を負う(四三)。欧州司法裁判所は欧州委員会や加盟国、欧州評議会の法廷助言を認めており、場合によっては市民や民間組織の参加も許している(四四)。

ただし、WTOの紛争解決機関とその他の仲裁機関とを比べた時、その他の機関では、専門家の助言や市民団体参加の保障の必要性そのものが、注意深い判事の選択によって低減されている点が異なる。例えばICJは、裁判官が国際法において優秀であり、高いレベルのモラルの持ち主であることを要件としている。従ってICJでは裁判官が判断する見識を持てない事件を審理することはあり得ない。対照的に、WTOの委員は資格要件が非常に狭く、委員がほとんど知識を持たないテーマについて決定を下すという事態が起きる可能性が高くなる。付け加えて、欧州司法裁判所は、代理担当官が市民の利益を代弁する独特のシステムを採用している。(四六)一方、国際仲裁機関として前例のない、市民の視点からさらに遠ざかるという行動を示すのがWTOの強力な紛争解決機関なのである。

〈勝者皆取り――外部への不服申し立ては禁止、部門横断の制裁も〉

敗訴国が決定に従わねばならない期限は、パネルによって具体的に設けられる。期限が守られない場合、勝訴国は相互間で受け入れ可能な補償について交渉を求めることができる。(四八)補償を求めないもしくは補償が合意に至らない場合、勝訴国はWTOに対し、敗訴国への貿易制裁を要請することができる。(四九)ひとたび要請があれば、全会一致の反対がない限り、制裁は実行されねばならない。(五〇)

またGATTとは異なり、WTOの制裁は「部門を横断して」行われる可能性がある。つまりある国は、相手国の同じ部門に属する類似した製品に対してというだけでなく、その国の重要な輸出品に対して報復措置を取ることができる。(五一)この規定は、特に輸出品の多様性を確保できていない途上国にとって大きな重荷となる。途上国は、先進国がある主要な輸出品に報復する構えをみせることにより、圧迫されることになるからである。

敗訴国の政府には、WTOの上部機関以外に不服を申し立てる手段は用意されていない。DSUは上部機関の委員について「法律や国際貿易の合意が全般的に扱う事象に関し、確立した専門家としての権威を持つ人々」と定めるのみである。(五二)上部機関の委員もまた、環境や消費者法、労働問題の専門的見識を要件としていない。具体的事件を審理する責務を負う小委員会の委員とは異なり、上部機関のパネルはWTO機関の常任メンバー七人に属する。それはつまり、彼らがWTOの名簿に永久に記載される人物であることを意味する。(五三)これ自体、国内法と上部機関の雇用規定のいずれが法体系として上位に位置するのか、という驚くべき紛争のタネとなる。

上部機関の最も劇的な判断の内、米国に影響を及ぼした事件が二つある。最初の一件は、あまりに反環境的性格が顕著であったため、WTO推進者の間にも反対を呼んだエビ・カメ事件における決定である。例えばニューヨーク・タイムズ紙も「ウミガメの警告」と題する社説を掲載したほどだ(五四)。上部機関は米国の「危機に瀕する種に関する法律」の条文の一部を改正または削除するよう命じたパネルの決定について、最も攻撃的な例外的規定に関する判断を覆した(五五)。この決定は、WTOをWTO自身から救うための政治的任務と受け取られた。

二番目の希有な例は、WTOの紛争解決機関の歴史で唯一、上部機関がパネルの決定を完全に逆転させた案件である。EUが米国製コンピュータに課した関税にまつわる事件で、WTO紛争解決パネルは一九九八年二月、EUがより高い関税を課すようにコンピュータ製品を分類しているのはGATT違反だとして提訴した米国を勝訴させる決定を下した(五六)。米通商代表部代表シャーリーン・バーシェフスキーは、米国がWTOに提訴した中で最大額の勝利(五七)を手にしたと悦に入り、「これらの製品は、米国の最先端の技術によって米国で生産されたのだ」と述べた(五八)。

しかし一九九八年六月、WTO上部機関は原審を逆転させた。米通商代表部は「米国の輸出数十億ドル」に影響を及ぼすだろうとした当初の声明をひっくり返して、今では「情報技術に関する合意(ITA)の下では、……LAN(コンピュータ)部品がどの分類に位置づけられようとも、関税は二〇〇〇年一月一日にはゼロになる。その結果、この決定が経済に及ぼす影響は限られたものになる」と主張している(六〇)。

対照的に、コンピュータ業界関係者らはこの上部機関の決定を深刻な打撃と受け止めた。米国で手工業者が五〇%以上のシェアを占めてきた業界で、欧州の競争相手が市場を確保することにつながるとみたのである。あるコンピュータ業界の関係者は「原審は米国の輸出業者にとって画期的な勝利であり、分類の変更は確立した世界貿易のルールを踏みにじる前例となった。原審の決定が覆されたことに憤りを感じた」と語った(六一)。

〈意味をなさない「非違反申し立て」規定〉

ＷＴＯ紛争解決ルールは、加盟国が他の加盟国の国内法に異議申し立てを行なうことを認める広範で漠然とした規定を持つ。「非違反申し立て」と呼ばれるこの規定は、ＷＴＯルール下で加盟国が直接的、間接的に享受するはずの利益が実体を損なわれたり、ＧＡＴＴ合意の目的が阻害されている」場合に認められる異議申し立てである。それは「ＧＡＴＴ合意の具体的規定に抵触するかどうかを問わない」とされる。[六二]

ＷＴＯの非違反申し立てによる提訴は、ＷＴＯが規定する合意事項の具体的な侵害を要件としてはいない。必要なのは、ウルグアイ・ラウンド下で想定された自国の利潤が別の国によって削減されているという事実のみである。

この提訴が特に効力を発するのは、環境と労働者を保護するための法を施行しようとする諸国を威嚇する時である。例えばカナダは、アスベストを禁じたフランスに対し、非違反申し立てを行った。[六三] ＷＴＯのパネルが「貿易の技術的障害に関する協定」（ＴＢＴ協定）の違反を認めないと判断しても、カナダは、フランスのアスベスト禁止が非違反申し立ての要件に該当すると主張している。カナダは、フランスの禁止政策は、ウルグアイ・ラウンドでＥＵが見せた関税についての譲歩で得られたはずの利潤を損なったと訴える。カナダの主張のポイントは、フランスのアスベスト禁止が、アスベスト産業と競合するフランス国内の代替産業の競争力を相対的に強めるというものである。[六四]

一方、米国が日本の市場慣行を提訴した事件でのＷＴＯの決定が明らかにした通り、非違反申し立て規定は、ウルグアイ・ラウンド合意によってカバーされていない国内の経済政策・慣行（例えばインフォーマルな排他的流通や、小売業者の輸入品への反感、といったもの）に変化を強いようとする時には有効ではない。米国はコダック・フジ事件として知られる非違反申し立てで、日本政府が措置を講じなかったため予想されたほど市場の拡大を手にしなかったと主張したが、これは棄却された（六五）。非違反申し立ての規定がＧＡＴＴ－ＷＴＯルールでカバーされない日本のような国への市場開拓に役立つだろうと考えたミッキー・カンター通商代表部代表らクリントン政権当局者たちは、意気消沈することになった。

〈両立は不可能：一方的制裁はＷＴＯ違反〉

一九七四年米通商法の三〇一条（一九七九年改正）は、米通商代表部に対し、米国の利害にとって「不公正」とみられる国の貿易慣行を調査し、その国に制裁を科す権限を与えている（六六）。三〇一条は、米大統領に、適切と判断した場合には貿易合意の運用について「延期や撤回、回避」を認め、「相手国に義務を強制するか、さもなければ輸入制限を行うこと」により、貿易紛争で米政府が一方的措置を取るよう要請している。三〇一条はまた、通商代表部に対し、不公正な通商慣行を持つと思われる外国を認定し、調査し、優先順位を付けることを義務づけている。こうした諸国が三〇一条による制裁対象国となる。ある通商コメンテイターは「三〇一条の下では、外国の交渉者は米国の輸出に市場を開放するか、米国の制裁に甘んじるかという二者択一の局面に立たされることになった。またしても、米国の脅しが功を奏したのだ」と語った（六七）。

米下院でウルグアイ・ラウンドが論議された際、議員や産業界は、ＷＴＯルールが三〇一条の運用を禁じることになるのではと憂慮を表明した。日本などの諸国さえ、国民・国会に対し、ＷＴＯは三〇一条を終わりにすることに役立つとしてＷＴＯを喧伝したのだが、カンター代表らはあくまでＷＴＯが三〇一条に制限を設けることはないと繰り返した（六八）。

しかし、ＷＴＯ紛争解決システムは、全体として、特に国内に大きな市場を持ち、威嚇的な一方的制裁措置を行う国に対しては、一方的制裁措置よりもＷＴＯの場での紛争解決を優先させる論理を貫いている。その意味で、米イーストマン・コダック事件にまつわる一九八八年の事件は象徴的であった。コダック社は、日本人が日本のフジフィルムの売上を高めるため、国内の流通からコダック製のフィルムを排除したと憂慮を表明。米政府は三〇一条に基づき一方的措置を取る構えを見せたが、日本が三〇一条そのものをＷＴＯの場で争う構えを見せるや、米国は日本の勝訴になると予想してこの構えを取り下げ、ＷＴＯの場でコダック事件を争おうとした。[七六]ワシントン・タイムズ紙は「政府は〔三〇一条に基づく調査をも視野に入れた〕選択肢を探っているが、一方的措置というものはほとんど常にＷＴＯルールに違反する」と伝えた。[七七]

米国はこの事件をＷＴＯに持ち込んだが、ＷＴＯは、コダック・フィルムが日本の流通上、比較的好意的ならざる扱いを受けていることは、原則としてＷＴＯが判断を下す範疇には存在しないと決定した。[七八]ＷＴＯはまた、米国が行った非違反申し立ての主張には根拠がないと述べた。[七九]つまり、一方的措置であろうとＷＴＯの場で争おう

301条、コダック事件

1995年、イーストマン・コダック社は米通商代表部に対し、日本政府とフジフィルム社がコダック製のフィルムを店頭から排除しているとして、301条による対抗措置を取るよう要請した。[69] コダックは、フジが日本の生産者・カメラ店・政府官僚の３者による不公正な制度の下、70%のシェア（コダックは10%）を維持していると主張した。米通商代表部はコダックの主張を調査した結果、日本に対し301条を適用する構えを示して威嚇した。[70] しかし日本政府は強い姿勢で応じ、「これ以上、一方的措置によっていじめられはしない」として、米国交渉者との対話さえ拒否、[71] 301条をWTO協定違反で提訴すると発表した。これに勝機なしとみたUSTRは301条の威嚇を取り下げ、今度はコダックの異議申し立てに基づき、日本をWTOに提訴した。[72] これに日本の政府当局者は大喜びした。ある日本の官僚はUSTRの判断を「良いことだ」と評し、「こみ上げる喜びをおし殺そうとする様子」だったという。[73] フジの関係者もこの動きを「前向きな動き」と呼んだ。米国をして301条による威嚇を取り下げさせたことは、日本側の勝利と受け止められている。[74] この事件では結局、WTO小委員会はすべての争点で日本を勝たせる判断を下した。[75] これまでWTOで争われて確定した事件のうち、提訴国が勝訴しなかった２つの事件の１つとなったのである。

と、単にこの問題の救済手段はないのである。

三〇一条はその一方的性格ゆえ、ＧＡＴＴ・ＷＴＯ体制下での米国の参加に二つのレベルで障害をもたらす。第一に、米国は分野を問わず、ＷＴＯの関税規定によって相互に保障された貿易の利益を除去し、一方的貿易制裁を科すことはできない。第二に、ＷＴＯの紛争解決機関はＧＡＴＴ・ＷＴＯの義務を破った場合に当該国を裁かねばならない。つまり、米国が独自に判断を下すことはできないのである。もし、米国がＷＴＯ加盟国に対し、ＧＡＴＴ・ＷＴＯルールによってカバーされていない紛争にまつわる措置として関税を引き上げるならば、相手国は問題をＷＴＯに持ち込む可能性がある。専門家によれば、そうした申し立ては勝訴となる可能性が最も高い。なぜなら、ＷＴＯ体制の最大課題は、関税による利益不利益をどうなくしていくかだからである。[八〇]

実際、米国は一九九四年、ＷＴＯの「紛争解決に関する了解」に応じたものにしようと三〇一条を改正した。三〇一条の制定に携わった通商専門家は「スーパー三〇一条は弱められ、大きく格下げされた」と述べた。[八一]それでもなお、三〇一条（ｂ）は米当局が一方的制裁に関与する権限を付与しており、ＷＴＯルール違反である。[八二]

今やＷＴＯが公式に三〇一条を違法と認定することを避けようとする米国の試みは挫かれようとしている。ＥＵによる新しい提訴事件がそれである。ＥＵは、米国が一方的貿易制裁を科す「可能性」が、「マラケシュ協定」に違反すると主張している。[八三]ＥＵサイドのマラケシュ協定の理解によれば、米国が事実上、ＷＴＯの裁定を採択するのは確実であり、従ってＷＴＯルールに反する国に対する自動的なＷＴＯの制裁は、米国の一方的措置の完全な放棄と引き換えに行なわれることになる。[八四]これは、クリントン政権が米下院に対して売り込んだ「協定」の解釈とは異なる。カンター代表は「ウルグアイ・ラウンドは米通商法、特に三〇一条の実効性を損なうものではない」と述べた。[八五]しかし、ＷＴＯルールがＥＵの提訴に判断を下す時、米国は両者が二律背反であることに気づかされることになるかもしれない。米国は強制力を持つ紛争解決機関を含めたウルグアイ・ラウンド合意に署名した瞬間、貿易制裁に対するより広範な国際的な支持を取り付けたが、同時にどのような時にそれを運用するかを選ぶ権利を失ったのである。

〈WTOルールは国内法・州法の上位に位置する〉

GATT体制が広範囲の国内法や条例より優越することになるのではという兆しが最初に訪れたのは、一九九二年のことだった。GATT紛争処理パネルがカナダの申し立てを認め、中小酒造業者に売上税を科す計画や四一州とプエルトリコにおける多くの税法と流通慣行について、GATTルール違反だと判断したのである。[八六]

GATTルールが州または地方の施策にある程度、適用されることははっきりしている。GATT二六条一二項によれば、「各当事国は、本合意の条項が順守されるよう、地方自治体など領域内の当局において合理的措置を取ることがある」とされる。一九九二年の判断を待つまでもなく、こうした義務が拡大するだろうことは明白であった。

米国はアルコール飲料をめぐる各種の州法や規制を守る立場から、GATT二六条一二項が連邦政府は地方においてもGATTルールに見合う措置がなされるよう努力する義務を規定していると主張していた。「ビールⅡ」と呼ばれる事件では、米国は既にすべての合理的措置を取り、州の活動は直接的制約が及ばないと主張していた。

GATTの紛争パネルは二六条一二項について、賛否両論を呼ぶ解釈を行った。国は、地方に対し、憲法上認められたすべての権限を行使しなければ同条項を順守したことにならないというものだ。[八七]つまり米連邦政府は、州当局の施策を変えるために可能なすべての手段を講じたことをGATT締約国に対して立証できなければ、地方の法・条例などに対しても責任を負うことになる。それには、優先的法案の立法、地方政府を提訴すること、高速道路への補助金カットといった利益削減による圧力などによって変化をうながすことが含まれる。

さらに、ビールⅡ事件でGATTパネルは、GATT対州法の法的優先性の問題についても判断を下した。「GATTは米国連邦法の一部であり、従ってGATTに反する州法よりも上位にある」(八八)。この判断は、とうてい理解しがたいものである。なぜならGATTが違法と判断する州の関税というものは、仮に州をまたぐ通商行為の重荷になるとして米憲法の商行為に関する規定の下で異議申し立てを受けた場合でも、非常に煩雑な憲法審査の末、合憲と判断されるはずだからである。

またウルグアイ・ラウンド合意は、さらに州と都市をWTOルールに縛り付ける明確な言葉を付け加えた。例えば、「技術上の通商障壁に関する合意」の規定すべてを州や地方に適用すると明記した上で、「加盟国はこの合意の下ですべての規定に従う義務を負う……加盟国は諸規定の順守を支持するため、……中央政府に限らず……積極的な措置と施策の形成を講じるものとする」(八九)と定めている。「積極的な措置」を取ると定める規定は、WTOルールを州の法案や地方政府に強制するまでに効力が拡大したと解釈されている。

最後に、EUと日本がマサチューセッツ州の関税手続きに異議申し立てを行った(第七章参照)事件が示す通り、WTOは国の法律に対する申し立てと地方の法律・条例に対する申し立てに区別を設けていない。いずれにせよ、WTOの閉ざされた法廷では、WTOの加盟者たる米連邦政府のみが法の擁護者たりえる地位を付与されている。その場で州の施策の唯一の擁護者となりうるのは、時にその施策を好まない連邦政府という亡霊なのである。

第9章

勧告と結論

Recommendations and Conclusion

クリントン政権は、一九九四年に、ＧＡＴＴウルグアイ・ラウンドならびにＷＴＯの創設によって、米国および世界の他の国々があらゆる活動範囲において実質的にどのように影響を受けるかについて、バラ色の見通しを描き出した。つまりそれは米国の主権を侵食するものでも、環境、健康または食品の安全保護を蝕むものではなく、先例のない経済成長や米国の世帯所得の増加、ならびに米国製品を購入する繁栄する消費者社会の確立へとつながるものとして描かれていた。世界中の国々で、議会や大衆は、同じような見通しをその国の貿易交渉担当者や首相達から聞かされていた。

しかしながらこのような約束は、広範囲に及ぶ懐疑論と出会うことになった。世界中で、環境、飢餓反対、消費者、中小企業、健康、宗教、労働者、人権、開発、中小農場およびその他の利益を代表する個々の市民や市民グループが、ウルグアイ・ラウンドの広範な規則による潜在的な脅威に気づき始めたからである。その脅威は、苦労してやっと手に入れた公共の利益の進展とそれを可能としてきた民主的で責任の所在が明らかな政治に対してもたらされるものである。様々なレベルの高度な知識や組織で、これらのグループは、ＷＴＯにより約束された利益が実を結ばないどころか害を及ぼすだろうとの予測をたて、ウルグアイ・ラウンドならびにＷＴＯに関する批判的な見解を発表した。

これら政治的な争いには、幾つかの共通する特徴が見られた。ほとんどの政治的意思決定者は、ウルグアイ・ラウンドの広範囲に及ぶ条項について理解していなかった。条項の言外の意味については言うまでもない。「自由貿易」という名を冠するかぎり何に

> **ウルグアイ**・ラウンドおよびWTOは、さらなる害をあたえてはならないという最も控えめな試験に失敗した。それどころか、主要な領域においてWTOの規則の下で条件は悪化している。このため世界中のNGOおよび幾つかの政府は、現在の履行内容を徹底的に見直し、問題を含む局面について修正または変更が行われるまで、WTOの援助に基づく貿易または投資自由化交渉の実施を中止するように求めている。

でも好意的な有力エリート達は、世界中の多くの著名人に先を争って、その内容については一知半解でしかないにもかかわらずウルグアイ・ラウンド支持の声明を発表させている。消費者保護団体のラルフ・ネイダーが、並みいる米国上院議員連に対し、ウルグアイ・ラウンドの条項の本文を読んだ上でそれについて公の場で簡単な一〇の質問に答えることに宣誓供述すれば報奨金を提供すると提案したことがあるが、四カ月の間一人の上院議員も（著名な一団の熱狂的なWTOの支持者を含め）それに応じなかった。最終的に、自由貿易擁護者兼NAFTA支持者であると自称するコロラド州選出の共和党の上院議員ハンク・ブラウンがこの申し出に応じてきたが、ウルグアイ・ラウンド協定を実際に読み、その意味を理解した段階で、反対する立場に立つことになった。

今や、ほぼ五年の年月が経ち、約束や思惑のための時間は過ぎてしまっている。バラ色の予測が実現していないことについて、証拠は十分に存在している。実際のところ、多くの場合、バラ色とは反対の事態が発生している。ウルグアイ・ラウンドおよびWTOは、さらなる害を与えてはいけないという最も控えめな試験に失敗しているのだ。反対に、主要な領域においてWTOの規則の下で条件は悪化している。

〈WTOは「少なくとも害を及ぼすな」試験に不合格となっている〉

多くの発展途上国が真実警戒しなくてはならないことであるが、WTOの最も厳しい規則から出てくる「死の灰」がまだこれから来ようとしていることである。というのは、WTO規則は数年間にまたがり段階的に導入されるものであり、未だ完全には実施されていないからである。WTOの規則により既に発生した損害を認識することにより、多くの発展途上国の政府や非政府組織は、WTOの話し合いを行うための新たな包括的ラウンドを要請するヨーロッパ各国に反対し、その代わりに現在のWTO体制によりもたらされた損害を元に戻す「一八〇度の転換」を求めている。

実際のところ、米国政府やその他の政府が自国民に対しＷＴＯのもたらす利益を約束したほとんど全ての主要な領域で、深刻な問題が起きている。全世界は、前例のない世界的な規模の金融不安により打ちのめされている。所得の不均等が各国間ならびに各国内において急速に拡大している。能率および生産性が増大しているにもかかわらず、多数の国において賃金の上昇は見られず、市況商品価格は常に低く、世界中のほとんどの人々に生活水準の低下をもたらしている。

評論家が恐れたとおり、ＷＴＯが有する市民参加への偏見によって、ＷＴＯは産業界や政府が自分たち寄りの政策を遂行するための格好の場となってしまい、オープンで民主的なフォーラムとはとても言えなかった。この見解を認めるＷＴＯの一官僚は、フィナンシャル・タイムス紙に対し、ＷＴＯは「諸国の政府がひそかに結託して彼らの国内の圧力団体に対抗する場所となっている」と述べている。この考え方からすると、全く容認できないことではあるが、ＷＴＯが、公衆衛生、環境、食品安全性ならびに開発政策の膨大なリストを、ＷＴＯに反する貿易障害と判断し、排除または変更されなければならないとしていることは驚くに当たらない。

ＷＴＯは、公益を求める政策を攻撃することに利用されてきただけでなく、常に大企業ならびに産業界を社会的な責任から防御してきた。例えば、ＷＴＯは、チキータ・バナナ社が米国政府の名を借りて、ＷＴＯを使ってカリブ諸島の小さなバナナ生産国の重大な経済開発政策、つまりその全経済を蝕むことを可能としている。これにより、ヨーロッパのバナナ市場において既に確立されている優先的なシェアをさらに増大するという同社の目標は促進された。同様にＷＴＯはベネズエラのガソリン業界に米国内における高い大気汚染防止基準をすり抜けるための米国の政策と同国内法制度以外の手段を提供している。またＷＴＯは米国牧畜業者協会を援護し、人口ホルモン処理牛肉を禁止している評判の良いヨーロッパの公衆衛生法を無効にした。これはヨーロッパと米国の消費者団体や健康団体に圧倒的に支持されていた法である、

この確固たる証拠にもかかわらず、一九九九年にＥＵは新しい問題への政府の行為に対するＷＴＯの制限を拡大するための、野心的な新規交渉ラウンドの立ち上げを先導した。その一つは、失敗した「多国間投資協定」

ＷＴＯシアトル閣僚会議の目標

公益目標	VS	法人利益目標
新しいラウンド、ＷＴＯ管轄権の拡大、ＷＴＯにおけるＭＡＩに反対		ＷＴＯを拡大するための新千年期ラウンド
新しい交渉を斟酌する前に現在行なっていることについて見直しを行う。		現状に関係なく同じ内容を継続的に遂行する。
国家政策特権を侵害する現行のＷＴＯ協定の規模縮小。		どのように地方税収入を使用できるかならびに教育および健康管理分野などの新分野へのＷＴＯの拡大
ある主題、すなわち水、生命形態について全面的にＷＴＯから除外する。		共通資源（水、空気、海）の商品化ならびに貿易の対象となるような新しい形式の財産（特許権が発生する生物形態など）の確立
人が家族ならびにコミュニティーに影響を与える決定を管理できるように保証する。		均一な世界基準を設定し、単一世界市場の分裂を防ぐために意思決定を国際団体に移行する。

（MAI）をWTOに加えることにより、同協定を復活させるという提案であった。日本はカナダ政府と同様に新しいラウンドの立ち上げに対するEUのイニシアチブをサポートしている。

クリントン政権は決して長期にわたる交渉ラウンドに対し熱意を示しているわけではない。第一に、クリントン政権は、ファストトラック貿易権限（通商交渉に関する包括的権限）とその極度にグローバル化を目指す政策志向に対して議会からも国民からも支持されていない。第二に、二〇〇〇年の大統領選挙前に環境目標を犠牲にしてまでグローバル化を進めることがアル・ゴア副大統領の記録に強調されることになることを望んでいない。米国は、極端な農業および森林の自由化、さらにサービスセクター（衛生および教育を含む）における一層のWTOの適用範囲の拡大と規制撤廃、そしてバイオテクノロジー製品に対する新たな保護を求めるいわゆる「穏当な（modest）」アジェンダを促進している。これらは、ゴアの著書である『アース・イン・バランス』で唱導されている環境にやさしい政策から程遠いものである。

しかし、WTOの管轄権ならびに権限の拡大に関するいかなる慎重な提案も、これまでの実態の嘘偽りのない評価に基づかなければならない。本書はWTOの問題点を包括的にまとめることを意図するものではないが、WTOのこの五年間の記録がWTOの拡大に関する話し合いを行うための新たな包括ラウンドの立ち上げを支持するものではないことは明白となった。むしろ私たちが見直したところ、現行のGATT／WTO体制における悪化した主要要因を緊急に一八〇度転換させる必要性が浮き彫りになっている。

パブリック・シチズンなどのグループは商品やサービスの流れを統制するための法的拘束力を有する国際通商規則を支持しているが、一方では、責任ある民主的な政権または公益保護策をさらに蝕むことになるような規則を全く認容していない。世界中の非政府組織（NGO）の間では、WTOは以下の事項を確保するために余分なものを取り除かなければならないというコンセンサスが一般的になってきている。

・食料や医薬品などの必須品へのアクセス

・安全な水、衛生設備およびその他の公共設備、教育、輸送ならびに健康管理などの必須サービスへのアクセス
・基本的な労働およびその他の人権の尊重
・製品、食品および作業現場の安全性
・衛生的な環境および自然資源の保存
・商品の内容ならびに特徴の正確な表示など、情報の入手しやすさ
・価格競合商品およびサービス間における選択
・意思決定における市民の利益の代弁
・核となる市民の権利を蝕む責任ある法人や政府を抑える能力を含む是正手段

一九九九年一一月に開催されるシアトルＷＴＯ閣僚会議では、貿易や投資をさらに自由化するための交渉を立ち上げることではなく、これまでＷＴＯがしてきたことの徹底的な見直しのための妥当な暫定措置が合意されるべきである。これは世界中の非政府組織のほぼ一致した要請である。

ＷＴＯの規則は、投資などの新規の項目を範疇に含める方向で拡大されるべきではなく（ＭＡＩ・「多国間投資協定」）、また現行の協定の法人コントロールについて範囲を広げることをすべきではない（現行のＴＲＩＰ協定〔知的所有権の貿易関連の側面に関する協定〕の「財産（Property）」の定義に全生物形態を加えるという米国の提案など）。むしろシアトル会議では、各国政府は、どの局面を見直すべきであるか、変更または排除すべきであるかを確定する方向で、これまでのウルグアイ・ラウンドの結果ならびに影響を包括的に見直すことに同意しなければならない。

この報告で述べられている論点を基礎として、シアトル閣僚会議声明には以下の点が含まれるべきである。

〈シアトル閣僚会議声明〉

勧告1　一定の貿易問題に関するモラトリウム

国内の食品安全性、環境ならびに衛生対策に対するWTO規制がどのような問題の発生をもたらしているかその発生パターンを考慮すると、WTOのメンバーである各国政府は、シアトル会議声明において、差別のない環境、衛生、安全対策に対するWTOの挑戦や脅威を一時停止させることに同意しなければならない。さらに各国が選択する保護レベル（フランスのアスベスト禁止令など）や予防原則下での各国の行為（人口ホルモン残留部を含む牛肉に対するEUの禁止令など）に基づく各国の国内法の規制に対して挑戦することは止めなければならない。モラトリウムは、また、非製品関連生産および製造方法（幼年労働により製造された商品の禁止令など）や環境を破壊する方法（イルカをわなにかけることになるマグロ網の使用など）で収穫された生産物に対して国内ならびに国外生産者に平等に対処する政策に対する挑戦について、その機先を制することになる。日本の京都議定書に伴う燃料効率のための諸法や海がめを保護する米国法など国際的な公約を履行する国内法に対する挑戦もまた中止されなければならない。モラトリウムは、各国の価値選択や、彼らが選択する公衆衛生または環境保護のレベル、あるいは国内および国外の会社に平等に課している規則について、これを批判することを目的としたWTOの挑戦を制限することになるだろう。

勧告2　ウルグアイ・ラウンドの客観的な見直し

シアトル閣僚会議声明では、ウルグアイ・ラウンドの序文において約束されている幅広い利益を獲得するために、現行の協定のどの局面を修正または排除する必要があるかについて確認することで、ウルグアイ・ラウンド協定の実施状態に関する客観的な見直しの開始が確約されなければならない。

「衛生植物検疫措置の適用に関する協定」（SPS協定）、「貿易の技術的障害に関する協定」（TBT協定）、「知的所有権の貿易関連の側面に関する協定」（TRIP協定）、「農業協定」、「紛争解決に関する了解事項」（DSU）、「サービスの貿易に関する一般協定」（GATS）、「貿易に関連する投資措置に関する協定」（TRIM協定）の見直しが、公益団体に対して全面的に諮問することにより行われるべきである。

この客観的な見直しをするには、文書類の公開を伴う公開されたプロセスと、NGOならびに市民が国内および国際レベルで見直しの規模やその方法の決定に参加できる有意義な機会が与えられなければならない。市民は、また、その見直しをすることについて継続的な役割をしていなければならない。

このような見直しは、国際的な貿易と投資の関係のより責任の所在が明らかで公正かつ持続可能なシステムを開発することを援助する機会を市民に提供することができる。このような変更は、国際通商規則に対する大衆の支持ならびに信頼を確保するうえで必要である。

勧告3　必須の商品とサービスへのアクセスの確保

食糧：食糧の保障という基本的な人権については、その絶対性が保持されなければならない。ウルグアイ・ラウンドの農業協定を評価するにあたっては、食糧の保障、特に最も開発が遅れている国々や食糧純輸入国の貧しい消費者に対しては、そこに焦点があてられなければならない。特に、農薬や穀物の通商を行なっている大規模な多国籍企業の影響について、現在存在している極度の市場集中を打ち破るためにはどのような国際的反トラスト対策が必要とされるかという視点で検討されなければならない。またTRIP協定の局面についても、食糧の保障を蝕む条項を変更する方向で見直されなければならない。これには、多国籍企業が元来は農業者が開発した種の特許をとることや、このような種を移植する権利に対し農業者に何らかの支払いを求めることができるという条項が含まれる。現行のWTO規則の客観的な見直しにより、食糧の保障条項のさらなる協議につながるとともに、各国政府が相反するWTO規制の効力から食糧を保護するために適当であると考える対策を独自に立てることができるようになる。

医薬品：ＴＲＩＰ協定は、商業利益を超えた公衆衛生の向上ならびに必須薬品への消費者のアクセス保護を目標として見直されなければならない。ＴＲＩＰ協定規則の拡大を推し進め、数年に渡る発展途上国への段階的適用の撤廃を求めるためにシアトル閣僚声明を利用しようとする幾つかの先進国側の提案は明らかに受け入れがたいものである。シアトル閣僚会議声明では、また、並行輸入ならびに強制許諾はＴＲＩＰ協定に基づき認められる点を繰り返して確認すべきである。これは、南アフリカなどや、医薬品特にＡＩＤＳ治療薬をより入手し易くしようとしている国々に対するクリントン政権の攻撃的なキャンペーンを終了させる上の手がかりとなるだろう。

サービス：「サービスの貿易に関する一般協定」（ＧＡＴＳ）の見直しでは、協定がどのように、健康管理、水、教育、衛生などの基本的なサービスへの普遍的なアクセス権に影響を及ぼしているか検討されなければならない。協定の見直しでは、また、独占的な国際的合併や買収に対抗する手段が欠落していることについて対処しなければならない。最後に、この見直しでは、環境保護対策を考慮に入れるためにＧＡＴＳ第ＸＩＶ条（一般的例外事項）の修正について検討されなければならない。さらに勧告事項は、貿易サービスと環境との関係を踏まえ、また持続可能な消費の観点から展開されなければならない。

勧告4　製品、食品、作業場所の安全性ならびに衛生環境を防御すること。

予防の原則：ＳＢＳ協定とＴＢＴ協定は、公衆衛生、安全性ならびに環境政策立案において予防の原則を取り入れることを放棄している。シアトル閣僚会議声明は、現行のいかなるＷＴＯ規則も、予防の原則に基づいて法制化された差別のない衛生、環境、食品安全対策を確立、保持するための各国の政府の能力を制限するように解釈されるものではないことを明示的に述べなければならない。このことは将来的なＷＴＯの紛争調査員を拘束する方法によらなければならない。シアトル閣僚会議声明では、各国が、予防原則に基づく対策を講じる政府の権利を侵害すると解釈しうるようなウルグアイ・ラウンド条項を特定し、これを排除できるようにしなくてはならない。

食品の安全性と食品の表示：シアトル閣僚会議声明は、ＷＴＯメンバーに対し、各国政府が合法的で差別のない食品の安全対策を確立しそれを保持することができるようにＳＰＳ協定の規則をどう修正するかについて焦点を置きながら、農業協定の客観的かつオープンな見直しをはからなくてはならない。このような見直しでは、今のところは制限されるか禁止される前に製品の安全性の欠如が証明されなくてはならないことになっている立証責任についての規則を逆にしなくてはならない。また、この見直しではＳＰＳ協定における「同等性」の定義が確立されなければならない。この「同等性」は、外国の規制が国内法と同じレベルの健康と安全面における保護を提供していること、ならびに外国の検査手続きと機構が、あらかじめ、国内法と少なくとも同等の強制力を有することを保証するものである。シアトル閣僚会議声明では、国内品ならびに輸入品を同等に扱っている栄養やその他の情報の表示義務など、消費者が十分に情報を与えられて選択をすることを支持する方策が、ＳＰＳまたはＴＢＴ規則と矛盾しないことが明白にされねばならない。またシアトル閣僚会議声明では、ＷＴＯメンバーが第五条に基づく食品の安全性に対する予防的アプローチを採用する際の固有のタイムリミットは存在しないことを明白にしなければならない。

製品の安全性ならびに環境基準：ＴＢＴ協定には、差別のない国内衛生、安全、環境規制について、単にそれらが国際基準より厳しいという理由のためにその異議申し立てを規定する条項が含まれている。本協定の見直しにおいて、それらが差別的な方法で適用されるものでない限り、各国による独自の製品および労働者の安全、衛生、環境基準の確立が認められなければならない（例えばフランスでは、自国の労働者をアスベストから保護することが許されるべきである）。

勧告5　行き過ぎた合併と市場集中のコントロール

競争抑止の実施：いくつかの先進国は、シアトル閣僚会議で、WTO競争規則に関する交渉の開始を要請している。また「競争」に関する交渉を求める国の間でも、たとえ彼らが同じ用語を使用していたとしても、全く異なる事柄を意味している場合もあり得る。しかし、いずれの国も、競争抑止的な事業の実施を取り扱ったり、独占的な国際的合併、買収の増大しつつある脅威に対抗する種類の規則を求めていはしない。シアトル閣僚会議声明は、現存するWTO競争政策作業グループに、以下に述べることを実施しうる機構を確立するように指示を与えるべきである。

・国境を越える企業の競争抑止的かつ制限的事業の実施（価格の固定、移転価格およびその他の企業内慣行など）の管理

・市場の集中パターンならびに増大する国際間の合併、買収および企業提携の調査

勧告6　代表ならびに救済策の提供

透明性および説明責任：シアトル閣僚会議はその結果として、WTOの大衆に対する説明責任が増大されなければならない。そのために、シアトル閣僚会議声明では、以下のことが盛り込まれるべきである。

・文書類は、もし明らかな機密基準を満たさなければ自動的に統制が解除されるように、WTOおよび「紛争解決に関する了解事項」（DSU）を確立した協定を解釈する際に公開の原則を採用すべきである。紛争解決システムにおける全ての文書類（全ての関係者の摘要、専門家の覚書、WTO法律スタッフの覚書および判定を含

む）は、規制が解除されるべきである。また紛争解決手続きは、大衆に対しオープンにされなければならない。

・紛争解決小委員会（パネル）のための新しい紛争解決了解手順を確立すべきである。これには以下のことが含まれなければならない。

より広い専門知識を受けいれるためのパネル委員の資格要件の変更

選任に異議申し立てができないパネル委員に対する利益相反規則

パネル委員たりうるメンバーの公的ファイルの保管

環境および衛生面に関する異議に対する一時停止が取り除かれた後で、衛生、環境または消費者保護論争を提議するケースについては、関連する専門的知識をもつパネル委員が含まれるという保証

・全ての国が平等にかつ効果的に交渉に参加できることを保証するため、発展途上国が選択する方法で、発展途上国の代表団の財政、人的資源やインフラ上の制約に取り組むべきである。

勧告7　投資規則の確保、財政的安定性の促進、秘密性のないMAI

「サービスの貿易に関する一般協定」（GATS）、「貿易に関連する投資措置に関する協定」（TRIM協定）ならびに一九九七年の金融サービス協定は、市場の安定性を確保するための、それには含まれていないメカニズム、または場合によってはWTOにより現在禁じられている対策を考慮すべく、見直しが行われなければならない。見直しには、通貨投機や移り気な短期投資に対抗する措置（現在多くの国際的なエコノミストにより賞賛されているようなチリ国型の資本統制など）が含められるべきである。何れのMAI型の協定も、それがいずれの開催地で遂行されるかにかかわらず、強い反対に直面することになろうことは明らかである。シアトル閣僚会議声明では、現存するWTO貿易投資作業グループに対し、海外投資家によるホスト国の経済および社会的発展の促進や消費者および環境の保護など、将来の投資規則に含まれ得る特定の義務の審査にその焦点を移すよう

に指示を与えなければならない。

〈結論〉

ＷＴＯは五年間というその短い活動期間の中で、仕事、報酬、暮らしに対し、また国際的ならびに国内における環境、衛生、食品安全法に対し、さらには経済の発展、人権、世界的な貿易ならびに投資に対して、広範囲に及ぶ影響を与えてきた。これらの影響は系統的に研究されておらず、また出版物においても十分に取り上げられていない。このため世界中のほとんど人々は、彼らの生命、暮らし、食品および環境、すなわち実際のところの彼らの現実未来が権力のある新しい機関により形づくられていることに気付いていない。

ＷＴＯは、単なる貿易ならびに遠隔地の経済傾向に関する組織ではない。それどころかＷＴＯは、国際、国家、地域における法律、政治、文化および価値を包括的に再設計するエンジンとしての役割を果たしている。この再設計が直接的且つ個人的にどのように我々すべてに影響を与えるかについて想定して、本書が特にＷＴＯに関する大衆の認識を喚起する呼び水となり、より一般的にはグローバル化のもとでお互いが直面している重要な選択に貢献できればと願うものである。

多くの人々にとってのＷＴＯならびにグローバル化に関する学習曲線は高いが、それ以上に認識のない人達の棒グラフは高くなっている。

我々を納得させせようとして別途様々なＰＲが行われているにもかかわらず、我々の世界がそれによって今再設計されようとしている法人経済グローバル化モデルについて、納得のいくモデルは何ら見当たらない。むしろこのモデルから利益を得る少数の利害関係者による数年に渡る立案、ロビー運動ならびに活動により、その発展および履行がもたらされている。

本書から何ら他に学ぶものがないとしても、我々としては、ＷＴＯの数百ページにも及ぶ規則が自由貿易に関する一九世紀の哲理とほとんど無関係であることが明白になっていくことを願うものである。むしろＷＴＯの条項の記述から明白なように、ＷＴＯならびにウルグアイ・ラウンド協定は、規則を立案し得る一つの方法に過ぎない。

「法人運営貿易」と呼ばれるのが最もふさわしいこのモデルは、大多数の人々にとって利益をもたらすものではない。のみならず、本書が述べている結論は、基本的に望ましいものではなく、断じて受け入れがたいものだ。政治的な問題点として、現状のグローバル化モデルにできること、また成しとげてきたことに限界があることは明白である。

明らかに、結果的により公正な、衛生面ならびに環境面に配慮した、民主的かつ責任の所在の明らかな設計となるその他のモデルが存在する。現状において不遇な世界中の大多数の人々が、自ら啓発し、変更を行うべく組織化していけるか否かこそが問題なのである。

第9章・原注

[1] ギドジョンキーエル、ファイナンシャルタイムズ誌12頁「ネットワーク・ゲリラ」、1998年4月30日
[2] ウルグァイラウンド完成後まもなく1995年にスタートしたMAIにおけるOECD交渉。WTOに包括的なNAFTAスタイルの投資家の権利を確立しようとする先進国の試みにもかかわらず、発展途上国の反対により、WTO TRIM協定における妥協に帰着した。先進国はOECDにおいて、世界中におけるNAFTAモデルの不正な要求を押し付けた。ほぼ完成された草案本文が1997年NGOにより公表されるまで、OECD諸国の議会ならびに報道機関の何れも、MAIについて認識していなかった。この提案では、事実上、海外投資家および海外企業に対し、その収益性を蝕むことになるかもしれないあらゆる政府行為に対する補償を得るため、現金損害に関し、直接米国連邦政府、州政府および地方政府を訴える法的権限が与えられるところであった。MAIの協議は、1998年下旬に世界中のNGOの反対により停止に追い込まれた。

[65] WTO, Japan - Measures Affecting Consumer Photographic Film And Paper (WT/DS44/R), Report of the Panel, Mar. 31, 1998, at 403, Para. 10.106.
[66] *See* 16 U.S.C. Section 301.
[67] *See* Greg Mastel, "Section 301: Alive and Well," *Journal of Commerce*, Aug. 16, 1996.
[68] U.S. Trade Representative Michael Kantor, Testimony to the Senate Commerce Committee, Jun. 16, 1994.
[69] Richard Lawrence, "Kantor Referees the Kodak-Fuji War of Worlds," *Journal of Commerce*, Jun. 1, 1995.
[70] *See* Lorraine Woellert, "Kodak, U.S. Lose Trade Dispute," *The Washington Times*, Dec. 6, 1997.
[71] Martin Crutsinger, "U.S. Sends Film Dispute to Global Trade Panel," *The Washington Times*, Jun. 14, 1996.
[72] *See* WTO, Japan - Measures Affecting Consumer Photographic Film and Paper (WT/DS44/R), Report of the Panel, Mar. 31, 1998.
[73] Paul Blustein, "U.S. Shelving Threat of Sanctions on Japan," *Washington Post*, Jun. 12, 1996.
[74] Wendy Bounds & Helene Cooper, "U.S. to File WTO Complaint for Kodak, Handing Fuji a Procedural Victory," *The Wall Street Journal*, Jun. 12, 1996.
[75] WTO, Japan - Measures Affecting Consumer Photographic Film and Paper (WT/DS44/R), Report of the Panel, Mar. 31, 1998, at Paras. 10.106, 10.117, 10.132, 10.145, 10.155, 10.175, 10.189, and 10.203.
[76] *See* Wendy Bounds & Helene Cooper, "U.S. to File WTO Complaint for Kodak, Handing Fuji a Procedural Victory," *Wall Street Journal*, Jun. 12, 1996.
[77] Lorraine Woellert, "Kodak, U.S. Lose Trade Dispute," *The Washington Times*, Dec. 6, 1997.
[78] WTO, Japan - Measures Affecting Consumer Photographic Film and Paper (WT/DS44/R), Report of the Panel, Mar. 31, 1998, at Para. 10.155.
[79] *Id.* at Para. 10.106.
[80] *See* Greg Mastel, "Section 301: Alive and Well," *Journal of Commerce*, Aug. 16, 1996.
[81] *Id.*
[82] *See* Congressional Research Service, *Relationship of Uruguay Round Dispute Settlement Understanding to Section 301 of the Trade Act of 1974*, Mar. 22, 1994, on file with Public Citizen.
[83] "Multilateralism: The EU's Defense Against Sections 301-310 of the U.S. Trade Act," *BRIDGES Monthly*, Jun. 1999, at 8.
[84] *Id.*
[85] U.S. Trade Representative Michael Kantor, Testimony to the Senate Commerce Committee, Jun. 16, 1994.
[86] GATT, United States - Measures Affecting Alcohol and Malt Beverages (DS23/R-39s/206), Report of the Panel, Feb. 7, 1992 (known as "Beer II").
[87] *Id.* at Para 5.80.
[88] *Id.* at Para. 6.1.
[89] WTO, TBT Agreement at Article 3.5 (emphasis added).

[33] *See*, Annual report of Nestle, S.A., Nestle Management Report 1998, Directors and Officers (1999) found at www.nestle.com/mr1998/ar1998/01/index.htm on Sep. 7, 1999, on file with Public Citizen. Members of the board serve five-year terms. Dunkel was up for re-election on Jun. 3, 1999. *See Id.*
ネッスル社取締役会のメンバーの任期は5年。ダンケル氏は1999年6月3日の再選候補に「挙げられていた。
[34] *See*, Annual report of Nestle, S.A., Nestle Management Report 1998, consolidated accounts of the Nestle Group (1999) found at www.nestle.com/mr1998/consoloaccts/13/index.htm on Sep. 7, 1999, on file with Public Citizen; *see also* Nestle Worldwide North and South America, found at www.nestle.com/html/w3.html, on file with Public Citizen.
[35] Personal communication between Chris McGinn, Public Citizen and USTR staff, May 18, 1998.
[36] For instance, the Clinton Administration has never allowed its enforcement provisions to enter into force. To convince the EU to drop its WTO challenge, which it did in 1997, it regularly grants waivers from Title III to EU-based companies, and has never let Title IV enter into force.
米クリントン政権は同法の運用規定を用いたことがない。同政権はＥＵに基盤を置く企業に対する第３章による制裁を凍結してきた。第４章についても適用していない。
[37] WTO, DSU at Article 13.
[38] *Id.* at Appendix 3, Para. 3.
[39] *Id.* at Article 8.3.
[40] WTO, United States - Import Prohibition of Certain Shrimp and Shrimp Products (WT/DS58/AB/R), Report of the Appellate Body, Oct. 12, 1998, at Para. 100.
[41] WTO, United States - Import Prohibition of Certain Shrimp and Shrimp Products (WT/DS58/R), Report of the Panel, May 15, 1998, at Para. 7.8.
[42] WTO, United States - Import Prohibition of Certain Shrimp and Shrimp Products, (WT/DS58/AB/R), Report of the Appellate Body, Oct. 12, 1998, at Para. 101.
[43] International Court of Justice Statute at Article 34(2).
[44] Dinah Shelton, "Non-Governmental Organizations and Judicial Proceedings," 88 *American Journal of International Law* 611 (1993) at 629.
[45] International Court of Justice Statute at Article 2.
[46] *See* Dinah Shelton, "Non-Governmental Organizations and Judicial Proceedings," 88 *American Journal of International Law* 611 (1993).
[47] WTO, DSU at Article 21.
[48] *Id.* at Article 22.2.
[49] *Id.*
[50] *Id.*
[51] *Id.* at Article 22.3.
[52] *Id.* at Article 17.3.
[53] *Id.* at Article 17.1.
[54] "The Sea Turtle's Warning," *The New York Times* (editorial), Apr. 10, 1998.
[55] *Id.*
[56] WTO, European Communities - Customs Classification of Certain Computer Equipment (WT/DS62, 67, 68), Report of the Panel, Feb. 5, 1998. European countries had reclassified the computers as telecommunications equipment, which carried tariffs that were nearly double what they would have been under the old classifications. *See* Martin Crutsinger, "U.S. Loses WTO Computer Trade Case," *Associated Press*, Jun. 5, 1998.
欧州各国はコンピュータを電気通信部品として分類し直した。それにより、関税は以前よりも２倍近い高さとなった。
[57] USTR, "USTR Barshefsky Announces U.S. Victory In WTO Dispute On U.S. High-Technology Exports," Press Release, Feb. 5, 1998.
[58] *Id.*
[59] WTO, European Communities - Customs Classification of Certain Computer Equipment (WT/DS62, 67, 68), Report of the Appellate Body, Jun. 5, 1998.
[60] USTR, "USTR Responds To WTO Report On U.S. High-Technology Exports," Press Release, Jun. 5, 1998.
[61] Martin Crutsinger, "U.S. Loses WTO Computer Trade Case," *Associated Press*, Jun. 5, 1998.
[62] WTO, DSU at Article 26.2.
[63] WTO, European Communities - Measures Affecting the Prohibition of Asbestos and Asbestos Products, (WT/DS135), panel established Nov. 25, 1998. The Third Party Written Submission of the United States, submitted May 28, 1999, in the France - Canada Asbestos Case, is available at the EPA Asbestos Ombudsman and EPA Public Information Center.
[64] *See id.*

第8章・原注

[1] This position is reflected in the USTR Statement on the WTO Beef Hormone dispute. USTR, "USTR Barshefsky Committed to Resolving Beef Hormone Dispute," Press Release, Apr. 19, 1999.
この立場はＷＴＯのホルモン牛肉紛争におけるＵＳＴＲ声明に現われている。
[2] Agreement Establishing the WTO, Preamble, at Para. 1.
[3] *See* Overview of the State-of-Play of WTO Disputes, found at www.wto.org/dispute/bulletin.htm, on file with Public Citizen.
[4] *See id.*
[5] U.S. Trade Representative Michael Kantor, Testimony to the Senate Commerce Committee, Jun. 16, 1994, at 9, Sec. D.
[6] John Maggs, "Congress Frowns on Clinton Plan to Expand NAFTA," *Journal of Commerce*, Apr. 5, 1995 (emphasis added).
[7] WTO, Understanding on Rules and Procedures Governing the Settlement of Disputes (DSU) at Article 14 and Appendix 3, Paras. 2 and 3.
[8] *Id.* at Appendix 3, Para. 2.
[9] *Id.* at Article 14.
[10] *Id.* at Appendix 3, Para. 3.
[11] For example, the International Court of Justice, or the European Court of Justice. *See* Dinah Shelton, "Non-Governmental Organizations and Judicial Proceedings," 88 *American Journal of International Law* 611 (1993).
[12] U.S. Trade Representative Michael Kantor, Testimony to the Senate Commerce Committee, Jun. 16, 1994.
[13] WTO, DSU at Article 8.5.
[14] *Id.* at Article 3.6.
[15] *Id.* at Article 8.1.
[16] *See* Palmeter and Mavroidis, "The WTO Legal System: Sources of Law," 92 *American Journal of International Law* 398 (1998).
[17] *Id.* at 411.
[18] Kym Anderson, "The Entwining of Trade Policy with Environmental and Labour Standards," in W. Martin and L.A. Winters (eds.), *Implications of the Uruguay Round for Developing Countries*, World Bank (1995).
[19] Seminar Paper 97-04, "Environmental and Labor Standards: What role for the World Trade Organization?," University of Adelaide Centre for International Economic Studies, Mar. 1997, at 13.
[20] *Id.*
[21] *See* Chapter 5 for a discussion of the importance of the banana trade to the Caribbean Island nations.
[22] *See* Mike Gallagher and Cameron McWhirter's expose on Chiquita in the *Cincinnati Enquirer*, May 3, 1998.
[23] WTO, DSU at Article 13.
[24] WTO Document WT/DSB/RC/1 (96-5267), Dec. 11, 1996.
[25] *Id.*, Preamble at Para. 3.
[26] *Id.* at Article VI.2.
[27] *Id.* at Article VI.3.
[28] WTO, United States - The Cuban Liberty and Democratic Solidarity Act (WT/DS38), Complaint by the European Communities, May 3, 1996.
[29] WTO, DSU at Article 14.3.
[30] P.L. 104-114, ヘルムズ・バートン法としても知られる。同法第３章は、キューバ政権が〔亡命キューバ系などの〕米国市民から資産を「接収」し、後にそれが外国の企業に譲渡された場合、その企業の経営者が米国に入国することを禁じている。また、第４章は、キューバ政府を介して資産を譲渡された外国の投資家を相手取り、米国市民が訴訟を起こす権利を認めている。
[31] International Chamber of Commerce, *ICC Statement on the Helms-Burton Act*, Jun. 19, 1996, on file with Public Citizen.
[32] Agence France Presse, "GATT's Dunkel Urges No Hurry in China's Accession to WTO," Apr. 8, 1997.

[79] The right to safe working conditions is covered by the 1981 Occupational Safety and Health and the Working Environment Convention (C155, International Labor Organization); 1966 International Covenant on Economic Social and Cultural Rights, Article 7; 1988 Additional Protocol to the American Convention on Human Rights in the Area of Economic, Social, and Cultural Rights, Article 7; and 1961 European Social Charter, Article 3.
[80] World Health Organization, *World Health Report 1997*, Executive Summary, Geneva (1998).
[81] Bill Schiller, "Why Canada Pushes Killer Asbestos," *Toronto Star*, Mar. 29, 1999.
[82] *See id.; see also* Dennis Cauchon, "The Asbestos Epidemic - A Global Crisis," *USA Today*, Aug. 2, 1999.
[83] Bill Schiller, "Why Canada Pushes Killer Asbestos," *Toronto Star*, Mar. 29, 1999.
[84] Dennis Cauchon, "The Asbestos Epidemic - A Global Crisis," *USA Today*, Aug. 2, 1999.
[85] *Id.*
[86] Bill Schiller, "Why Canada Pushes Killer Asbestos," *Toronto Star*, Mar. 29, 1999.
[87] Agreement Establishing the World Trade Organization, Preamble: "The Parties to this Agreement, recogniz[e] that their relations in the field of trade and economics endeavour should be conducted with a view to raising standards of living . . . ."
[88] "State Attorney General Seeks Review of Burma Trade Ruling," *Associated Press*, Jul. 13, 1999.
[89] International Labor Organization, *Forced Labour in Myanmar*, Jul. 21, 1998 (emphasis added).
[90] *See id.*
[91] "Burmese leader in exile welcomes limited U.S. sanctions," *Agence France Presse*, Sep. 24, 1996.
[92] *See* WT/DS88/1, filed Jun. 20, 1997 by the European Community, and WT/DS95/1, filed Jul. 18, 1997, by Japan.
[93] 1994 Agreement on Government Procurement (AGP) at Article III (National Treatment and Non-discrimination).
[94] *Id.* at Article IV (Rules of Origin).
[95] *See* Martin Khor, "Government Spending Under WTO Scrutiny?," *Third World Network Features*, Feb. 1999.
[96] Act of June 25th, 1996, Chapter 130, 1, 1996, Mass. Acts. 210, codified at Mass. Gen. L. ch. 7. 22G-22M.
[97] Jim Lobe, "Government Opts Out of Court Case on Globalization," *InterPress Service*, Mar. 11, 1999. Most recently, the Los Angeles City Council voted unanimously in Dec. 1997 to ban companies that do business in Burma from bidding for any city contracts.
[98] Prominent USA*Engage members are: AT&T, Boeing, BP, Calix, Chase Manhattan Bank, Coca-Cola, Dow Chemical, Ericsson, GTE Corporation, IBM, Intel, Monsanto, Siemens, and Union Carbide. For a full list, *see* http://usaengage.org/background/members.html, on file with Public Citizen.
[99] "[T]he Constitution vests full and exclusive authority for regulating affairs with other nations in the national government, and . . . the Commonwealth's enactment and enforcement of the Massachusetts Burma Law is entirely inconsistent with this principle." Plaintiff's Opposition to the Commonwealth's Motion for Summary Judgment and Reply in Support of Its Motion for Summary Judgment, Civil Action No. 98-CV-10757 (JLT), Aug. 13, 1998.
[100] "In imposing a price preference for firms that do not do business with Burma, the Commonwealth of Massachusetts is acting as a market participant. It is exercising the power and discretion that any private actor would enjoy as a matter of contract and property rights — the power to decide 'with whom it will deal.'" Defendants' Memorandum in Support of Their Motion for Summary Judgment, Civil Action No. 98-CV-10757 (JLT), Jul. 27, 1997.
[101] *See* Civil Action No. 97 12042 (JLT), U.S. District Court, District of Massachusetts.
[102] *Id.* at Para. 2.
[103] *See* Civil Action No. 98-2304, U.S. Court of Appeals for the First Circuit.
[104] "EU Suspends WTO Panel on Massachusetts Burma Law," *United Press International*, Feb. 8, 1999.
[105] State Department Deputy Assistant Secretary David Marchick, Testimony before the Maryland House of Delegates' Committee on Commerce and Government Matters, Annapolis, MD, Mar. 25, 1998, on file with Public Citizen.
[106] "African Trade-Offs," *The Nation*, Editorial, Apr. 6, 1998.
[107] State Department Deputy Assistant Secretary David Marchick, Testimony before the Maryland House of Delegates' Committee on Commerce and Government Matters, Annapolis, MD, Mar. 25, 1998, on file with Public Citizen (emphasis added).
[108] Maryland House Bill 1273 on Floor Mar. 25, 1998, Senate Bill 354 on Floor Mar. 31, 1998 (emphasis added); *see also, inter alia*, Ken Silverstein, "Nigeria Deception," *Multinational Monitor*, Jan./Feb. 1998, vol. 19, nos. 1 and 2; and *Human Rights Watch World Report 1999*.
[109] International Labor Organization, *Forced Labour in Myanmar*, Jul. 21, 1998.

[49] *Id.*
[50] "Battling over Asbestos in the Third World," *Environmental Health Perspectives*, vol. 105, no. 11, Nov. 1997, quoting Barry Castleman, asbestos expert and consultant, and Joseph Le Dou, Editor-in-Chief of the *International Journal of Occupational and Environmental Health*.
[51] Debora MacKenzie, "In Safe Hands?," *New Scientist*, Apr. 3, 1999.
[52] Bill Schiller, "Why Canada Pushes Killer Asbestos," *Toronto Star*, Mar. 29, 1999.
[53] French Decree 96-1133, Dec. 24, 1996, on prohibition of asbestos (J.O. dated Dec. 26, 1996), on file with Public Citizen.
[54] *Id.* at Articles 1 and 2.
[55] Bill Schiller, "Why Canada Pushes Killer Asbestos," *Toronto Star News*, Mar. 20, 1999.
[56] European Communities - Measures Affecting the Prohibition of Asbestos and Asbestos Products (WT/DS135), Complaint by Canada, May 28, 1998.
[57] European Communities, "EU Backs French Asbestos Ban in Face of Canadian WTO Panel," Press Release, Oct. 22, 1998.
[58] United States, European Communities - Measures Affecting the Prohibition of Asbestos and Asbestos Products, Third Party Written Submission of the United States, May 28, 1999, available at the EPA Asbestos Ombudsman and EPA Public Information Center, and on file with Public Citizen.
[59] The Dispute Settlement Board established a panel at its meeting on Nov. 25, 1998.
[60] A spokesperson for the Canadian government said that Canada believes the ban convenes World Trade Organization rules. *See* "EU Confirms White Asbestos Ban," *ENDS Daily*, Jul. 29, 1999.
[61] WTO, TBT Agreement at Articles 2.2 and 2.4.
[62] WTO, European Communities – Measures Concerning Asbestos and Products Containing It, Canadian First Draft, Apr. 26, 1999, at 1. The Canadian government echoes the arguments of the Canadian asbestos industry that "white" or chrysotile asbestos is safe when managed properly, but the older "blue" and "brown" forms of asbestos are responsible for worker deaths. The U.S. Occupational Safety and Health Administration (OSHA), disputes this claim, finding that "chrysotile exposure should be treated the same as other forms of asbestos" and that it may be an even more potent carcinogen. *See* Debora MacKenzie, "In Safe Hands?," *New Scientist*, Apr. 3, 1999.
[63] WTO, European Communities – Measures Concerning Asbestos and Products Containing It, Canadian First Draft, Apr. 26, 1999, at 3.
[64] *See* International Labor Conference, Agreement Concerning Safety in the Use of Asbestos (Agreement 162), Jun. 24, 1986; *see also* International Labor Conference, Recommendation Concerning Safety in the Use of Asbestos (Recommendation 172), Jun. 24, 1986.
[65] *See* Barry Castleman, "Corporate Junk Science: Corporate Influence at International Science Organizations," *Multinational Monitor*, Jan./Feb. 1998.
[66] "Battling over Asbestos in the Third World," *Environmental Health Perspectives*, vol. 105, no. 11, Nov. 1997, quoting Barry Castleman, asbestos expert and consultant.
[67] *Id.*, quoting Joseph Le Dou, Editor-in-Chief of the *International Journal of Occupational and Environmental Health*.
[68] International Organization on Standardization, Standard ISO-7337, 1984.
[69] Personal communication, Aug. 21, 1999, between anonymous asbestos expert and Michelle Sforza, Research Director, Public Citizen.
[70] *See* Barry Castleman, "Corporate Junk Science: Corporate Influence at International Science Organizations," *Multinational Monitor*, Jan./Feb. 1998.
[71] WTO, European Communities – Measures Concerning Asbestos and Products Containing It, Canadian First Draft, Apr. 26, 1999, at Exhibit 46.
[72] Barry Castleman, "Corporate Junk Science: Corporate Influence at International Science Organizations," *Multinational Monitor*, Jan./Feb. 1998, at 2.
[73] WTO, European Communities – Measures Concerning Asbestos and Products Containing It, Canadian First Draft, Apr. 26, 1999, at Exhibit 47.
[74] Barry Castleman, "Corporate Junk Science: Corporate Influence at International Science Organizations," *Multinational Monitor*, Jan./Feb. 1998, at 2.
[75] WTO, European Communities – Measures Concerning Asbestos and Products Containing It, Canadian First Draft, Apr. 26, 1999, at 2-3 (emphasis added).
[76] *Id.* at 65.
[77] *Id.* at 2.
[78] *Id.* at 76.

[14] "[T]he most difficult issues confronting these [laid-off] workers...[is] the prospect of earning lower wages in their new jobs. Two studies have concluded that...government programs [for displaced workers] had no positive effect on workers' wages." Karen Brandon and Stephen Franklin, "Free Trade's Growing Pains," *Chicago Tribune*, Nov. 29, 1998, at 1-14.
[15] George Kouros, "Workers' Health Is on the Line, Occupational Health and Safety in the Maquiladoras," *Borderlines 47*, vol. 6, no. 6, Aug. 1998.
[16] Data compiled by Coalition for Justice in the Maquiladoras, Oct. 1998, on file with Public Citizen.
[17] *Id.*
[18] *See, inter alia*, Han Young submission to the U.S. National Administrative Office (NAO), established through NAFTA, Bureau of International Labor Affairs, Public Report and Review of NAO Submission No. 9702, Apr. 28, 1998. The productivity of Mexican workers has risen 36.4% since NAFTA went into effect. *See* INEGI, "Manufacturing Industry Productivity, Various Countries January 1993-September 1998," Sep. 1998.
[19] WTO, General Agreement on Trade in Services (GATS), Annex on Movement of National Persons Supplying Services Under The Agreement at Article 3.
[20] *Id.* at Article 4.
[21] U.S. Trade Representative Charlene Barshefsky, "Services in the Trading System," Speech to the World Services Conference, Washington, DC, Jun. 1, 1999, at 13, on file with Public Citizen.
[22] WTO, GATS Agreement, Annex on Movement of National Persons Supplying Services Under The Agreement at Article 3.
[23] *See* John Madeley, *Trade and the Poor*, 2nd Edition, Intermediate Technology Publications (1996) at 74.
[24] George Graham, "Pressure for Social Clause in GATT Deal," *Financial Times*, Mar. 16, 1994.
[25] John Zarocostas, "UN Agency Suggests WTO Social Standards," *Journal of Commerce*, Nov. 9, 1994. The "core labor rights" are Right to Freedom of Association, Right to Collective Bargaining, Freedom from Slavery, Freedom from Discrimination in the Workplace, and Freedom from Child Labor.
[26] Chakravarthi Ragavan, "Barking Up the Wrong Tree: Trade and Social Clause Links," *SUNS*, 1996.
[27] "U.S. Waves Flag for Workers' Rights," *Financial Times*, Mar. 30, 1994.
[28] *Id.*
[29] President William J. Clinton, Statement at the Geneva WTO Ministerial Meeting, Geneva, Switzerland, May 20, 1998.
[30] President William J. Clinton, 1999 State of the Union Address, Washington, DC, Jan. 19, 1999.
[31] *See* Deputy U.S. Trade Representative Susan Esserman, Statement by the U.S. Delegation to the WTO General Council Session, Geneva, Switzerland, Jul. 29, 1999.
[32] Sandra Sugawara, "WTO Trade Ministers Making Scant Progress," *The Washington Post*, Dec. 12, 1996.
[33] *See* Sandra Sugawara, "25 Nations Endorse Ending Many High-Tech Tariffs," *The Washington Post*, Dec. 13 1996; and "World Trade Overload," *The Economist*, Aug. 3, 1996.
[34] "Agenda for the WTO," *Financial Times*, Editorial, Nov. 12, 1996.
[35] Helene Cooper, "White House Seeks to Link Labor Rights, World Trade to Gain Union Support," *The Wall Street Journal*, Dec. 10, 1996.
[36] *Id.*
[37] WTO, *Singapore Ministerial Declaration* (WT/MIN(96)/DEC), Dec. 13, 1996, at Para. 4.
[38] *Id.*
[39] *See* Deputy U.S. Trade Representative Susan Esserman, Statement by the U.S. Delegation to the WTO General Council Session, Geneva, Switzerland, Jul. 29, 1999.
[40] *Id.*
[41] *Id.*
[42] U.S. Environmental Protection Agency, "The Asbestos Informer," EPA 340/1-90-020, Dec. 1990, at 6.
[43] Debora MacKenzie, "In Safe Hands?," *New Scientist*, Apr. 3, 1999.
[44] European Communities, "EU Backs French Asbestos Ban in Face of Canadian WTO Panel," Press Release, Oct. 22, 1998.
[45] Barry Castleman, "Corporate Junk Science: Corporate Influence at International Science Organizations," *Multinational Monitor*, Jan./Feb. 1998, at 2.
[46] Andrew Watterson, "Chemical Hazards and Public Confidence," *The Lancet*, Vol. 342, Jul. 17, 1993, at 131-132.
[47] *Id.*
[48] Barry Castleman, "Corporate Junk Science: Corporate Influence at International Science Organizations," *Multinational Monitor*, Jan./Feb. 1998, at 2.

第7章・原注

[1] WTO, *Singapore Ministerial Declaration* (WT/MIN(96)/DEC), Dec. 13, 1996, at 4, on file with Public Citizen.
[2] Congressional Research Service, Memorandum to Sen. Tom Harkin (D-IA) "Whether Legislation Authorizing Restrictions on the Importation of Goods Produced by Child Labor is Consistent with the GATT," Jul. 15, 1993.
[3] The WTO TRIPs Agreement establishes a set of binding property protections that are enforceable through the WTO. These rules require WTO members to confer exclusive ownership rights over inventions by awarding and protecting patents, copyrights and trademarks. The TRIPs rules thus actually limit trade, undermining competition between firms and keeping consumer prices artificially high. In addition, the General Agreement on Trade in Services (GATS) and the Agreement on Trade-Related Investment Measures (TRIMs) confer a new right on foreign corporations to establish commercial presence in most industries to compete with local businesses and to conclude mergers and acquisitions that cause industry consolidation and resulting monopoly behavior, especially in the developing world where domestic industry is in its infancy and cannot compete.
[4] WTO, *Singapore Ministerial Declaration* (WT/MIN(96)/DEC), Dec. 13, 1996, at 4, on file with Public Citizen (emphasis added).
[5] One prominent example of race-to-the-bottom employment is Nike, which first manufactured its sneakers in Taiwan and South Korea. When workers attempted to organize for better wages in the 1970s, Nike pulled out and began production in Indonesia, the People's Republic of China and Vietnam. *See* Global Exchange, *Nike Chronology*, Nov. 1997. Other examples include the numerous U.S.-based manufacturing firms that have relocated to Mexico under NAFTA, or that have threatened to relocate to Mexico under NAFTA to discourage unionization and to depress wages. *See* Kate Bronfenbrenner, Final Report: The Effects of Plant Closing or Threat of Plant Closing on the Right of Workers to Organize, Submitted to the Labor Secretariat of the North American Commission for Labor Cooperation, Sep. 30, 1996; *see also* Public Citizen's Global Trade Watch database containing U.S. Department of Labor data on companies that have used NAFTA to shift employment to Mexico, where the U.S. Bureau of Labor Statistics has determined that manufacturing wages are less than 10% of those in the U.S., at www.citizen.org/pctrade/taa97acs/KEYTAA.html.
[6] See Chapter 1 for more information on production and processing methods.
[7] *See* President William J. Clinton's remarks at the University of Chicago convocation ceremonies, Chicago, IL, Jun. 12, 1999, on file with Public Citizen.
[8] Congressional Research Service, Memorandum to Sen. Tom Harkin (D-IA) on "Whether Legislation Authorizing Restrictions on the Importation of Goods Produced by Child Labor is Consistent with the GATT," Jul. 15, 1993.
[9] Charles Kernaghan, "Made in China: Behind the Label," Special Report, New York: National Labor Committee (1998), *cited in* Robert E. Scott, "China Can Wait: WTO Accession Deal Must Include Enforceable Labor Rights, Real Commercial Benefits," Economic Policy Institute, Briefing Paper, May 1999, at 2, on file with Public Citizen.
[10] George Kouros, "Workers' Health Is on the Line, Occupational Health and Safety in the Maquiladoras," *Borderlines 47*, vol. 6, no. 6, Aug. 1998.
[11] United Nations Conference on Trade and Development (UNCTAD), *Trade and Development Report 1997*, Document UNCTAD/TDR/17, Overview, at 4.
[12] The ILO has gathered significant data on labor rights abuses in EPZs worldwide and is urging governments to ensure the fulfillment of their international and domestic obligations with regard to labor rights. *See* International Labor Organization, "ILO Meeting Calls for Improved Social and Labour Conditions in Export Processing Zones and End to Restrictions On Trade Union Rights," Press Release, ILO/98/35, Oct. 2, 1998.
[13] Nike's internal documents showed in Nov. 1997 that Vietnamese workers were being paid nineteen cents or less per hour. *See* Global Exchange, *Nike Chronology*, Nov. 1997.

[116] *Id.*
[117] In the U.S., several federal banking laws prohibit consolidation of banking, insurance and securities operations (the Glass-Steagall Act and the Bank Holding Company Act) while requiring that lenders provide credit to all the neighborhoods where they operate (the Community Reinvestment Act). These laws are currently threatened by deregulatory legislation (Rep. Jim Leach, Financial Services Act, H.R. 10, Jan. 6, 1999) which would allow cross-sector mergers, thus threatening pro-community regulations such as the Community Reinvestment Act as banks shift assets away from deposit accounts and into securities and insurance accounts.
[118] *See* Coalition of Service Industries' response to Federal Notice of Aug. 19, 1998 (Solicitation of Public Comment Regarding U.S. Preparations for the WTO's Ministerial Meeting, Fourth Quarter 1), FR Doc. 98-22279, on file with Public Citizen.
[119] "Barshefsky Reveals U.S. Push to Broaden WTO Services Talk," *Inside US Trade*, Jun. 4, 1999.
[120] *See* Coalition of Service Industries' response to Federal Notice of Aug. 19, 1998 (Solicitation of Public Comment Regarding U.S. Preparations for the WTO's Ministerial Meeting, Fourth Quarter 1), FR Doc. 98-22279, on file with Public Citizen.
[121] *Id.*
[122] *Id.*
[123] "Barshefsky Reveals U.S. Push to Broaden WTO Services Talk," *Inside US Trade*, Jun. 4, 1999.
[124] James Aley and Matt Siegel, "The Fallout From Merger Mania," *Fortune*, vol. 137, no. 4, at 27.
[125] S. 1256, the Patients' Bill of Rights Act of 1999, was introduced by Sen. Tom Daschle in June 1999.
[126] *See* U.S. Trade Representative, "Preparation for the WTO 1999 Ministerial, Communication from the United States of America, Further Negotiations as Mandated by the General Agreement on Trade in Services," 1999.
[127] *See* Position taken, *inter alia*, in statement circulated at World Trade Organization by Venezuelan Minister of Trade and Industry, Geneva, May 18, 1998, WT/MIN(98)/ST/53; *see also* "EU Says Freer Services Good for Developing Countries," *BRIDGES Weekly Trade News Digest*, vol. 3, no. 25, Jun. 28, 1999.
[128] *See id.*

[84] Andrew Pollack, "Hollywood Jobs Lost to Cheap (and Chilly) Climes," *The New York Times*, May 10, 1999.
[85] Canada has implemented a cultural policy designed to preserve Canadian ownership in the cultural industries. *See* Laura Eggertson, "Cultural 'Assault' by U.S. Feared," *Globe and Mail*, Jan. 18, 1997.
[86] John Urgquhart and Bhushan Bahree, "WTO Orders Canada to Drop Magazine Rule," *The New York Times*, Jul. 1, 1997.
[87] Drew Fagan and Laura Eggertson, "Canada Loses Magazine Case," *The Globe and Mail*, Jan. 17, 1997.
[88] Canadian Tariff Code 9958.
[89] U.S. Chamber of Commerce, Letter to Staff Assistant Sybia Harrison, Section 301 Committee, Office of the U.S. Trade Representative, Apr. 12, 1996, on file with Public Citizen.
[90] Drew Fagan and Laura Eggertson, "Canada Loses Magazine Case," *The Globe and Mail*, Jan. 17, 1997.
[91] R.S.C. 1985, c. 41 (3rd Suppl.) as amended to 30 April 1996, s.114, Sch. VII, Item 9958, (1996 Customs Tariff: Departmental Consolidation) Ottawa: Minister of Supply & Services Canada, 1996.
[92] Drew Fagan and Laura Eggertson, "Canada Loses Magazine Case," *The Globe and Mail*, Jan. 17, 1997.
[93] *See* WTO, Canada - Certain Measures Concerning Periodicals (WT/DS31), Complaint by the United States, Mar. 11, 1996.
[94] *Id.*
[95] Anthony DePalma, "World Trade Body Opposes Canadian Magazine Tariffs," *The New York Times*, Jan. 19, 1997.
[96] *Id.*
[97] U.S. Chamber of Commerce, Letter to Staff Assistant Sybia Harrison, Section 301 Committee, Office of the U.S. Trade Representative, Apr. 12, 1996, on file with Public Citizen.
[98] WTO, Canada - Certain Measures Concerning Periodicals (WT/DS31/R), Report of the Panel, Mar. 14, 1999, at Paras. 5.5, 5.11, 5.30, and 5.39.
[99] *See* WTO, Canada - Certain Measures Concerning Periodicals (WT/DS31/AB/R), Report of the Appellate Body, Jun. 30, 1999.
[100] Edward Alden, "Canada Faces $4bn Sanctions Threat as U.S. Opens New Front in Fight to Make WTO Judgments Stick," *Financial Times*, Jan. 19, 1999
[101] *Id.*
[102] *Id.*
[103] Mark Bourrie, "Trade: Canada Backs Down on Periodicals Law," *InterPress Service*, May 31, 1999.
[104] *Id.*
[105] *Id.*
[106] *See* John Eatwell, *International Capital Liberalization, The Impact on World Development*, CEPA, Working Paper Series I, Working Paper No. 1, Center for Economic Policy Analysis, Aug. 1996 (Revised Oct. 1996).
[107] BIS, "Triennial Survey of 43 Foreign Exchange Markets: Preliminary Results," Oct. 1998. In comparison, the global volume of exports of goods and services for all of 1997 was $6.6 trillion. *Cited in* President's Council of Economic Advisors, *1999 Economic Report of the President* (1999), at 224.
[108] BIS reports that 80% of trades in the foreign exchange markets were made by financial services companies. *Id.*
[109] John Eatwell, *International Capital Liberalization, The Impact on World Development*, CEPA, Working Paper Series I, Working Paper No. 1, Center for Economic Policy Analysis, Aug. 1996 (Revised Oct. 1996), at 2.
[110] *See* Mark Weisbrot, "Globalization for Whom?," *Cornell International Law Journal*, 1998 Symposium Issue, vol. 31, no. 3, at 13.
[111] Government business - including the business of selling off public sectors to private enterprises - must follow GATT Article 1 rules on MFN.
[112] Jerry Hagstrom, "Canadian Official Raises Concern Over Meat Labels," *National Journal's Congress Daily*, Apr. 20, 1999.
[113] *See* Mary Shirley, "Trends in Privatization," *Economic Reform Today*, no. 1, 1998.
[114] Long distance telephone rates subsidize the more expensive costs of providing telephone service in rural areas so that these costs are not passed onto rural consumers. Similarly, electricity in rural areas is kept affordable by regulating utility rates. For instance, Kansas state law prohibits utility companies from charging consumers different rates based on where they live (66 Kan. Stat. Ann. Sec. 109 (1998), and Virginia state law imposes a cap on electricity rates (56 Vir. Code Sec 582(D) (1999)).
[115] World Bank, UN World Commission on Water for the 21st Century data, *cited in* "Precious Gallons," *The Washington Post*, Aug. 21, 1999.

York: M.E. Sharpe (1999) at 127.

[49] Mark Weisbrot, "Globalization for Whom?," *Cornell International Law Journal*, 1998 Symposium Issue, vol. 31, no. 3, citing Economic Policy Institute analysis of NIPA data, at 8.

[50] *See* Robert E. Scott, Thea Lee and John Schmitt, "Trading Away Good Jobs," Economic Policy Institute, Oct. 1997, at 2.

[51] *Id.* at 5.

[52] *Id.* at 11.

[53] Lloyd Bentsen, "The Uruguay Round — Now," *The Washington Post*, Sep. 13, 1994, at A21.

[54] *Id.* Bentsen states, "We have estimated that this agreement will increase America's income by about $1700 per family per year."

[55] U.S. Department of Commerce, International Trade Administration data available at www.ita.doc.gov, on file with Public Citizen.

[56] *Id.*

[57] Economic Policy Institute, "Median Family Income 1947-1997 (1997 Dollars)" ; EPI calculations using U.S. Bureau of Census data.

[58] This U.S. Federal Reserve has adjusted its policy on the Non-accelerating Inflation Rate of Unemployment, which it had previously believed to be 6-61/4%. It has, in the last four years, allowed U.S. unemployment to fall to a 30-year low of 4.3% (currently). (See Bureau of Labor Statistics (BLS) "Employment, Wages and Earnings" data at www.bls.gov; on file with Public Citizen.)

[59] Lester Davis, "U.S. Jobs supported by Merchandise Exports to Mexico," U.S. Department of Commerce Economic and Statistics Administration, 1995.

[60] *See* "NAFTA at 5, Promises & Realities," *Chicago Tribune*, Nov. 29, 1998.

[61] *Id.*

[62] *See* WTO, United States - Measures Affecting Alcoholic and Malt Beverages (DS/23/2), Complaint by Canada, Apr. 12, 1991.

[63] WTO, United States - Measures Affecting Alcoholic and Malt Beverages (DS23/R-39s/206), Report of the Panel, Feb. 2, 1992, at Paras. 5.2-5.12.

[64] *Id.* at Paras. 5.12 and 5.48.

[65] *Id.* at Paras. 2.7 and 3.6.

[66] *Id.* at Paras. 2.10-2.11 and 3.7-3.8.

[67] *Id.* at Para. 3.21.

[68] *Id.* at Para. 3.59.

[69] *Id.* at Para. 5.12.

[70] *Id.* at Para. 6.2.

[71] Japan, Large-Scale Retail Store Law (1974) (Daitenho).

[72] *See* WTO, Japan - Measures Affecting Consumer Photographic Film and Paper (WT/DS44), Complaint by the United States, Jun. 13, 1996.

[73] WTO, Japan - Measures Affecting Consumer Photographic Film and Paper (WT/DS44/R), Report of the Panel, Mar. 31, 1998, at Para 10.212.

[74] *Id.* at Paras. 10.225-10.226.

[75] *See* WTO, Japan - Measures Affecting Distribution Services (WT/DS45), Complaint by the United States, Jun. 13, 1996.

[76] WTO, Japan - Measures Affecting Consumer Photographic Film and Paper (WT/DS44/R), Report of the Panel, Mar. 31, 1998, at Para. 6.6, note 5.

[77] *Id* at Para. 6.8.

[78] *See* Japan, Large-Scale Retail Store Location Law (1974) (Daitenho); *see also* U.S. Department of Commerce, "Access to Japan's Photographic Film and Paper Market: Report on Japan's Implementation of Its WTO Representations," Jun. 9, 1999.

[79] U.S. Department of Commerce, "Access to Japan's Photographic Film and Paper Market: Report on Japan's Implementation of Its WTO Representations," Jun. 9, 1999.

[80] Interview of Albert Foer, President of the American Antitrust Institute, by Darci Andresen, Public Citizen's Global Trade Watch Staff, Aug. 8, 1999, on file with Public Citizen.

[81] I. Bernier, "Cultural Goods and Services in International Trade Law," Seminar paper prepared for the Centre for Trade Policy and Law, Carleton University, Ottawa, Oct. 1997, at 2.

[82] *Id.* at 6.

[83] *Id.* at 7.

at 6-7.

[24] Mike Mills, "In the Modem World, White Collar Jobs Go Overseas," *The Washington Post*, Sep. 17, 1996, at 1.

[25] "US Multinationals Take 'Brain Work' to Plants Overseas," *The Wall Street Journal Europe*, Sep. 30, 1994.

[26] Mike Mills, "In the Modem World, White Collar Jobs Go Overseas," *The Washington Post*, Sep. 17, 1996, at 1.

[27] Sir James Goldsmith, *The Trap*, New York: Carrol & Graf Publishers, Inc., (1995), at 29.

[28] "IBM Is Overhauling Disk Drive Business, Cutting Jobs, Shifting Production to Asia," *The Wall Street Journal*, Aug. 5, 1994.

[29] WTO, "General Agreement on Trade in Services: The Design and Underlying Principles of the GATS," (undated), found at www.wto.int/wto/services/services.htm, on file with Public Citizen.

[30] *Id.*

[31] World Bank, *World Investment Report 1998: Trends and Determinants* (1999) at 19.

[32] Jeremy Kahn, "The World's Largest Corporations," *Fortune*, vol. 140, no. 3, Aug. 2, 1999, at 45.

[33] *Id.* Some mergers in 1998 include the $42 billion merger of Worldcom and MCI, the acquisition by insurance giant Travelers, soon after acquiring Salomon Smith Barney – of Citibank to form Citigroup in a $73 billion deal; and First Union's purchase of CoreStates for $17 billion. *See* also James Aley and Matt Siegel, "The Fallout From Merger Mania," *Fortune*, vol. 137, no. 4, at 26.

[34] World Bank, *World Investment Report 1998: Trends and Determinants* (1999) at 19.

[35] *See* European Foundation for the Improvement of Living and Working Conditions, "Mergers in Banking Cause Serious Concerns About Employment," Jun. 1998; *see also* "Keeping Layoffs to a Minimum," *Business Times*, Apr. 11, 1998.

[36] *See* Institute of Policy Studies, "Workplace America's 50 Largest Layoff Announcements of 1996," Mar. 24, 1997; *see also* Stephan Frank, "J.P. Morgan Plans to Fire 700 Staffers Amid Surging Costs, Crimped Earnings," *The Wall Street Journal*, Feb. 24, 1998, at B15.

[37] ILO, *World Employment Report 1998-1999* data, *cited in* ILO, *World of Work*, no. 27, Dec. 1998.

[38] The WTO Agreement on Subsidies and Countervailing Measures sets out rules and prohibitions concerning the use of subsidies and measures governments use to offset subsidies given to industries or enterprises by other WTO members, like anti-dumping remedies.

[39] United Steel Workers President George Becker, Testimony Before the Senate Committee on Finance, Mar. 23, 1999, at 1, on file with Public Citizen.

[40] 106th Congress, H.R. 1664 was sponsored by Rep. Bill Young; S. 544 was sponsored by Sen. Ted Stevens.

[41] 106th Congress, H.R. 975 was overwhelmingly passed in the House of Representatives, but was defeated in the Senate. President Clinton had vowed to veto it if it had passed both the House and Senate.

[42] Rossella Brevetti, "EC Weighs in Against U.S. Program For Steel Loans, Hints at WTO Case," *Daily Report for Executives*, Aug. 11, 1999.

[43] The WTO Agreement on Subsidies and Countervailing Measures defines a loan guarantee as a subsidy under Article 1.1(a)(1)(i). Under Article 6, WTO members are prohibited from using subsidies to "cover operating losses sustained by an industry," (6.1(b)) or "operating losses sustained by an enterprise." (6.1(c)). Under the Agreement on Subsidies and Countervailing Measures, such subsidies constitute "serious prejudice to the interests of [other WTO] member[s]." (Article 5(c)).

[44] Lawrence Mishel, Jared Bernstein and John Schmitt, *The State of Working America, 1998-1999*, New York: M.E. Sharpe (1999) at 131.

[45] Economic Policy Institute, *Hourly Wage Decile Cutoffs, for All Workers, from the CPS ORG, 1973-98* (1999), using Census Bureau Data.

[46] *See* President's Council of Economic Advisors, *1999 Economic Report of the President*, Washington, D.C.: U.S. Government Printing Office (1999), at Table B-1 (Appendix b); U.S. Department of Commerce, Bureau of Economic Analysis (BEA), "Gross Domestic Product: Second Quarter 1999," News Release, Jul. 29, 1999; and BEA, National Income and Product Accounts, Summary, found at www.bea.doc.gov/, on file with Public Citizen. According to the *1999 Economic Report of the President*, 1973 marks the onset of the age of globalization, as the oil shock of the early 1970s led to third world debt and subsequent bank lending and foreign direct investment to finance growing external trade balances. *Id.* at 221.

[47] Economic Policy Institute, *Hourly Wage Decile Cutoffs, for All Workers, from the CPS ORG, 1973-98 (1998 Dollars)* (1999), using Census Bureau Data.

[48] Lawrence Mishel, Jared Bernstein and John Schmitt, *The State of Working America, 1998-1999*, New

第6章・原注

[1] Lloyd Bentsen, "The Uruguay Round Now," *The Washington Post*, Sep. 13, 1994.
[2] *See* Ian Goldin, Odin Knudsen and Dominique van der Mensbrugghe, *Trade Liberalization: Global Economic Implications*, Washington, D.C.: World Bank (1993), at 13.
[3] Samuel Brittan, "Where GATT's $200b really Comes From," *Financial Times*, Oct. 4, 1993.
[4] Bart Ziegler, "IBM Is Overhauling Disk Drive Business, Cutting Jobs, Shifting Production to Asia," *The Wall Street Journal*, Aug. 5, 1994.
[5] NAFTA's investment Chapter 11 established a list of new rights countries owe to foreign investors and corporations, such as a guarantee that foreign investors will be compensated for any government action – even if non-discriminatory – that undermines expected future profitability. *See* NAFTA at Sec. 1110.
[6] Bureau of Labor Statistics, *National Employment Hours and Earnings: Manufacturing and Services*, Jul. 1999. Historically, manufacturing wages have driven wages in the rest of the economy.
[7] *See* "Contingent Worker Safety: A Full-Time Job in a Part-Time World," *Occupational Hazards*, Oct. 1997, at 2, citing Occupational Safety and Health Administration data.
[8] "Manpower Inc. Is Shaken Up in Power Struggle," *International Herald Tribune*, Jul. 7, 1998.
[9] George Silvestri, "Occupational Employment Projections to 2006," *Monthly Labor Review*, Nov. 1997, at 58.
[10] U.S. Department of Commerce, Bureau of Economic Analysis, "U.S. Direct Investment Abroad: Country Detail for Selected Items 1994-1998," found at www.bea.doc.gov/bea/di/dia-ctry.htm, on file with Public Citizen.
[11] "Corporate Profits Year-by-Year," *Associated Press*, Mar. 31, 1999, citing U.S. Department of Commerce data.
[12] Lawrence Mishel, Jared Bernstein and John Schmitt, *The State of Working America, 1998-1999*, New York: M.E. Sharpe (1999) at 110.
[13] Fred R. Bleakley, "US Firms Shift More Office Jobs Abroad," *Wall Street Journal*, Apr. 22, 1996.
[14] John Madeley, *Trade and the Poor: The Impact of International Trade on Developing Countries*, 2nd Ed., Intermediate Technology Publications (1996), at 71-72. "At the GATT Ministerial meeting in 1982, the U.S government proposed that services be included in trade liberalization schemes, and vigorously campaigned on the issue throughout the 1980s . ... The U.S even proposed that the words 'and services' simply be added every time that the word 'goods' appeared in a GATT document. ... Since 1985, the USA has refused to be involved in any trade negotiations that did not include services. Ironically, by 1992, when the USA realized that some developing countries stood to do very well by selling services to the American market, it argued in the UR negotiations that it should be exempt from around three-quarters of tradable services." *Id.*
[15] "International Trade Statistics - Leading Exporters and Importers in World Trade in Commercial Services, 1997," *World Trade Organization Annual Report* (1997), at Table 1.7.
[16] Chakravarthi Raghavan, "Not So Fool-Proof: GATS Safeguards and Prudential Rights, *Third World Economics*, No. 175, December 1997, at 3.
[17] Indeed, years of participation in International Monetary Fund (IMF) structural adjustment programs had led to the mass privatization and selling-off of domestic utilities, banks and telecommunications companies. *See inter alia* various "Letters of Intent" between the IMF and borrower countries available at www.imf.org/external/np/loi/mempub.htm; on file with Public Citizen.
[18] The WTO Agreement on Telecommunications, setting out rules for access to telecommunications systems, was completed in February 1997, and went into effect in 1998. The WTO Agreement on Financial Services was completed in 1998 and went into effect in January 1999, although most countries have not implemented their commitments. Maritime transport negotiations have been deferred until 2000.
[19] *See* Bureau of Labor Statistics, "National Employment, Hours, and Earnings," on file with Public Citizen.
[20] Fred R. Bleakley, "US Firms Shift More Office Jobs Abroad," *The Wall Street Journal*, Apr. 22, 1996.
[21] Sir James Goldsmith, *The Trap*, New York: Carrol & Graf Publishers, Inc., (1995), at 31.
[22] Mike Mills, "In the Modem World, White Collar Jobs Go Overseas," *The Washington Post*, Sep. 17, 1996, at 1.
[23] Augusta Dwyer, *On the Line, Life on the U.S.-Mexican Border*, London: Monthly Review Press (1995),

落とし穴)」、マイアミ・ヘラルド、1996年1月7日1C
[105] アメリカ商務省、国際貿易局、「U.S. Trade by Commodity with Caribbean（仮題・カリブ海諸国とアメリカのモノ貿易)」、1992 - 1996、ITAデータベース、www.ita.doc.gov. パブリック・シチズン・ファイル。アメリカは1992年と1996年の間に同地域で51億ドルの貿易収支の黒字を得た。
[106] 同上
[107] トーマス・W・リップマン、「An Appeal for Banana Peace: General Suggests U.S. Trade Fight May Undercut Caribbean Drug Battle（仮題・バナナ紛争解決へのアピール：米海兵隊将軍が示唆、アメリカ貿易紛争はカリブ海諸国の麻薬闘争の効力を弱める可能性がある)」、ワシントン・ポスト、1996年6月6日
[108] 「Caricom Fires Warning Shot Against U.S. in Banana War（仮題・カリブ共同体、バナナ戦争でアメリカに警告)」、ブリッジズ・ウィークリー・トレード・ニューズ・ダイジェスト、第3巻第9号、1999年3月8日
[109] ブルック・ラーマー、「バナナ紛争」、ニューズウィーク、1997年4月28日、44頁
[110] クレア・ゴッドフリー、「カリブ海諸国のヨーロッパのバナナ市場の重要性」、オックスフォード、オックスファムUK（1998年3月）2頁
[111] ジョン・トムリンソン、欧州議会議員（MEP)、「Going Bananas?（仮題・バナナ問題でかんかんになる)」、EU開発議題、1997年秋、2頁
[112] リチャード・バーナル、「カリブ海諸国の死活的なバナナ貿易」、ジャーナル・オブ・コマース、1999年2月8日
[113] クレア・ゴッドフリー、「カリブ海諸国のヨーロッパバナナ市場の重要性」、オックスフォード、オックスファムUK（1998年3月）5頁
[114] 同上a
[115] ジョン・トムリンソン、欧州議会議員（MEP)、「Going Bananas?（仮題・バナナ問題でかんかんになる)」、EU開発議題、1997年秋、2頁
[116] リチャード・バーナル、「カリブ海諸国の死活的なバナナ貿易」、ジャーナル・オブ・コマース、1999年2月3日
[117] ジョン・ノーラン、「Workers Seek Better Pay,Conditions（仮題・より良い賃金、労働条件を求める労働者)」、アソシエイティド・プレス、1998年11月6日
[118] スティーブン・ベイツ、「何十億ドルものバナナ分断」、ガーディアン（ロンドン)、1999年3月6日
[119] チキータ・ブランズ・インターナショナル社CEO、カール・リンドナーの1998年の選挙キャンペーンに寄付。レスポンシブポリティックスセンター、データベースより検索。www.crp.org パブリック・シチズン・ファイル
[120] ジョン・トムリンソン、欧州議会議員（MEP)、「Going Bananas?（仮題・バナナ問題でかんかんになる)」、EU開発議題、1997年秋、2頁
[121] 「Europeans Would Pay More for Fair Trade Bananas（仮題・ヨーロッパの人はフェアトレードによるバナナを高くても購入するだろう)」、インタープレス・サービス、1997年12月18日、EU上級委員会投票

ィアン、1999年3月6日
[77] アメリカ下院第105回会議4761、提唱者、共和党フィル・クレイン、1998年10月9日
[78] チキータ・ブランズ・インターナショナル社CEO、カール・リンドナー、1998年選挙キャンペーンに寄付。レスポンシブポリティックスセンター、データベースより検索。www.crp.org パブリック・シチズン・ファイル
[79] バナナ、コーヒー、カカオ豆、牛肉、子牛肉、砂糖、ラムの事例。とりわけバナナ貿易に依存しているACP諸国はドミニカ、セントルシア、セントビンセント、グレナディーン諸島
[80] ロメ協定は弱小国の成長を促す手段であった。「Vulnerable ACP States（仮題・弱小ACP諸国）」、ロメ協定2000、7号、1998年2月、2頁
[81] チキータ・ブランズ・インターナショナル、1934年の証券取引法13項あるいは15項（d）に準じる10 - K文書。1998年までの会計年度11頁、証券為替委員会EDGARデータベースwww.sec.gov
[82] ジョン・トムリンソン、欧州議会議員（MEP）「Going Bananas?（仮題・バナナ問題でかんかんになる）、EU開発議題、1997年秋、1頁
[83] リチャード・バーナル、「Banana Trade Vital to Caribbean（仮題・カリブ海諸国の死活的なバナナ貿易）」ジャーナル・オブ・コマース、1999年2月3日
[84] 同上
[85] ブルック・ラーマー、「バナナ紛争」、ニューズウィーク、1997年4月28日、44頁
[86] マイク・ギャラガー、キャメロン・マクワーター、「Violence and Drugs:Armed Soldiers Evict Residents in Chiquita Plan to Eliminate Union（仮題・暴力と麻薬、連合を排除するためのチキータ計画のもとで武装兵士が住民を追い立てる）」、シンシナティ・エンクワイアー、1998年5月3日
[87] セントルシア首相、ケニー・アンソニー声明引用、「Go Easy on Us in Trade, Islands Plead,Give Us Time to Adapt,Decrease Dependence on Bananas,They Say(仮題・貿易で我々にお手柔らかに。諸島諸国懇願、順応する時間が必要。いかにバナナ貿易依存を減らすか)」、マイアミ・ヘラルド、1997年12月11日
[88] ジョン・トムリンソン、欧州議会議員（MEP）、「Going Bananas?（仮題・バナナ問題でかんかんになる）」、EU開発議題、1997年秋、1頁
[89] クレア・ゴッドフリー、「*The Importance of Europe's Banana Market to the Caribbean*（仮題・カリブ海諸国のヨーロッパバナナ市場の重要性）」、オックスフォード、オックスファムUK（1998年3月）2頁
[90] WTO、EC、バナナの輸入、販売、流通体制（WT／DS27／R）パネル報告1997年5月22日、426パラグラフ、国連食糧農業機関（FAO）のデータ
[91] ゲーリー・ヤング、「Green Gold Loses Out to Dollar Bananas（仮題・地場産バナナがアメリカ多国籍企業産バナナに負ける）」、ガーディアン（ロンドン)1999年4月20日
[92] WTO、EC、バナナの輸入、売買、流通体制（WT／DS27／R)、パネル報告1997年5月22日、144頁
[93] WTO、EC、バナナの輸入、売買、流通体制（WT／DS27／AB／R)、上訴機関報告、1997年9月9日、183パラグラフ
[94] 同上 255（e）および255（i）パラグラフ
[95] RAPID（ECスポークスマン・サービス）「The Commission Proposes to Modify the EU's Banana Regime（仮題・委員会、EUのバナナ体制を修正することを勧告)」、プレス・リリース、1998年1月14日
[96] ジェームズ・カヌート、「Caribbean,U.S. Officials Go Bananas After Ruling（仮題・カリブ海諸国、アメリカ担当官、裁定後かんかんになる)」、ジャーナル・オブ・コマース、1998年2月26日
[97] アメリカ下院第105会議4761、提唱者：共和党フィル・クレイン（R—IL）1998年10月9日
[98] チキータ・ブランズ・インターナショナル社CEO、カール・リンドナー、1998年選挙キャンペーンに寄付。レスポンシブポリティックスセンター、データベースより検索。www.crp.org パブリック・シチズン・ファイル
[99] スティーブン・ベイツ、「何十億ドルものバナナ分裂」、ガーディアン（ロンドン）1999年3月6日
[100] ジェシカ・パールマン、「Participation by Private Councel in World Trade Organization Dispute Settlement Proceedings（仮題・WTO紛争処理手続きへ民間機関の参画)」、国際ビジネス法と政策、第2号、第30巻、1999年1月1日、399頁
[101] アメリカEU代表団、「WTO Authorizes U.S. to Retaliate in Banana Dispute（仮題・WTOはアメリカがバナナ紛争に関して制裁措置を取ることを許可)」、プレス・リリース、1999年4月20日
[102] WTO、EU、バナナの輸入、売買、流通体制、ECによる第21条5項償還請求（WT／DS27／RW／ECU)、パネル報告、1999年4月12日、7・1項
[103] EU第73回閣僚会議概要、一般業務、ルクセンブルグ、1999年4月26日、8頁、パブリック・シチズン・ファイル
[104] ダグラス・W・ペイン、「Progress and Pitfalls In Latin America（仮題・ラテン・アメリカの発展と

[56] メキシコ国立栄養研究所1997年、クリステン・ドーキンズ、『遺伝子戦争』、ニューヨーク：セブン・ストーリー・プレス（1997）12頁を参照
[57] アリソン・マティランド、「Agriculture Accord Could Leave Poor Worst Off（仮題・農業協定は貧民を最貧民にする）」フィナンシャル・タイムズ、1994年4月14日号
[58] WTO農業合意第4部。農業合意は途上国に非関税輸入統制を撤廃し、それらを関税制度に切り替え、ゆくゆくはそれも撤廃するように要求した。
[59] 同上、第5部。農業補助金が行き詰まれば、もう政府からの新たな補助金は望めない。財政困難に苦しむ途上国、特に後発途上国は国内援助を受けられないので、過去の輸出補助金はもちろん、今後も申請は無理だろう。ウルグアイ・ラウンド実施中に農業補助金プログラムを享受していた富める国からの廉価な農業輸入品との競争がますます困難になる。
[60] 同上
[61] チャクラヴァルティ・ラガーヴァン、『再植民地化―GATT、ウルグアイ・ラウンドと第三世界』、ペナン、第三世界ネットワーク（1990）32頁
[62] ベアトリス・シェイター、マイケル・ヒンドレー、『*A Case Study of Sierra Leone's Participation at the WTO*（仮題・シエラレオネのWTO加盟のケーススタディ）』、ロンドン、キャメロン＆メイ（1997）を参照
[63] C. クリストファー・パーリン、「WTO Dispute Settlement:Are Sufficient Resources Being Devoted to Enable the System to Function Effectively?（仮題・WTO紛争処理、WTO体制が有効に機能するために十分な資源が使われているか）」、32国際弁護士863頁、1998年秋を参照
[64] 1979年裁定に含まれている途上国にたいする差別的、最恵国待遇、互恵的で全面参加に関するウェーバー(BISDS／103)（1979年授権条項）によると、LDC製品へ関税優遇措置をかけるために最恵国義務のウェーバーを付けることを認めている。「しかもほかの加盟国の製品に同じ関税を課すことなくである。ただし、これには2つ条件があり、1つはこの措置が一般化した非互恵的、無差別の基盤に立たなくてはならない。もう1つはこの措置でほかの加盟国にたいして貿易障壁が増えたり、不当な困難が生じることがないという点である」。GATTの最恵国に関する第1条により、WTOの加盟はほかの加盟国を平等に扱うことが規定されている。開発プログラムのWTOウェーバーは工業先進国や強大な途上国にLDCで生産されるモノ市場への優遇アクセスを与えている。
[65] WTO、EC―コーヒーの優遇措置に影響を及ぼす方策（WT／DS154／1）、パネル報告（非公開）1998年12月7日、パネル規則（EC）1256／96は、1994年GATT第1条と授権条項に則っていないと主張。
[66] パネル規則（EC）2820／98、1998年12月21日、前文と第7、22条
[67] EUはバナナ紛争へのアメリカの執拗な追及に再度不満を表わした。EU貿易相、サー・レオン・ブリテンはこう語っている。「カリブ海でも、ほかのどこでもバナナを作ることしかできない貧しい国が、麻薬取引という破滅的な経済活動に手を染めなくてはならないことが、どうしてアメリカのためになるのか理解に苦しむ」「EU - US Banana War Heats Up（仮題・EUとアメリカのバナナ戦争激化する）」、ブリッジズ・ウィークリー・トレード・ニューズ・ダイジェスト、第2巻44号、1998年11月16日
[68] 「EU Commission,Lomé Countries Fail to Progress on New Trade Pact（仮題・EU閣議会議、ロメ協定加盟国は新貿易協定で成長しそこなう）」、BNAデイリー・レポート・フォー・エグゼキュティブ、1999年8月11日
[69] 同上
[70] アンリ・バーナード・ソリナック・ルコント、「Lomé V et le Commerce ACP-UE:quels enjeux pour les pays de la Francophonie?(仮題・ロメ協定第5条とACPとEUの通商)」、ヨーロッパ開発政策センター報告書9号、1999年4月を参照
[71] 「Lomé Talks Slowed By Disagreement Over Regional Agreements（仮題・ロメ協定交渉、地域協定の不満から失速）」、ブリッジズ・ウィークリー・トレード・ニューズ・ダイジェスト、第3巻20号、1999年5月24日
[72] 「Caribbean Leaders Prepare for Lomé（仮題・カリブ海諸国代表、ロメ協定に準備万全）」、ブリッジズ・ウィークリー・トレード・ニューズ・ダイジェスト、第2巻32号、1998年8月24日
[73] 「ロメ協定交渉、地域協定の不満から失速」、ブリッジズ・ウィークリー・トレード・ニューズ・ダイジェスト、第2巻20号、1999年5月24日
[74] ロレンザ・アキア、エセル・テルジュー、「*Free Trade Between South Africa and the European Union:A Quantitative Analysis*（仮題・南アフリカと欧州連合の自由貿易、定量分析）」、ジュネーブ、国際貿易開発会議、1999年5月
[75] マイケル・ワイスコフ、「The Busy Back-Door Men（仮題・忙しい間男）」、タイム、1997年3月31日、40頁、ブルック・ラーマー、「Brawl Over Bananas（仮題・バナナ紛争）」、ニューズウィーク、1997年4月28日、44頁を参照
[76] スティーブン・ベイツ、「Billion Dollar Banana Split（仮題・何十億ドルものバナナ分裂）」、ガーデ

Remedies,Prospects（仮題・東アジア金融危機：分析、救済策、展望）』、ケンブリッジ、ハーバード国際開発研究所、1998年4月20日、14-17頁
[27] 国際労働機構（ILO）、「Asian Labor Market Woes Deepening（仮題・アジア労働市場の傷深まる）」、プレスリリース、ILO／98／42、1998年12月2日を参照
[28] UNCTAD、1998年貿易開発報告総監、ジュネーブ、国連貿易開発会議(1998)4頁
[29] クリストファー・レン、「Sub-Saharan Africa:Growth in Peril（仮題・サハラ以南のアフリカ諸国：危機に晒された成長）」、ニューヨーク・タイムズ、1998年10月20日
[30] アンソニー・フェイオラ、「Deep Recession Envelops Latin America（仮題・深刻な景気後退がラテンアメリカに忍び寄る）」、ワシントン・ポスト、1999年8月5日、1頁
[31] マーク・ワイズブロット、『グローバリゼーション入門』、ワシントン、D.C.、前文センター（1999）13頁
[32] IMF、世界経済展望データベース：国内総生産、1999年4月、パブリック・シチズン、ファイルおよびwww.imf.org/external/pubs/ft/weo/1999/01/data/index.htm 表1．2を参照
[33] 国連開発計画（UNDP）、人間開発報告1999年、ジュネーブ：UNDP（1999）3頁
[34] 同上
[35] UNCTAD、LDC1998年度報告総監、ジュネーブ、国連貿易開発会議（1998）3頁
[36] 同上
[37] UNCTAD、貿易開発報告1997年総監、ジュネーブ、国連貿易開発会議(1997）6頁
[38] ハリソン＆ハンソン、「Who Gains from Trade Reform? Some Remaining Puzzles（仮題・貿易改革で誰が得をしたか？ 残された謎）」、経済調査局報告書W6915、1999年1月を参照
[39] チャクラヴァルティ・ラガーヴァン、『*Recolonization:GATT,The Uruguay Round and the Third World*（仮題・再植民地化―GATT、ウルグアイ・ラウンドと第三世界）』、ペナン、第三世界ネットワーク（1990）32頁
[40] 同上 36頁
[41] 同上 37頁
[42] ヴィノッド・レゲ、「Developing Countries and Negotiations in the WTO（仮題・途上国とWTO交渉）」、第三世界エコノミックス191号、1998年8月16-31日、3頁
[43] 同上 4頁
[44] イアン・ゴールドウィン、オディン・ナッドソン、ドミニク・ヴァン・ダー・メンスブルッグ、「*Trade Liberalization:Global Economic Implications*（仮題・貿易自由化：世界経済との密接な関係）」、パリOECD、ワシントン、世界銀行(1993)
[45] スーザン・エプスタイン「GATT:The Uruguay Round Agreement and DevelopingCountries（仮題・GATT - ウルグアイ・ラウンドと開発途上国）」、CRS議会報告、ワシントン、D.C.、議会調査サービス、1995年2月9日、概要
[46] 同上
[47] マーティン・コー、コック・ペン、「The End of the Uruguay Round and Third World Interests（仮題・ウルグアイ・ラウンドの終焉と第三世界の利益）」、第三世界ネットワーク報告書、1994年2月、パブリック・シチズン・ファイルを参照
[48] チャクラヴァルティ・ラガーヴァン、『Third World Exports Still Face Major Tariff Barriers（仮題・第三世界、貿易障壁にいまだに直面）』、SUNS 4087号、4頁
[49] ジェーン・ケナン、クリストファー・スティーブンズ、「*From Lomé to the GSP:Implications for the ACP Losing Lomé Trade Preferences*（仮題・ロメ協定からGSPへ、ACP諸国がロメ協定の優遇措置を失う意味）」、オックスフォード、開発研究所研究報告書、オックスファム・グレート・ブリテン、1997年11月を参照
[50] 同上
[51] 「West Africa:Focus on Indigenous Peoples,Crop Diversification（仮題・西アフリカ：土着民、穀物多角化への焦点）」、ブリッジズ・ウィークリー・トレード・ニューズ・ダイジェスト、2巻34号、1998年9月7日
[52] 「Mexico's Average Workers Left Behind Amid Recent Economic Gains（仮題・最近の経済的利益から取り残されたメキシコの平均的労働者）」、ダラス・モーニング・ニューズ、1999年5月26日
[53] クリスティン・ドーキンズ、『*Gene Wars*（仮題・遺伝子戦争）』、ニューヨーク、セブン・ストーリー・プレス(1997)12頁
[54] 同上
[55] メキシコ国立栄養研究所1997年引用。メキシコ社会保障研究所によると、NAFTAに加盟以来、栄養失調で5歳前に死亡する子どもは毎年15万8000人に達する。スティーブン・スッパン、カレン・リーマン、「*Food Security and Agricultural* Trade under *NAFTA*（仮題・NAFTAの下での食糧の安全保障と農業貿易）」、ミネアポリス農業貿易政策研究所、1997年7月11日、4頁を参照

第5章・原注

[1] ウルグアイ・ラウンドの多国間繊維取り決め（MFA）のもと、繊維・衣料に課す関税は段階的に引き下げられ、割り当ては2005年までに撤廃される。

[2] UNCTAD、1997年貿易開発報告総監、ジュネーブ、国連貿易開発会議（1997）6頁
[3] UNCTAD、LDC1998年度報告総監、ジュネーブ、国連貿易開発会議（1998）3頁
[4] 「年次企業利潤」（アソシエート・プレス）参照、1999年3月31日、米商務省、経済分析局データ（1999年3月26日）引用。1997年10.3％の企業利潤の上昇—5年連続2桁の上昇。
[5] イアン・ゴールディ、ドミニク・バン・ダ・メンスブラッグ、「Trade Liberation,What's at Stake（仮題・貿易自由化の問題点）」、OECD政策所信第5号 パリ、OECD開発センター（1994）25頁
[6] UNCTAD、1997年貿易開発報告総監、ジュネーブ、国連貿易開発会議（1997）7頁
[7] UNCTAD、LDC 1998年度報告総監、ジュネーブ、国連貿易開発会議（1998）3頁
[8] チャクラヴァルティ・ラガーヴァン「LDCs to Lose $3 Billion in Uruguay Round（仮題・LDC、ウルグアイ・ラウンドで30億ドル失う）」南北開発監視委員会（SUNS）3620、パブリック・シチズン・ファイル
[9] UNCTAD、1998年貿易開発報告総監、ジュネーブ、国連貿易開発会議（1998)14 - 15頁
[10] 同上
[11] マーク・ワイズブロット、『*Globalization: A Primer*（仮題・グローバリゼーション入門）』、ワシントンD. C.、前文センター（1999）13頁
[12] スティーブン・ラドレット、ジェフリー・サックス、『The East Asian Financial Crisis : Diagnosis, Remedies, Prospects（仮題・東アジア金融危機：分析、救済策、展望）』、ケンブリッジ、ハーバード国際開発研究所、1998年4月20日、13頁。インドネシア、韓国、タイは金融自由化のパッケージを実施したが、銀行セクターにおける大規模な拡大につながり、外国通貨を貸借できる多数の金融機関が急速に成長した。
[13] WTO「State of Play of Disputes（仮題・紛争の状態）」、パブリック・シチズンのホームページwww.wto.org/dispute/bulletin.htmを参照
[14] WTO、TRIM協定、第5条、第2条と附属書（実例リスト）
[15] ローデリン・オーリオール、フランソワ・ファム、『What Pattern in Patents（パテントタにはどんな種類があるのか）』OECDオブザーバー179巻、1992年12月／1993年1月、15頁
[16] UNCTAD、1998年貿易開発報告、総監、ジュネーブ、国連貿易開発会議（1998）2頁
[17] 同上
[18] 同上
[19] マーク・ワイズブロット、『グローバリゼーション入門』、ワシントンD. C.、前文センター（1999）10頁
[20] マーク・ワイズブロット、『Globalization for Whom?（仮題・誰のためのグローバリゼーションか）』、コーネル国際法ジャーナル、1998年シンポジウム議題、31巻、3号、4頁
[21] マーク・ワイズブロット、『グローバリゼーション入門』、ワシントンD.C.、前文センター（1999）13頁、UNDP1998年人間開発報告、UNDP1999年人間開発報告データを参照
[22] ブライアン・トムリンソン、『*A Call to End Global Poverty:Renewing Canadian Aid Policy and Practice Recommendations*（仮題・世界の貧困を撲滅するために：カナダ援助政策と実践勧告の見直し）』、オタワ、カナダ国際協力組合、1999年3月、12頁
[23] マーティン・コー、『A Greater Need for the United Nations in a Liberalizing,Globalizing World（仮題・世界の自由化、グローバル化のもとでの国連の必要性が高まる）」、国連50周年議題、「南側の協力」1995年10月を参照
[24] サー・ジェームズ・ゴールドスミス、『GATT and Global Free Trade（仮題・GATTとグローバル自由貿易』、ザ・トラップ、ニューヨーク、キャロル・アンド・グラフ出版（1993）39頁
[25] 経済諮問委員会、1999年大統領経済報告書、ワシントンD. C. アメリカ政府印刷局（GPO）(1999)226頁、金融サービス協定はWTO加盟国の金融サービス・セクターの自由化を更に推進するための協定である。
[26] スティーブン・ラドレット、ジェフリー・サックス、『*The East Asian Financial Crisis:Diagnosis,*

[169] James Love, "The Comments of the Consumer Project on Technology to the Portfolio Committee on Health Parliament, Cape Town Medicines and Related Substances Control Amendment Bill and South African Reform of Pharmaceutical Policies," Oct. 6, 1997.
[170] Barbara Larkin（legislative assistant to the secretary of state）からSam Gejdeson下院議員(コネティカット州選出、民主党)、House Representatives Committee on International Relationsへの1999年2月5日付報告書 at 6.
[171] *Id.*, at 7.
[172] Charles R. Babcock and Ceci Connolly, "AIDS Activist Dog Gore a Second Day; Role in Drug Dispute with S. Africa is Hit," *The Washington Post,* Jun. 18, 1999.
[173] *Id.*
[174] Vice President Al Gore, Letter to The Honorable James E. Clyburn, Chair of the Congressional Black Caucus, Jun. 25, 1999. エイズ治療薬の南アフリカにおける購入可能性について。
[175] "Business Week's Industry Rankings," *Business Week*, Mar. 29, 1999, at 152. [このS&P順位のトップ6社は次の通りである。Shering-Plough (10); Warner-Lambert (12); Merck (16); Eli-Lilly (25); Bristol-Meyers Squibb (42); and Amgen (45)].
[176] "Executive Compensation Scoreboard," *Business Week*, Apr. 19, 1999, at 96.
[177] "U. S. Wants TRIPS Off Seattle Agenda," *Washington Trade Daily,* Aug. 5, 1999.
[178] WTO, TRIPs Agreement at Article 27.3 (b).
[179] "Calls for Moratorium on TRIPS Biodiversity Clause," *BRIDGES Weekly Trade News Digest,* Apr. 26, 1999.
[180] WTO, TRIPs Agreement at Article 27.3 (b).
[181] "Calls for Moratorium on TRIPS Biodiversity Clause," *BRIDGES Weekly Trade News Digest,* Apr. 26, 1999.
[182] "Preparations for the 1999 Ministerial Conference - The TRIPS Agreement - Communication from Kenya on behalf of the African Group," WTO Document No. WT/GC/W/302, Aug. 5, 1999.
[183] "U. S. Wants TRIPS Off Seattle Agenda," *Washington Trade Daily*, Aug. 5, 1999.
[184] "Calls for Moratorium on TRIPS Biodiversity Clause," *BRIDGES Weekly Trade News Digest,* Apr. 26, 1999.
[185] Barbara Larkin（legislative assistant to the secretary of state）からSam Gejdeson下院議員(コネティカット州選出、民主党)、House Representatives Committee on International Relationsへの1999年2月5日付報告書 at introduction.
[186] *Id.* at 3.
[187] *Id.* at 4.
[188] *Id.* at 4-5.
[189] *Id.* at 6.
[190] *Id.* at 7.
[191] *Id.* at 9.
[192] See e.g. B. Drummond Ayes Jr., "Gore Is Followed by AIDS Protesters," *The New York Times,* Jul. 2, 1999.
[193] Personal Communication between Robert Weissman, editor of the *Multinational Monitor,* Aug. 23, 1999 and Marianne Mollmann, Public Citizen.

いるが、これまで成功していない。

[145] TRIPs協定第15.1-15.5条は、商標を定義する。第16.1-3条と第21条はWTO加盟国に競争者による侵害から商標を守ることを義務付ける。第17条は商標保護の例外として限定された「公平な使用」を定める。第18条は政府が商標を保護しなければならない期間を定める。そして、第19条は商標の登録のルールを定める。

[146] WTO, TRIPs Agreement at Article 20 (他の要件).

[147] Frank T. Kelly, Gerber's Vice President for Latin America, Letter to the President of Guatemala, Jun. 16, 1994.

[148] *See* "Protecting Breast-Milk from Unethical Marketing," *The Progress of Nations*, UNICEF 1997; *see* also WTO Membership information found at www.wto.org, on file with Public Citizen.

[149] 合衆国通商代表部ミッキー・カンターから、特許弁護士で保健運動家アルフレッド・エンゲルバーグへの1996年2月1日付書簡は、強制認許——1つの薬品販売の独占権が停止され、一般会社がその薬品をより安価に販売し、全般的な薬価を下げるのに必要な競争を促進する場合——は、WTOのTRIPsの下で合法であることを認めている。

[150] David Rosenberg, "U. S. Drug Makers May Turn to WTO Over Israeli Law," *Reuters*, Nov. 26, 1998.

[151] *Id.*

[152] South Africa (1997), Medicines and Related Substances Control Amendment Bill (B72-97).

[153] Esme du Plessis, "The Battle Over Making Medicine Affordable," *Euromoney Publications,* (1998).

[154] Paul Harris, "South Africa: Drug Industry Threatens to Take S. Africa to WTO," *Reuters*, Sep. 8, 1997.

[155] WTO, TRIPs Agreement at Article 31:「加盟国が、権利の保有者の許可なしに特許の主題事項を使用することを他人に許可する場合、政府による使用または政府が許可する第三者に使用を許すことを含む、次の条項を尊重しなければならない。…(h)権利の保有者は許可の経済的価値を考慮に入れて、各件の状況に応じた十分な報償を支払わなければならない。…」

[156] PhRMAには45の多国籍薬品会社が会員となっている。その中には、Novartis, Bristol-Myers Squibb, Amgen, DuPont, Glaxo Wellcome, Johnson & Johnson, Eli Lilly, Merck, Pifizer, Rhone-Poulenc, Smithkline Beechamなどの名がある。

[157] Paul Harris, "South Africa: Drug Industry Threatens to Take S. Africa to WTO," *Reuters*, Sep. 8, 1997.

[158] *Id.*

[159] "U. S. Urges S. Africa to Change Draft Medicine Bill," *Reuters*, Oct. 6, 1997.

[160] Barbara Larkin (legislative assistant to the secretary of state) からSam Gejdeson下院議員(コネティカット州選出、民主党)、House Representatives Committee on International Relationsへの報告書 at 4. The Medicines Law, the U. S. Embassy in Pretoriaは「南アフリカのスイスとヨーロッパ連合大使館に働きかけ、共同で条文に抗議することを提案した。…」この努力の結果、フランスのシラク大統領は1998年7月の南アフリカへの公式訪問において、この問題を取り上げた。またスイスとドイツ大統領も南アフリカ訪問の際、メベキ副大統領と非公式にこの問題を話合った。

[161] 106th Congress, H. R. 434, Section 4 (a)(3), as reported to the House of Representatives, Jul. 16, 1999.

[162] Kai Wright, "Expanding Foreign Interests: U. S. AIDS Activists Develop Global Perspective on Epidemic," *Washington Blade*, Apr. 30, 1999, at 12.

[163] 106th Congress, H. R. 772, Title III, Section 301 and Title VI, Section 601.

[164] Lisa Richwine, "U. S. Protest Targets African Access to AIDS Drugs," *Reuters*, Apr. 22, 1999.

[165] Personal communication with Bob Lederer, ACT-UP Co-Founder, with Michelle Sforza, Research Director, Public Citizens's Global Trade Watch, Aug. 25, 1999.

[166] "South Africa's Bitter Pill for World's Drug Makers," *The New York Times*, Mar. 29, 1998.

[167] USTR, "USTR Announces Results of Special 301 Annual Review," Press Release 99-41, Apr. 30, 1999. 第301条は合衆国通商法の条文で、合衆国からの輸入市場を制限し、また合衆国投資家の知的財産権利益を侵す国に対して、合衆国が制裁を加える権限を定めている。調査の結果、南アフリカが合衆国の知的財産権利益に被害を与えていることが判明すれば、第301条の下で、合衆国は通商制裁を加えることができる。しかし、同条の下での一方的経済制裁はWTOに反する疑いがある(第9章のWTO紛争解決を参照のこと)。

[168] WTO、TRIPs Agreement at Article VI.

[119] The Right Reverened Simon Barrington-Ward, "Putting Babies Before Business," *The Progress of Nations* (1977).
[120] *Id.*
[121] Edith Butler, "Nestle Practices Are Still Suspect, New Boycott Target, Taster's Choice Coffee," Women Wise, Mar. 31, 1983. (粉ミルク行動委員会 Infant Formula Action Committee=INFACTは、1977年にネッスルの販売方法と戦うために結成され、WHOルールを実施させる戦力となった。*See* Formula Promotion Hearing in U.S. Senate Sub-Committee on Health and Scientific Research), May 23, 1978. (ネッスルは、その製品が「きれいな水、よい衛生状態、十分な家族収入、文字の読める親」を必要とし、また「水が汚染され、下水が道にあふれ、貧困が深刻で、文字を読めない人が多い地域で」は、安全に使用できないことを認めた。
[122] WHO, International Code of Marketing Breast-Milk Substitutes, 1981, Introduction.
[123] *Id.* Article 9.3.
[124] *See* Law on the Marketing Breastmilk Substitutes, Guatemalan Presidential Decree 68-83, Jun. 7, 1988, and Rules for the Marketing of Breastmilk Substitutes, Guatemalan Government Agreement No. 841-87, Sep. 30, 1987, Article 12 a)-b)(baby images), Article 11a (labeling), and Article 8a and 9 (unapproved donations and direct marketing).
[125] Nutrition League Table, UNICEF, "Protecting Breast-Milk from Unethical Marketing," *The Progress of Nations* (1997).
[126] *Id.*
[127] Keith Koffler, "Administraion to Bring Seven Trade Complaints to WTO," *Congress Daily*, May 3, 1999.
[128] *Id.*
[129] Guatemalan Ministry of Health, Memo Related to Gerber's Alleged Violations of Guatemalan Presidential Decree 68-83, Nov. 17, 1993, and Guatemalan Government Agreement No. 84-87, on file with Public Citizen.
[130] Frank T. Kelly, Gerber's Vice President for Latin America, Letter to the President of Guatemala, Jun. 16, 1994, on file with Public Citizen. 書簡は次のようにいう。「われわれは、グアテマラ保健省、食料統制局のなかでの誤解から発生した通商問題の解決のために、貴方が払われた全ての努力に感謝致します。」at 1.
[131] "Chronology of the Gerber Case in Guatemala," Ministry of Health Guatemala, Nov. 1993 on file with Public Citizen.
[132] *Id.*
[133] *Id.*
[134] Gerber Products Company's Post-Hearing Statement Regarding the Status of Guatemala as a Beneficiary Developing Country Under the Generalized System of Preferences (GSP) to the GSP Subcommittee of the Office of the USTR, Dec. 8, 1993, at 7.
[135] Frank T. Kelly, Gerber's Vice President for Latin America, Letter to the President of Guatemala, Jun. 16, 1994, on file with Public Citizen.
[136] Mario Permuth, Attorney Representing Guatemalan Ministry of Health, Letter to Dr. Gustavo Hernandez Polanco, Minister of Public Health, Feb. 16, 1994, on file with Public Citizen.
[137] Frank T. Kelly, Gerber's Vice President for Latin America, Letter to the President of Guatemala, Jun. 16, 1994, at 2.
[138] *Id.*
[139] "Gerber Uses Threat of GATT Sanctions to Gain Exemption from Guatemalan Infant Health Law," *Corporate Crime Reporter*, Vol. 10, No. 14, Apr. 8, 1996.
[140] Mario Permuth, Letter to President Bill Clinton, Dec. 12, 1993, on file with Public Citizen. (この書簡で、マリオ・ペルムスは、自分は「グアテマラ保健省を支援するためにUNICEFによって雇用された弁護士」であると述べている。
[141] 1999年8月17日、Public Citizenのダルチ・アンデルセンとWTO職員との間の会話（ヨーロッパ連合と合衆国間のバナナ紛争において、両当事者はカリブ島諸国が弁護士を雇い第三者としての意見表明を求めたのを妨げることに成功した。理由は、WTOが政府のみの機関であり、私的代理人の参加は許されないというのであった)。
[142] 途上国に関しては第５章、この争点の紛争処理については第８章を参照のこと。
[143] WTO, TRIPs Agreement at Articles8.1 - 8.2（Principles）.
[144] TRIPs協定第８条は、テストされていない。しかし、GATT第20条はGATTの市場利用条項に例外を認め、人間の健康または環境保護／保全が問題となる場合を上げている。例外の主張はくりかえされて

[94] 合衆国は、その後のGATT交渉において、TRIPs協定を強化することをその目標とすると公言した。しかし、この立場は弱まったようにみえる。それはTRIPs協定に対する途上国の反対が現在のTRIPs協定の立場を「逆行」させうることをおそれたからである。*See,* "U. S. Wants TRIPS OFF Seattle Agenda," *Washington Trade Daily,* Aug. 5, 1999.
[95] WTO, TRIPs Agreement at Article 31 (h).
[96] 42 U. S. C., Ch. 85, Sec. 7408.
[97] Consumer Project on Technology, *Frequently asked questions about compulsory licenses,* Jan. 20, 1999.
[98] *Id.*
[99] USTR, *1999 National Trade Estimates Report,* (1999), at 403; *see also* U. S. Trade Representative *National Trade Estimate Reports from 1995-1999.* (これらの報告書は、タイランドが一方で医薬品の特許期間を20年に延長し、他方、医薬品審査委員会を設立して、公衆が必要な薬品を利用できるよう保障する特許法を制定するの妨げるための、合衆国薬品製造業界による1991年以降の運動を詳述している。)
[100] Aphaluck Bhatiasevi, "Patents Law: Groups Urge Review of Amendments," *Bangkok Post*, Aug. 17, 1999.
[101] *Id.*
[102] Sarah Boseley, "U. S. Attempts to Stop Developing Countries Producing Cheap AIDS Drugs Have Become a Political Time Bomb," *The Guardian* (*London*), Aug. 11, 1999.
[103] *Id.*
[104] *Id.*
[105] *Id.*
[106] USTR, *1997 National Trade Estimates,* (1997) at 365. (タイランドはWTOのTRIPs協定（知的財産権）の通商に関連する側面を順守するために、その特許法を改正する手続中である。タイ議会は1997年に医薬品審査委員会を廃止する法案を審理する予定である)。
[107] WTO, TIRPs Agreement at Article 6:「この協定の下での紛争解決のために、……この協定中のいかなるものも、知的財産権消滅の争点に適用されてはならない（この条文は、TRIPs協定は製造者の知的財産権が何時消滅するかについて沈黙する——従って、WTO加盟国は各自で権利の消滅時期を決定できる、との意味である。並行輸入政策には、製造者は製品をすでに売却したので、それに対する権利を消滅させた、従って、知的財産への侵害を主張できない、という前提がある)。
[108] D.A. Malueg and M. Schwartz, "Parallel Imports, Demand Dispersion and International Price Discrimination," U. S. Department of Justice--Antitrust Division, 1993, *cited* in James Love, "The Comments of the Consumer Project on Technology to the Portfolio Committee on Health Parliament, Cape Town Medicines and Related Substances Control Amendment Bill and South African Reform of Pharmaceutical Policies," Oct. 6, 1997.
[109] Donald G. McNeil, "South Africa's Bitter Pill for World's Drug Makers," *The New York Times,* Mar. 29, 1998.
[110] Consumer Project on Technology, "Health Care and IP: Parallel Imports," on file with Public Citizen. 合衆国において、医薬品の並行輸入の制度を設立する法律案が連邦議会にかかっている。106th連邦議会、H.R. 1885 (Ann Emerson共和党下院議員、ミズーリ州選出、Marion Berry 民主党下院議員、コネティカット州選出、Bernie Sanders 独立党、ヴァーモント州選出の共同提案)は、薬局、小売店、卸商が合衆国で製造された薬品を低価格で購入し、その節約分を消費者へ還元することを認める。
[111] Babara Larkin, legislative assistant to the U.S. secretary of state, Reports sent to Rep. Sam Gejdenson (民主党、コネティカット州選出)、House of Representatives Committee on International Relations, Feb. 5, 1999, at 3. on file with Public Citizen.
112 World Health Organization Executive Board, Revised Drug Strategy, Conference Paper No. 18, Jan. 27, 1998.
[113] *Id.*
[114] Guatemalan Presidential Decree 66-83, Jun. 7, 1988, Article 13: Labeling.
[115] Guatemalan Government Agreement No. 841-87, Sep. 30, 1987, Article 12.
[116] Frank T. Kelly, Gerber's Vice President for Latin America, Letter to the President of Guatemala, Jun. 16, 1994, on file with Public Citizen.
[117] Gerber Letterhead, c. 1994.
[118] UNICEF data, cited in the Right Reverent Simon Barrington-Ward, "Putting Babies Before Business," *The Progress of Nations* (1997).

[54] Resolution 5/89, "Farmers' Rights," Report of the Conference of FAO, Twenty-Fifth Session, Rome, International Undertaking on Plant Genetic Resources, Nov. 11-29, 1989. At Annex to the FAO International Undertaking on Plant Genetic Resources.
[55] WTO, TRIPs Agreement at Article 64.1.
[56] WTO, TRIPs Agreement at Article 27.3(c).
[57] Rural Advancement Foundation International, "Basmati Rice Patent," *Geno-Type*, Apr. 1, 1998.
[58] WTO, TRIPs Agreement at Article 64.1.
[59] "Plant Breeders Wrongs," Report by Rual Advancement Foundation International and Heritage Seed Curators Australia, Aug. 1998 at 4.
[60] *Id.* at 19.
[61] U.S. Patent No. 5663484, Description 2.3, Sep. 2, at 997.
[62] "Plant Breeders Wrongs," Report by Rural Advancement Foundation International and Heritage Seed Curators Australia, Aug. 1998, case no. HSCA/ RAFI-136/ 137/ 138 (Basmati rice).
[63] Prangtip Daorueng, "Farmers Protest Copycat 'Jasmine' Rice," *InterPress Service*, May 13, 1998.
[64] Letter to U.S. Ambassador to India, Apr. 3, 1998, signed by Research Foundation for Science, Technology and Ecology; Bharatiya Kisan Union; NAVDANYA; Forum on Biotechnology and Food Security; Kisan Trust; Swashdi Science Movement; and others, on file at Public Citizen.
[65] Vandana Shiva, *Biopiracy, The Plunder of Nature and Knowledge*, Boston: South End Press (1997) at 69.
[66] John F. Burns, "Tradition in India vs. A Patent in the U.S.," *New York Times*, Sep. 15, 1995.
[67] Joris Kocken and Gerda van Roozendaal, "The Neem Tree Debate," *Biotechnology and Development,* Mar. 1997 at 8-11.
[68] *Id.*
[69] *Id.*
[70] *Id.*
[71] "Global Attack on U.S. Firm's Neem Patent," *India Abroad, Ethnic News Watch,* Sep. 22, 1995.
[72] *Id.*
[73] *Id.*
[74] "Thailand: Tussle Over Fungi Strains Brings Painful Lessons," *InterPress Service*, Sep. 4, 1998.
[75] *Id.*
[76] See, Thai Network on Biodiversity and Community Rights, "Rationale and Background to the Draft Thai Traditional Medicine and Local Knowledge Protection and Promotion Act as approved in principle by the cabinet on Jul. 15, 1997," on file with Public Citizen.
[77] "Thailand: Tussle Over Fungi Strains Brings Painful Lessons," *InterPress Service*, Sep. 4, 1998.
[78] *Id.*
[79] Arindam Mukherjee, "Say No To Kasmati," *Outlook*, Jun. 25, 1997, and "Farmers Protest Copycat 'Jasmine' Rice," *InterPress Service*, May 13, 1998.
[80] Thailand: Tussle Over Fungi Strains Brings Painful Lessons," *InterPress Service*, Sep. 4, 1998.
[81] *Id.*
[82] Letter from the U. S. State Department to the Royal Thai Government, Apr. 21, 1997, on file with Public Citizen.
[83] Gaisa Foundation, "WTO's Mission Impossible," Published by Genentic Resources Action International (GRAIN) in its quarterly newsletter, *Seedling*, Barcelona, Spain, Sep. 1998, at 10.
[84] *Id.*
[85] *Id.*
[86] Letter from the U. S. State Department to the Royal Thai Government, Apr. 21, 1997, on file with Public Citizen.
[87] Kristin Dawkins, "U. S. Unilateralism: A Threat to Global Sutainability?" *BRIDGES Weekly Trade News Digest*, Vol. 1, No. 4, Oct. 1997, at 11.
[88] *Id.*
[89] WTO, TRIPs Agreement at Article 33.
[90] Stephen W. Schondelmeyer, *Economic Impact of GATT Patent Extension on Currently Marketed Drugs,* PRIME Institute, College of Pharmacy, University of Minnesota, Mar. 1995, at 6.
[91] *Id.* at Table 1.
[92] *Id.* at 6.
[93] *Id.* at 7.

を負った。しかし、いくつかの協定は途上国のために実行までの移行期間を認めている。ことにTRIPsとTRIMsには、それらの規定がある。

[25] WTO, India-Patent Protection for Pharmaceutical and Agricultural Chemical Products (WT/DS50), Complaint by the U.S.

[26] WTO, India-Patent Protection for Pharmaceutical and Agricultural Chemical Products (WT/DS50/R), Report of the Panel, Sep.5.1997, at Paras. 6.10-6.12

[27] *Id.* at Paras. 7.26-7.28.

[28] "India's New Patent Law 'By Year-End,'" *Marketletter* (London), Jul. 26, 1999.

[29] See Amartya Sen, *Poverty and Famine, An Essay in Entitlement and Deprivation*, Oxford: Clarendon Press (1981).

[30] See Peter Uvin, *The State of World Hunger,* Part of Series of Annual Reports on hunger from the Alan Shawn Feinstein World Hunger Program, Brouwn Univerisyt, Providence (1993) at 13.

[31] U. N. Food and Agriculture Organization, *Food supply situation and crop prospects in Sub-Saharan Africa*, Global Information and Early Warning System on Food and Agriculture, Annual FAO Report No. 2, Rome, Aug. 1999.

[32] *United Nation's World Food Programme Statistics 1998*, "Active Projects/Operations in 1998," Rome: World Food Programme (1998) at Table 8.

[33] UNDP, *Human Development Report 1999*, Geneva (1999), Table 20 (Food Security and Nurtrition) at 214

[34] *Id.*

[35] National Academy of Sciences, *Recommended Daily Allowances*, 10th Ed. (1989).

[36] R. Gommes, "Climatic Risk Management," *U. N. Food and Agriculture Organization*, FAO Research Extension Division, May 28, 1999.

[37] UNDP, *Human Development Report 1999*, Geneva (1999) at 68.

[38] Martha L. Crouch, *How the Terminator Terminates: An Explanation for the Non-Scientist of a Remarkable Patent for Killing Second Generation Seeds of Crop Plants*, Edmunds Institute (1998) at 1.

[39] Tom Bearden, "High-Tech Crops," *Newshour with Jim Lehrer*, Aug. 12, 1999.

[40] U.S. Patent 5,723,765: Control of Plant Gene Expression, by Delta and Pine Land Company, Mar. 1998. デルタ - パインはその後、モンサントによって買収された。

[41] Martha L. Crouch, *How the Terminator Terminates: An Explanation for the Non-Scientist of a Remarkable Patent for Killing Second Generation Seeds of Crop Plants,* Edmunds Institute (1998) at 6.

[42] Matthew Townsend, "Meet the Company that Would Privatise Nature Itself," The *Melbourne Age,* Dec. 15, 1998; Louise Jury, "UN Aid Agencies Slam Monsanto's Campaign," *London Independent*, Jul. 25, 1998.

[43] Martha L. Crouch, *How the Terminator Terminates: An Explanation for the Non-Scientist of a Remarkable Patent for Killing Second Generation Seeds of Crop Plants*, Edmunds Institute (1998) at 7.

[44] "Monsanto Will Wait for Studies on Disputed New Gene Technology," *St. Louis Post Dispatch*, Apr. 23, 1999.

[45] Lavanya Rajamani, "The Cartagena Protocol-A Battle Over Trade or Biosafety?" *Third World Resurgence*, No. 104/5, Apr./May 1999.

[46] Dr. William Heffenan, *Consolidation in the Food and Agriculture System*, University of Missouri-Colombia, Feb. 5, 1999 at 5.

47 Leland Swenson, President of the National Farmers Union, "Agricultural Concentration," Testimony to the House Agriculture Committee, Feb. 11, 1999.

48 Dr. William Heffenan, *Consolidation in the Food and Agriculture System*, University of Missouri-Colombia, Feb. 5, 1999 at 5.

[49] "Traitor Technology: The Terminator's Wider Implications," *Rural Advancement Foundation International Communique*, Jan./Feb. 1999, on file with Public Citizen.

[50] Vandana Shiva, *Biopiracy: The Plunder of Nature and Knowledge*, Boston: South End Press (1997) at 88.

[51] *Id.* at 89.

[52] 1992 Convention on Biological Diversity at Article 16 (5).

[53] *Id.* at 8(j).

第4章・原注

[1] WTO, Agreement on Trade Related Aspects of Intellectual Property (WTO "TRIPs Agreement") at Article 27.3(b).
[2] *Id.*
[3] *Id.*
[4] 特許は合衆国に本拠をおく人間遺伝子会社、Human Genome Sciencesに与えられた。See U.S. 5,597,709, WO 9520398. 同社は100万を超えるヒトの部分的遺伝子配列に対象とする特許を申請した。もう一つのアメリカ会社、Biocyteは人間のへその緒血液細胞に対する特許を取得した。その製品を手術に使用する医師は使用料を支払わなければならない。See U.S. Government Patent and Trademark Office, Washington, D.C. for information.
[5] WTO, TRIPs Agreement at Article 27.3(a).
[6] Ralph Nader and James Love, "Federally Funded Pharmaceutical Inventions," testimony in U.S. Senate, Special Committee on Aging, *The Federal Government's Investment in New Drug Research and Development: Are We Getting Our Money's Worth?* Serial NO. 103-1, Washington D.C.: U.S. Government Printing Office, Feb. 24, 1993.
[7] WTO, TRIPs Agreement at Article 65 and Article 66.
[8] WTOのTRIPs協定は、それを選ぶ国には独自の sui generis制度を採用することを認めている。すなわち、その国が植物多様性について、自らの知的財産保護の法的形態を設定でき、——そしてかならずしも特許を与えることのみに頼る必要はない。Article 27.3(b). しかし、TRIPs協定は他のどのような形態のIPR制度が認容されるのかを明白に定めていない。そしてどの国のIPR法であれ、常にWTOの紛争処理手続に基づく異議にさらされる。従って、その国が独自の制度を採ることが、IPRsと公益的配慮とのバランスをとる柔軟性を提供できる不可欠の手段であるかは疑わしい。
[9] 35 U.S.C.154 (a)(2).
[10] WTOのTRIPs協定Article 27.1は次のように定める。「特許は、すべての技術分野における製品または製法の発明に対して与えられる。製品または製法は、発明的な段階にあり、産業化に応用できる、新しいものでなければならない。」 Article 27.3 (b) は次のように定める。「加盟国は植物多様性を保護するために、特許または効果的な独自の制度、またはそれらの組合せを定めるものとする」。
[11] WTO, TRIPs Agreement at Article 27.3(b).
[12] たとえば、インド、パキスタン、エジプトは合衆国にならって、TRIPsを順守するために自国の知的財産権法を改正しなければならなかった。
[13] WTO, TRIPs Agreement at Article 27.3(a).
[14] WIPOは国連の専門機関であり、知的財産権保護のために各国間の協調を促進する責務を負い、この問題を扱うさまざまな多国間条約の運用を担っている。これらの条約には強制力を与えるものもあるが、WIPO自体は知的財産権の執行役よりも、促進役、運用役である。
[15] たとえば、インドとアルゼンチン。
16 United Nations Development Programme (UNDP), *Human Development Report 1999*, Geneva (1999) at 68.
[17] "UNDP Report Criticizes WTO TRIPs and CTE," *BRIGES Weekly Trade News Digest*, vol. 3, no. 28, Jul. 19, 1999.
[18] United Nations Development Programme (UNDP), *Human Development Report 1999*, Geneva (1999) at 68.
[19] *Id.*
[20] Laudeline Auriol and Francis Pham, "*What Pattern in Patents?" OECD Observer*, Dec. 1992 at 15.
[21] もってセクターにまたがる制裁については、第8章の紛争解決を参照のこと。
[22] WTO, India-Patent Protection for Pharmaceutical and Agricultural Chemical Products (WT/DS50/R), Report of the Panel, Sep. 5, 1997, at Para. 7.1.
[23] WTO, India-Patent Protection for Pharmaceutical and Agricultural Chemical Products (WT/DS50/R), Report of the Panel, Sep. 5, Annex I at 69.
[24] すべてのWTO加盟国は、ウルグアイ・ラウンドの大部分の側面を「単一の了解」として実行する義務

[59] EEC/90/220, quoted in "E.U. Environment Ministers Strengthen De Facto Ban On GMOs Pending New Law," *International Trade Reporter, Volume 16, Number 26,* June 30, 1999.
[60] Frederick Noronha, "India's High Court Stops Field Trials of Biotech Cotton," *Environment News Service*, Feb. 23, 1999.
[61] "Australian, New Zealand Health Ministers Recommend Labeling of Genetically Modified Foods," *World Food Chemical News*, Jan. 6, 1999, at 1.
[62] USTR, *1999 National Trade Estimate Report on Foreign Trade Barriers*, (1999), at 16.
[63] *Id.*, at 112.
[64] *Id.*, at 225.
[65] "Member States Reject Application for Two Genetically Modified Cotton Seeds," *International Environment Reporter*, Feb. 17, 1999, at 138.
[66] Diane Johnson, "France's Fickle Appetite," *The New York Times*, Aug. 2, 1999.
[67] Agreement on Sanitary and Phytosanity Measures, Article 5.2.
[68] Agreement on Technical Barriers to Trade, Article 2.2.
[69] Both the SPS and TBT Agreements require WTO Members to base domestic standards on international ones. Agreement on Sanitary and Phytosanity Measures, Article 3; Agreement on Technical Barriers to Trade, Article 9.
[70] Stephen Bates, "Tougher E.U. Controls Mean Moratorium On GM Crops," *The Guardian (London)*, June 26, 1999.
[71] EEC/90/220, quoted in "E.U. Environment Ministers Strengthen De Facto Ban On GMOs Pending New Law", *International Trade Reporter, Volume 16, Number 26,* June 30, 1999.
[72] Stephen Bates, "Tougher E.U. Controls Mean Moratorium On GM Crops," *The Guardian (London)*, June 26, 1999.
[73] "U.S. Considering Filing WTO Complaint Over E.U. Barriers to GMO Trade, USTR Says," *Daily Report for Executives*, June 25, 1999.
[74] "U.S. Warns EU of Trade War Over GM Food," *Reuters*, August 12, 1999.
[75] WTO Agreement on Agriculture, Article 20.
[76] "Member Positions Emerge For Next Round," BRIDGES Weekly Trade News Digest, Vol. 3, Number 31, Aug. 9, 1999.
[77] *See* "WTO Agriculture Committee Addresses Developing Country Concerns", *BRIDGES Weekly Trade Digest*, Vol. 3 Number 25, June 28, 1999
[78] "G-8 Urges Environment Considerations In Millennium Round," *BRIDGES*, Vol. 3 Number 24, June 21, 1999.
[79] Inside U.S. Trade, Vol. 17, No. 18, May 7, 1999 at 28.
[80] "India to Push for Reform Not Expansion of WTO Agreements," *BRIDGES*, Vol. 3, Number 23, June 14, 1999.

[30] Chee Yoke Ling, "U.S. Behind Collapse of Cartagena Biosafety Talks," *Third World Resurgence*, No. 104/105, Apr./May 1999.
[31] *Id.*
[32] Sean Poulter, "Blank Out Labels, Says U.S.," *UK Daily Mail*, Feb. 11, 1999.
[33] Andrew Pollack, "U.S. and Allies Block Threat on Genetically Altered Goods," *The New York Times*, Feb. 24, 1999.
[34] *See* The U.S. Codex Alimentarius Commission U.S. Delegate's Report on the 27th Session of the Codex Committee on Food Labeling, on file with Public Citizen.
[35] Transatlantic Consumer Dialogue, "Many More Countries Endorse Mandatory Labeling of GE Food at International Food Standards Negotiations," Press Release, April 29, 1999.
[36] Brian Willams, "Firm Stance on Labeling Genetically Engineered Food Continues to Spark Debate," *The Columbus Dispatch*, Feb. 2, 1997, *cited in* comments on GMO-labeling to the Japanese Ministry of Agriculture submitted by the International Association of Consumer Food Organizations, Oct. 9, 1998, on file with Public Citizen.
[37] European Commission Directorate General XII, European Opinions on Modern Biotechnology, *EUROBAROMETER*, 46.1,1997, *cited in* "Summary of Consumer Surveys Related to Labeling of Foods Produced Using Biotechnology," *Consumer Polity Institute*, on file with Public Citizen.
[38] Proposed Draft Recommendations for the Labeling of Foods Obtained Through Biotechnology (Alinorm 99/22, Appendix VIII), CX/FL 99/6, Government Comments at Step 3 from the U.K and the U.S., *Codex Alimentarius Commission*, June 1999, on file with Public Citizen.
[39] *Id.*
[40] WTO, Agreement on Trade Related Aspects of Intellectual Property Rights, Article 25.
[41] Chee Yoke Ling, "U.S. Behind Collapse of Cartagena Biosafety Talks," *Third World Resurgence*, No. 104/105, Apr./May 1999.
[42] Lavanya Rajamani, "The Cartagena Protocol - A Battle Over Trade or Biosafety?" *Third World Resurgence* No. 104/105, Apr./May 1999.
[43] "EU Accuses US, Others of 'Extreme' Positions That Will Block Biosafety Protocol," *International Environment Reporter*, Feb. 17, 1999, at 136.
[44] *Id.*
[45] Lavanya Rajamani: "The Cartagena Protocol - A Battle Over Trade or Biosafety?" *Third World Resurgence* No. 104/105, Apr./May 1999.
[46] *Id.*
[47] Gurdial Singh Nijar: Biosafety Protocol Talks to Resume in September," *South-North Development Monitor*, Jul. 4, 1999.
[48] "A Biotech Warrior Stresses Subtlety," *St. Louis Post-Dispatch*, Jun. 6, 1999.
[49] *Id.*
[50] National Press Club Newsmaker Luncheon with Agriculture Secretary Dan Glickman, *Federal News Service*, Jul. 13, 1999, on file with Public Citizen.
[51] *Id.*
[52] *Id.*
[53] Proposed Draft Recommendations for the Labeling of Foods Obtained Through Biotechnology (Alinorm 99/22, Appendix VIII), CX/FL 99/6, Government Comments at Step 3 from the U.K and the U.S., *Codex Alimentarius Commission*, Jun. 1999, on file with Public Citizen.
[54] 35 U.S.C. Secs. 101-103.
[55] Proposed Draft Recommendations for the Labeling of Foods Obtained Through Biotechnology (Alinorm 99/22, Appendix VIII), CX/FL 99/6, Government Comments at Step 3 from the U.K and the U.S., *Codex Alimentarius Commission*, Jun. 1999, on file with Public Citizen.
[56] Michael Wehr, Office of Constituent Operations, Center for Food Safety and Applied Nutrition, Personal Communication with Marianne Mollmann, Public Citizen, Aug. 10, 1999. Of course, the two methods are entirely different and result in different products. Genetic engineering allows the transfer of genes between totally unrelated organisms, even across natural species barriers, resulting in gene combinations that never would occur naturally. For example, soil bacterium genes have been introduced into soya plants to make them herbicide-resistant, and "anti-freezing" genes from arctic sea flounder have been transplanted into tomatoes, strawberries and potatoes to make them frost-resistant. Crossbreeding, by contrast, is the hybridization of two varieties or breeds within the same species. *See* Dr. Michael Antoniou, "Genetic Engineering and Traditional Breeding Methods: A Technical Perspective," *Living Earth*, Issue 197, Jan.-Mar. 1998, on file with Public Citizen.
[57] USTR, *1999 National Trade Estimate Report on Foreign Trade Barriers* (1999) at 115.
[58] *Id.* at 111.

第3章・原注

[1]Matthew Stilwell and Brennan Van Dyke, *An Activist's Handbook on Genetically Modified Organisms and the WTO*, Center for International Environmental Law, Washington D.C., Mar. 1999, at 2.
[2] *Id.* at 5.
[3] *Id.* at 3.
[4] WTO, Agreement on Sanitary and Phytosanitary Measures, at Article 5.2.
[5] WTO, Agreement on Technical Barriers to Trade, at Article 2.2.
[6] "U.S. Considering Filing WTO Complaint Over E.U. Barriers to GMO Trade, USTR," *Daily Report for Executives*, Jun. 25, 1999.
[7] "Member States Reject Application for Two Genetically Modified Cotton Seeds," *International Environment Reporter*, Feb. 17, 1999, at 138.
[8] "Motivated to Modify Foods," *New Straits Times*, Mar. 10, 1999, at A4.
[9] U.S. Consumer's Choice Council, Letter to The Honorable Frank Loy, Undersecretary for Global Affairs, U.S. Department of State, Feb. 9, 1999.
[10] R. Jorgensen and B. Andersen, "Spontaneous Hybridization Between Oilseed Rape and Weed: A Risk of Growing Genetically Engineered Modified Oilseed Rape," *American Journal of Botany* 81 at 1620-1626, 1995; B. Hileman, "Views Differ Sharply Over Benefits, Risks of Agricultural Biotechnology," *Chemical and Engineering Microbiology*, Aug. 21, 1995.
[11] Charles Clover and George Jones, "Government Stifled Report on GM Risks," *The Daily Telegraph*, Feb. 17, 1999. *See also* report by the U.K. House of Commons Science and Technology Committee, May 12, 1999, published at www.parliament.the-stationery-office.co.uk/pa/cm199899/cmselect/cmsctech/286/28602.htm, on file with Public Citizen.
[12] James Meikle and Paul Brown, "Friend in Need. . .The Ladybird, an Agricultural Ally Whose Breeding Potential May Be Reduced by GM Crops," *The Guardian* (London), Mar. 4, 1999.
[13] U.S. Consumer's Choice Council, Letter to the Honorable Frank Loy, Under Secretary for Global Affairs, U.S. Department of State, Feb. 9, 1999, on file with Public Citizen.
[14] John Carey, "Imperiled Monarchs Alter The Biotech Landscape," *Business Week*, Jun. 7, 1999.
[15] *Id.*
[16] *Id.*
[17] "Top Scientist Backs Calls for GM Safety Screen," *The Guardian* (London), Mar. 9, 1999.
[18] "Biotech: The Pendulum Swings Back," *Environment and Health Weekly*, No. 649, May 6, 1999.
[19] "Royal Society Dismisses 'Flawed' GM Food Research," *The Guardian* (London), May 18, 1999.
[20] "Hot Potato," *The Guardian* (London), May 19, 1999.
[21] *Id.*
[22] "UN Talks on Genetically Modified Trade Protocol Collapse," *European Chemical News - CBNB*, Mar. 24, 1999.
[23] Chee Yoke Ling, "U.S. Behind Collapse of Cartagena Biosafety Talks," *Third World Resurgence*, No. 104/105, Apr./May 1999.
[24] Chee Yoke Ling, "An International Biosafety Protocol: The Fight is Still On," *Third World Resurgence*, No. 93, May 1998.
[25] *Id.; see also* Lavanya Rajamani, "The Cartegena Protocol - A Battle Over Trade or Biosafety?" *Third World Resurgence*, No. 104/105, Apr./May 1999.
[26] Ricardo Maldonado, "Biotech Industry Discusses Trade," *Associated Press*, Feb. 22, 1999.
[27] The U.S. is not a party to the Convention on Biological Diversity, so had no vote at the negotiations. However, it was still entitled to participate in the negotiations, and essentially "voted" through the Miami-group initiative. Chee Yoke Ling, "U.S. behind collapse of Cartagena biosafety talks," *Third World Resurgence*, No. 104/105, Apr./May 1999.
[28] Chee Yoke Ling: "U.S. Behind Collapse of Cartagena Biosafety Talks," *Third World Resurgence*, No. 104/105, Apr./May 1999.
[29] Andrew Pollack, "U.S. and Allies Block Threat on Genetically Altered Goods," *The New York Times*, Feb. 24, 1999.

[155] FAO/WHO Food Standards Programme, *Introducing Codex Alimentarius* (1987); and Goldman and Wiles, *Trading Away U.S. Food Safety*, Public Citizen and the Environmental Working Group, Apr. 1994, at Ch. 6 detailing Codex standard-setting procedures.
[156] WTO, SPS Agreement at Annex A, Para. 3.
[157] *See* Natalie Avery, Martine Drake, and Tim Lang, *Cracking the CODEX: An Analysis of Participation on CODEX Alimentarius Commissions Which Set International Food Standards* (1993).
[158] David Kay, *The International Regulation of Pesticide Residues in Food* (1976) at n. 18, and pgs. 33 and 46.
[159] *Id.* at 44.
[160] *Id.* at 24.
[161] 59 *Fed. Reg.* 61859, Dec. 2, 1994.
[162] *Id.*
[163] *Id.*
[164] *Id.*
[165] *Id.*
[166] *Id.*
[167] *Id.*
[168] *Id.*
[169] 40 C.F.R. Ch. 1 at Sec. 180.91.
[170] FAO/WHO, *This is Codex Almentarius* (1993) at 2.
[171] *Id.* at 3, n. 1.
[172] 21 U.S.C. Sec. 301, *et seq.*
[173] Goldman and Wiles, *Trading Away U.S. Food Safety*, Public Citizen and the Environmental Working Group, Apr. 1994, at 48.
[174] Joint FAO/WHO Food Standards Programme, *Codex Alimentarius Commission, 23rd Session, FAO Headquarters*, Rome, Jun. 28 - Jul. 3, 1999, at 41, Appendix 1, on file with Public Citizen.
[175] FAO/WHO, *This is the Codex Alimentarius*, (1993), at 3, n. 1.
[176] *See*, FAO & WHO, "Procedures for the Elaboration of Codex Standards & Related Texts," *Procedural Manual of the CAC*, 9th Ed. (1995).
[177] *See* General Accounting Office, *International Food Safety: Comparison of U.S. Codex Pesticide Standards* (Aug. 1991).
[178] Mark Ritchie, "GATT, Agriculture and the Environment: The Double Zero Plan," 20 *The Ecologist* 214, at 216-17 (Nov./Dec. 1990).
[179] *Id.*; *see also* General Accounting Office, *International Food Safety: Comparison of U.S. & Codex Pesticide Standards* (Aug. 1991) at 4.
[180] Jeff Gerth, "Where Business Rules, Forging Global Regulations That Put Industry First," *The New York Times*, Jan. 9, 1999.
[181] Transatlantic Consumer Dialogue, Transatlantic Environment Dialogue and Transatlantic Labor Dialogue.
[182] TACD, "EU-US Summit Rejects Environment and Consumer Groups Participation, Invites Business Representatives," Press Release, Jun. 18, 1999.
[183] *See, e.g.*, Minn. Stat. 18B.115 (1990) (heptachlor).
[184] *See* Food & Agriculture Organization of the United Nations (FAO), *Operation of the Prior Informed Consent Procedure for Banned or Severely Restricted Chemicals in International Trade*, Rome (1991); *see also* FAO, *1994 Joint Meeting of the FAO Panel of Experts on Pesticide Residues in Food and the Environment and the WHO Expert Group on Pesticide Residues*, Rome, Sep. 19-28, 1994.
[185] *See* Benchmark Environmental Consulting, *ISO 14001: An Uncommon Perspective - Five Public Policy Questions for Proponents of ISO 14000 Series*, Report for the European Environment Bureau, Nov. 1995.
[186] White House Office of the Press Secretary, Dec. 18, 1998, "US-EU statement on Cooperation in the Global Economy," on file with Public Citizen.
[187] U.S. Trade Representative Charlene Barshefsky, "Service in the Trading System", Speech to the World Services Congress, Washington DC, Jun. 1999, on file with Public Citizen.
[188] Transatlantic Business Dialogue, *TABD Mid-Year Report*, May 10, 1999, on file with Public Citizen, found at www.tabd.com/about/MYMTechnicalAnnex.html, at 36.

[122] Stacy Kraver, "Mattel Is Phasing Out Teething-Toy Additive," *The Wall Street Journal*, Sep. 24, 1998.
[123] Susan Warren, "Toy Makers Say Bye-Bye to 'Plasticizers,'" *The Wall Street Journal*, Nov. 12, 1998, at B1.
[124] *See* Mattel Inc., "Mattel Commits to the Elimination of Phthlates in Teething Toys for Children Under 36 Months," Press Release, Sept. 23, 1998, on file at Public Citizen.
[125] *See*, Paul Brown, "Danes Fear Bid to Block Ban on Lead," *The Guardian*, May 3, 1999.
[126] 63 *Fed. Reg.* 70756, Dec. 22, 1998.
[127] For more information, *see* Lori Wallach, *International "Harmonization" of Social, Economic and Environmental Standards*, Public Citizen, July 1998, or visit www.harmonizationalert.com.
[128] WTO, Agreement on the Application of Sanitary and Phytosanitary Measures (SPS Agreement) at Article 3.
[129] WTO, Agreement on Technical Barriers to Trade (TBT Agreement) at Article 2.4.
[130] WTO, SPS Agreement at Article 3.
[131] *Id.* at Article 3.
[132] WTO, TBT Agreement at Article 2.4.
[133] *See id.*
[134] 64 *Fed. Reg.* 30299-30303, Jun. 7, 1999.
[135] Pub.L. 90-201, Dec. 15, 1967, 81 Stat. 584 (Title 21, Sec 601 et. seq.).
[136] Australian Department of Health and Aged Care, National Centre for Disease Control, "Notification of Salmonellosis (NEC) Received by State & Territory Health Authorities in the Period of 1991 to 1999," Jun. 4, 1999, on file with Public Citizen.
[137] *Id.*
[138] WTO, SPS Agreement, Preamble, at Para. 6.
[139] WTO, TBT Agreement, Annex 1 at Para. 1, and Annex 3.
[140] *Id.* at Article 2.7.
[141] Agreement on Mutual Recognition Between the United States of America and the European Community, signed Jun. 20, 1997, on file with Public Citizen.
[142] *See* Animal and Plant Health Inspection Service, "U.S., EU Sign Veterinary Equivalence Agreement to Facilitate Trade," Press Release, Jul. 20, 1999, on file with Public Citizen.
[143] 5 U.S.C. Sec. 551, *et seq.*
[144] 5 U.S.C. Sec. 552.
[145] 5 U.S.C. Sec. 552b.
[146] *See* 5 U.S.C. Sec. 562, *et seq.*
[147] *See* Agreement on Mutual Recognition between the United States of America and the European Community, signed Jun. 20, 1997, on file with Public Citizen.
[148] Government Accounting Office, *Medical Device Regulation: Too Early to Assess European Systems Value as a Model for the FDA*, Mar. 1996, at 2.
[149] *Id.*
[150] *Id.*
[151] WTO, SPS Agreement at Article 3.1: "[M]embers shall base their sanitary or phytosanitary measures on international standards, guidelines or recommendations, where they exist . . . ."
[152] *Id.* at Article 3.3: "Members may introduce or maintain sanitary or phytosanitary measures which result in a higher level of sanitary or phytosanitary protection than would be achieved by measures based on the relevant international standards, guidelines or recommendations, if there is a scientific justification, or as a consequence of the level of sanitary or phytosanitary protection a Member determines to be appropriate in accordance with the relevant provisions of paragraphs 1 through 8 of Article 5." Article 5.4 reads, "Members should, when determining the appropriate level of sanitary or phytosanitary protection, take into account the objective of minimizing negative trade effects."
[153] *See* Center for Science in the Public Interest, "Representatives Tell White House 'Modify Trade Agreement to Improve Food Safety,'" Press Release, Jul. 26, 1999, on file with Public Citizen; *see also* U.S. law at Section 405 of the Food Quality Protection Act of 1996, amending section 408(b) of the Federal Food Drug and Cosmetic Act, 21 U.S.C. Sec. 346a(b).
[154] FDA's limits of contaminants in bottled water are: .005 milligrams per liter (mg/l) for lead, 10 mg/l for nitrate, and .05 mg/l for manganese. 21 C.F.R. Sec. 165.110(b)(4)(iii)(A). In comparison, the World Health Organization (WHO) standards for bottled water, which the Codex is considering, are: .01 mg/l for lead, 50 mg/l for nitrate, and .5 mg/l for manganese. International Association of Consumer Food Organizations, Comments on the Draft Standard for Health Related Limits for Certain Substances in the Codex Standard for Natural Mineral Waters, found at www.cspinet.org/reports/Codex/agenda_item9c.htm on Aug. 23, 1999, on file with Public Citizen.

[91] *Id.* at Para. 4.
[92] *See* the analysis of the Australian Salmon Case above; *see also* WTO, Australia - Measures Affecting Importation of Salmon (WT/DS18/AB/R), Report of the Appellate Body, Oct. 20, 1998, at Para. 123. (The WTO Panel ruled that it is not enough for a risk assessment to establish the possibility of infestation, but it must establish its likelihood.)
[93] WTO, Japan - Measures Affecting Agricultural Products (WT/DS76/R), Report of the Panel, Oct. 27, 1998, at Para. 8.42.
[94] *Id.* at Paras. 8.29 and 8.42.
[95] *Id.* at Para. 9.1.
[96] *See id.*
[97] WTO, Japan - Measures Affecting Agricultural Products (WT/DS76/AB/R), Report of the Appellate Body, Feb. 22, 1999, at Para. 7.
[98] WTO, Japan - Measures Affecting Agricultural Products (WT/DS76/R), Report of the Panel, Oct. 27, 1998, at Para. 8.83, emphasis added.
[99] *Id.*
[100] WTO, Japan - Measures Affecting Agricultural Products (WT/DS76/AB/R), Report of the Appellate Body, Feb. 22, 1999, at Para. 147.
[101] *Id.* at Para. 37.
[102] *Id.*
[103] Pursuant to Article 21.3 of the WTO Understanding on Rules and Procedures Governing the Settlement of Disputes (DSU).
[104] James Gerstenzang, "U.S. Urges European Union to Avert Toy Restrictions," *Los Angeles Times*, May 28, 1998, at A1.
[105] *See* U.S. Department of State, "USG Concerns Over Regulation of Toys Made with Polyvinyl Chloride," Action Cable, Dec. 12, 1997 on file with Public Citizen.
[106] *Id.* at Paras. 3-5. Denmark, the Netherlands, and Belgium had already instituted voluntary bans on phthalates, PVC-softened toys, or PVC toys.
[107] *See* "Phthalate Migration from Soft PVC Toys and Child-Care Articles," Opinion expressed at the EU Committee on Science, Toxicity, Ecotocicity and the Environment (CSTEE), Apr. 24, 1998.
[108] *Id.* at 1.3.
[109] Letter from U.S. Ambassador to the EU Stuart Eizenstadt to Director General for External Affairs Hans Beseler, Nov. 27, 1996, at 1, on file at Public Citizen. The TransAtlantic Business Dialogue (TABD) is a U.S.-EU industry group initiated at the suggestion of then-U.S. Commerce Secretary Ron Brown. TABD industry sector committees develop common positions on regulatory issues which are then presented to U.S. and EU governments. The Clinton administration has set up a special inter-agency process to handle TABD requests and issue a report card annually documenting the progress on the industry demands. Consumer and environmental groups have criticized the TABD harshly for evading accountable, on-the-record U.S. regulatory process.
[110] *See* Michael A. Babich, Ph.D., "The Risk of Chronic Toxicity Associated with Exposure to Diisononyl Phthalate (DINP) in Children's Products," U.S. Consumer Product Safety Commission, Dec. 1998.
[111] "Denmark Plans Radical PVC Phthalate, Curbs," *Environment News Service*, Environmental Data Services (London), Jun. 18, 1999.
[112] James Gerstenzang, "U.S. Urges European Union to Avert Toy Restrictions," *Los Angeles Times*, May 28, 1998, at A1.
[113] U.S. Department of State, "U.S. Concerns over Regulation of Toys Made with Polyvinyl Chloride," Action Cable, Dec. 12, 1997, at Para. 2.
[114] *Id.* at Para. 11.
[115] *Id.* at Para. 8.
[116] James Gerstenzang, "U.S. Urges European Union to Avert Toy Restrictions," *Los Angeles Times*, May 28, 1998, at A9.
[117] Determination by Stat. Analysis of Chicago, IL and First Environmental of Naperville, IL, *cited in* Joseph Di Gangi, *Toxic Chemicals in Vinyl Children's Toys*, Greenpeace, Nov. 1998, at Table 1.
[118] U.S. Department of State, "U.S. Concerns over Regulation of Toys Made with Polyvinyl Chloride," Action Cable, Dec. 12, 1997, at Para. 15.
[119] James Gerstenzang, "U.S. Urges European Union to Avert Toy Restrictions," *Los Angeles Times*, May 28, 1998, at A1.
[120] Letter from A. Vernon Weaver to Director General for External Affairs Hans Beseler, Feb. 27, 1998, on file with Public Citizen.
[121] *Id.*

[57] The Australian Final Report had concluded that there were extensive gaps in data relating to disease spread in fish. The Final Report therefore extrapolated data from studies demonstrating that other products for human consumption, such as meat and poultry, have been known to have spread diseases to live animals. Australia thus concluded that given both the difficulty of proving the spread of aquatic animal diseases through salmon meat and the very short history of aquatic animal medicine, it would be prudent to presume that it was only a matter of time and attention until there was definitive proof of the spread of aquatic animal disease via product for human consumption, rather than assume it was unlikely. WTO, Australia - Measures Affecting Importation of Salmon (WT/DS18/R), Report of the Panel, Jun. 12, 1998, at Paras. 2.27-2.30.
[58] *Id.* at Para. 4.42.
[59] *Id.* at Para. 4.43.
[60] *Id.* at Para. 4.52.
[61] *Id.* at Para 9.1.
[62] WTO, Australia - Measures Affecting Importation of Salmon (WT/DS18/AB/R), Report of the Appellate Body, Oct. 20, 1998, at Para. 13.
[63] *Id.* at Para. 137.
[64] *Id.* at Para. 129.
[65] *Id.* at Para. 127. According to a Geneva-based trade official, the Appelate Body move suggests that WTO Members must have conduct a risk assessment before adopting trade-restrictive measures. See, "WTO Salmon Ruling Clarifies Conditions For Banning Food Imports, Experts Say," BNA Daily Report for Executives, Oct. 28, 1998.
[66] "WTO Salmon Ruling Clarifies Conditions For Banning Food Imports, Experts Say," *BNA Daily Report for Executives*, Oct. 28, 1998.
[67] *See* WTO, "State of Play of WTO Disputes," at www.wto.org; on file with Public Citizen.
[68] WTO, Australia - Measures Affecting the Importation of Salmonids, complaint by the United States (WT/DS21).
[69] *See* WTO, "State of Play of WTO Disputes," at www.wto.org; on file with Public Citizen.
[70] *See* Mark Magnier, "WTO Test Case Held Goal in U.S.-S. Korea Flap," *Journal of Commerce*, Apr. 12, 1995.
[71] *Id.*
[72] *Id.*
[73] *Id.*
[74] WTO, Korea - Inspection of Agricultural Products (WT/DS3/1), Complaint of the U.S., Apr. 4, 1995.
[75] Mark Magnier, "WTO Test Case Held Goal in U.S.-S. Korea Flap," *Journal of Commerce*, Apr. 12, 1995.
[76] Korea - Measures Concerning the Shelf-life of Products (WT/DS5), Complaint of the U.S., May 3, 1995.
[77] Mark Magnier, "WTO Test Case Held Goal in U.S.-S. Korea Flap," *Journal of Commerce*, Apr. 12, 1995.
[78] *Id.*
[79] WTO, Japan - Measures Affecting Agricultural Products (WT/DS76/R), Report of the Panel, Oct. 27, 1998, at Para. 4.65.
[80] Celeste Welty, "Codling Moth on Fruit Trees," Ohio State University Extension Factsheet HYG-2203-92.
[81] *See id.*
[82] Michigan State University Extension, "Codling Moth," Fruit IPM Fact Sheet, May 20, 1998.
[83] WTO, Japan - Measures Affecting Agricultural Products (WT/DS76/R), Report of the Panel, Oct. 27, 1998, at Para. 4.65.
[84] *Id.* at Para. 4.13.
[85] WTO, Japan - Measures Affecting Agricultural Products (WT/DS76/AB/R), Report of the Appellate Body, Feb. 22, 1999, at Para. 2.
[86] *Id.* at Para. 4.70.
[87] *Id.* at Para. 52.
[88] WTO, Japan - Measures Affecting Agricultural Products (WT/DS76/R), Report of the Panel, Oct. 27, 1998, at Table 2.
[89] *See* WTO, Japan - Measures Affecting Agricultural Products (WT/DS76/1), Request for Consultations by the U.S.
[90] WTO, Japan - Measures Affecting Agricultural Products (WT/DS76/R), Report of the Panel, Oct. 27, 1998, at Para. 1.2. The United States specifically alleged that, for each agricultural product for which Japan required quarantine treatment, Japan prohibited the importation of each variety of that product until the quarantine treatment had been tested for that variety, even though the treatment had proven effective with respect to other varieties of the same product. The United States claimed that Japan's measure was inconsistent with the obligations of Japan under the SPS Agreement, the GATT 1994 and the Agreement on Agriculture. *See id.*

[26] *Id.* at Article 5.
[27] *Id.* at Article 5.1.
[28] *Id.* at Article 5.6.
[29] *Id* at Article 3.
[30] *See* Paul Brown, "Danes Fear Bid to Block Ban on Lead," *The Guardian*, May 3, 1999.
[31] *See id.*
[32] WTO, SPS Agreement at Article 3.3
[33] Letter from U.S. Trade Representative Michael Kantor to Bob Drake, president of the National Cattlemen's Association, Feb. 8, 1996, on file at Public Citizen.
[34] *See* European Economic Council Directive 88/146/EEC cited in European Community measures affecting meat and meat products (WT/D526/ABR), Report to the Appellate Body, Apr. 16, 1998 at 2.
[35] "Brie and Hormones," *The Economist*, Jan. 7, 1989, at 22; Samuel S. Epstein, "The Chemical Jungle," *International Journal Health Services* (1990) at 278; A.L. Fisher, *et al.*, "Estrogenic Action of Some DDT Analogues," 81 *Proc. Soc. Expt'l Med.* at 449-441; and W.H. Bulger & D. Kupfer, "Estrogenic Activity of Pesticides and Other Xenobiotics on the Uterus and Male Reproductive Tract," in J.A. Thomas, *et al.*, Eds., *Endocrine Technology* (1985) at 1-33.
[36] Among the most vocal critics of the EU ban has been the National Cattlemen's Beef Association (NCBA). After the ban, NCBA president, George Swan, said, "Ten years of false accusations. Ten years of lost markets for U.S. cattlemen and lost opportunities for European consumers…." National Cattlemen's Beef Association, "Government Must Retaliate if EU Continues to Ban American Beef," Press Release, May 10, 1999.
[37] *See* WTO, European Communities – Measures Affecting Meat and Meat Products (Hormones) (WT/DS26), complaint by the United States.
[38] *See* WTO, European Communities - Measures Affecting Meat and Meat Products (Hormones) (WT/DS26R), Report of the Panel, Aug. 8, 1997, at Para. 8.159.
[39] *See* WTO, European Communities - Measures Affecting Meat and Meat Products (Hormones) (WT/DS26/AB), Report of the Appellate Body, Apr. 16, 1998.
[40] *See* Elizabeth Olson, "$253 Million Sanctions Sought in Beef Fight with Europe," *The New York Times*, Jun. 4, 1999. The U.S. argues that the risk assessment merely recycles the same data rejected by the WTO panel as inconclusive. *Id.*
[41] USTR, "USTR Announces Final Product List in Beef Hormones Dispute," Press Release, Jul. 19, 1999.
[42] *See, inter alia,* "EU Rules Out Lifting Ban on Hormone Treated U.S. Beef on New Evidence," *AFX (UK)*, May 4, 1999, and Adrian Croft, "EU and U.S. Face Another Trade Showdown, First Bananas, Now Beef: EU Won't Lift Ban on Hormone Treated Beef Imports," *Financial Times*, May 14, 1999.
[43] Elizabeth Olson, "$253 Million Sanctions Sought in Beef Fight with Europe," *The New York Times*, Jun. 4, 1999, and "EU Offers Beef Payoff," *The Guardian*, May 11, 1999.
[44] *Id.*
[45] 21 U.S.C. Ch. 9 (Food Drugs and Cosmetics Act) at Section 355.
[46] Morton Mintz, "'Heroine' of FDA Keeps Bad Drug Off Market," *The Washington Post*, Jul. 15, 1962.
[47] WTO, SPS Agreement at Articles 2.2 and 5.1.
[48] U.S. Department of Agriculture, Food Safety and Inspection Service & U.S. Department of Health and Human Services, Food and Drug Administration, "Preventing Foodborne Listeriosis," Mar. 1992, at 5.
[49] Information provided by the U.S. Food and Drug Administration, Center for Food Safety and Applied Nutrition, at vm.cfsan.fda.gov, on file with Public Citizen. The 1987 incidence data shows that there are at least 1,600 cases of listeriosis with 415 deaths per year in the U.S. *Id.*
[50] Government of Canada, Ministry of Trade, *1996 Register of United States Barriers to Trade*, on file with Public Citizen, at 17.
[51] *See* Center for Science in the Public Interest, "Modify Trade Agreement to Improve Food Safety," Press Release, Jul. 26, 1999; *see also* Center for Science in the Public Interest, "Consumer Groups Call for Stronger International Food Safety, Labeling Rules," Press Release, Jun. 28, 1999.
[52] *See* Douglas Jake Caldwell, "Environmental Labeling In The Trade & Environment Context," Community Nutrition Institute, Oct. 1996.
[53] WTO, TBT Agreement at Article 2, Para. 2.2.
[54] *See,* WTO, Australia - Measures Affecting Importation of Salmon (WT/DS18/AB/R), Report of the Appellate Body, Oct. 20, 1998.
[55] WTO, Australia - Measures Affecting Importation of Salmon (WT/DS18/R), Report of the Panel, Jun. 12, 1998 at Paras. 8.10-8.19.
[56] *Id.*

第2章・原注

[1] *See* John Canham-Clyne, Patrick Woodall, Victoria Nugent and James Wilson, *Saving Money, Saving Lives: The Documented Benefits of Federal Health and Safety Protections*, Public Citizen's Congress Watch, Jun. 1995. The authors conclude that over the past 30 years, standards for motor vehicle safety alone has saved at least 250,000 lives and OSHA regulations have saved over 140,000 lives at *Id.*
[2] *See id.*
[3] U.S. Centers for Disease Control (CDC) "Food and Water Borne Bacterial Diseases," Mar. 9, 1995, on file with Public Citizen.
[4] *See* World Health Organization (WHO), "Emerging Foodborne Diseases," *Factsheet No. 124*, Jul. 1996.
[5] *See id.*
[6] U.S. Department of Commerce, International Trade Administration, "U.S. Total Agricultural Imports to Individual Countries, 1991-97," on file with Public Citizen.
[7] Joan Murphy, "Food Safety Import Bill Introduced by Dingell, Waxman," *World Food Chemical News*, Mar. 3, 1999 at 16.
[8] *See* U.S. General Accounting Office, "Food Safety: Federal Efforts to Ensure the Safety of Imported Foods Are Inconsistent and Unreliable," May 1998.
[9] *See* Robert Naiman and Neil Watkins, "A Survey of the Impacts of Structural Adjustment in Africa: Growth, Social Spending, and Debt Relief," Preamble Center, (unpublished), on file with Public Citizen.
[10] International Organisation of Consumers Unions, Director General's Office, "A Statement on the Outcome of the Uruguay Round by the International Organizations of Consumers Unions (IOCU)," Dec. 20, 1993.
[11] *See* Consumers Union, "Consumers Union Supports GATT Uruguay Round Ratification," Press Release, May 11, 1994.
[12] Consumers International, "Consumers Rights and the Multilateral Trading System: What Needs to be Done Before a Millennium Round," 1999, at 8 on file with Public Citizen.
[13] *Id* at 4.
[14] See *id.*
[15] Organization for Economic Cooperation and Development (OECD), *Examen de las Politicas Agricolas de Mexico* (1997).
[16] *Id.*
[17] 105th Congress, S. 981 (Regulatory Improvement Act of 1998), Lead sponsor: Sen. Carl Levin D-MI).
[18] *See* Public Citizen, "S. 746 Creates a 'Regulatory Obstacle Course' for Public Safeguards," Background Paper, Jun. 1999, on file with Public Citizen.
[19] 106th Congress, S. 746 (Regulatory Improvement Act of 1999), Lead sponsor: Sen. Carl Levin (D-MI).
[20] WTO, European Communities - Measures Concerning Meat Products (Hormones) (WT/DS26/R), Report of the Panel, Aug. 18, 1997, at Para. 9.2.
[21] *Id.* at Paras. 2.17-2.25.
[22] Patti Goldman, J. Martin Wagner, (Sierra Club Legal Defense Fund), World Trade Organization Dispute Settlement Proceeding, European Communities - Measures Concerning Meat and Meat Products (Hormones), Comments on Behalf of Cancer Prevention Coalition, Public Citizen, Institute for Agriculture and Trade Policy, Oct. 4, 1996, at 7-9. The artificial hormone issue was first considered by Codex in 1991, but after considerable debate no consensus was reached. Twenty-eight of the 37 countries represented objected to the adoption of growth hormone standards.
[23] *Id.*
[24] WTO, Agreement on Sanitary and Phytosanitary Measures (SPS Agreement), Preamble at Para. 6: "[T]o further the use of harmonized SPS measures.;" *see also* Article 3 on Harmonization.
[25] *Id.*

the confiscation or return to the State of export of such specimens . . . ."
[206] U.N. F.A.O. Code of Conduct on Responsible Fisheries at Article 7.2.2: "[M]easures should provide *inter alia* that . . . endangered species are protected."
[207] *See* 1979 Bonn Convention on Protecting Migratory Species of Wild Animals at Article III.4: "Parties that are Range States of a migratory species listed in Appendix I [including sea turtles] shall endeavour . . . to prevent, remove, compensate for or minimize, as appropriate, the adverse effects of activities or obstacles that seriously impede or prevent the migration of the species . . . ."
[208] "CIT Ruling Complicates Shrimp-Turtle Case," *BRIDGES Weekly Trade News Digest*, Double Issue, vol. 2, nos. 15 & 16, Apr. 26, 1999.
[209] Dan Seligman, *Broken Promises: How the Clinton Administration is Trading Away Our Environment*, Sierra Club Responsible Trade Campaign, May 13, 1998.
[210] *Id.*
[211] *See* "U.S. Business, Environmental Groups Divided on Shrimp-Turtle Case," *BRIDGES Weekly Trade News Digest*, vol. 2, no. 15, Apr. 27, 1998.
[212] "WTO Enviro Groups Getting Closer Together," *Washington Trade Daily*, Mar. 17, 1999.
[213] "Green Groups Challenge WTO," *Financial Times*, Mar. 17, 1999.
[214] "Cuts Urged in Fishing and Farm Aid," *Financial Times*, Mar. 16, 1999.
[215] Statement by the U.S. delegation to the WTO General Council Session, Geneva, Switzerland Jul. 29, 1999.
[216] *See, e.g.*, Friends of the Earth International. The U.S. government was speaking about reconciling the WTO and the environment at the WTO high-level environmental meeting while it was negotiating with other countries in an attempt to secure a final forestry deal as an "early harvest" at the Seattle Ministerial.
[217] The American Forest & Paper Association, "Forest Industry Leader Urges Worldwide Tariff Elimination," Press Release, Apr. 28, 1999, citing study by the international consultant firm of Jaakko Poyry.
[218] Statement by the U.S. delegation to the WTO General Council Session, Geneva, Switzerland, Jul. 29, 1999.

1996.
[171] *Id.*
[172] WTO, Agreement on Technical Barriers to Trade at Article 2.4.
[173] WTO, "WTO Trade and Environment Committee Discusses Proposals on Trade Measures in Multilateral Environmental Agreements and on Eco-Labelling," Press Release 96-711 PRESS/TE 008, Apr. 29, 1996.
[174] John Zarocostas, "'Eco-labeling' is a Sticky Issue, Say Developing Nations at WTO Talks," *Journal of Commerce*, Aug. 20, 1996.
[175] WTO Committee on Trade and Environment Document WT/CTE/W/27, "U.S. Proposals Regarding Further Work on Transparency of Eco-Labeling," Mar. 25, 1996.
[176] Suggested Basis of U.S. Proposal Regarding Principles Applicable to Eco-labelling Programs, May 22, 1996, at Item 2, on file with Public Citizen.
[177] *Id.* at Item 5.
[178] *Id.* at Item 2.
[179] LETS (Local Exchange Trading Systems) are a simple system of expanded barter that allow participants to trade with each other without using conventional money. *See* Helen Barnes, Peter North, and Perry Walker, *LETS on Low Income*, New Economics Foundation (1996). If the WTO TBT Agreement covers voluntary eco-labeling schemes as barriers to trade, LETS could by the same logic be subjected to WTO rules.
[180] *See* USTR, *1997 Trade Policy Agency and 1996 Annual Report of the President of the U.S. on the Trade Agreements Program* (1997).
[181] "TBT Committee Discusses Labelling, Standards," *BRIDGES Weekly Trade News Digest*, vol. 3, no. 24, Jun. 14, 1999.
[182] Codex Alimentarius Commission, Proposed Draft Recommendations for the Labeling of Foods Obtained Through Biotechnology (Alinorm 99/22, Appendix VIII), CX/FL 99/6, Government Comments at Step 3 from the U.K. and the U.S., Jun. 1999, on file with Public Citizen.
[183] Keith Koffler, "Adminstration to Bring Seven Trade Complaints to the WTO," *Congress Daily*, May 3, 1999.
[184] Sierra Club, "Protect Our Neighborhood, Don't Trade Away Our Trees," Summer 1999.
[185] Douglas P. Norlen, "Hong Kong Registers WTO Complaint Over U.S. Wood Crate Ban; Canada to Follow," *Bureau of National Affairs*, Nov. 18, 1998.
[186] 63 *Fed. Reg.* 50099.
[187] "Zebra Mussels: the Invasion and Its Implications," Fact Sheet 045, Ohio State University, Ohio Sea Grant College Program, Fact Sheet 045, on file with Public Citizen.
[188] *See* "Zebra Mussels," Gulf of Maine Aquarium, Fact Sheet, Dec. 12, 1998, on file with Public Citizen.
[189] *See id.*
[190] *See* G. Thomas Watters, "North American Freshwater Mussels," Ohio Biological Survey and the Ohio State University Aquatic Ecology Laboratory.
[191] *See* Sierra Club, "Protect Our Neighborhood, Don't Trade Away Our Trees," Summer 1999.
[192] *See* Fact Sheet: Asian Gypsy Moths, (AFI-USDA-APHIS-PPQ), May 25, 1993.
[193] *See* F. William Ravlin and Kenneth J. Stein. "What Will the Gypsy Moth do to My Trees?," Virginia Polytechnic Institute and State University, Department of Entomomolgy, on file with Public Citizen.
[194] Tom Baldwin, "Bug Casts Giant Shadow," *Journal of Commerce*, Sep. 28, 1998.
[195] 63 *Fed. Reg.* at 50101.
[196] *Id.*
[197] *See* Sierra Club, "Protect Our Neighborhood, Don't Trade Away Our Trees," Summer 1999.
[198] Tom Baldwin, "Bug Casts Giant Shadow," *Journal of Commerce*, Sep. 28, 1998, and P. T. Bangsberg, "China Criticizes 'Unfair' Beetle Ban," *Journal of Commerce*, Sep. 22, 1998.
[199] P. T. Bangsberg, "China Criticizes 'Unfair' Beetle Ban," *Journal of Commerce*, Sep. 22, 1998.
[200] 63 *Fed. Reg.* at 50101.
[201] 16 U.S.C. Chapter 35, Section 1538.
[202] 1969 Vienna Convention on the Law of Treaties at Article 30(2).
[203] North American Free Trade Agreement (NAFTA) at §104.
[204] Convention on International Trade in Endangered Species (CITES) at Appendix I.
[205] *Id.* at Article VIII, "1. The Parties shall take appropriate measures to enforce the provisions of the present Convention and to prohibit trade in specimens in violation thereof. These shall include measures: (a) to penalize trade in, or possession of, such specimens, or both; and (b) to provide for

[139] *Id.* at 63, Para. 3.220.
[140] *Id.* at 111-112, Paras. 5.47-5.49.
[141] Letter from Ferial Ara Saeed, First Secretary of the Economic Section of the U.S. Embassy to Mr. Kazuyoshi Umemoto, Director of the First International Organizations Division of the Economic Affairs Bureau of the Ministry of Foreign Affairs, Mar. 8, 1999.
[142] Embassy of Japan Backgrounder on Amendments to its Law Concerning Rational Use of Energy Law 1999, on file with Public Citizen.
[143] European Economic Council (EEC) Regulation No. 3254/91, Nov. 4, 1991, at Articles 2 and 3, Annex I.
[144] *Id.* at Article 3, Para. 1.
[145] Willem Wijnstekers, "Implementation of Regulation 3254/91, Leg-hold Traps and Fur Imports," Memo for European Parliament, Nov. 24, 1993. Only Sweden and Finland have wolves or ermines native to their countries; both have introduced muskrats and Finland has introduced beavers
[146] Simon Coss, "Critics Deride Leg-hold Trap Deal," *European Voice*, Dec. 4-10, 1997.
[147] *See* "Trapping: the Inside Story," U.S. Humane Society, 1998.
[148] John Maggs, "U.S. to Protest EU Fur Ban involving Use of Leg-Hold Trap," *Journal of Commerce*, Jun. 22, 1994; *see also* Letter from U.S. Trade Representative Michael Kantor to Senators Stevens (AK), Breaux (LA), Murkowski (AK), Danforth (MO), Baucus (MT) Burns (MT), Johnston (LA), Rockefeller (WV) and Wallop (WY) and Representatives Young (AK), Hayes (LA), Dingell (MI), Tauzin (LA) and Brewster (OK), *cited in Inside U.S. Trade*, Aug. 26, 1994, at 21.
[149] EEC Regulation No. 1771/94, Jul. 19, 1994, at Article 1.
[150] Letter from U.S. Trade Representative Michael Kantor to Canadian Minister of International Trade Roy MacLaren, Aug. 10, 1995; *see also* "EU: Canada to Take Action if EU Bans Its Fur Exports," *European Report*, May 10, 1995.
[151] Gillian Handyside, "MPES Want Brittan's Head Over Leghold Trap," *Reuters*, Dec. 11, 1995.
[152] "EU Leghold Trap Ban Delayed Without Council, Parliament Approval," *Inside U.S. Trade*, Dec. 22, 1995.
[153] Ronald van de Krol, "Dutch Ban Leg-Hold Fur Imports," *Financial Times*, Jan. 12, 1996.
[154] "EU States Delay Fur Ban for Fourth Time," *Inside U.S. Trade*, Feb. 28, 1997.
[155] Emma Tucker, "Brussels Reaches Pact on Leg-Hold Traps, *Financial Times*, May 30, 1997. The deal would prohibit leg-hold traps on land for more than half the specified species, phase out leg-hold traps on land for the remaining species over three years, and permit padded leg-hold traps underwater.
[156] "EU Blocking Minority Forces Delay of Vote on Fur Ban," *Inside U.S. Trade*, Jun. 27, 1997.
[157] Letter from U.S. Trade Representative Charlene Barshefsky to Sir Leon Brittan, reprinted in *Inside U.S. Trade*, Jul. 11, 1997.
[158] Willem Wijnstekers, "Implementation of Regulation 3254/91, Leg-hold Traps and Fur Imports," Memo for European Parliament, Nov. 24, 1993, at 2-3. The original law clearly states that the leg-hold trap need not be banned entirely, only regarding specified species.
[159] Neil Buckly, "U.S. Fur-Trapping Offer is Rejected," *Financial Times*, Nov. 28, 1997.
[160] Neil Buckly, "New Offer by U.S. on Leg-Hold Traps," *Financial Times*, Dec. 1, 1997.
[161] Animal Welfare Institute, "True Trapping Reform Won't Come from Vague, Weak Agreements," *American Welfare Institute Quarterly*, Winter 1998, at 12.
[162] *Id.*
[163] *Id.*
[164] *See* U.S. Trade Representative, *1999 National Trade Estimate Report on Foreign Trade Barriers* (1999), at 115.
[165] *See* Community Nutrition Institute, *Environmental Labeling in the Trade and Environment Context*, Discussion Draft Prepared for Joint Dialogue on Environment and Trade, in Oct. 1996, at 13; *see also* National Wildlife Federation, *Guarding the Green Choice: Environmental Labeling and the Rights of Green Consumers* (1996), both on file with Public Citizen.
[166] *See, e.g.,* John Zarocostas, "'Eco-labeling' is a Sticky Issue, Say Developing Nations at WTO Talks," *Journal of Commerce*, Aug. 20, 1996.
[167] *See* Community Nutrition Institute, *Environmental Labeling in the Trade and Environment Context*, Discussion Draft, Prepared for Joint Dialogue on Environment and Trade in Oct., 1996, at 12.
[168] *See* Signatories to Feb. 6, 1996, Open Letter to Policymakers from Coalition for Truth in Environmental Marketing Information, on file with Public Citizen.
[169] *See* 1997 Trade Policy Agenda and 1996 Annual Report of the President of the United States on the Trade Agreements Program (1997).
[170] *See* WTO Committee on Trade and Environment Document WT/CTE/W/23; *see also* WTO Committee on Technical Barriers to Trade Document G/TBT/W/23, "Eco-labeling Programmes," Mar. 19,

[112] An April 22, 1999, letter to the Vice President Gore, signed by over 75 environmental and other public interest groups applauded the EU electronics pollution abatement proposal, on file with Public Citizen.
[113] The Climate Control Action Plan is a comprehensive inter-agency plan, composed of more than 50 voluntary programs. It was created during the Framework Convention on Climate Change at the Rio Summit on Environment and Development in June, 1992 and went into effect on March 21, 1994.
[114] *See* 1997 Kyoto Protocol to the United Nations' Framework Convention on Climate Change, U.N. Document FCCC/CP/1997/L.7/Add.1.
[115] *See* Embassy of Japan Backgrounder on Amendments to its Law Concerning Rational Use of Energy Law 1999, on file with Public Citizen.
[116] *Id.*, citing OECD data.
[117] *Id.*
[118] The system employs lean-burn technology that reduces fuel used by means of air intake larger than the theoretical air-fuel mixture ratio, in order to achieve fuel economy. *See id.*
[119] Japan, Law Concerning Rational Use of Energy, Jun. 22, 1979, revised Jun. 5, 1998.
[120] *See* "TBT Notification 99.003," Letter from European Commission Industrial Secretariat, 1999, on file with Public Citizen.
[121] According to Japanese Government sources, the U.S. first weighed in against Japan's fuel efficiency law on behalf of Daimler-Chrysler. At the U.S.-Japan summit in May 1999, Japanese officials reported that the President of Ford Motor Company also complained about the law to the Prime Minister of Japan. Official with Japanese Embassy in Washington, D.C., personal communication with Michelle Sforza, Research Director, Public Citizen's Global Trade Watch, May 13, 1999.
[122] *See* Letter from Ferial Ara Saeed, First Secretary of the Economic Section of the U.S. Embassy to Mr. Kazuyoshi Umemoto, Director of the First International Organizations Division of the Economics Affairs Bureau of the Ministry of Foreign Affairs, Mar. 8, 1999.
[123] *See* "TBT Notification 99.003," Letter from European Commission Industrial Secretariat, 1999, on file with Public Citizen; *see also* Letter from Ferial Ara Saeed, First Secretary of the Economic Section of the U.S. Embassy to Mr, Kazuyoshi Umemoto, Director of the First International Organizations Division of the Economics Affairs Bureau of the Ministry of Foreign Affairs, Mar. 8, 1999.
[124] "TBT Notification 99.003," Letter from European Commission Industrial Secretariat, 1999, on file with Public Citizen.
[125] The U.S. Energy Policy and Conservation Act, U.S.C. 2001 et seq. CAFE regulations in 49 C.F.R. Part 500.
[126] U.S. Department of Transportation, *Summary of Fuel Economy Performance*, Sep. 1993; *see also* Public Citizen and Center for Auto Safety, *United States – Taxes on Automobiles: Dispute Pending Before GATT Panel*, Submission on the European Communities' Challenge to CAFE Penalties & Gas Guzzler Tax, Oct. 14, 1993, at 5.
[127] *See* U.S. Department of Transportation, *Summary of Fuel Economy Performance*, Sep. 1993.
[128] *Id.* at 3.
[129] International Energy Agency, *Energy Efficiency and the Environment* (1991), at 80, 151, and 159.
[130] The Climate Control Action Plan is a comprehensive interagency plan, composed of more than 50 voluntary programs. It was created during the Framework Convention on Climate Change at the Rio Summit on Environment and Development in June 1992 and went into effect on March 21, 1994.
[131] GATT, United States – Taxes on Automobiles (DS31/R), Report of the Panel, Oct. 11, 1994, at 60, Para. 3.230.
[132] 15 U.S.C. Sec. 2003(b)(1).
[133] *Id.* at Sec. 2003(b)(2)(E).
[134] GATT, United States – Taxes on Automobiles (DS31/R), Report of the Panel, Oct. 11, 1994, at 111, Para. 5.47.
[135] The effect of the separate fleet rule has actually been to disadvantage U.S. car-makers *vis a vis* foreign competitors. The domestic manufacturers have had much higher average fuel economies for their imported fleets than for their domestic fleets. *See, e.g.*, 53 *Fed. Reg.* At 39288, Oct. 6, 1988; U.S. Department of Transportation, *Summary of Fuel Economy Performance*, Sep. 1993; *see also* Public Citizen and Center for Auto Safety, *United States – Taxes on Automobiles: Dispute Pending Before GATT Panel*, Submission on the European Communities' Challenge to CAFE Penalties & Gas Guzzler Tax, Oct. 14, 1993, at 22-23.
[136] *See* U.S. Department of Transportation, *Summary of Fuel Economy Performance*, Sep. 1993.
[137] GATT, United States – Taxes on Automobiles (DS31/R), Report of the Panel, Oct. 11, 1994, at 63, Para. 3.220.
[138] *Id.* at 9, Para. 2.19.

[79] *Id.* at Para. 184.
[80] *Id.* at Para. 185.
[81] Jock Nash, Trade Analyst, written communication with Michelle Sforza, Research Director, Public Citizen's Global Trade Watch, Oct. 13, 1998.
[82] "Louisiana Shrimpers Threatened By Ruling On Turtle Excluder," *States News Service*, Apr. 14, 1998.
[83] *Earth Island Institute v. William M. Daley*, U.S. Court of International Trade, Case No. 98-09-02818, Apr. 2, 1999, at 35.
[84] The U.S. government had initially refused to implement the shrimp-turtle policy's country-based certification requirements in favor of shipment-by-shipment certification. In 1996, three environmental groups sued to force implementation of the law as written. The U.S. Court for International Trade (CIT) ruled in 1997 for the environmentalists, and ordered the State Department to rewrite the rule to require country-based certification. This CIT ruling triggered the WTO challenge. The CIT overturned its earlier ruling on a technicality in 1998, but in April 1999, an appellate judge ruled that the law allowed U.S. sale of shrimp only from countries that have regulations mandating TEDs. If the CIT affirms its interim ruling, the State Department will have no choice but to scrap its proposal to certify shrimp on a shipment-by-shipment basis.
[85] WTO, Agreement on Technical Barriers to Trade at Article 1.3.
[86] *Id.* at Article 1.5.
[87] *Id.* at Article 2.2.
[88] *Id.* at Article 2.4.
[89] *See* description of case on page 31.
[90] *See* description of case on page 34.
[91] "TBT Committee Discusses Labeling, Standards," *BRIDGES Weekly Trade News Digest*, Vol. 3, No. 23, Jun. 14, 1999.
[92] American Electronics Association, *Legality Under International Trade Law of Draft Directive on Waste from Electrical and Electronic Equipment*, Mar. 1999, prepared by Rod Hunter and Marta Lopez of Hunton & Williams, Brussels, on file with Public Citizen.
[93] U.S. Department of State *Demarche* to DG1, DGIII (industry) and DGXI (environment), Jan. 11, 1999, at 4, on file with Public Citizen.
[94] *See* Second Draft Proposal for a Directive on Waste from Electrical and Electronic Equipment, issued Jul. 1998 by DGXI.
[95] *Id.* at Articles 3-7.
[96] *Id.* at Article 4.4.
[97] *Id.* at Article 7.
[98] American Electronics Association, *Legality Under International Trade Law of Draft Directive on Waste from Electrical and Electronic Equipment*, Mar. 1999, prepared by Rod Hunter and Marta Lopez of Hunter and Williams, Brussels, on file at Public Citizen.
[99] *Id* at 10.
[100] *See* 15 U.S.C. Chapter 53, Toxic Substance Control Act, Subchapter IV (Lead Exposure Reduction); *see also* 43 U.S.C. Chapter 85, Subchapter 1,Part D, Subpart 5 (Additional Provisions for Areas Designated nonattainment for sulfur oxides, nitrogen, dioxide, or lead).
[101] American Electronics Association, *Legality Under International Trade Law of Draft Directive on Waste from Electrical and Electronic Equipment*, Mar. 1999, prepared by Rod Hunter and Marta Lopez of Hunton & Williams, Brussels, on file with Public Citizen, at 17.
[102] *Id.* at 13.
[103] *Id.* at 11.
[104] *See* U.S. Department of State *Demarche*, 1999 to DG1, DGIII (industry) and DGXI (environment), Jan. 11, 1999, on file with Public Citizen.
[105] *Id.* at 2.
[106] *Id.* at 8.
[107] *Id.* at 4.
[108] *Id.* at 8.
[109] *Id.* at 5.
[110] *Id.* at 4.
[111] Basel Convention on the Transboundary Movement of Hazardous Wastes at Article 2(e), "Each Party shall take the appropriate measures to ... not allow the export of hazardous wastes or other wastes to a State ... particularly developing countries ... if it has reason to believe that the wastes in question will not be managed in an environmentally sound manner, according to criteria to be decided on by the Parties at their first meeting."

[15] WTO, United States - Standards for Reformulated and Conventional Gasoline (WT/DS2/R), Report of the Panel, Jan. 29, 1996, at Para 7.1.
[16] Foreign Agent Registration Unit data shows Arnold and Porter representing Venezuela from Jun. 1992. Data on file with Public Citizen.
[17] Petroleos de Venezuela, S.A. (PDVSA), the state-owned oil company of Venezuela, submitted comments on EPA's proposed gasoline rule on April 16, 1992; November 20, 1992; and May 17, 1993. Docket A-91-02.
[18] 103rd Congress, H.R. 4953, Sponsored by Rep. Kim (R-CA), introduced Aug. 12 1994.
[19] The National Defense Council Foundation, *Domestic Refining: Target of a WTO Power Grab*, Feb. 21, 1996.
[20] WTO, United States - Standards for Reformulated and Conventional Gasoline (WT/DS2/R), Report of the Panel, Jan. 29, 1996, at Para 7.1.
[21] 42 U.S.C. Sec. 7401; *see also* WTO, United States – Standards for Reformulated and Conventional Gasoline, First Submission by the United States, Jun. 27, 1995.
[22] *See id.*
[23] *See* U.S. Environmental Protection Agency (EPA), Office of Air and Radiation, *1997 Air Quality Status and Trends*, December 1998.
[24] National Institutes of Health (NIH), National Asthma Education and Prevention Program data cited in "The Attack of Asthma," *Environmental Health Perspectives*, Vol. 104, No. 1, Jan. 1996. According to the National Institutes of Health (NIH), between 1982 and 1993, the prevalence of asthma in the United States increased 46% overall and 80% among those under age 18. NIH estimates that more than 7 percent of American children now have the disease. A New Jersey study found that emergency room visits for asthma increased by 28% when ozone concentrations reached only half the federal limit. Clifford P. Weissel, Ronald P. Cody, Paul J. Lioy, "Relationship between Summertime Ambient Ozone Levels and Emergency Department Visits for Asthma in Central New Jersey," Environmental Health Perspectives, supplement 2, Mar. 1995, on file at Public Citizen.
[25] 59 *Fed. Reg.* 7716, Feb. 16, 1994.
[26] *Id.*
[27] 62 *Fed. Reg.* 24776, May 6, 1997, at Appendix 19.
[28] *Id.*
[29] WTO, United States – Standards for Reformulated and Conventional Gasoline, Second Submission of the United States, Aug. 17, 1995, at 22-24.
[30] WTO, United States – Standards for Reformulated and Conventional Gasoline (WT/DS2/R), Report of the Panel, Jan. 29, 1996, at Para. 6.10.
[31] WTO, United States – Standards for Reformulated and Conventional Gasoline (WT/DS2/AB/R), Report of the Appellate Body, May 20, 1996, at 32.
[32] WTO, United States –Standards for Reformulated and Conventional Gasoline, Second Submission of the United States, Aug. 17, 1995, at 3-5; *see also* Appendix at 387-89.
[33] WTO, United States – Standards for Reformulated and Conventional Gasoline, (W/DS2/9), Consolidated Report of the Panel and the Appellate Body, May 20, 1996, at Part C (Conclusions).
[34] U.S. Department of Energy, *Petroleum Supply Annual 1998*, Vol. 1, Table 21, on file with Public Citizen.
[35] 62 *Fed. Reg.* 24776, May 6, 1997, at Appendix 19.
[36] WTO, United States – Standards for Reformulated and Conventional Gasoline, Second Submission of the United States, Aug. 17, 1995, at 22-24.
[37] *See* George E Warren Corporation and the Independent Refiners Coalition vs. EPA, D.C. Circuit No. 97-1651, as consolidated with 97-1656, Brief of Intervenor-Petitioners, Friends of the Earth, Inc., filed on May 1, 1998, on file with Public Citizen.
[38] *Id.* at 26.
[39] *Id.* at 31.
[40] *See* D.C. Cir. No. 97-1651, Ginsburg, J. ruling , delivered Nov. 3, 1998.
[41] *See id.*
[42] Shannon Brownlee, "A Political Casserole of Tuna and Greens," *U.S. News & World Report*, Aug. 11, 1997, at 53.
[43] John Malek and Dr. Peter Bowler, *Dolphin Protection in the Tuna Fishery*, Interdisciplinary Minor in Global Sustainability, Seminar, Irvine: University of California Press (1997), at 1.
[44] *Id.*
[45] The key provision that was the target of challenges under GATT is 16 U.S.C. Section 1371(a)(2), prohibiting the importation of tuna from countries that harvest tuna using purse seine nets.
[46] *See* Statement for the Inter-American Tropical Tuna Commission Meeting, Oct. 21-23, 1996.

[47] GATT, United States - Restrictions on Imports of Tuna (DS21/R), Report of the Panel, Sep. 3, 1991.
[48] *See* GATT, United States - Restrictions on Imports of Tuna (DS29/R), Report of the Panel, Jun. 1994.
[49] *See id.* at Para. 6.1.
[50] *See* GATT, Findings on U.S. Tuna Ban, Report of Dispute Panel, Aug. 16, 1991, at Paras. 5.24-5.29.
[51] *See id.* at Paras. 5.30-5.34.
[52] GATT, United States - Restrictions on Imports of Tuna (DS29/R), Report of the Panel, Jun. 1994, at Para. 5.24.
[53] "Clinton Pledges Early, Renewed Effort to Pass Tuna-Dolphin Bill," *Inside U.S. Trade*, Oct. 1996.
[54] *Id.*
[55] *See* 104th Congress, HR. 2179, Sponsor: Rep. "Duke" Cunningham (R-CA); *see also* S.1420, Sponsors: Sen. Ted Stevens (R-AK), Co-sponsor: Sen. John Breaux (D-LA).
[56] *See* 105th Congress, H.R. 408, Sponsor: Rep. Gilchrest (R-MO); *see also* S.39, Sponsor: Sen. Ted Stevens (R-AK).
[57] *See* 64 *Fed. Reg.* 24590, May 7, 1999. In its initial finding, NMFS concluded that there was insufficient evidence to show that catching tuna by encircling dolphins has a significant adverse impact on dolphin stocks.
[58] *See* U.S. Department of Commerce, "Commerce Department Issues Initial Finding on Tuna/Dolphin Interactions - Will Adopt New Dolphin-Safe Label Standard," Press Release, Apr. 29, 1999.
[59] 64 *Fed. Reg.* 24590, May 7, 1999.
[60] *Id.*
[61] *See* U.S. Department of Commerce, "Commerce Department Issues Initial Finding on Tuna/Dolphin Interactions - Will Adopt New Dolphin-Safe Label Standard," Press Release, Apr. 29, 1999.
[62] Scott Harper, "Rule Revised for Tuna Fishing, Encirclement Will be Allowed with Oversight to Help Protect Dolphins," *The Virginian Pilot*, May 18, 1999. A campaign by Earth Island Institute has resulted in commitments by some major tuna canners to use only tuna caught without purse seine nets.
[63] A WTO Appellate Body has stated that adopted reports of either GATT or WTO "create legitimate expectations among Members and, therefore, should be taken into account where they are relevant to a dispute." Japan - Taxes on Alcoholic Beverages, (WT/DS10/AB/R), Report of the Appellate Body, Oct. 4, 1996, at 14. In practice, panels have cited previous reports as precedents and have supported subsequent rulings by referring to previous decisions.
[64] Jock Nash, Trade Analyst, written communication with Michelle Sforza, Research Director, Public Citizen's Global Trade Watch, Oct. 13, 1998.
[65] Public Law 93-205, 16 U.S.C. 1531 *et.seq.*; *see also* 52 *Fed. Reg.* 24244, Jun. 29, 1987.
[66] 52 *Fed. Reg.* 24244, Jun. 29, 1987. Five species of sea turtles fell under the Endangered Species Act regulations: loggerhead (*Caretta caretta*), Kemp's ridley (*Lepidochelys kempi*), green (*Chelonia mydas*), leatherback (*Dermochelys coriacea*) and hawksbill (*Eretmochelys imbricata*).
[67] National Research Council, Committee on Sea Turtle Conservation, *Decline of the Sea Turtles: Causes and Prevention* (1990), at 5.
[68] *Id.*
[69] *Id.* at 17-18.
[70] Pub. L. 101-162.
[71] National Research Council, Committee on Sea Turtle Conservation, *Decline of the Sea Turtles: Causes and Prevention* (1990), at 11.
[72] WTO, United States - Import Prohibition of Certain Shrimp and Shrimp Products (WT/DS58), Complaint by India, Malaysia, Pakistan and Thailand.
[73] WTO, United States - Import Prohibition of Certain Shrimp and Shrimp Products (WT/DS58/R), Final Report, May 15, 1998, at Para. 9.1 (Concluding Remarks).
[74] *See* Letter to President Clinton, Apr. 21, 1998, signed by the Center for International Environmental Law, Center for Marine Conservation, Community Nutrition Institute, Defenders of Wildlife, Earth Island Institute, Earthjustice Legal Defense Fund, Friends of the Earth, Humane Society of the United States, National Audobon Society, National Wildlife Federation, Natural Resources Defence Council, and Sierra Club, on file at Public Citizen.
[75] "The Sea Turtles' Warning," *The New York Times*, Apr. 10, 1998.
[76] WTO, United States - Import Prohibition of Certain Shrimp and Shrimp Products (WT/DS58), Appealed on Jul. 13, 1998.
[77] WTO, United States - Import Prohibition of Certain Shrimp and Shrimp Products (WT/DS58/AB/R), Report of the Appellate Body, Oct. 12, 1998, at Para. 187.
[78] *Id.* at Para. 122.

第1章・原注

[1] U.S. Trade Representative Michael Kantor, Testimony to the House Ways and Means Committee, Jan. 26, 1994.
[2] The North American Agreement on Environmental Cooperation (NAAEC) is ancillary to NAFTA, meaning its terms are not binding over any of NAFTA's core provisions. The NAAEC created the Commission for Environmental Cooperation (CEC), which can investigate citizens' complaints that a NAFTA member-country is not enforcing its environmental laws. The side agreement does not cover environmental problems caused by the *absence* of regulation. The NAFTA environmental side agreement also specifically excludes laws on natural resources, endangered species and other vital environmental issues. The process for seeking review of the limited areas covered is long and tortured. In the five years that NAFTA has been in effect, the CEC has issued a total of two fact-finding reports out of over 20 citizen submissions alleging government non-enforcement of environmental laws. The first report took the CEC over two years to complete, and though it found that Mexico was not enforcing its environmental laws in allowing the construction of a pier requiring the destruction of ecologically critical coral reefs in the port of Cozumel, the pier had been built and the reefs had been destroyed for over a year before the report was even issued. *See* "NAFTA Environmental Agreement: A Paper Tiger?," *News-Journal Wire Services*, Jul. 29, 1998. All petitions to use the limited provision that could result in actual enforcement actions (versus the issuance of reports on the matter) have been refused to date.
[3] The Clinton Administration, *The NAFTA: Expanding U.S. Exports, Jobs and Growth*, U.S. Government Printing Office, Nov. 1993, at 1.
[4] Robert Evans, "Green Push Could Damage Trade Body – WTO Chief," *Reuters*, May 15, 1998.
[5] Letter to President Clinton, Apr. 21, 1998, signed by the Center for International Environmental Law, Center for Marine Conservation, Community Nutrition Institute, Defenders of Wildlife, Earth Island Institute, Earthjustice Legal Defense Fund, Friends of the Earth, Humane Society of the United States, National Audubon Society, National Wildlife Federation, Natural Resources Defense Council, Sierra Club, on file at Public Citizen.
[6] Between 1958 and 1994, at least 6 million dolphins in the Eastern Tropical Pacific have been killed by purse seine nets. *See* Shannon Brownlee, "A Political Casserole of Tuna and Greens," *U.S. News & World Report*, Aug. 11, 1997, at 53.
[7] For instance, Article XX allows countries to restrict trade in "national treasures" and products made with prison labor, as well as to "protect public morals." The Article XX terms considered relevant to the environment allow governments to take measures "necessary to protect human, animal or plant life or health" (Article XX(b)) and those "relating to the conservation of exhaustible natural resources" (Article XX(g)). However, to date such departures from GATT restrictions have never been permitted when an actual case has been decided. This results in part from language in the chapeau (or introductory clause) to the Article XX exceptions, which significantly narrows their scope. The chapeau clause states: "Subject to the requirement that such measures are not applied in a manner which would constitute a means of arbitrary or unjustifiable discrimination between countries where the same conditions prevail, or a disguised restriction on international trade, nothing in this Agreement shall be construed to prevent the adoption or enforcement by any contracting party of measures. . . " (Article XX). Among other things, the chapeau has been interpreted by GATT/WTO panels to mean that environmental laws must use the least trade restrictive means available to meet their goals.
[8] American Electronics Association (AEA), *Legality Under International Trade Law of Draft Directive on Waste from Electrical and Electronic Equipment*, Mar. 1999, prepared by Rod Hunter and Marta Lopez of Hunton & Williams, Brussels, on file with Public Citizen.
[9] *See* Chapter 8 on the WTO's dispute resolution system.
[10] WTO, "Trade and the Environment in the WTO," Press Brief, Apr. 16, 1997.
[11] Robert Evans, "Green Push Could Damage Trade Body – WTO Chief," *Reuters*, May 15, 1998.
[12] WTO, United States - Standards for Reformulated and Conventional Gasoline (WT/DS2/R), Report of the Panel, Jan. 29, 1996.
[13] *See* WTO, United States - Standards for Reformulated and Conventional Gasoline (WT/DS2/AB/R), Report of the Appellate Body, May 20, 1996.
[14] 62 *Fed. Reg.* 24776, May 6, 1997, at Appendix 19.

監訳者あとがき

本書は、Whose Trade Organization? Corporate Globalization and the Erosion of Democracy ,An Assessment of the World Trade Organization,by Lori Wallach and Michelle Sforza Public Citizen's Global Trade Watch,Published by Public Citizen,1999の翻訳である。パブリック・シティズンは、アメリカの消費者運動家として世界的に有名なラルフ・ネーダーが創設した市民運動団体で、ワシントンD・C・にある。

パブリック・シティズンでは、一九九六年のＷＴＯ（世界貿易機関）の設立以来、ＷＴＯ体制による巨大企業のグローバリゼイションによって世界的な規模でさまざまな悪影響が発生してきたことを、グローバル・トレード・ウオッチを組織して監視してきた。世界の市民の立場からＷＴＯの問題点をみると、遺伝子組み換え作物、食品の安全や農業食糧問題、自然破壊などの環境問題、エイズ特効薬など医療・医薬品問題、低賃金や児童労働などの労働問題、飢餓や難民など発展途上国問題など多岐にわたる。矛盾が噴出しているのである。ラルフ・ネーダーが本書の「出版によせて」で指摘するように、「この体制のもとに、世界のほとんどの人の生活の細かな部分までが、包括的に支配されている。この新しい体制は、人々の健康や福祉にではなく、巨大な世界企業や金融システムの富と権力をどうしたらさらに強固なものにできるかを目指してい」て、ＷＴＯへの「権力の集中がもたらす悪弊は枚挙にいとまがない。先進諸国においても発展途上国においても『共通して』ほとんどの人の生活水準が下がっている。世界中で失業が増えている。環境悪化が大規模に進み、天然資源は不足している。政治の混乱は増大し、未来に対する明るい希望が遠のき、絶望感が世界中に広がっている」のである。

本書において、ロリー・M・ワラチ、ミッシェル・スフォーザらのパブリック・シティズンズ・グローバル・トレード・ウォッチ・チームは、WTOが五年間に行なってきたこれらの多岐にわたる問題を、あらゆる角度から詳しく報告している。市民の立場からのWTO分析の到達点ともいえる。

日本ではWTOの影響の巨大さに比べ、市民の立場からの分析がきわめて少ない現状のなかで、私はぜひとも本書を翻訳したいと考えていた。幸い古くから親交のあるラルフ・ネーダー氏のご配慮で、私が代表を務める海外市民活動情報センターから訳出する運びとなった。翻訳にあたっては、私自身が九一歳になっているため、私の願いを快諾いただいて、たくさんの方に翻訳のご協力をいただいた。多忙なみなさまにご無理をいったり、手違いがあったりで、ご迷惑をおかけすることも多々あった。お詫び申し上げると共に、改めて御礼を申し上げる。出版にあたっては、緑風出版代表の高須次郎さんに、編集では斉藤あかねさんにお世話になった。改めて感謝申し上げたい。

二〇〇一年一〇月二六日

訳者を代表して　　野村かつ子

上仲保順（うえなか　やすのぶ）　第8章担当

1971年生まれ。関西学院大学法学部政治学科卒。専攻は外交史。時事通信記者として社会部、外信部などを担当。訳業に「米国政府1996年ペルー人権白書」（所収、梅本浩志『国家テロリズムと武装抵抗——鏡としてのペルー・ゲリラ事件』社会評論社）など。

肥塚文博（こいづか　ふみひろ）　第6章担当

1939年神戸市生まれ。1962年大阪市立大学経済学部卒、毎日新聞社入社。エコノミスト編集部次長を経て、63年東京本社経済部長、93年論説委員。94年から関西外国語大学教授。主な著書に『新「アジア学」事始め—21世紀世界と日本の進路を求めて』（共著、晃洋書房）など。

下羽友衛（したば　ともえ）　第5章担当

1949年千葉市生まれ。東海大学大学院・政治研究科博士課程単位取得。東京国際大学国際関係学部教授。専門は国際政治学。主な著書に『環境問題を学ぶ人のために』（共著、世界思想社）、『私たちが変わる、私たちが変える——環境問題と市民の力』（共著、リサイクル文化社）など。

高月　紘（たかつき　ひろし）　第3章担当

1941年京都市生まれ。京都大学環境保全センター教授。京都市ごみ減量化等検討委員会座長をつとめる。環境問題への意識と行動のずれを埋めるきっかけにと、環境保護につながる生活をしているかを数字で示すエコポイントを考案。主な著書に『エコロジーテスト』（講談社）、『有害廃棄物』（中央法規）など。

都留　信也（つる　しんや）　第2章担当

1993年東京都生まれ。北海道大学理工学部生物学科卒。北海道大学大学院農学研究部（農芸化学専攻）博士課程修了。日本大学生物資源科学部総合研究所教授。専門は国際地域研究。主な著書に『土壌の微生物』（農文教）、『地球の微生物』（大日本図書）、『土との対話』（PHP研究所）など。

藤倉皓一郎（ふじくら　こういちろう）　第4章担当

昭和９年大阪市生まれ。ハーバード大学大学院を修了。現在、帝塚山大学法政策学部教授。専門は英米法。 主な著書に『英米法論集』（編著、東京大学出版会）、『現代のアメリカ法』（訳、法律文化社）など。

渕脇耕一（ふちわき　こういち）　第1章担当、第7章担当

1949年鹿児島市生まれ。千葉大学英文学専攻科を卒業後、（株）洋販勤務を経て、まさご英語教室を開設、今日に至る。消費者運動に関わり、訳文多数。主な訳書に『狂牛病』（緑風出版）など。

【著者紹介】

パブリック・シティズン（Public Citizen）

アメリカの消費者運動家として世界的に有名なラルフ・ネーダーが創設した市民運動団体。ワシントンD.C.にある。パブリック・シティズンでは、1995年のＷＴＯ（世界貿易機関）設立以来、ＷＴＯ体制によるグローバリゼイションによって世界的な規模でさまざまな悪影響が発生してきたことを、グローバル・トレード・ウオッチを組織して監視してきた。遺伝子組み換え作物や食品の安全の問題、環境問題、エイズ特効薬など医療・医薬品問題、労働問題、発展途上国問題など多岐にわたる問題を分析し、その成果をロリー・Ｍ・ワラチ、ミッシェル・スフォーザが本書にまとめた。

ラルフ・ネーダー（Ralph Nader）

1934年生まれ。アメリカの消費者運動家。1958年より弁護士として活動、65年自動車の安全問題を告発して、消費者運動の世界的なリーダーとなる。1971年にパブリック・シティズンを創立、消費者の安全と権利を守るさまざまな運動をリードする。

【監訳者紹介】

海外市民活動情報センター（かいがいしみんかつどうじょうほうせんたー）

商業ベースでは入手しえない優れた海外の市民運動の情報を収集し、普及することを目的に、（財）大竹財団の後援で1975年に設立されたＮＧＯ。代表は野村かつ子。機関誌に『海外の市民活動』がある。

野村かつ子（のむら　かつこ）

1910年京都生まれ。主婦連合会の創設に参画、総評主婦の会で活動、1971年、ラルフ・ネーダーを招聘する。その後、日本消費者連盟で活動、75年、海外市民活動情報センターを設立し、消費者運動の国際化に貢献するなど、日本の消費者運動をリードする。ＩＯＣＵ（国際消費者機構）名誉顧問。著書に『アメリカの消費者運動』（新時代社）ほか。「出版によせて」「まえがき」を担当した。

【訳者紹介】（五十音順）

折田泰宏（おりた　やすひろ）　第9章担当

1944年台湾生まれ。東京大学法学部卒。裁判官を経て現在弁護士。京都で「けやき法律事務所」を開業。専門は環境法、マンション法、情報公開法。13年続いた、びわ湖訴訟弁護団の代表を務める。環境団体、オンブズマン活動団体との関わりが深く、ラルフネーダーグループとも交流。主な著書に『マンション法律100章』（鹿島出版会）、『水問題の争点』（共著、技術と人間）、『基本法コンメンタール・マンション法』（共著、日本評論社）。

誰のためのWTOか？

定価2800円＋税

2001年11月25日　初版第1刷発行
2002年　8月20日　初版第2刷発行

著　者　パブリック・シティズン
　　　　ロリー・M・ワラチ／ミッシェル・スフォーザ
監修者　ラルフ・ネーダー
監訳者　海外市民活動情報センター
発行者　高須次郎
発行所　緑風出版©
〒113-0033　東京都文京区本郷2-17-5　ツイン壱岐坂
〔電話〕03-3812-9420　〔FAX〕03-3812-7262　〔郵便振替〕00100-9-30776
〔E-mail〕info@ryokufu.com
〔URL〕http://www.ryokufu.com/

装　幀　堀内朝彦
組　版　R 企 画　　　印　刷　モリモト印刷･巣鴨美術印刷
製　本　トキワ製本所　用　紙　大宝紙業　　E750（ET2250）

Printed in Japan　　ISBN4-8461-0109-6　C0031

◎緑風出版の本

■全国どの書店でもご購入いただけます。
■店頭にない場合は、なるべく書店を通じてご注文ください。
■表示価格には消費税が転嫁されます。

緑の政策事典
フランス緑の党著／真下俊樹訳
A5判並製 三〇四頁 2500円

開発と自然破壊、自動車・道路公害と都市環境、原発・エネルギー問題、失業と労働問題など高度工業化社会を乗り越える新たな政策を打ち出し、既成左翼と連立して政権についたフランス緑の党の最新の政策集。

バイオパイラシー
グローバル化による生命と文化の略奪
バンダナ・シバ著／松本丈二訳
四六判上製 二六四頁 2400円

グローバリゼイションの名の下に、先進国は、WTOを媒介に「特許獲得」と「遺伝子工学」という新しい武器を巧みに使って、第三世界を再植民化しようとしている。世界的な環境学者の著者による反グローバル化の思想！

ザ・ラスト・グレート・フォレスト
カナダ亜寒帯林と日本の多国籍企業
イアン・アークハート／ラリー・プラット著、黒田洋一／河村 洋 訳
四六判上製 四七二頁 4500円

カナダ・アルバータ州に広がる世界最大・最後の亜寒帯林。パルプを確保するためこの森林に目を付けた日本の製紙各社は、大規模な森林伐採権を確保した。本書は、自然保護運動と開発を進める州・企業との闘いの記録。

有機農業大国キューバの風
生協の国際産直から見えてきたもの
首都圏コープ事業連合編
四六判並製 二四八頁 1800円

今静かなキューバ・ブームが起きている。それは有機農業大国として。経済封鎖のなか化学肥料もないキューバは否応なく有機農業を選ばざるをえず、それが生協産直でブームに。本書は現地を見て、苦労話をまとめたもの。